KB185361

# 응시절차

## 응시원서접수

| | | |
|---|---|---|
| 1 | 필기원서접수 | Q-net을 통한 인터넷 원서접수 |
| 2 | 필기시험 | 수험표, 신분증, 필기류 지참 |
| 3 | 합격자 발표 | Q-net을 통한 합격확인 |
| 4 | 실기원서 접수 | 한국기술자격검정원 (www.Q-net.or.kr)에서 원서접수 |
| 5 | 실기시험 | 신분증, 시험 종목에 따른 준비물 지참 |
| 6 | 최종합격자발표 | Q-net을 통한 합격확인 |

## 자격 취득 과정

1. 한국 기술자격검정원 홈페이지(www.q-net.or.kr)에 접속합니다.

**원서접수**
국가 기술 전문자격
원서접수 신청

2. 원서접수를 클릭합니다.

기술자격시험

원서접수

- 원서접수안내
- 원서접수신청
- 원서접수현황
- 장애유형별편의제공안내

3. 좌측메뉴 원서접수 신청을 클릭합니다.

4. 자격 선택 후 **종목선택→응시유형→장소선택→결제하기** 순서대로 입력합니다.

# 머리말

『다년간의 노하우를 알기 쉽게 전달하는 것을 목표로 하였습니다』

존경하는 수험생 여러분 안녕하세요? 하쌤 하혜란입니다.
최근 국방의 대세와 함께 조리기능사 자격증에 대한 관심과 응시율이 높아지고 있습니다.
응시조건에 규제가 없는 만큼 초등학생부터 주부, 직장인 등 남녀노소 누구나 도전하고 있는 조리기능사 자격증을 보다 쉽고 재미있게 취득할 수 있도록 항상 연구하고 교육하고 있습니다.

모든 일에는 기본과 기초가 가장 중요하다고 생각합니다.
조리기능사 필기에 대한 가장 기본적인 지식과 기초부터 최신 필기 문제까지 놓치는 부분이 생기지 않도록 책을 준비하는 기간 동안 직접 자격시험에 응시하여 필기시험도 여러 번 다시 치르면서 최신 문제까지 반영하여 모의고사를 출제하였습니다.

온라인과 책을 통하여 좀 더 많은 사람들이 쉽고 빠르게 이해할 수 있도록 다년간 축적된 수많은 노하우와 교육 방법을 책에 담았으며 무엇보다도 시험에 도전하시는 남녀노소 누구나 이해하기 쉽도록 전문성만 강조한 복잡한 필기교재가 아닌 쉽고 재미있는 수험서를 만드는 데 목표를 두었습니다.

본 책을 정독하시는 것과 더불어 유튜브 영상도 함께 시청하신다면 조리기능사 자격시험은 결코 어려운 시험이 아니라 조리이론을 보다 쉽고 재미있게 이해할 수 있는 값진 시간이 되어 줄 것입니다. 그런 시간들이 쌓이면 여러분은 곧 든든한 기초 실력을 갖춘 기초부터 탄탄한 실력 있는 조리기능사로서 숙련되어 있을 것입니다. 수험생 여러분의 빠른 합격을 항상 기원하고 응원합니다.

끝으로 책이 출판되기까지 많은 도움을 준 학생들, 출판사 직원 여러분, 선생님들께 진심으로 감사의 인사를 전합니다.

저자 **하 혜 란**

한식조리기능사 필기시험 출제기준

| 필기 과목명 | 출제 문제수 | 주요항목 | 세부항목 | 세세항목 |
|---|---|---|---|---|
| 한식 재료관리, 음식조리 및 위생관리 | 60 문항 | 1. 한식 위생관리 | 1. 개인 위생관리 | 1. 위생관리기준<br>2. 식품위생에 관련된 질병 |
| | | | 2. 식품 위생관리 | 1. 미생물의 종류와 특성<br>2. 식품과 기생충병<br>3. 살균 및 소독의 종류와 방법<br>4. 식품의 위생적 취급기준<br>5. 식품첨가물과 유해물질 |
| | | | 3. 주방 위생관리 | 1. 주방위생 위해요소<br>2. 식품안전관리인증기준(HACCP)<br>3. 작업장 교차오염발생요소 |
| | | | 4. 식중독 관리 | 1. 세균성 식중독<br>2. 자연독 식중독<br>3. 화학적 식중독<br>4. 곰팡이 독소 |
| | | | 5. 식품위생 관계 법규 | 1. 식품위생법 및 관계법규<br>2. 제조물책임법 |
| | | | 6. 공중 보건 | 1. 공중보건의 개념<br>2. 환경위생 및 환경오염 관리<br>3. 역학 및 감염병 관리 |
| | | 2. 한식 안전관리 | 1. 개인안전 관리 | 1. 개인 안전사고 예방 및 사후 조치<br>2. 작업 안전관리 |
| | | | 2. 장비·도구 안전작업 | 1. 조리장비·도구 안전관리 지침 |
| | | | 3. 작업환경 안전관리 | 1. 작업장 환경관리<br>2. 작업장 안전관리<br>3. 화재예방 및 조치방법 |
| | | 3. 한식 재료관리 | 1. 식품재료의 성분 | 1. 수분<br>2. 탄수화물<br>3. 지질<br>4. 단백질<br>5. 무기질<br>6. 비타민<br>7. 식품의 색<br>8. 식품의 갈변<br>9. 식품의 맛과 냄새<br>10. 식품의 물성<br>11. 식품의 유독성분 |
| | | | 2. 효소 | 1. 식품과 효소 |
| | | | 3. 식품과 영양 | 1. 영양소의 기능 및 영양소 섭취기준 |

| 필기 과목명 | 출제 문제수 | 주요항목 | 세부항목 | 세세항목 |
| --- | --- | --- | --- | --- |
| 한식 재료관리, 음식조리 및 위생관리 | 60 문항 | 4. 한식 구매관리 | 1. 시장조사 및 구매관리 | 1. 시장 조사<br>2. 식품구매관리<br>3. 식품재고관리 |
| | | | 2. 검수 관리 | 1. 식재료의 품질 확인 및 선별<br>2. 조리기구 및 설비 특성과 품질 확인<br>3. 검수를 위한 설비 및 장비 활용 방법 |
| | | | 3. 원가 | 1. 원가의 의의 및 종류<br>2. 원가분석 및 계산 |
| | | 5. 한식 기초 조리실무 | 1. 조리 준비 | 1. 조리의 정의 및 기본 조리조작<br>2. 기본조리법 및 대량 조리기술<br>3. 기본 칼 기술 습득<br>4. 조리기구의 종류와 용도<br>5. 식재료 계량방법<br>6. 조리장의 시설 및 설비 관리 |
| | | | 2. 식품의 조리원리 | 1. 농산물의 조리 및 가공·저장<br>2. 축산물의 조리 및 가공·저장<br>3. 수산물의 조리 및 가공·저장<br>4. 유지 및 유지 가공품<br>5. 냉동식품의 조리<br>6. 조미료와 향신료 |
| | | 6. 한식 밥 조리 | 1. 밥 조리 | 1. 밥 재료 준비<br>2. 밥 조리<br>3. 밥 담기 |
| | | 7. 한식 죽 조리 | 1. 죽 조리 | 1. 죽 재료 준비<br>2. 죽 조리<br>3. 죽 담기 |
| | | 8. 한식 국·탕 조리 | 1. 국·탕 조리 | 1. 국·탕 재료 준비<br>2. 국·탕 조리<br>3. 국·탕 담기 |
| | | 9. 한식 찌개 조리 | 1. 찌개 조리 | 1. 찌개 재료 준비<br>2. 찌개 조리<br>3. 찌개 담기 |
| | | 10. 한식 전·적 조리 | 1. 전·적 조리 | 1. 전·적 재료 준비<br>2. 전·적 조리<br>3. 전·적 담기 |
| | | 11. 한식 생채·회 조리 | 1. 생채·회 조리 | 1. 생채·회 재료 준비<br>2. 생채·회 조리<br>3. 생채·담기 |

| 필기 과목명 | 출제 문제수 | 주요항목 | 세부항목 | 세세항목 |
| --- | --- | --- | --- | --- |
| 한식 재료관리, 음식조리 및 위생관리 | 60 문항 | 12. 한식 조림·초 조리 | 1. 조림·초 조리 | 1. 조림·초 재료 준비<br>2. 조림·초 조리<br>3. 조림·초 담기 |
| | | 13. 한식 구이 조리 | 1. 구이 조리 | 1. 구이 재료 준비<br>2. 구이 조리<br>3. 구이 담기 |
| | | 14. 한식 숙채 조리 | 1. 숙채 조리 | 1. 숙채 재료 준비<br>2. 숙채 조리<br>3. 숙채 담기 |
| | | 15. 한식 볶음 조리 | 1. 볶음 조리 | 1. 볶음 재료 준비<br>2. 볶음 조리<br>3. 볶음 담기 |

# 목차

01 PART

## 위생관리

위생관리 12
위생관리 문제 44
정답 및 해설 57

02 PART

## 안전관리

안전관리 68
안전관리 문제 74
정답 및 해설 77

03 PART

## 재료관리

재료관리 82
재료관리 문제 102
정답 및 해설 107

04 PART

## 구매관리

구매관리 116
구매관리 문제 124
정답 및 해설 129

05 PART

## 한식 기초조리실무

한식 기초조리실무 134
한식 기초조리실무 문제 155
정답 및 해설 163

## 한식


한식 170
한식 문제 183
정답 및 해설 189

## 모의고사


모의고사 1 196
정답 및 해설 1 203
모의고사 2 207
정답 및 해설 2 213
모의고사 3 217
정답 및 해설 3 223
모의고사 4 227
정답 및 해설 4 235
모의고사 5 241
정답 및 해설 5 249
모의고사 6 253
정답 및 해설 6 259
모의고사 7 263
정답 및 해설 7 269
모의고사 8 273
정답 및 해설 8 279
모의고사 9 283
정답 및 해설 9 289
모의고사 10 293
정답 및 해설 10 299

## 핵심정리


조리기능사 필기 1시간 핵심정리 306

# PART1

## : 위생관리


위생관리 12

위생관리 문제 44

정답 및 해설 57

# CHAPTER 1 위생관리

**위생관리의 정의**

위생관리란 음료수의 처리, 쓰레기, 분뇨, 하수와 폐기물 처리, 공중위생, 접객업소와 공중이용시설 및 위생용품의 위생관리, 조리, 식품 및 식품 첨가물과 이에 관련된 기구 용기 및 포장의 제조와 가공에 관한 위생 관련 업무를 말한다.

**위생관리의 목적 및 필요성**

- 식중독 사고의 예방
- 식품위생법 및 행정처분의 강화
- 식품의 가치 상승(안전한 먹거리)
- 점포의 청결한 이미지
- 고객 만족, 매출 증진
- 대외적 브랜드의 이미지 관리

## 1. 개인의 위생관리

식품위생법 제 40조, 식품 영업자 및 종업원은 1년에 1번 건강검진을 받아야 한다(총리령).

### 1) 위생관리의 기준

**(1) 손 위생**

① 식품을 취급하기 전에는 반드시 손을 세척한다.

② 화장실 이용, 신체의 일부를 만졌을 경우, 식품 외의 다른 물건을 취급했을 경우 손을 세척한다.

③ 일반 비누로 먼저 손을 세척하고 역성비누로 약 30초 정도 손을 비비면서 소독한다.

(일반비누와 역성비누를 혼합하여 사용 시 살균력 저하)

### (2) 개인 위생관리

① 정기적인 진단 이외에도 전염병 예방 접종을 한다.

② 위생교육을 주기적으로 받는다.

③ 작업장에서는 음식에 불순물이 혼입될 수 있는 것(반지, 목걸이, 귀걸이, 시계 등)은 착용하지 않는다.

④ 음식을 조리하기 전 손을 깨끗하게 씻는다.

⑤ 작업장 내에서는 흡연, 음식물 먹기 등의 행위는 하지 않는다.

⑥ 허가를 받지 않은 자는 출입하지 않는다.

⑦ 모든 종업원은 작업장 내에서의 교차오염 또는 이차오염의 발생을 방지한다.

### (3) 복장 위생관리

| 구분 | 내용 |
|---|---|
| 두발 | 위생모를 착용하고 위생모 밖으로 머리카락이 노출되지 않도록 한다. |
| 위생복 | • 항상 청결한 위생복을 착용한다.<br>• 바지는 줄을 세워 입고, 상의는 소매 끝이 노출되지 않도록 한다. |
| 화장 및 장신구 | • 진한 화장과 향수는 사용하지 않는다.<br>• 시계, 반지, 목걸이, 귀걸이, 팔찌 등의 장신구를 착용하지 않는다.<br>• 손톱은 짧고 항상 청결하게 하며 상처가 있으면 밴드로 붙인다. |
| 안전화 | • 주방내에서 전용 작업화를 착용한다.<br>• 외부 출입 시에는 소독 발판에 작업화를 소독한다. |
| 머플러 | 주방에서 일어나는 상해의 응급조치 용으로 항상 단정하고 청결하게 유지한다. |

#### 올바른 손 씻기 6단계

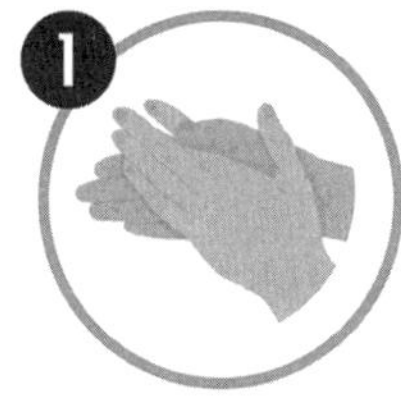

손바닥과 손바닥을 마주대고 문질러 준다.

손등과 손바닥을 마주대고 문질러 준다.

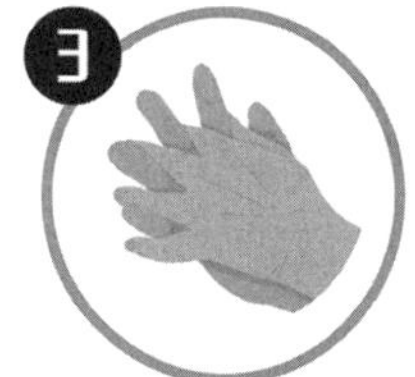

손바닥을 마주대고 손깍지를 끼고 문질러 준다.

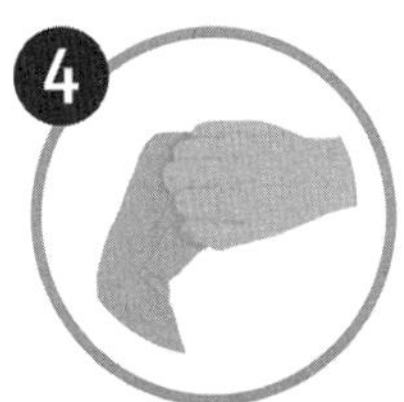

손가락을 마주잡고 문질러 준다.

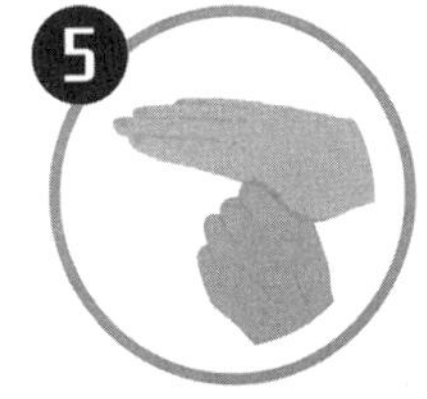

엄지손가락을 다른 편 손바닥으로 돌려주면서 문질러 준다.

마지막으로 손가락을 반대편 손바닥에 놓고 문지르며 손톱 밑을 깨끗이 해준다.

### 2) 식품 위생에 관련된 질병

**(1) 다음과 같은 질병이 있을 경우 식품 영업에 종사하여서는 안 된다.** ★★

① **감염병 환자**: 콜레라·장티푸스, 파라티푸스, 세균성이질, 장출혈성대장균감염증, A형간염

② 결핵 환자(비전염성인 경우 제외)

③ 피부병 및 기타 화농성 질환 환자

④ 후천성면역결핍증환자(성병에 관한 건강진단을 받아야 하는 영업 종사자에 한 함)

## 2. 식품 위생 관리

### 식품 위생의 정의

① **세계보건기구(WHO)의 정의**: 식품이 생육, 생산, 제조에서 최종적으로 사람에게 섭취될 때까지의 단계에 있어서 안전성, 건전성(보존성), 또는 악화방지를 위해 취해지는 모든 수단들이다.

② **식품위생이란?**: 식품, 첨가물, 기구 및 용기와 포장을 대상으로 하는 음식물에 관한 위생을 말한다.

### 식품 위생의 목적

① 식품으로 인하여 생기는 위생상의 위해를 방지한다.

② 식품에 관한 올바른 정보를 제공한다.

③ 식품영양의 질적향상을 도모한다.

④ 국민보건 증진에 이바지한다.

### 식품 위생의 행정기구

| | | |
|---|---|---|
| 중앙기구 | 식품의약품안전처 | 식품위생행정에 관한 모든 업무를 담당 |
| | 질병관리본부 | 식품위생행정의 조사, 연구 및 검사기관 |
| 지방기구 | 특별시, 광역시, 구청, 군청의 보건위생과 | 식품위생에 관한 지도, 감독업무 |
| | 시·도의 보건환경연구원 | 지방의 식품위생행정을 과학적으로 뒷받침하는 시험검사기관 |
| | 보건소 | 건강진단 및 위생강습 , 식중독의 역학조사 |

### 1) 미생물의 종류와 특성

미생물은 식품을 부패, 변질, 발효시키며 식품의 섭취로 인해 인체 내에서 질병을 일으킨다.

| | |
|---|---|
| 병원성 | 사람에게 병을 일으키는 미생물 |
| 비병원성 | 사람에게 병을 일으키지 않는 미생물<br>• **유해미생물**: 식품의 부패, 변질을 일으킨다.<br>• **유익한 미생물**: 주류, 장류에 유익하게 사용한다. |

### (1) 미생물의 종류

① **곰팡이**: 진균류에 속하며 균사체를 발육기관으로 하는 것으로 균사 또는 포자를 형성하여 증식한다. 건조 상태에서도 증식이 가능하며 미생물 중 크기가 가장 크다.

② **효모**: 진균류에 속하며 출아법으로 증식하고 식중독은 일으키지 않으나 식품 변패의 원인이다. 통성혐기성균이다.

③ **스피로헤타**: 단세포와 다세포 식물의 중간으로 나선형의 형태를 가지며 매독균, 재귀열, 서교증, 바일병 등의 병원체이다.

④ **세균**: 구균, 간균, 나선균의 형태로 나누어지며 2분법으로 증식한다.

⑤ **리케차**: 세균과 바이러스의 중간에 속하며 살아있는 세포에서만 증식한다. 발진열, 발진티푸스의 병원체이다.

⑥ **바이러스**: 미생물 중 크기가 가장 작으며 세균 여과기를 통과하여 여과성 병원체라고 불리며 경구 감염병의 원인이다.

> ✓ **tip!**
>
> **미생물의 크기**: 곰팡이 > 효모 > 스피로헤타 > 세균 > 리케차 > 바이러스

### (2) 미생물 생육에 필요한 조건

① **영양소**: 미생물의 발육 증식에는 탄소원(당질), 질소원(아미노산, 무기질소), 무기염류, 비타민 등이 필요하다.

② **수분**: 미생물의 발육, 증식에는 40%이상의 수분이 필요하다(40% 이하이면 증식이 억제, 곰팡이는 13% 이하에서 억제).

> ✓ **tip!**
>
> **수분 활성치(AW) 순서**: 세균(0.9~0.95.> 효모(0.88) > 곰팡이(0.65~0.8)

③ **온도**: 일반적으로 0℃ 이하와 80℃이상에서는 발육하지 못한다.

(ㄱ) **저온균**: 발육 최저 온도가 15~20℃(식품 부패균)

(ㄴ) **중온균**: 발육 최저온도가 25~37℃(병원균)

(ㄷ) **고온균**: 발육 최적온도 55~60℃(온천수 서식균)

④ **수소이온농도(pH)**

(ㄱ) **곰팡이, 효모**: 최적 pH는 4.0~6.0으로 약산성에서 활발하게 생육한다.

(ㄴ) **세균**: 최적 pH는 6.5~7.5로 중성이나 약알칼리성에서 활발하게 생육한다.

⑤ **산소**

(ㄱ) **호기성세균**: 산소가 있어야 생육이 가능(곰팡이, 효모, 결핵균 등)

(ㄴ) **혐기성 세균**: 산소를 필요로 하지 않는 균

- 통성혐기성균(산소 유무와 관계 없는 낙산균 등)
- 편성혐기성균(산소를 절대적으로 기피하는 보툴리누스균, 웰치균 등)

> ✓ ★★ tip!
>
> **미생물 생육에 필요한 3대 요소** : 영양소, 수분, 온도

### (3) 미생물에 의한 식품의 변질

> ✓ tip!
>
> **식품의 변질** : 식품을 장기간 방치하면 점차 외관이 변하고 성분이 파괴되며 맛과 향이 달라져 식품의 본래 성질을 잃게 되어 섭취할 수 없는 상태에 이르는 현상

★★★

① **부패** : 단백질 식품이 혐기성 미생물에 의해 변질되는 현상

② **변패** : 단백질 이외의 식품이 미생물에 의해서 변질되는 현상

③ **산패** : 유지가 공기 중의 산소, 일광, 금속에 의해 변질되는 현상

④ **발효** : 탄수화물이 미생물의 작용을 받아 유기산, 알코올 등 유용한 물질을 생성하게 되는 현상

⑤ **후란** : 단백질 식품이 호기성 미생물에 의해 변질되는 현상(악취x)

★★

### (4) 식품의 부패 판정

① **관능검사** : 시각, 촉각, 미각, 후각 등을 이용하여 식품의 부패를 판정하는 방법이다.

② **생균수 검사** : 식품 1g당 $10^7$~$10^8$ 일 경우 초기 부패로 판정한다.

③ **화학적 검사**

(ㄱ) 수소이온농도 pH6.2 이상일 때 초기부패로 판정한다.

(ㄴ) 휘발성염기질소 30~40mg일 때 초기부패로 판정한다.

(ㄷ) 트리메틸아민 3~4mg%일 때 초기부패로 판정한다.

### (5) 식품의 오염지표균

① 음식물의 오염여부와 그 정도를 알아보기 위해서는 간단하고 효율적으로 검출되는 균을 오염지표로 삼아 검사해야한다. 이러한 지표가 되는 세균을 위생지표 세균이라 한다.

② **대장균**

(ㄱ) 가장 대표적인 분변성 대장균이다.

(ㄴ) 식품이나 수질의 분변오염지표이다.

(ㄷ) 그람음성의 무포자 간균이다.

(ㄹ) 유당을 분해하여 산과 가스를 생산한다.

### (6) 미생물의 관리 및 식품의 보존법

| | | | |
|---|---|---|---|
| 자연 건조법 | 천일 건조법 | 바람과 햇빛을 이용하여 식품을 건조 시키는 방법 | 김, 오징어, 다시마 |
| | 자연 동건법 | 겨울철 낮과 밤의 온도차를 이용하여 낮에는 해동·건조, 밤에는 동결하는 방법 | 한천, 당면, 북어 |
| 인공 건조법 | 열풍 건조법 | 가열한 공기로 수분을 증발 시키는 방법 | 육류, 어류 |
| | 분무 건조법 | 액체나 슬러시 상태의 식품을 열풍 중에 안개처럼 분무하여 건조 시키는 방법 | 분유, 분말커피, 분말과즙 |
| | 직화 건조법 | 직접 불에 닿게하여 건조하는 방법 | 보리차, 찻잎 |
| | 동결 건조법 | 동결시킨 후 진공 상태에서 수분을 승화시켜 건조하는 방법 | 인스턴트커피, 한천, 당면 |
| 냉장 냉동법 | 냉장법 | 식품을 0~4℃ 정도로 저장하는 방법 | 채소, 과일 |
| | 냉동법 | 식품을 0℃이하에 얼려서 저장하는 방법 | 냉동고기, 냉동생선 |
| | 움 저장법 | 식품을 10℃ 정도의 움 속에서 저장하는 방법 | 고구마, 감자, 김치 |
| ★★★ 가열 살균법 | 저온 살균법 | 61~65℃에서 약 30분간 가열하는 방법 | 우유, 주스 |
| | 고온 단시간 살균법 | 70~75℃에서 15~30초간 가열 살균하는 방법 | 우유, 과즙 |
| | 초고온 순간 살균법 | 130~140℃에서 1~2초간 가열 살균하는 방법 | 과즙, 우유 |
| | 고온 장시간 살균법 | 90~120℃에서 60분간 가열 살균하는 방법 | 통조림 |
| 기타 살균법 | 염장법 | 소금에 절이는 방법, 10%이상에서 발육 억제하는 방법 | 해산물, 채소, 육류 |
| | 당장법 | 50% 이상의 설탕액에 절이는 방법 | 잼, 젤리, 가당연유 |
| | 세균, 효모 응용 | 식품에 유용한 미생물의 번식을 억제하는 방법 | 치즈, 김치, 요구르트 |
| | 곰팡이 응용 | 식품 자체의 성분을 변화시켜 만드는 방법 | • **콩**: 간장, 된장<br>• **우유**: 치즈 |
| | 훈연법 | 수지가 적은 나무를 불완전 연소시켜서 발생하는 연기에 그을려서 저장하는 방법 | 햄, 소세지, 베이컨 |
| | 밀봉법 | 용기에 식품을 넣고 수분 증발, 수분 흡수, 미생물의 침범을 막아 보존하는 방법 | 통조림, 병조림 |
| | 가스 저장법 (CA저장법) | $CO_2$ 농도를 높이거나 $O_2$의 농도를 낮추거나 $N_2$를 주입하여 미생물의 발육을 억제시켜 저장하는 방법 | 과일, 채소 |

## 2) 식품과 기생충병

### ★★★ (1) 식품에 따른 기생충

#### ① 채소를 통해 감염되는 기생충

| 기생충명 | 감염 형태 및 특징 |
|---|---|
| 회충 | 소장에 기생, 경구감염, 소독에 저항성이 강하다. |
| 요충 | 대장에 기생, 경구감염, 집단감염, 항문에 기생한다. |
| 편충 | 대장에 기생, 경구감염 |
| 구충(십이지장충) | 소장에 기생, 경구감염, 경피감염(피부감염, 오염된 논이나 밭에서 맨발로 작업하면 감염 될 수 있다) |
| 동양모양선충 | 소장에 기생, 경구감염 |

#### ② 육류를 통해 감염되는 기생충(중간숙주가 1개)

| 기생충명 | 중간 숙주 |
|---|---|
| 무구조충(민촌충) | 소 |
| 유구조충(갈고리촌충) | 돼지 |
| 선모충 | 돼지, 개 |
| 톡소플라스마 | 고양이, 돼지, 개(임신중인 여성이 감염되면 태아에 이상을 유발할 수 있다) |

#### ③ 어패류를 통해 감염되는 기생충(중간숙주가 2개)

| 기생충명 | 제1중간숙주 | 제2중간숙주 |
|---|---|---|
| 간흡충(간디스토마) | 쇠우렁이/왜우렁이 | 붕어, 잉어 |
| 폐흡충(페디스토마) | 다슬기 | 가재, 민물게 |
| 요코가와흡충 | 다슬기 | 담수어, 은어, 잉어 |
| 광절열두조충 | 물벼룩 | 연어, 송어 |
| 아니사키스 | 크릴새우 | 고래(연안어류) |

### (2) 기생충 예방법

① 육류나 어패류를 날 것으로 먹지 않는다.

② 채소류는 희석시킨 중성세제로 세척 후 흐르는 물에 5회 이상 세척한다.

③ 분변은 위생적으로 처리하고 채소 재배 시에 화학비료를 사용한다.

④ 개인 위생관리를 철저히 하고 조리기구를 잘 소독하여 사용한다.

⑤ 정기적으로 구충제를 복용한다.

## 3) 살균 및 소독의 종류와 방법

### (1) 살균, 소독, 방부, 멸균의 정의

① **살균** : 세균, 효모, 곰팡이 등 미생물의 영양세포를 사멸시키는 것

② **멸균** : 미생물의 영양세포 및 포자를 사멸시켜 무균 상태로 만드는 것

③ **소독** : 병원미생물의 생활력을 파괴해 감염력을 없애는 것

④ **방부** : 미생물의 증식을 억제해 균의 발육을 저지시켜 부패나 발효를 방지하는 것

✓ **tip!**

살균의 작용 정도 : 멸균 > 살균 > 소독 > 방부

### (2) 소독방법의 종류

| | | | |
|---|---|---|---|
| 물리적 방법 | 비열 처리법 | 자외선멸균법 | 살균력이 높은 2,500~2,800Å(옴스트롱)의 자외선을 사용하여 미생물을 제거하는 방법(실외소독, 자외선 소독에 사용) |
| | | 방사선멸균법 | $CO^{60}$(코발트60) 등에서 발생하는 방사능을 이용하여 미생물을 제거하는 방법(장기 저장을 목적으로 하는 소독에 사용) |
| | | 세균여과법 | 세균여과기로 걸러서 균을 제거하는 방법(바이러스는 너무 작아 걸러지지 않는다) |
| | | 초음파멸균법 | 전자파를 이용한 방법 |
| | 열처리법 | 건열멸균법 | 건열멸균기를 이용해 170℃에서 1~2시간 가열하는 방법(유리기구, 주사침 소독) |
| | | 자비소독 | 끓는물에서 15~20분간 처리하는 방법(식기류 소독) |
| | | 화염멸균법 | 불꽃 속에 20초 이상 가열하는 방법(도자기류) |
| 물리적 방법 | 열처리법 | 고압증기 멸균법 | 고압증기멸균기를 이용하여 121℃에서 20분간 살균하는 방법(통조림, 거즈 소독) |
| | | 유통증기 멸균법 | 100℃의 유통증기를 30~60분간 통과시켜 살균하는 방법, 아포를 사멸시키지는 못한다. |
| | | 간헐멸균법 | 1일 1회 100℃의 증기를 30분간 통과시켜 3회 살균하는 방법, 아포형성균을 사멸시킬 수 있다. |
| | | 우유살균법 | 저온살균법, 고온단시간살균법, 초고온순간살균법 |
| 화학적 방법 | | ★ 석탄산 | 살균력이 강하며, 냄새와 독성이 강하고 금속을 부식시키며 피부점막에 강한 자극을 준다. 소독제의 살균력 지표로 사용되며, 석탄산 계수가 낮을수록 소독력이 떨어진다(변소, 의류, 손소독 등). |
| | | 크레졸 | 석탄산보다 소독력이 2배 강하며, 피부에 저자극성이지만 냄새가 강하다(변소, 의류, 손소독 등). |
| | | 승홍 | 살균력이 강하며 금속을 부식시키고 단백질과 결합 시 침전이 생긴다(손, 피부소독). |
| | | ★ 역성비누 | 무자극성이고 독성이 없으며 무색, 무취, 무미하고 침투력이 강하다. 보통비누와 같이 사용하면 소독력이 떨어진다(과일, 야채, 식기, 손소독 등). |
| | | 생석회 | 공기에 오래 노출되면 살균력이 약해진다(분변 소독). |

✓ tip!

소독약의 구비 조건
- 살균력이 강한 것
- 금속 부식성이 없는 것
- 표백성이 없는 것
- 용해성이 높고 안정성이 있는 것
- 침투력이 강한 것

## 4) 식품의 위생적 취급 기준

### (1) 조리 전

① 식재료의 유통기한 및 신선도 확인

② 바닥에서 60cm 이상의 높이에서 보관 및 조리

③ 손 씻기, 칼, 도마, 조리도구 등 청결하게 세척하여 교차오염 방지

④ 식품을 보관하는 보관실, 가공실, 조리실, 포장실의 내부 청결 유지

⑤ 종사자의 복장 및 위생 관리

### (2) 조리 과정 중

① 해동 된 식재료의 재냉동 금지

② 개봉 통조림은 별도에 용기에 넣어 냉장 보관(용기에 품목, 원산지, 날짜 표기)

③ 칼, 도마 등 조리도구의 용도별 구분 사용

④ 채소→육류→어류→가금류 순으로 조리

### (3) 조리 후

① 조리된 음식 보관시 품목명, 날짜, 시간 표기

② 조리된 음식은 5℃이하 또는 60℃이상 보관

③ 익힌 음식과 날 음식은 구분하여 보관

④ 가열한 음식은 즉시 제공 또는 냉각하여 냉장, 냉동 보관

### (4) 식품별 위생적 보관 및 선택 방법

| | |
|---|---|
| 채소류 | • 선입선출법(먼저 입고된 물품 먼저 사용)<br>• 사용하고 남은 채소류는 위생팩으로 포장하거나 신문지를 이용하여 신선도를 유지한다. |
| 냉동식품류 | • 한번 해동한 식품은 재냉동하지 않는다.<br>• 유통기한을 표시하여 관리한다. |
| 냉장식품류 | • 개봉한 식품은 당일 소비가 좋으며 보관해야 하는 경우 랩이나 위생팩으로 포장하여 구입 날짜를 표시한다.<br>• 일정한 온도를 유지한다. |
| 과일류 | • 바구니 등을 이용하여 따로 보관한다.<br>• 사과와 같은 변색이 되는 과일류는 자른 경우 설탕물이나 레몬물에 담군다.<br>• 바나나는 상온에 보관한다. |

| 건어물류 | • 냉동보관한다.<br>• 메뉴별 위생팩에 보관하여 개별포장을 해둔다. |
|---|---|
| 통조림류 | 개봉한 캔은 바로 사용하며 남은 경우 밀폐용기에 보관하고 유통기한을 표시한다. |

## 5) 식품첨가물과 유해물질

**(1) 식품 첨가물의 정의** : 식품을 제조 · 가공 또는 보존하는 과정에서 식품에 첨가 또는 혼합하거나 침윤 등에 사용되는 물질이다.

**(2) 식품 첨가물의 사용 목적**

① 식품의 부패와 변질 방지

② 식품의 상품가치 향상

③ 식품의 영양강화

④ 식품의 기호 및 관능의 만족

⑤ 식품의 제조 및 품질개량

**(3) 식품첨가물의 사용조건 및 규격기준**

① 식품 첨가물은 사용 시에 대상식품, 사용목적, 사용방법 등 안전성을 기준으로 최소한의 양을 사용해야 한다.

② 식품의 1일 섭취 허용량, 유효농도를 고려하여 결정한다.

★★★

**(4) 식품첨가물의 분류**

**① 식품의 변질 및 부패를 방지해 보존성을 높이는 첨가물**

| 보존료<br>(방부제) | 식품의 변질 및 부패를 방지하고 식품의 영양가와 신선도를 보존하기 위하여 사용하는 식품첨가물 | 데히드로초산, 소르빈산, 안식향산, 안식향산나트륨, 프로피온산 |
|---|---|---|
| 살균제 | 식품의 부패원인균 등을 사멸시키기 위해 사용하는 식품 첨가물 | 차아염소산나트륨, 표백분, 에틸렌옥사이드, 과산화수소 |
| 산화<br>방지제 | 유지의 산패 및 식품의 산화로 인한 품질 저하를 방지하는 식품첨가물 | BHA(부틸히드록시아니졸), BHT(디부틸히드록시톨루엔), L-아스코르브산나트륨, 몰식자산프로필, 에리소르빈산염 |
| 천연<br>항산화제 | 천연산화방지제 | 비타민E-토코페롤, 비타민C-아스코르빈산, 참기름-세사몰, 목화씨-고시폴 |

② 식품의 기호성 향상과 관능을 만족시키는 식품 첨가물

| 구분 | 정의 | 종류 | 예 |
|---|---|---|---|
| 조미료 | 식품 본래의 맛을 돋우거나 조절하여 풍미를 좋게 하는 첨가물 | 천연조미료 | 글루탐산나트륨(다시마, 된장, 간장), 이노신산(가다랭이포), 호박산(조개), 구아닌산(표고버섯) |
| | | 화학조미료 | 글리신(향료), 구연산나트륨(안정제), d-주석산나트륨 |
| 산미료 | 산미(신맛)을 부여하고 미각에 청량감과 상쾌한 자극을 주는 첨가물 | 주석산-포도, 장류/ 구연산-귤, 딸기, 레몬/ 젖산-김치, 치즈 | |
| 감미료 | 식품에 감미(단맛)을 주기 위해 사용되는 식품첨가물 | 사카린나트륨, D-솔비톨, 글리실리진산나트륨, 아스파탐 | |
| 착색료 | 식품의 가공공정에서 변질 및 변색되는 식품색을 복원하기 위해 사용하는 식품첨가물 | • **타르계**: 에리트로신, 타트라진, 아마란스<br>• **비타르계**: 삼이산화철, 이산화티타늄, 동클로로필린나트륨 | |
| 발색제<br>(색소고정제) | 식품의 색을 보다 선명하게 하거나 안정화시키는 식품첨가물 | • 육류발색제-아질산나트륨, 질산나트륨, 질산칼륨<br>• 식물성류발색제-황산제1철, 황산제2철 | |
| 표백제 | 식품의 색소가 퇴색 또는 변색 될 경우 색을 아름답게 하기 위하여 사용하는 식품 첨가물 | • **환원제**: 메타중아황산칼륨, 무수아황산, 아황산나트륨<br>• **산화제**: 과산화수소 | |
| 착향료 | 식품 특유의 향을 첨가하거나 제조 공정 중 손실된 향을 첨가하여 식품 본래의 향을 유지시키기 위해 사용되는 식품 첨가물 | • **멘톨**: 파인애플, 포도, 자두향<br>• **바닐린**: 바닐라향, 벤질알코올 | |

✓ tip!

**사카린나트륨**
- 설탕의 300배로 허용식품과 사용량의 제한이 있다.
- **사용가능 식품**: 건빵, 생과자, 청량음료
- **사용불가능**: 식빵, 이유식, 백설탕, 포도당, 물엿, 벌꿀, 알사탕류

**타르계 색소를 사용할 수 없는 제품**
- 면류, 김치류, 다류, 묵류, 젓갈류, 단무지 등

③ 품질개량 및 유지를 위한 식품 첨가물

| | | |
|---|---|---|
| 유화제<br>(계면활성제) | 기름과 물처럼 혼합될 수 없는 물질을 균일한 혼합물로 만들거나 이를 유지시키기 위해 사용되는 식품 첨가물 | 글리세린, 지방산에스테르, 글리세리드, 대두인지질 - 레시틴, 난황 - 레시틴 |
| 호료<br>(증점제,안정제) | 식품의 결착성(점착정)증가, 유화안전성 향상, 가열이나 보존 중 선도 유지, 식품의 형체 보존을 위해 사용되는 식품 첨가물 | 알긴산나트륨, 카제인, 카제인나트륨, 젤라틴 |
| 피막제 | 식품의 외형에 보호막을 만들거나 광택을 부여하기 위해 사용되는 식품첨가물 | 몰포린지방산염, 석유왁스, 초산비닐수지 |
| 밀가루개량제 | 밀가루의 표백과 숙성시간을 단축시키고 제빵 효과의 저해물질을 파괴시켜 분질을 개량하는 식품 첨가물 | 과산화벤조일, 과황산암모늄, 이산화염소, 브롬산칼륨 |
| 품질개량제 | 햄, 소시지 등의 식육 연제품에 사용하여 결착성을 향상시키고, 식품의 탄력성,보수성,팽창성을 증대시키기 위해 사용하는 식품 첨가물 | 피로인산칼륨 등의 인산염 |
| 이형제 | 빵을 제조할 때 형태를 손상시키지 않고 빵을 분리해 내기 위한 식품 첨가물 | 유동파라핀만 허용 |

④ 식품제조에 필요한 기타 첨가물

| | | |
|---|---|---|
| 팽창제 | 빵, 과자를 부풀게 하여 조직을 연하게 하고 기호성을 높이기 위한 식품 첨가물 | 탄산수소나트륨, 탄산수소암모늄, 탄산암모늄 |
| 소포제 | 식품 제조 시 거품을 없애기 위해 사용되는 식품 첨가물 | 규소수지, 실리콘수지 |
| 추출제 | 일종의 용매로서 천연식품 중에서 성분을 용해·추출하기 위해 사용되는 식품 첨가물 | n - hexane |
| 껌기초제 | 껌에 적당한 점성과 탄력성을 갖게 하여 풍미를 유지하기 위한 식품첨가물 | 에스테르검, 초산비닐수지 |

★★
**(5) 유해물질**

① 중금속에 의해 생기는 유해물질

| | | |
|---|---|---|
| 납 | • 도료, 제련, 배터리, 인쇄 등의 작업에 많이 사용되며 유약을 바른 도자기 등에서 중독이 일어난다.<br>• 소변에서 코프로포르피린이 검출된다. | 복통, 구토, 설사, 중추신경장애 |
| 카드뮴 | 중금속에 오염된 어패류의 섭취하였을 때 중독현상이 일어난다. | 이타이이타이병, 신장기능장애, 골연화증, 골다공증 |
| 수은 | 유기수은이 많이 함유된 어패류나 농약, 보존료 등으로 처리한 음식을 섭취하였을 때 중독현상이 일어난다. | 미나마타병, 구내염, 근육경련, 언어장애 |
| 주석 | 주석 도금한 통조림의 내용물 중 질산 이온이 높은 경우에 주석이 용출되어 중독이 일어난다. | 구토, 설사, 복통 |
| 크롬 | 크롬이 증기나 미스트의 형태로 피부나 점막에 부착되어 일어난다. | 피부궤양, 비점막 염증, 비중격 천공 |

② 유해식품첨가물

| 감미료 | 둘신, 사이클라메이트, 메타니트로아닐린, 페릴라틴 |
|---|---|
| 보존제 | 붕산, 포름알데히드, 불소화합물, 승홍 |
| 착색제 | 아우라민, 로다민B, 니트로아닐린 |
| 표백제 | 롱가릿, 형광표백제, 삼염화질소 |
| 발색제 | 삼염화질소, 아질산칼륨 |

★★★
③ 식품 조리 및 가공에서 생기는 유해물질

| 메틸알코올(메탄올) | 에탄올 발효 시 펙틴이 있을 때 생성된다. 시신경염증, 시각장애를 초래하게 되고 심하면 호흡 곤란으로 사망하기도 한다. |
|---|---|
| N-니트로사민 | 육가공품의 발색제 사용으로 인해 생성되는 발암물질 |
| 다환방향족탄화수소 | 산소가 부족한 상태에서 유기물질을 고온으로 가열할 때 단백질이나 지방이 분해되어 생성되는 발암물질 |
| 3, 4-벤조피렌 | 다환방향족 탄화수소이며 훈제육이나 태운 고기에서 생성되는 발암물질 |
| 아크릴아마이드 | 전분식품 가열 시 아미노산과 당이 열에 의해 결합하는 메일라드 반응을 통해 생성되는 발암물질 |

## 3. 주방의 위생관리

### 1) 주방위생의 위해요소

#### (1) 주방의 위생관리

① 조리장의 내부 및 시설은 1일 1회 이상 청소하여 청결을 유지한다.

② 음식물 및 식재료는 위생적으로 보관하고 남은 재료나 쓰레기는 위생적으로 처리한다.

③ 조리기구 사용 시와 사용 후 잘 세척하고 청결을 유지한다.

④ 칼, 도마, 행주는 중성세제로 세척하여 햇빛이 잘 들고 바람이 잘 통하는 곳에서 건조 소독한다.

⑤ 냉장, 냉동고는 주1회 소독하고 서리를 제거한다.

⑥ 조리장의 위생해충은 방충, 방서시설, 살충제를 사용하여 방제한다.

⑦ 조리장 환기를 자주 시켜 공기를 순환시킨다.

#### (2) 조리기구의 위생관리

① **칼**: 사용한 후에는 깨끗이 세척하고 물기가 없도록 건조시켜 청결한 장소에 보관한다.

② **도마**: 사용 후 중성세제로 세척하고 살균, 소독하여 보관한다.

③ **식기**: 사용 후 중성세제로 세척하고 보관 중 오염을 막기 위해 지정장소에 수납한다.

④ **행주**: 마른행주와 젖은 행주를 구분하여 사용하고 열탕소독하거나 염소소독을 하여 건조하여 사용한다.

## 2) 식품 안전관리 인증 기준(HACCP) ★

### (1) 정의

식품의 원료관리, 제조, 가공, 조리, 소분, 유통의 모든 과정에서 위해한 물질이 식품에 섞이거나 식품이 오염되는 것을 방지하기 위하여 각 과정의 위해요소를 확인, 평가하여 중점적으로 관리하는 기준

### (2) 5단계 준비 절차

| | | |
|---|---|---|
| 1단계 | HACCP 팀구성 | 팀장, 팀원, 위원회, 모니터링 담당자 지정 |
| 2단계 | 제품설명서 작성 | 해당 제품의 안전성 관련 특성을 작성 |
| 3단계 | 제품의 용도 확인 | 해당 식품의 사용방법과 대상 소비자 파악 |
| 4단계 | 공정 흐름도 작성 | 입고에서부터 완제품 출하까지 모든 공정단계를 파악 |
| 5단계 | 공정 흐름도 현장 확인 | 작성한 공정흐름도가 실제 현장에서의 작업공정과 일치하는지를 검증하는 과정 |

### (3) 7단계 적용 절차

| | |
|---|---|
| 1단계 | 잠재적 위해요소 분석 |
| 2단계 | 중요 관리점 결정 |
| 3단계 | 중요 관리점의 한계 기준 설정 |
| 4단계 | 중요 관리점별 모니터링 체계 확립 |
| 5단계 | 개선 조치 방법 수립 |
| 6단계 | 검증 절차 및 방법 수립 |
| 7단계 | 문서화 및 기록유지 방법 설정 |

### (4) 대상식품 ★★

① 어육가공품 중 어묵류

② 냉동수산식품 중 어류, 연체류, 조미가공품

③ 냉동식품 중 피자류, 만두류, 면류

④ 빙과류

⑤ 비가열 음료

⑥ 레토르트 식품

⑦ 김치류 중 배추김치

> ✓ tip!
>
> **식품 회수제도**(RECALL제도)
>
> 식품이 유통되는 과정에서 위해식품으로 판정되었을 경우 생산자 등이 위해식품을 자발적으로 회수·폐기하여 소비자를 위해식품으로부터 사전에 보호하기 위한 제도

## 3) 작업장 교차오염 발생요소

### (1) 교차오염

오염되지 않은 식재료나 음식이 오염된 식재료, 기구, 종사자로 인해 미생물이 혼입되어 오염되는 것

### (2) 발생원인

① 칼, 도마 등에서의 교차오염

② 식재료 보관, 준비과정에서의 교차오염

③ 작업자의 위생에서의 교차오염

④ 주방시설에서의 교차오염

### (3) 교차오염 예방법

① 작업구역의 구분(검수구역, 전처리구역, 저장구역, 조리구역 등)

② 기구나 용기의 용도별 구분(채소용, 육류용, 어류용 등)

③ 작업자의 위생 관리(손세척, 조리복, 조리모, 위생화 등 복장의 위생관리)

④ 식재료 취급, 작업 시 바닥으로부터 60cm이상 떨어진 곳에서 실시

⑤ 식품, 식재료의 분리 보관

### (4) 구역별 위생관리

① **냉장, 냉동시설** : 살균을 자주하고 식자재와 음식물이 닿는 랙이나 내부표면, 용기는 매일 세척 및 살균한다.

② **상온 창고** : 진공청소기로 바닥의 먼지 제거하고 대걸레로 청소한 후 건조시킨다.

③ 선입선출을 원칙으로 한다.

④ **화장실** : 방향제, 변기 세척제를 구비하고 유리창, 벽면, 환기팬 등의 먼지를 제거한다.

⑤ **청소도구** : 청소 후 깨끗하게 세척하여 건조하고 지정된 장소에 보이지 않도록 보관한다.

⑥ **배기후드**

(ㄱ) 조리장비에 먼지나 이물이 떨어지지 않도록 청소하기전 비닐로 덮어 청소한다.

(ㄴ) 배기후드 내의 거름망을 분리하여 세척제에 불린 후 내부와 외부를 세척한다.

(ㄷ) 세척후에는 마른 수건으로 닦아 건조시킨다.

## 4. 식중독 관리

**식중독**: 식품 섭취로 인하여 인체에 유해한 미생물 또는 유독물질에 의해 발생하였거나 발생한 것으로 판단되는 감염성 질환 또는 독소형 질환

✓ tip!

**식중독에 관한 조사 보고**: 식중독 환자나 식중독 의심이 되는 증세를 보이는 자를 진단, 검안, 발견한 의사, 한의사, 집단급식소의 설치, 운영자는 지체 없이 관할 시장, 군수, 구청장에게 보고하여야 한다.

### 1) 세균성식중독 ★★★

#### (1) 감염형식중독

원인균 자체가 식중독의 원인이며 세균이 증식한 식품을 섭취해서 발병한다.

| | |
|---|---|
| 살모넬라 식중독 | 쥐, 파리, 바퀴벌레 등에 의해 육류, 가공품, 어패류, 알류, 우유 등의 식품이 오염되어 12~24시간의 잠복기를 가져 위장염 및 발열을 일으키는 식중독이다. 열에 약해 60℃에서 30분이상 가열 시 예방할 수 있다. |
| 장염비브리오 식중독 | 어패류에 의해 식중독을 일으키며 3~4%염분에서도 생육이 가능한 호염성세균이다. 10~18시간의 잠복기를 가지며 급성위장염을 일으키고 가열하여 섭취하거나 여름철 생식 금지를 통해 예방할 수 있다. |
| 병원성대장균 식중독 | 동물의 배설물이나 오염된 우유, 채소를 통해 식중독을 일으키며 평균 13시간의 잠복기를 가지며 급성대장염을 일으킨다. 분변 오염을 방지하여 예방할 수 있다. |
| 웰치균 식중독<br>(A형,F형은 감염형<br>/B,D,E,F형은 독소형) | 사람, 동물의 분변을 통해 육류 및 가공품에 증식하여 식중독을 일으키며 8~22시간의 잠복기를 가져 구토, 설사, 복통을 일으킨다. 조리 후 저온, 냉동보관, 재가열 섭취 금지 등을 통해 예방할 수 있다. |

#### (2) 독소형 식중독

식품 안에서 증식할 때 산출되는 독소로 인해 발병한다.

| | |
|---|---|
| 포도상구균<br>식중독 | 주로 화농성 질환의 대표적인 식품균으로 장독소인 엔테로톡신을 생산하여 발병하며 3시간정도의 잠복기를 가지며 급성 위장염을 일으킨다. 열에 강해 일반 가열조리법으로는 예방이 어렵고, 화농성 질환자의 식품취급을 금지하여 예방한다. |
| 클로스트리디움<br>보툴리늄균<br>식중독 | 편성혐기성으로 통조림, 병조림, 소세지 등 진공포장 식품에서 식중독을 일으키는 균으로 신경독소인 뉴로톡신을 생성한다. 12~36시간의 잠복기를 가지며 치명률이 높다. 독소인 뉴로톡신은 열에 약하나 형성된 포자는 열에 강하다. 통조림 등 원인 식품의 살균을 철저히 하여 예방한다. |

★★★
## 2) 자연독 식중독

| 구분 | 종류 | 독성분 |
|---|---|---|
| 동물성 식중독 | 복어 | • 가열로 파괴되지 않으며 치사율이 높아 복어 전문 조리사만이 요리하도록 한다.<br>• 5~6월 산란기에 가장 독성이 강하며, 난소>간>내장>피부 순으로 많이 들어있다. |
| 동물성 식중독 | 검은조개, 섭조개(홍합) | 삭시톡신 |
| | 모시조개, 굴, 바지락 | 베네루핀 |
| | 권패류(소라, 고동) | 테트라민 |
| 식물성 식중독 | 독버섯 | 아마니타톡신, 무스카린, 무스카리딘, 뉴린, 콜린, 팔린 |
| | 감자 | 솔라닌(감자의 싹과 녹색부위, 셉신-썩은 감자) |
| | 목화씨 | 고시폴 |
| | 피마자 | 리신 |
| | 청매, 은행, 살구씨 | 아미그달린 |
| | 독미나리 | 시큐톡신 |
| | 독보리 | 테물린 |

★★
## 3) 화학적 식중독

| 구분 | 종류 | 물질 | 증상 |
|---|---|---|---|
| 농약에 의한 식중독 | 유기인제(신경독) | 파라티온, 말라티온, 다이아지논, 테프 | 신경장애, 혈압상승, 근력감퇴 |
| | 유기염소제 | DDT, BHC | 복통, 설사, 두통, 구토 |
| | 유기수은제 | 메틸염화수은, 메틸요오드화수은, EMP, PMA | 시야축소, 언어장애 |
| | 비소화합물 | 비산칼슘 | 위통, 설사, 혈변 |
| 메틸알코올(메탄올)에 의한 식중독 | 주류 발효과정에서 펙틴이 존재할 경우 과실주에서 생성되며 두통, 구토, 설사, 실명, 사망을 일으킨다. | | |
| 곰팡이 식중독 | 곰팡이독 | 아플라톡신(간장독), 열에 강하며 가열 후에도 존재한다(원인식품 : 재래식 된장, 곶감, 땅콩, 곡류). | |
| | 황변미독 | 시크리나(신장독) (원인식품 : 저장미) | |
| | 맥각독 | 에르고타민, 에르고톡신 (원인식품 : 보리, 밀, 호밀) | |
| 알레르기성 식중독 | 히스타민 | 원인식품 : 꽁치, 고등어, 가다랑어 등 등푸른 생선 | |

### 4) 노로바이러스 ★

#### (1) 감염경로

| 구분 | 내용 |
|---|---|
| 경구감염 | 오염식수, 오염식수로 재배된 채소, 과일, 식품 섭취 시 감염된다. |
| 접촉감염 | 감염환자의 비위생적 처리, 조리도구의 오염 시 감염된다. |
| 호흡기감염 | 기침, 재채기, 대화를 통해 감염된다. |

#### (2) 증상 및 예방대책

① 1~2일 내에 구토, 설사, 복통이 발생하고 발병 2~3일 후 자연 치유로 없어진다.

② 겨울에 발생 빈도가 더 높다.

③ 손을 깨끗하게 씻고 식품을 충분히 가열하여 섭취한다.

## 5. 식품위생 관계 법규

### 1) 식품위생법 및 관계법규

#### (1) 식품위생법의 목적

① 식품으로 인한 위생상의 위해 방지

② 식품 영양이 질적 향상 도모

③ 국민보건증진에 이바지

④ 식품에 관한 올바른 정보 제공

#### (2) 식품위생법 용어 정의

① **식품**: 모든 음식물(의약으로 섭취하는 것 제외)

② **식품첨가물**: 식품을 제조 가공, 보존하는 과정에서 식품에 넣거나 섞는 물질 또는 식품을 적시는 등에 사용되는 물질

③ **식품위생**: 식품, 식품첨가물, 기구 또는 용기, 포장을 대상으로 하는 음식에 관한 위생

④ **기구**: 식품 또는 식품첨가물을 넣거나 싸는 것으로 식품첨가물을 주고 받을 때 함께 건네는 물품

⑤ **표시**: 식품, 식품첨가물, 기구 또는 용기, 포장에 적는 문자, 숫자 또는 도형

⑥ **집단급식소**: 영리를 목적으로 하지 않고 50인 이상의 특정 다수인에게 계속해서 음식물을 공급하는 기숙사, 학교, 병원, 사회복지시설, 산업체, 공공기관 및 후생기관 등의 급식시설로서 대통령령으로 정하는 시설

⑦ **소분**: 완제품을 나누어 유통을 목적으로 재포장하는 것

⑧ **식중독**: 식품 섭취로 인해 인체에 유해한 미생물 또는 유독물질에 의해 발생하였거나 발생한 것으로 판단되는 감염성 또는 독소형 질환

### (3) 식품 및 식품 첨가물에 관한 법령

① **위해식품 등의 판매 등 금지**: 누구든지 다음의 어느 하나에 해당하는 식품 등을 판매하거나 판매할 목적으로 채취, 제조, 수입, 가공, 사용, 조리, 저장, 소분, 운반 또는 진열하여서는 안 된다.

(ㄱ) 썩거나 상하거나 설익어서 인체의 건강을 해칠 우려가 있는 것

(ㄴ) 유독, 유해물질이 들어 있거나 묻어있는 것 또는 그러할 염려가 있는 것(식품의약품안전처장이 인체의 건강을 해칠 우려가 없다고 인정하는 것은 제외)

(ㄷ) 병을 일으키는 미생물에 오염되었거나 그러할 염려가 있어 인체의 건강을 해칠 우려가 있는 것

(ㄹ) 불결하거나 다른 물질이 섞이거나 첨가된 것 또는 그 밖의 사유로 인체의 건강을 해칠 우려가 있는 것

(ㅁ) 안정성 심사 대상인 농·축·수산물 등 가운데 안전성 심사를 받지 아니하였거나 안전성 심사에서 식용으로 부적합하다고 인정되는 것

(ㅂ) 수입이 금지된 것 또는 수입신고를 하지 아니하고 수입한 것

(ㅅ) 영업자가 아닌 자가 제조·가공·소분한 것

② **병든 동물 고기 등의 판매 등 금지**: 누구든지 총리령으로 정하는 질병에 걸렸거나 걸렸을 염려가 있는 동물이나 그 질병에 걸려 죽은 동물의 고기, 뼈, 젖, 장기 또는 혈액을 식품으로 판매하거나 판매할 목적으로 채취, 수입, 가공, 조리, 저장, 소분 또는 운반하거나 진열하면 안 된다.

③ **식품의 공전**: 식품의약품안전처장이 작성하는 것으로 식품이나 식품첨가물, 기구, 용기, 포장의 기준과 규격을 작성한 것

(ㄱ) 식품 또는 식품첨가물의 기준과 규격

(ㄴ) 기구 및 용기, 포장의 기준과 규격

(ㄷ) 식품 등의 표시기준

| ★ 공전 온도 | • **표준온도**: 20℃<br>• **상온**: 15-25℃<br>• **실온**: 1-35℃<br>• **미온**: 30-40℃ |
|---|---|

④ **식품 등의 표시사항**

(ㄱ) **제품명**: 제품을 나타내는 고유 명칭

(ㄴ) **식품 유형**: 식품 등의 기준 및 규격의 최소 분류 단위

(ㄷ) 업소명 및 소재지

(ㄹ) 제조연월일

(ㅁ) 유통기한 또는 품질유지기한

(ㅂ) **내용량**: 중량 및 용량

(ㅅ) 원재료 및 함량

(ㅇ) 성분명 및 함량

(ㅈ) 영양성분

(ㅊ) **기타 표시 사항**: 열량-kcal로 표시되며 5kcal이하는 0으로 표시할 수 있다.

★★
### ⑤ 원산지 표시방법

(ㄱ) **소고기** : 국내산과 수입산(수입국가명)을 표시하며 한우, 젖소, 육우를 구분하여 표시한다(등심 - 국내산 한우, 소갈비 - 국내산 육우).

(ㄴ) **돼지고기, 닭고기, 오리고기** : 국내산, 수입산(수입국가명)을 표시한다(삼겹살 - 국내산, 삼계탕 - 덴마크산).

(ㄷ) **배추김치** : 국내에서 배추김치를 조리하여 판매하는 경우 배추김치로 표시하고 괄호로 원래인 배추의 원산지와 고춧가루를 사용한 경우 고춧가루의 원산지를 같이 표시한다(예 : 배추김치 - 배추 국내산, 고춧가루 중국산).

★★
### ⑥ 허위표시 및 과대광고

(ㄱ) 질병의 예방 또는 치료에 효능이 있다는 내용의 표시, 광고

- 식품 등의 명칭, 제조방법, 품질, 영양표시, 식품의 성분, 용도와 다른 내용의 표시, 광고

(ㄴ) 제조방법에 관하여 연구하거나 발견한 사실로서 식품학, 영양학 등의 분야에서 공인된 사항 외의 표시, 광고

(ㄷ) 각종 상장, 감사장 등을 이용하거나 인증, 보증, 추천을 받았다는 내용을 사용하거나 이와 유사한 내용을 표현하는 광고

식품의 방사선 조사식품 인증표시 마크

(ㄹ) 외국어 사용 등으로 외국제품으로 혼동할 우려가 있는 표시, 광고, 또는 외국과 기술 제휴한 것으로 혼동할 우려가 있는 내용의 표시, 광고

(ㅁ) 다른 업소의 제품을 비방하거나 비방하는 것으로 의심되는 표시, 광고

(ㅂ) 소비자가 건강기능식품으로 오인, 혼동할 수 있는 특정 성분의 기능 및 작용에 관한 표시, 광고

### ⑦ 식품의 검사

(ㄱ) **식품의 위해평가** : 식품의약품안전처장은 국내외에서 유해물질이 함유된 것으로 알려지는등 위해의 우려가 제기되는 식품들이 판매 및 금지식품 등에 해당한다고 의심되는 경우에는 그 식품 등의 위해요소를 신속히 평가하여 그것이 위해식품 등인지를 결정하여야 한다.

(ㄴ) **수입식품 검사방법** : 서류검사(신고서류), 관능검사(성질, 상태, 맛, 냄새, 표시 등), 정밀검사(물리적, 화학적 또는 미생물학적 방법에 따른 검사)

✓ tip!

**수입식품 사후처리** : 부적합한 식품 등에 대해 수입 신고인은 다음과 같은 조치를 취하여야 한다.
- 수출국으로 반송 또는 다른 나라로의 반출
- 해당 식품 등에 대한 검사 결과 식품의약품안전처장이 정하는 경미한 위반사항이 있는 경우 그 위반사항 보완하여 재수입 신고
- 이외의 경우에는 폐기

★★
**⑧ 식품위생감시원의 직무**

(ㄱ) 식품 등의 위생적인 취급에 관한 기준의 이행 지도

(ㄴ) 수입, 판매 또는 사용 등이 금지된 식품 등의 취급여부에 관한 단속

(ㄷ) 표시기준 또는 과대광고 금지의 위반 여부에 관한 단속

(ㄹ) 출입, 검사 및 검사에 필요한 식품 등의 수지

(ㅁ) 시설기준의 적합 여부의 확인, 검사

(ㅂ) 영업자 및 종업원의 건강진단 및 위생교육의 이행 여부의 확인, 지도

(ㅅ) 조리사 및 영양사의 법령 준수사항 이행 여부의 확인, 지도

(ㅇ) 행정처분의 이행 여부 확인

(ㅈ) 식품 등의 압류, 폐기

(ㅊ) 영업소의 폐쇄를 위한 간판 제거 등의 조치

(ㅋ) 그 밖에 영업자의 법령 이행 여부에 관한 확인, 지도

★★★
**⑨ 영업**

(ㄱ) **허가를 받아야 하는 영업**: 식품조사처리업, 단란주점영업, 유흥주점영업, 식품첨가물 가공업

(ㄴ) **영업신고를 하여야 하는 업종**: 즉석판매제조가공업, 식품운반업, 식품소분판매업, 용기포장류제조업, 식품접객업

✓ **tip!**

식품 접객업의 종류, 정의

① **일반음식점영업**: 음식류를 조리, 판매하는 영업, 식사와 함께 음주행위가 허용되는 영업

② **휴게음식점영업**: 다과류, 아이스크림 등을 조리, 판매하거나 패스트푸드점, 분식점 등의 영업으로 음식류를 조리, 판매하지만 음주행위는 허용되지 않는 영업

③ **단란주점영업**: 주류를 조리, 판매하는 영업으로 손님이 노래부르는 행위가 허용되는 영업

④ **유흥주점영업**: 주류를 조리, 판매하는 영업으로 유흥종사자를 두거나 유흥시설을 설치할 수 있고 손님이 노래를 부르거나 춤을 추는 행위가 허용되는 영업

⑤ **위탁급식영업**: 집단급식소를 설치, 운영하는 자와의 계약에 의해 그 집단급식소 내에서 음식류를 조리하여 제공하는 영업

(ㄷ) **식품위생 교육시간**

| 신규영업작업 | |
|---|---|
| 영업 종류 | 교육시간 |
| 식품 제조, 가공 영업, 즉석판매제조, 가공업, 식품첨가물제조업 | 8시간 |
| 식품운반업, 식품소분판매업, 식품보존업, 용기포장류제조업 | 4시간 |
| 식품접객업 | 6시간 |
| 집단급식소 설치운영자 | 6시간 |

| 기존영업 | |
|---|---|
| 영업 종류 | 교육시간 |
| 영업자 | 3시간 |
| 유흥주점영업의 유흥종사자 | 2시간 |
| 집단급식소를 설치, 운영하는 자 | 3시간 |

⑩ **우수업소와 모범업소**

(ㄱ) **우수업소의 지정**: 식품의약품안전처장 또는 특별자치도지사, 시장, 군수, 구청장

(ㄴ) **모범업소의 지정**: 특별자치도지사, 시장, 군수, 구청장

⑪ **조리사와 영양사** ★

(ㄱ) **조리사를 두어야 하는 영업**: 복어를 조리 · 판매하는 영업을 하는 자, 집단급식소운영자

(ㄴ) **조리사 결격 사유**: 정신질환자, 감염병환자(B형간염 제외), 마약이나 그 밖의 약물중독자, 조리사 면허의 취소처분을 받고 그 취소된 날부터 1년이 지나지 아니한 자

(ㄷ) **조리사의 면허취소 등 행정처분**

| 위반사항 | 행정처분기준 | | |
|---|---|---|---|
| | 1차 | 2차 | 3차 |
| 조리사결격사유 | 면허취소 | | |
| 조리사 교육 미수료 | 시정명령 | 업무정지 15일 | 업무정지 1개월 |
| 식중독 및 중대한 사고 발생에 직무상 책임이 있는 경우 | 업무정지 1개월 | 업무정지 2개월 | 면허취소 |
| 면허를 타인에게 대여하여 사용하게 한 경우 | 업무정지 2개월 | 업무정지 3개월 | 면허취소 |
| 업무정지기간 중에 조리사의 업무를 한 경우 | 면허취소 | | |

✓ **tip!**

**면허취소의 처분을 받은 경우**: 면허증을 특별자치도지사, 시장, 군수, 구청장에게 반납

⑫ **영양사를 두어야 하는 영업**: 상시 1회 50인 이상에게 식사를 제공하는 집단 급식소

⑬ **영양사의 직무**: 식단작성, 검식 및 배식관리, 구매식품의 검수 및 관리, 급식시설의 위생관리, 집단급식소의 운영일지 작성, 종업원에 대한 영양지도 및 식품위생교육

## 2) 제조물 책임법

**(1) 정의**: 제조물의 결함으로 발생한 손해에 대한 피해자 보호를 위한 법률로 소비자가 피해를 입은 부분에 대하여 제조사가 부담해야 하는 손해배상책임을 말한다.

**(2) 목적**: 제조물의 결함으로 발생한 손해에 대하여 규정함으로써 소비자를 보호하고 안전향상과 발전에 이바지함을 목적으로 한다.

# 6. 공중 보건

## 1) 공중보건의 개념

### (1) 공중보건학의 정의

① **세계보건기구(WHO)의 정의** : 질병을 예방하고자 건강을 유지, 증진시킴으로써 육체적, 정신적인 능력을 발휘할 수 있게 하기 위한 과학적 지식을 사회의 조직적 노력으로 사람들에게 적용하는 기술이다.

② **윈슬로의 정의** : 조직적인 지역사회의 노력을 통하여 질병을 예방하고 생명을 연장시키며 신체적, 정식적 효율을 증진하는 기술이며 과학이다.

③ **공중보건의 3요소** : 질병예방, 수명연장, 건강증진

④ **대상** : 개인이 아닌 인간집단으로 지역사회가 최소단위이며 나아가 국민 전체를 대상으로 한다.

⑤ **건강의 정의** : 단지 질병이나 허약의 부재 상태를 포함한 육체적, 정신적, 사회적으로 완전한 상태이다.

⑥ **보건지표**

| | |
|---|---|
| **평균수명** | 인간의 생존 기대 기간 |
| **조사망률**(보통사망률) | 연간 사망자 수÷그 해 인구 수×1,000 |
| **비례사망자수** | 연간 전체 사망자 수에 대한 50세 이상의 사망자 수의 구성비 |
| **영아사망률** | ★★<br>생후 1년 미만인 영아의 사망률로 국가의 보건 수준을 나타내는 대표적인 지표이다. |

✓ tip!

- **영아사망률** : 출생아 1000명당 생후 1년 미만의 사망 수
- **신생아** : 28일 미만, **영아** : 생후 1년 미만

## 2) 환경위생 및 환경오염 관리

**(1) 환경위생의 정의(WHO)** : 인간의 신체발육과 건강 및 생존에 유해한 영향을 미치거나 또는 영양을 미칠 가능성이 있는 인간의 물리적 생활환경에 있어서의 모든 환경요소를 통제, 관리하는 것을 말한다.

**(2) 환경위생의 목적** : 인간의 생활하는 환경을 개선, 조정하여 쾌적하고 건강한 생활을 만들기 위함

**(3) 환경위생의 범위** : 자연환경(기후, 공기, 물 등), 인위적환경(조명, 채광, 환기, 냉방 등), 사회적 환경(인구, 종교, 교통 등)

★★★
**(4) 일광(태양빛)**

① 자외선

(ㄱ) 일광의 3분류 중 파장이 가장 짧다.

(ㄴ) 2,500~2,800Å에서 살균력이 가장 강해 소독에 이용된다.

(ㄷ) 신진대사 촉진, 적혈구 생성 촉진, 혈압강하의 효과가 있다.

(ㄹ) 비타민D를 형성하여 구루병을 예방하고 피부결핵과 관절염 치료에 효과적이다.

(ㅁ) 과다노출 시 피부의 색소를 침착시키고 심하면 결막염, 설안염, 백내장, 피부암 등을 유발한다.

② 가시광선

(ㄱ) 망막을 자극하여 명암과 색채를 구분한다.

(ㄴ) 조명이 불충분할 때는 시력저하, 눈의 피로를 일으킨다.

(ㄷ) 조명이 지나치게 강할 때는 어두운 곳에서 암순응능력을 저하시킨다.

③ 적외선

(ㄱ) 파장이 가장 길다.

(ㄴ) 고열물체의 복사열을 운반하여 열선이라고도 한다.

(ㄷ) 피부온도 상승, 혈관 확장, 피부홍반을 일으킨다.

(ㄹ) 과다노출 시 두통, 현기증, 백내장, 일사병을 유발한다.

**(5) 온열과 건강**

① 온열의 4대요소

(ㄱ) **기온**: 대기의 온도, 쾌적온도 16~20℃

(ㄴ) **기습(습도)**: 대기 중 포함된 수분량에 의해 결정되며 기온에 따라 변화한다. 쾌적습도 40~70%

(ㄷ) **기류(바람)**: 공기의 흐름, 최적기류는 1초당 1m 이동

(ㄹ) **복사열**: 태양의 적외선에 의한 열의 공급, 온도차이 또는 물에의 발열에 의해 일어난다.

② **감각온도**: 기온, 기습, 기류의 요소를 종합한 체감온도를 포화습도, 정지공기 상태에서 동일한 온감을 주는 기온

✓ tip!

감각온도의 3요소: 기온, 기습, 기류

③ **불쾌지수(DI)**: 날씨에 따라서 불쾌함을 느끼는 정도를 기온과 습도를 이용하여 나타낸 수치이다(불쾌지수 70이면 10% , 75이면 50%, 80이면 거의 모든 사람이 불쾌감을 느낌).

④ 공기 및 대기오염

(ㄱ) **공기의 조성**: 공기는 질소78%, 산소21%, 아르곤0.9%, 이산화탄소0.03% 기타원소로 이루어진다.

(ㄴ) ★ **공기의 자정작용**

- 공기 자체의 확산과 이동에 의한 희석작용
- 비와 눈에 의한 세정작용
- 산소, 오존, 과산화수소에 의한 산화작용
- 일광에 의한 살균작용
- 식물의 광합성에 의한 이산화탄소와 산소의 교환작용

⑤ 공기 오염의 원인

(ㄱ) **이산화탄소($CO_2$)**: 실내공기의 오염지표, 무색, 무취, 비독성가스(허용단계 0.1%)

(ㄴ) **일산화탄소(CO)**: 무색, 무취, 무자극성의 기체, 물체의 불완전연소 시 발생(허용한계 0.01%)

(ㄷ) **이산화황($SO_2$)**: 실외공기의 오염지표, 산성비의 원인, 달걀이 썩는 자극성 냄새, 경유의 연소 과정에서 발생한다.

★★
⑥ **군집독**: 실내에 다수인이 밀집해 있는 경우 발생하며 공기의 물리적, 화학적 조성의 변화로 일어나는 현상으로 구토, 불쾌감, 두통, 권태, 현기증, 식욕저하 등을 일으킨다.

★★
⑦ **기온역전현상**: 상부기온이 하부기온보다 높을 때를 말한다(보통의 대기층 온도는 100m 상승 시 1℃가 낮아지므로 상부기온이 하부기온보다 낮다).

⑧ **대기오염 물질**

(ㄱ) **1차**: 배출원으로부터 직접 배출 되는 것(분진, 매연, 황사화물, 질소산화물)

(ㄴ) **2차**: 1차오염물질과 대기중의 물질이 태양에너지에 의해 광합성 반응을 일으켜 생성되는 물질(오존, 알데히드, 과산화수소 등)

**(6) 물과 건강**

**물**: 인체의 주요 구성 성분으로 체중의 60~70%를 차지한다.

① **수인성감염병**

(ㄱ) **정의**: 오염수나 생존 가능한 음식물을 통해 전염되는 질병

(ㄴ) **특징**: 잠복기가 짧고 유행지역과 음료수 사용지역이 일치하며 성, 나이, 직업, 생활수준에 따른 발생빈도의 차이가 없고 계절과 관계없다.

(ㄷ) **종류**: 장티푸스, 파라티푸스, 콜레라, 세균성이질, 아메바성이질, 전염성설사, 유행성간염 등

② **먹는 물의 수질 기준**

(ㄱ) 총 대장균군은 100ml에서 검출되지 않을 것

(ㄴ) 색도는 5도를 넘지않을 것

(ㄷ) 수소이온농도는 pH 5.8 이상 pH 8.5 이하

(ㄹ) 탁도는 1NTU 이하를 넘지 않을 것

③ **상수도**

(ㄱ) **정의**: 중앙급수에 의해 일정한 인구 집단에 보건상 양질의 물을 공급하는 설비

(ㄴ) 정수과정

- 취수: 강, 호수의 물을 침사지로 보냄
- 침전: 유속을 조정하여 부유물을 가라앉게 만듦
- 여과: 보통침전시 - 완속여과, 약품침전시 - 급속여과
- 소독: 일반적으로 염소소독을 사용
- 급수: 살균, 소독된 물이 배수지에서 필요한 곳으로 공급 됨

④ **하수도**

(ㄱ) **정의**: 비, 눈과 같은 천수와 인간 생활에서 배출되는 오수를 처리하는 설비

(ㄴ) **하수처리과정**

- 예비처리: 침전과정, 보통침전과 약품침전
- 본처리: 혐기성처리(부패조처리법, 임호프탱크법, 혐기성소화), 호기성처리법(활성오니법, 살수여과법, 산화지법 등)
- 오니처리: 소화법, 소각법, 퇴비법, 사상건조법 등

⑤ **수질오염**: 자연수가 오염되는 현상

(ㄱ) **오염지표**

- 용존산소(DO): 물에 녹아있는 산소의 농도, 수치가 낮으면 하수오염도가 높다.
- 생물학적 산소요구량(BOD): 세균이 호기성 상태에서 유기물을 20℃에서 5일간 안정화시키는데 필요한 산소량을 말한다. 수치가 높을수록 오염의 정도가 크다.
- 화학적 산소요구량(COD): 수중에 함유된 유기물질을 산화제로 산화시킬 때 소모되는 산화제의 양을 말한다. 수치가 높을수록 오염의 정도가 크다.

✓ **tip!**

**깨끗한 물**: DO가 높고 BOD, COD가 낮다.

⑥ **부영양화**: 호수, 연안해역, 하천 등의 정체된 수역에 오염된 유기물질이 과도하게 유입되어 발생하는 수질 악화현상을 의미한다.

### (7) 폐기물, 오물의 처리

① **생활폐기물**

(ㄱ) **주개**: 주방에서 배출되는 식품 쓰레기

(ㄴ) **진개**: 사람이 사는 생활 환경에서 배출되는 쓰레기

② **폐기물의 처리법**

(ㄱ) **매립법**: 도시에서 많이 사용하는 방법으로 폐기물을 땅속에 묻고 흙으로 덮는 방법, 진개의 두께는 2m를 넘지 않고 복토의 두께는 0.6~1m가 좋음

(ㄴ) **소각법**: 폐기물을 불에 태우는 방법으로 가장 위생적이지만 대기오염이 심하며 발암성 물질인 다이옥신이 발생할 수 있다.

(ㄷ) **비료화법(퇴비화법)**: 유기물이 많은 쓰레기를 발효시켜 비료로 이용하는 방법이다.

### (8) 구충, 구서

① **일반적 원칙**

(ㄱ) 발생원인 및 서식처를 제거한다.

(ㄴ) 발생초기에 실시하며 광범위하게 동시에 실시한다.

(ㄷ) 생태, 습성에 따라 행한다.

② **위해해충의 종류 및 질병**

| | |
|---|---|
| 파리 | 장티푸스, 파라티푸스, 이질, 콜레라, 식중독 |
| 모기 | 말라리아, 일본뇌염, 이질, 황열, 식중독 |
| 이·벼룩 | 페스트, 발진티푸스 |
| 바퀴 | 이질, 콜레라, 장티푸스, 살모넬라, 소아마비 |
| 진드기 | 양충병 |
| 쥐 | 페스트, 서교증, 살모넬라, 발진열, 유행성출혈열 |

#### (9) 소음 및 진동

① **공해**: 인간의 생활 및 생산활동으로 인해 다수에게 건강, 생명, 재산 등의 위해를 끼치거나 다수가 가지는 권리를 방해하는 현상으로 대기오염, 수질오염, 진동, 소음, 악취 등이 있다.

② **소음**: 원하지 않는 불쾌한 소리를 말하며 공장, 건설장, 교통기관 등의 소음이 있다. 측정단위는 데시벨(dB)을 사용한다(허용기준 1일8시간 기준 90dB 미만).

③ **진동**: 어떤 물체가 외부의 힘에 의해 평형상태에서 전후, 좌우, 상하로 흔들리는 것을 말하며 전신장애, 국소장애(레이노드병)가 일어난다.

#### (10) 기타 산업재해 및 직업병

① **산업재해**: 근로자가 업무에 관계된 작업으로 인하여 사망하거나 부상하거나 질병에 걸리는 것

② **산업재해지표**

(ㄱ) **건수율**: 노동자 수에 대한 재해 발생을 빈도를 나타내는 지표

(ㄴ) **도수율**: 노동시간에 대한 재해의 발생빈도를 나타내는 지표

(ㄷ) **강도율**: 노동시간에 대한 재해로 인해 상실된 근로 손실일수, 산업재해의 경중정도를 나타내는 지표

★★
③ **직업병의 종류**

| | |
|---|---|
| 고열환경 | 일사병, 열경련, 열쇠약 |
| 저온환경 | 동상, 참호족, 참수족 |
| 고압환경 | 잠함병, 감압병 |
| 저압환경 | 고산병, 항공병 |
| 소음 | 직업성 난청 |
| 진동 | 레이노드병 |
| 분진 | 진폐증, 규폐증, 석면폐증 |
| 조명 | 안구진탕증, 근시, 안정피로, 백내장 |
| 중금속 | 납, 수은, 크롬, 카드뮴의 중독 |

✓ tip!

**레이노드병**: 진동이 심한 작업을 하는 사람에게 손가락의 말초혈관운동장애로 일어나는 국소진통증

### 3) 역학 및 감염병 관리

#### (1) 역학

① **정의**: 어떤 지역이나 집단 안에서 일어나는 질병의 원인이나 변동 상태를 연구하는 학문. 전염병의 발생, 유행, 종식에 미치는 조건을 밝혀 전염병의 예방과 치료를 연구하는 것을 말한다.

② 목적

(ㄱ) 질병예방을 위하여 요인을 찾기 위해

(ㄴ) 질병의 측정과 유행 발생을 감시하기 위해

(ㄷ) 보건의료의 기획과 평가 자료 제공을 위해

(ㄹ) 임상연구에 활용하기 위해

### (2) 감염병

① **정의** : 세균, 리케차 등 병원체가 인간이나 동물에 증식하여 일어나는 질병

② **감염병 발생의 3요소**

(ㄱ) **감염원(병원체, 병원소)** : 질병을 일으키는 원인(환자, 보균자, 매개동물, 곤충, 오염식품 등)

(ㄴ) **감염경로(환경)** : 전염원이 감수성 숙주에 도달할 때까지의 경로(직접감염, 간접감염, 공기감염등)

(ㄷ) **감수성숙주** : 숙주의 감수성에 따라 질병의 발생 여부가 결정된다(감수성이 높으면 면역성이 낮음).

✓ tip!

- **감수성** : 자극을 받아들이고 느끼는 성질, 숙주에 침입한 병원체에 대항하여 감염이나 발병을 저지할 수 없는 상태
- **숙주** : 한 생물체가 다른 생물체의 침범을 받아 영양물질의 탈취, 조직손상을 당하는 생물체

③ **감염병의 생성과정**

병원체, 병원소→병원체의 탈출→병원체 전파 및 침입→감수성 숙주의 감염

④ **감염병의 분류**

(ㄱ) **병원체에 따른 분류** ★★

| | | |
|---|---|---|
| 바이러스 | 소화기계침입 | 폴리오(소아마비), 유행성간염 |
| | 호흡기계침입 | 홍역, 수두, 유행성이하선염, 인플루엔자, 두창, 코로나19 |
| | 피부점막침입 | 일본뇌염, 광견병(공수병), AIDS(후천성면역결핍증) |
| 세균 | 소화기계침입 | 콜레라, 장티푸스, 파라티푸스, 세균성이질 |
| | 호흡기계침입 | 디프테리아, 성홍열, 백일해, 결핵, 한센병, 폐렴 |
| | 피부점막침입 | 파상풍, 페스트 |
| 리케차 | | 발진티푸스, 발진열, 쯔쯔가무시증 |
| 스피로헤타 | | 매독 |
| 원충 | | 말라리아, 아메바성이질, 톡소플라스마 |

(ㄴ) **인체 침입 장소에 따른 분류**

| | | |
|---|---|---|
| 호흡기계침입 | 대화, 기침 등 호흡기를 통해 감염 | 디프테리아, 결핵, 백일해, 홍역, 풍진, 인플루엔자, 성홍열, 코로나19(COVID-19) |
| 소화기계침입 | 물이나 식품 섭취를 통해 감염 | 장티푸스, 콜레라, 폴리오, 파라티푸스, 세균성이질 |
| 경피침입<br>(피부점막침입) | 신체 일부가 토양이나 신체접촉을 통해 감염 | 매독, 한센병, 파상풍, 탄저 |

⑤ 감염병의 잠복기

(ㄱ) **잠복기의 정의**: 병원체가 인체에 침입한 후 자각적, 다각적 임상증상이 발병할 때까지의 기간을 말한다.

(ㄴ) **기간에 따른 분류**

| 잠복기간이 긴 것 | 나병(한센병)-2~40년, 결핵 |
|---|---|
| 잠복기간이 짧은 것 | 콜레라-1~3일, 세균성이질-1~3일, 장티푸스-1~10일, 디프테리아-2~5일 등 |

⑥ 법정 감염병

| | | |
|---|---|---|
| 제1급 감염병 | 생물테러감염병 또는 치명률이 높거나 집단 발생의 우려가 커서 발생 또는 유행 즉시 신고하여야 하고 음압격리와 같은 높은 수준의 격리가 필요한 감염병 | 에볼라바이러스병, 마버그열, 라싸열, 크리미안콩고출혈열, 남아메리카출혈열, 리프트밸리열, 두창, 페스트, 탄저, 보툴리눔독소증, 야토병, 신종감염병증후군, 중증급성호흡기증후군(SARS), 중동호흡기증후군(MERS), 동물인플루엔자 인체감염증, 신종인플루엔자, 디프테리아, 코로나(COVID-19) |
| 제2급 감염병 | 전파가능성을 고려하여 발생 또는 유행 시 24시간 이내에 신고하여야 하고, 격리가 필요한 감염병 | 결핵, 수두, 홍역, 콜레라, 장티푸스, 파라티푸스, 세균성이질,장출혈성대장균감염증, A형 간염, 백일해, 유행성이하선염, 풍진, 폴리오, 수막구균감염증, B형 헤모필루스인플루엔자, 폐렴구균감염증, 한센병, 성홍열, 반코마이신내성황색포도알균(VRSA)감염증, 카바페넴내성장내세균속균종(CRE)감염증 |
| 제3급 감염병 | 그 발생을 계속 감시할 필요가 있어 발생 또는 유행 시 24시간이내에 신고하여야 하는 감염병 | 파상풍, B형 간염, 일본뇌염, C형 간염, 말라리아,레지오넬라증, 비브리오패혈증, 발진티푸스, 발진열, 쯔쯔가무시증, 렙토스피라증, 브루셀라증, 공수병, 신증후군출혈열, 후천성면역결핍증(AIDS), 크로이츠펠트-야콥병(CJD), ALC 변종크로이츠펠트-야콥병(vCJD), 황열, 뎅기열, 큐열, 웨스트나일열, 라임병, 진드기매개뇌염, 유비저, 치쿤쿠니야열, 중증열성혈소판감소증후군(SFTS), 지카바이러스감염증 |
| 제4급 감염병 | 1~3급 외에 유행 여부를 조사하기 위하여 표본감시 활동이 필요한 감염병 | 인플루엔자, 매독, 회충증, 편충증, 요충증, 간흡충증, 폐흡충증, 장흡충증, 수족구병, 임질, 클라미디아감염증, 연성하감, 성기단순포진, 첨규콘딜롬, 반코마이신내성장알균(VRE)감염증, 메티실린내성황색포도알균(MRSA)감염증, 다제내성녹농균(MRAB)감염증, 장관감염증, 급성호흡기감염증, 해외유입기생충감염증, 엔테로바이러스감염증, 사람유두종바이러스감염증 |

### ⑦ 인수공통감염병 ★★★

(ㄱ) **정의**: 사람과 동물간에 서로 전파되는 병원체에 의하여 감염증상을 일으키는 것

(ㄴ) **종류**

| | |
|---|---|
| 결핵 | 소 |
| 탄저병 | 소, 말, 양 |
| 파상열 | 소, 돼지, 염소(사람은 열병/동물은 유산 발생) |
| 야토병 | 토끼 |
| Q열 | 소,양 |
| 페스트 | 쥐 |
| 광견병 | 개 |
| 톡소플라스마 | 개, 고양이 |

### ⑧ 감염병 예방

(ㄱ) **대책**

| | |
|---|---|
| 감염원 | 환자의 조기 발견, 격리 및 치료 실시, 보균자 조사 |
| 감염경로 | 소독, 살균, 해충 구제 |
| 감수성숙주 | 저항력 증진, 예방접종 실시 |

✓ tip! ★

- **보균자**: 병원체를 보유하고 있는 사람
- **건강보균자**: 병원체를 가지고 있으나 발병하지 않고 건강한 상태로 관리가 가장 어렵다.
- **잠복기보균자**: 병원체가 잠복기에 있는 발병 전 단계로 전염성을 가지고 있다.
- **회복기보균자**: 질병이 회복되는 시기이나 병원체는 아직 가지고 있는 상태이다.

### ⑨ 정기예방접종

(ㄱ) **기본접종**: BCG(결핵) - 4주이내, 경구용소아마비, DPT - 2 · 4 · 6개월, 홍역, 볼거리, 풍진 - 15개월

(ㄴ) **추가접종**: 경구용 소아마비, DPT - 18개월, 4~6세, 11~13세, 매년 - 일본뇌염

✓ tip!

- ★★ BCG: 아기가 태어나서 가장 먼저 받는 예방 접종
- ★★ DPT: 디프테리아, 백일해, 파상풍

⑩ 면역

| 선천적면역 | 태어날 때부터 가지고 태어난 면역으로 체내에서 자연적으로 형성된 면역 | 종속면역, 인종면역, 개인면역 |
|---|---|---|
| 후천적면역 | 감염병의 환후나 예방접종을 통해 형성된 면역 | **능동면역** : 자연능동면역(질병감염 후 얻은 면역), 인공능동면역(예방접종 후 얻은 면역) |
| | | 자연수동면역(모체로부터 얻은 면역), 인공수동면역(혈청제제 접종 후 얻은 면역) |
| 영구면역 | 한번 앓은 질병의 병원체에 대하여 평생 면역을 얻음 | 홍역, 폴리오, 발진티푸스, 장티푸스, 페스트, 콜레라 |
| 일시면역 | 병원체에 대하여 일정 기간 면역이 생겼다 사라지는 면역 | 디프테리아, 인플루엔자, 매독 |

### (3) 인구와 보건

① 인구 문제

(ㄱ) 인구의 증가

| 자연증가 | 출생과 사망으로 인한 증가(사망률에 비해 출생률이 높다) |
|---|---|
| 사회증가 | 전입과 전출 |
| 증감요인 | 경제성장, 공업화, 산업화, 보건관리 |
| 인구증가율 | 자연증가÷인구 수×1,000 |

(ㄴ) 사회, 경제적 문제

- 환경위생 악화
- 부양비 증가
- 정치적, 사회적 불안
- 사회적 계층 간의 갈등 증가
- 빈곤, 기아

② 인구의 구성형태

| 형태 | 구성 모양 | 특징 |
|---|---|---|
| 피라미드형<br>(인구증가형, 후진국형) | 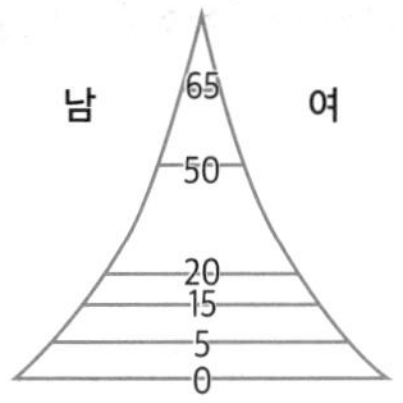 남 여 65 50 20 15 5 0<br>피라미드형 | • 출생률과 사망률이 모두 높다.<br>• 개발도상국에 나타나는 유형이다.<br>• 인구가 증가할 확률이 높다. |
| 종형<br>(인구정지형, 이상적인구형) | 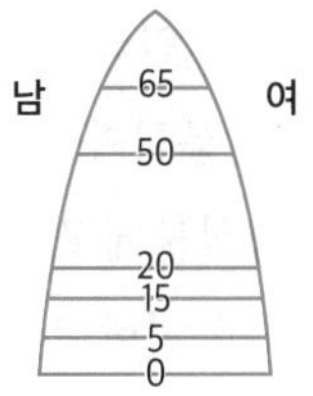 남 여 65 50 20 15 5 0<br>종형 | • 출생률과 사망률이 모두 낮다.<br>• 가장 이상적인 유형이다.<br>• 유소년층이 낮고 노년층이 높다. |
| 항아리형<br>(인구감소형, 선진국형) | 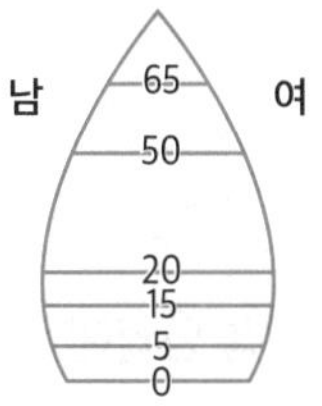 남 여 65 50 20 15 5 0<br>방추형 | • 평균수명이 높다.<br>• 인구가 감소하는 유형이다.<br>• 선진국에서 많이 나타난다.<br>• 출생률이 사망률보다 낮다. |
| 별형<br>(인구유입형, 도시형) | 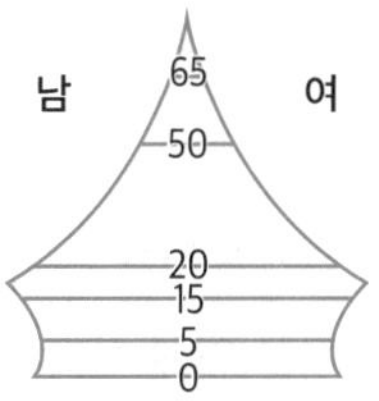 남 여 65 50 20 15 5 0<br>별형 | • 생산연령의 인구가 많이 유입되는 도시지역 유형이다.<br>• 생산층의 인구가 전체 인구의 1/2이상이다. |
| 표주박형<br>(인구유출형, 농촌형) | 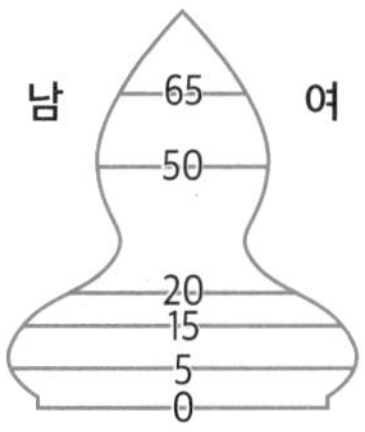 남 여 65 50 20 15 5 0<br>표주박형 | • 별형과 반대로 농촌에서 많이 나타나는 유형이다.<br>• 노년층의 비율이 높다.<br>• 생산층 인구가 전체인구의 1/2미만이다. |

# CHAPTER 2 위생관리 문제

**01** 다음 중 위생관리의 목적이 아닌 것은?

① 식중독 사고의 예방
② 식품의 가치 상승
③ 매출 증진
④ 질병의 예방 및 치료

**02** 식품위생법상 식품 영업자 및 종업원의 건강검진 주기는?

① 1달 ② 1년
③ 2년 ④ 3년

**03** 개인의 손 위생관리에 대한 기준 중 바르지 않은 것은?

① 식품을 취급하기 전에는 반드시 손을 세척한다.
② 화장실 이용, 신체의 일부를 만진 경우 세척한다.
③ 식품 이외의 다른 물건을 취급했을 경우 세척한다.
④ 살균 효과를 높이기 위해 일반비누와 역성비누를 혼합해 사용한다.

**04** 개인 위생 관리 중 바르지 않은 것은?

① 조리복, 조리모, 앞치마, 안전화 등은 항상 위생적으로 청결하게 착용한다.
② 짙은 화장 및 향수를 사용하지 않는다.
③ 철저한 위생관리를 위해 조리 전·중·후 손을 흐르는 물에 깨끗하게 10초이상 세척한다.
④ 손에 상처가 있을 경우 밴드를 붙여 감염을 막는다.

**05** 식품 위생에 대한 세계보건기구(WHO)의 정의는?

① 식품이 생육, 생산, 제조에서 최종적으로 사람에게 섭취될 때까지의 단계에 있어서 안전성, 보존성 또는 악화 방지를 위해 취해지는 모든 수단
② 식품, 식품첨가물, 기구 및 용기와 포장을 대상으로 하는 음식물에 관한 위생
③ 식품으로 인한 식중독을 예방하고 청결하게 섭취하기 위한 모든 위생
④ 식품이 제조되는 과정에서 안전하고 청결하게 관리하기 위한 모든 위생

**06** 식품 영업에 종사해도 관계 없는 자는?

① 감염병 환자 ② 피부병 환자
③ 화농성 질환자 ④ 홍역 환자

**07** 위생복장을 착용할 때 주방에서 발생하는 상해의 응급 조치를 위해 착용하는 것은?

① 조리복 ② 조리화
③ 스카프 ④ 안전화

**08** 식품위생행정에 관한 모든 업무를 담당하는 기관은?

① 식품의약품안전처 ② 질병관리본부
③ 보건소 ④ 시·도 위생과

**09** 식품위생의 목적이 아닌 것은?

① 식품으로 인하여 생기는 위생상의 위해 방지
② 식품에 관한 올바른 정보제공
③ 식품을 통한 질병 치료 및 예방
④ 국민보건 증진에 이바지

**10** 다음 미생물 중 크기가 가장 큰 것은?

① 곰팡이 ② 세균
③ 리케차 ④ 바이러스

**11** 미생물 생육의 3대 필요 조건이 아닌 것은?

① 영양소 ② 온도
③ 수분 ④ 산소

**12** 다음 미생물에 대한 설명으로 틀린 것은?

① 곰팡이 : 진균류에 속하며 건조 상태에서도 증식이 가능하며 미생물 중 크기가 가장 크다.
② 세균 : 구균, 간균, 나선균의 형태로 나누어지며 2분법으로 증식한다.
③ 바이러스 : 미생물 중 크기가 가장 작지만 세균 여과기로 걸러져 여과성 병원체라고 불린다.
④ 리케차 : 세균과 바이러스의 중간 형태로 살아있는 세포에서만 증식한다.

**13** 수분 활성치의 순서 중 바른 것은?

① 세균 > 효모 > 곰팡이
② 세균 > 곰팡이 > 효모
③ 곰팡이 > 세균 > 효모
④ 곰팡이 > 효모 > 세균

**14** 발육 최적온도가 15 ~ 20℃인 균은?

① 저온균 ② 고온균
③ 중온균 ④ 초고온균

**15** 다음 중 산소를 절대적으로 기피하는 편성 혐기성 균은?

① 낙산균 ② 효모
③ 곰팡이 ④ 웰치균

**16** 다음 설명으로 틀린 것은?

① 부패 : 단백질 식품이 혐기성 미생물에 의해 변질되는 현상
② 변패 : 단백질 이외의 식품이 미생물에 의해 유용한 상태로 변하는 현상
③ 산패 : 유지가 공기 중 산소, 일광, 금속에 의해 변질되는 현상
④ 후란 : 단백질 식품이 호기성 미생물에 의해 변질되는 현상

**17** 다음 중 식품의 부패 판정 기준으로 틀린 것은?

① 생균수 검사를 했을 때 식품 1g당 $10^7$ ~ $10^8$일 경우 초기 부패로 판정한다.
② 화학적 검사를 했을 때 수소이온농도가 pH6.2이상일 경우 초기 부패로 판정한다.
③ 화학적 검사를 했을 때 휘발성 염기질소가 10 ~ 20mg일 경우 초기 부패로 판정한다.
④ 화학적 검사를 했을 때 트리메틸아민이 4 ~ 6mg%일 경우 초기 부패로 판정한다.

**18** 다음 중 초고온순간살균법의 온도와 시간은?

① 90~120 / 60분간

② 70~75 / 15~30초간

③ 61~65 / 약 30분간

④ 130~140 / 1~2초간

**19** 다음 중 겨울철 낮과 밤의 온도차를 이용하여 낮에는 해동·건조, 밤에는 동결하는 방법은?

① 자연동건법 ② 분무건조법

③ 동결건조법 ④ 천일건조법

**20** 가스저장법(ca저장법)을 이용하여 살균하는 식품은?

① 병조림, 통조림 ② 육류

③ 어패류 ④ 과일, 채소

**21** 폐흡충(폐디스토마)의 제1중간숙주와 제2중간숙주가 바르게 짝지어진 것은?

① 쇠우렁이 - 가재, 민물게

② 쇠우렁이 - 붕어, 잉어

③ 다슬기 - 가재, 민물게

④ 다슬기 - 붕어, 잉어

**22** 다음 중 기생충과 중간숙주의 연결이 틀린 것은?

① 톡소플라스마 - 고양이, 개

② 유구조충 - 소

③ 간흡충 - 쇠우렁이, 붕어

④ 아니사키스 - 크릴새우

**23** 다음 중 기생충의 감염 예방과 관련 없는 것은?

① 육류나 어패류는 날 것으로 먹지 않는다.

② 정기적으로 구충제를 복용한다.

③ 채소 재배 시 분변비료를 사용한다.

④ 채소류는 희석시킨 중성세제로 세척한다.

**24** 다음중 채소류를 매개로 하는 기생충이 아닌 것은?

① 회충 ② 요충

③ 갈고리촌충 ④ 동양모양선충

**25** 다음 중 오염된 논이나 밭에서 맨발로 작업하면 감염 될 수 있는 기생충은?

① 회충 ② 요충

③ 편충 ④ 십이지장충

**26** 다음 중 중간 숙주가 소인 기생충은?

① 무구조충 ② 유구조충

③ 톡소플라스마 ④ 선모충

**27** 다음 중 중간숙주의 단계가 1개인 기생충은?

① 간디스토마 ② 폐흡충

③ 갈고리촌충 ④ 아니사키스

**28** 다음 중 임신중인 여성이 감염되면 태아에 이상을 유발할 수 있는 기생충은?

① 톡소플라스마 ② 폐디스토마

③ 아니사키스 ④ 선모충

**29** 다음 중 아니사키스의 중간숙주의 연결로 바른 것은?

① 크릴새우 - 연안어류
② 크릴새우 - 붕어
③ 물벼룩 - 연안어류
④ 물벼룩 - 붕어

**30** 다음 중 다슬기가 중간숙주인 기생충은?

① 간흡충　② 폐흡충
③ 아니사키스　④ 유구조충

**31** 다음 중 광절열두조충의 중간숙주의 연결이 바른 것은?

① 물벼룩 - 연어　② 물벼룩 - 가재
③ 다슬기 - 가재　④ 다슬기 - 연어

**32** 다음 중 어패류를 매개로 하는 기생충 질환의 확실한 예방법은?

① 개인위생관리　② 개인위생교육
③ 어패류의 오염 예방　④ 생식금지

**33** 다음 중 기생충의 예방법으로 틀린 것은?

① 육류나 어패류의 생식 금지한다.
② 채소류는 희석시킨 중성세제로 세척하고 흐르는 물에 5회 이상 세척한다.
③ 정기적으로 구충제를 복용한다.
④ 분변을 위생적으로 처리하고 채소 재배 시에 분변을 사용하여 재배한다.

**34** 다음 중 연결이 틀린 것은?

① 살균 : 세균, 효모, 곰팡이 등 미생물의 영양세포의 발육을 저지시켜 부패를 방지하는 것
② 멸균 : 미생물의 영양세포 및 포자를 사멸시켜 무균상태로 만드는 것
③ 소독 : 병원 미생물의 생활력을 파괴해 감염력을 없애는 것
④ 방부 : 미생물의 증식을 억제해 균의 발육을 저지시켜 부페나 발효를 방지하는 것

**35** 살균력의 작용 정도로 맞는 것은?

① 멸균 > 살균 > 소독 > 방부
② 멸균 > 살균 > 방부 > 소독
③ 살균 > 멸균 > 소독 > 방부
④ 살균 > 멸균 > 방부 > 소독

**36** 끓는 물에서 15분 ~ 20분간 처리하는 방법으로 식기류 소독에 이용하는 살균법은?

① 건열멸균법　② 자비소독법
③ 유통증기멸균법　④ 고압증기멸균법

**37** 석탄산보다 소독력이 2배 강하며 피부에 저자극성이지만 냄새가 강한 것은?

① 승홍　② 역성비누
③ 크레졸　④ 생석회

**38** 소독약의 구비조건으로 틀린 것은?

① 살균력이 강한 것
② 침투력이 강한 것
③ 금속 부식성이 없는 것
④ 표백성이 강한 것

**39** 다음 중 역성비누에 대한 설명으로 틀린 것은?
① 무자극성이다.
② 과일, 야채, 식기, 손소독에 사용한다.
③ 보통비누와 사용시 소독효과가 높아진다.
④ 무색, 무취, 무미하다.

**40** 불꽃 속에서 20초 이상 가열하는 방법으로 주로 도자기류를 소독할 때 사용하는 방법은?
① 고압증기멸균법 ② 자비소독
③ 건열멸균법 ④ 화염멸균법

**41** 다음 중 소독제의 살균력 지표로 사용되는 것은?
① 석탄산 ② 크레졸
③ 승홍 ④ 생석회

**42** 다음 중 1일 1회 100℃의 증기를 30분간 통과시켜 3회 살균하는 방법은?
① 간헐멸균법 ② 화염멸균법
③ 자비소독 ④ 고압증기멸균법

**43** 다음 중 손, 피부 등에 주로 사용되며 금속부식성이 강해 관리가 필요한 소독약은?
① 석탄산 ② 크레졸
③ 승홍 ④ 생석회

**44** 다음 중 식품의 위생적 취급 기준으로 틀린 것은?
① 개봉된 통조림은 별도의 용기에 넣어 냉장 보관한다.
② 칼, 도마 등 조리도구를 용도별로 구분하여 사용한다.
③ 익힌 음식과 날 음식을 구분하여 보관한다.
④ 바닥에서 50cm 이상의 높이에서 보관 및 조리한다.

**45** 조리 된 음식의 보관 온도로 바른 것은?
① 0℃이하 50℃이상
② 0℃이하 60℃이상
③ 5℃이하 60℃이상
④ 모든 음식은 냉동 보관

**46** 다음 중 식품별 위생적 보관방법으로 틀린 것은?
① 채소류-선입선출을 기준으로 하여 남은 채소류는 위생팩이나 신문지를 이용하여 보관한다.
② 냉동식품류-유통기한을 표시하여 관리하고 해동하여 사용하고 남은 제품은 빠르게 냉동시킨다.
③ 냉장식품류-일정한 온도를 유지하며 개봉한 식품은 당일 소비를 최선으로 한다.
④ 통조림류-개봉한 캔은 바로 사용하고 남을 경우 밀폐용기에 보관한다.

**47** 다음 중 식품 첨가물의 사용 목적으로 틀린 것은?
① 식품의 부패와 변질 방지
② 식품의 영양강화
③ 식품의 영구보관
④ 식품의 품질개량

**48** 다음 중 식품의 변질 및 부패를 방지해 보존성을 높이는 식품 첨가물은?
① 데히드로초산 ② 주석산
③ 클루탐산나트륨 ④ 규소수지

**49** 식품의 산패 및 식품의 산화로 인한 품질저하를 방지하는 식품 첨가물이 아닌 것은?
① 에리소르빈산염
② 아스코르브산나트륨
③ 부틸히드록시아니졸
④ 차아염소산나트륨

**50** 다음 식품 첨가물 중 사용 목적이 다른 것은?
① 아질산나트륨　② 질산칼륨
③ 황산제1철　④ 사카린나트륨

**51** 식품 첨가물 중 거품이 많이 날 때 거품 제거의 목적으로 사용하는 식품 첨가물은?
① 피막제　② 소포제
③ 추출제　④ 껌기초제

**52** 다음 중 화학 조미료에 해당하는 것은?
① 이노신산　② 구연산나트륨
③ 주석산　④ 사카린나트륨

**53** 식품의 색소가 퇴색 또는 변색 될 경우 색을 아름답게 하기 위해 사용하는 식품첨가물이 아닌 것은?
① 무수아황산　② 아황산나트륨
③ 과산화수소　④ 이산화티타늄

**54** 다음 중 산미료와 식품의 연결이 틀린 것은?
① 주석산 - 포도　② 젖산 - 청주, 장류
③ 구연산 - 사과　④ 젖산 - 김치, 치즈

**55** 다음 중 사카린나트륨을 사용할 수 없는 식품이 아닌 것은?
① 건빵　② 식빵
③ 이유식　④ 알사탕류

**56** 기름과 물처럼 혼합될 수 없는 물질을 균일한 혼합물로 만들거나 이를 유지시키기 위해 사용하는 식품 첨가물은?
① 레시틴　② 카제인
③ 유동파라핀　④ 초산비닐수지

**57** 햄, 소시지 등의 식육 연제품에 사용하며 식품의 탄력성, 보수성, 팽창성을 증대시키기 위해 사용되는 식품 첨가물은?
① 피막제　② 품질개량제
③ 발색제　④ 착색료

**58** 껌에 적당한 점성과 탄력성을 갖게 하여 풍미를 유지하기 위한 식품 첨가물은?
① 규소수지　② 과산화벤조일
③ 초산비닐수지　④ 글리세린

**59** 다음 중 이타이이타이병을 일으키며 중금속에 오염된 어패류를 섭취하였을 때 중독현상이 일어나는 유해물질은?
① 납　② 수은
③ 크롬　④ 카드뮴

**60** 다음 중 수은의 중독현상으로 틀린 것은?
① 유기수은이 많이 함유된 어패류나 농약, 보존료등으로 처리한 음식을 섭취했을 때 중독현상이 일어난다.
② 소변에서 코프로포르피린이 검출된다.
③ 미나마타병이 나타난다.
④ 구내염, 근육경련, 언어장애 등이 생긴다.

**61** 다환방향족 탄화수소이며 훈제육이나 태운고기에서 생성되는 발암물질은?

① 3, 4벤조피렌 ② n-니트로사민
③ 아크릴아마이드 ④ 메틸알코올

**62** 시신경염증, 시각장애를 초래하고 심하면 실명과 호흡곤란으로 사망하기도 하는 유해물질은?

① 3, 4벤조피렌 ② n-니트로사민
③ 아크릴아마이드 ④ 메틸알코올

**63** 다음중 주방 위생관리에 대한 설명 중 틀린 것은?

① 조리장 환기를 자주 시켜 공기를 순환시킨다.
② 조리장의 내부 및 시설은 1일 1회 이상 청소하여 청결을 유지한다.
③ 냉장, 냉동고는 주2회 소독하고 서리를 제거한다.
④ 칼, 도마, 행주는 중성세제로 세척한다.

**64** 다음 중 조리기구의 위생관리에 대한 설명 중 틀린 것은?

① 칼-사용한 후에는 깨끗이 세척하고 물기가 없도록 건조시켜 청결한 장소에 보관한다.
② 식기-사용 후 중성세제로 세척하고 보관 중 오염을 막기 위해 지정장소에 수납한다.
③ 도마-사용 후 중성세제로 세척하고 살균, 소독하여 보관한다.
④ 행주-작업 편리를 위해 최소한으로 사용하고 사용 후 세척하여 건조시킨다.

**65** 식품의 원료 관리, 제조, 가공, 조리, 소분, 유통의 모든 과정에서 유해한 물질이 식품에 섞이거나 식품이 오염되는 것을 방지하기 위하여 각 과정의 위해요소를 확인·평가하여 중점적으로 관리하는 기준에 해당하는 것은?

① ISO제도 ② RECALL제도
③ HACCP ④ CODEX기준

**66** HACCP의 7단계 적용 절차 중 3단계는?

① 중요 관리점 한계기준 설정
② 중요 관리점 결정
③ 공정 흐름도 작성
④ 중요 관리점별 모니터링 체계 확립

**67** HACCP의 대상식품이 아닌 것은?

① 냉동수산식품 중 어류, 연체류
② 레토르트식품
③ 김치류
④ 껌류

**68** 교차오염의 발생원인이 아닌 것은?

① 식재료의 보관과정에서 익은재료와 날재료를 같이 보관 한 경우
② 화장실을 다녀온 후 손을 세척하지 않고 조리한 경우
③ 흙이 묻은 식재료를 손질하고 흐르는 물에 손을 씻고 조리 한 경우
④ 도마의 색을 구분하여 사용한 경우

**69** 교차오염의 예방법으로 틀린 것은?

① 작업구역을 구분하여 작업한다.
② 식재료 취급, 작업시 바닥으로부터 50cm이상 떨어진 곳에서 작업한다.
③ 식품, 식재료를 분리 보관한다.
④ 기구나, 용기는 용도별로 구분해서 사용한다.

**70** 다음 중 구역별 위생관리에 대한 설명으로 틀린 것은?

① 냉장, 냉동시설 : 재료의 온도변화로 인한 손상을 최소화 시키기 위해 마른 수건으로 재빠르게 닦아낸다.
② 상온 창고 : 진공청소기로 바닥의 먼지 제거하고 대걸레로 청소한 후 건조시킨다. 선입선출을 원칙으로 한다.
③ 청소도구 : 청소 후 깨끗하게 세척하여 건조하고 지정된 장소에 보이지 않도록 보관한다.
④ 배기후드 : 조리장비에 먼지나 이물이 떨어지지않도록 청소하기전 비닐로 덮어 청소한다. 배기후드 내의 거름망을 분리하여 세척제에 불린 후 내부와 외부를 세척한다. 세척 후에는 마른 수건으로 닦아 건조시킨다.

**71** 식중독이 발생하였을 경우 취해야 할 행동은?

① 역학 조사
② 관할 시장, 군수, 구청장에게 보고
③ 원인 식품 폐기
④ 조리장 소독

**72** 다음 중 식중독에 관한 특징이 아닌 것은?

① 발열, 구토, 설사 등의 증세가 일어난다.
② 세균, 곰팡이 등이 대표적인 원인물질이다.
③ 자연독이나 유해물질이 함유된 음식물을 섭취해 일어난다.
④ 콜레라, 이질, 홍역 등이 있다.

**73** 다음 중 원인균 자체가 식중독의 원인이며 세균이 증식한 식품을 섭취하여 발병하는 식중독이 아닌 것은?

① 살모넬라 식중독
② 병원성 대장균 식중독
③ 장염비브리오 식중독
④ 포도상구균 식중독

**74** 쥐, 파리, 바퀴벌레 등에 의해 육류, 가공품, 어패류, 알류, 우유 등의 식품이 오염되어 발병하며, 열에 약해 60℃에서 30분간 가열 시 예방 가능한 식중독은?

① 포도상구균 식중독
② 클로스트리디움보툴리늄균 식중독
③ 살모넬라 식중독
④ 장염비브리오 식중독

**75** 다음 중 세균성 식중독의 대표적인 증상은?

① 두통 ② 구토, 복통
③ 시력장애 ④ 혈변

**76** 다음 중 세균성 식중독이 아닌 것은?

① 장염비브리오 식중독
② 웰치균
③ 곰팡이독 식중독
④ 포도상구균 식중독

**77** 다음 중 일반적으로 사망률이 가장 높은 식중독은?

① 클로스트리디움보툴리늄균 식중독
② 살모넬라 식중독
③ 장염비브리오 식중독
④ 포도상구균 식중독

**78** 다음 중 어패류에 의해 식중독을 일으키며 여름철에 많이 일어나는 식중독은?

① 장염비브리오 식중독 ② 웰치균
③ 병원성대장균 식중독 ④ 포도상구균 식중독

**79** 다음 중 살모넬라에 오염되기 쉬운 식품은?

① 과일류 ② 난류
③ 통조림 ④ 어류

**80** 장염비브리오 식중독의 예방법으로 가장 옳은 것은?

① 먹기 전 가열한다.

② 식품을 실온에서 보관한다.

③ 분변 오염을 방지한다.

④ 식품을 냉장 보관한다.

**81** 포도상구균의 원인 물질은?

① 뉴로톡신　② 에르고톡신

③ 테트로도톡신　④ 엔테로톡신

**82** 일반적인 가열 조리로 예방이 어려운 식중독은?

① 클로스트리디움보툴리늄균 식중독

② 살모넬라 식중독

③ 포도상구균 식중독

④ 장염비브리오 식중독

**83** 세균성 식중독 중 잠복기가 가장 짧은 식중독은?

① 살모넬라 식중독

② 포도상구균 식중독

③ 병원성 대장균 식중독

④ 장염비브리오 식중독

**84** 웰치균에 대한 설명으로 틀린 것은?

① 사람, 동물의 분변을 통해 오염된다.

② 3시간 정도의 짧은 잠복기를 가진다.

③ 구토, 설사, 복통을 일으킨다.

④ 조리 후 저온, 냉동보관, 재가열 섭취 금지를 통해 예방할 수 있다.

**85** 통조림이나 병조림 등 진공포장식품에서 식중독을 일으키는 균으로 치명률이 가장 높은 식중독은?

① 살모넬라균

② 웰치균

③ 클로스트리디움보툴리늄균 식중독

④ 포도상구균 식중독

**86** 클로스트리디움보툴리늄균이 생산하는 독소는?

① 뉴로톡신　② 엔테로도톡신

③ 테트로도톡신　④ 삭시톡신

**87** 다음 중 복어독에 관한 설명으로 틀린 것은?

① 독소의 이름은 테트로도톡신이다.

② 난소, 간, 내장에 독이 많다.

③ 가열 시 제거된다.

④ 복어독에 중독 되었을 경우 신속하게 독소를 제거해야 한다.

**88** 다음 복어의 부위 중 독소가 가장 많이 들어있는 부위는?

① 난소　② 간

③ 내장　④ 피부

**89** 다음 중 소라를 먹고 식중독이 발병했을 경우 관계되는 독성분은?

① 삭시톡신　② 베네루핀

③ 테트라민　④ 고시폴

**90** 식품과 독성분의 연결이 맞는 것은?

① 목화씨 - 리신
② 독버섯 - 아미그달린
③ 독미나리 - 시큐톡신
④ 독보리 - 고시폴

**91** 주로 부패한 감자에 생성되며 중독을 일으키는 독성분은?

① 솔라닌 ② 셉신
③ 베네루핀 ④ 아미그달린

**92** 다음 중 식품과 독성분의 연결이 틀린 것은?

① 복어 - 테트로도톡신
② 목화씨 - 고시폴
③ 굴, 모시조개 - 베네루핀
④ 홍합, 섭조개 - 테트라민

**93** 다음 중 식물성 자연독 성분이 아닌 것은?

① 무스카린 ② 베네루핀
③ 고시폴 ④ 솔라닌

**94** 다음 중 목화씨로 만든 면실유를 식용하고 식중독이 일어났다면 원인물질은?

① 테물린 ② 아미그달린
③ 시큐톡신 ④ 고시폴

**95** 다음 중 식중독을 일으키는 버섯의 독 성분은?

① 고시폴 ② 무스카린
③ 아미그달린 ④ 시큐톡신

**96** 다음 중 식품과 독성분의 연결이 틀린 것은?

① 모시조개 - 베네루핀
② 독미나리 - 시큐톡신
③ 청매 - 리신
④ 감자 - 솔라닌

**97** 주류의 발표과정에서 펙틴이 존재할 경우 과실주에서 생성되며 두통, 구토, 설사, 실명, 사망을 일으키는 식중독의 원인 물질은?

① 메틸알코올 ② 농약
③ 곰팡이 ④ 히스타민

**98** 다음 곰팡이 식중독의 연결이 바르지 않은 것은?

① 곰팡이독 - 아플라톡신
② 황변미독 - 시크리나
③ 맥각독 - 에르고타민
④ 맥각독 - 히스타민

**99** 꽁치, 고등어와 같은 등푸른 생선의 섭취로 인한 알레르기성 식중독의 원인성분은?

① 트리메틸아민 ② 히스타민
③ 엔테로톡신 ④ 뉴로톡신

**100** 화학물질에 의한 식중독의 원인물질과 거리가 먼 것은?

① 제조과정중 혼입된 유해 중금속
② 기구에 묻어 있던 유해물질
③ 제조, 가공 중 혼입된 유해약품
④ 식품 자체에 함유되어 있는 유해물질

**101** 화학적 식중독에 대한 설명으로 틀린 것은?
① 체내 흡수가 빠르다.
② 중독량에 달하면 급성증상이 나타난다.
③ 체내 흡수가 느려 증상이 느리게 나타난다.
④ 소량의 물질로 만성중독이 일어난다.

**102** 아플라톡신에 대한 설명으로 틀린 것은?
① 열에 약하다.
② 재래식 된장, 곶감, 땅콩이 원인식품이다.
③ 곰팡이독의 한 종류이다.
④ 열에 강해 가열후에 존재한다.

**103** 다음 미생물 중 곰팡이가 아닌 것은?
① 아플라톡신 ② 시크리나
③ 히스타민 ④ 에르고톡신

**104** 황변미독은 저장미에서 발생하기 쉬운데 그 원인인 미생물은 무엇인가?
① 세균 ② 곰팡이
③ 바이러스 ④ 효모

**105** 다음 중 노로바이러스에 대한 설명으로 틀린 것은?
① 오염된 식수나 오염된 식수로 재배된 과일, 채소, 식품 섭취 시 감염된다.
② 기침, 재채기, 대화를 통해서도 감염된다.
③ 감염환자의 비위생적 처리나 조리도구의 오염으로도 감염된다.
④ 열에 강해 가열하여 섭취하여도 발생한다.

**106** 다음 중 노로바이러스에 대한 설명으로 틀린 것은?
① 1-2일 이내 구토, 설사, 복통이 발생한다.
② 겨울에 발생빈도가 높다.
③ 발병 후 빠른 병원 치료가 필요하다.
④ 손을 깨끗하게 씻고 식품을 가열해서 섭취하면 예방할 수 있다.

**107** 식품위생법의 목적이 아닌 것은?
① 식품으로 인한 위생상의 위해 방지
② 식품 영양의 질적 향상 도모
③ 식품에 관한 올바른 정보 제공
④ 국민 건강 증진 및 치료

**108** 식품위생법에서 식품의 정의는?
① 모든 음식물
② 포장, 용기를 포함한 모든 음식물
③ 의약품을 제외한 모든 음식물
④ 섭취하는 모든 기호 식품

**109** 식품위생법상 식품이 아닌 것은?
① 밀가루 ② 탄산음료
③ 우유 ④ 비타민C

**110** 식품위생법상 집단 급식소에 대한 설명으로 틀린 것은?
① 영리를 목적으로 한다.
② 특정 다수인에게 음식물을 공급한다.
③ 영양사, 조리사를 두어야 한다.
④ 영리를 목적으로 하지 않는 집단 급식소이다.

**111** 식품위생법상 식품 첨가물의 정의는?

① 식품을 조리하는 과정에 있어 식품에 넣는 물질
② 식품을 제조, 가공, 보존하는 과정에서 식품에 넣거나 섞는 물질 또는 식품을 적시는 등에 사용하는 물질
③ 식품의 향미를 좋게하기 위해 넣는 물질
④ 식품의 보존성을 높이기 위해 넣는 물질

**112** 식품위생법상 위해식품을 판매 금지하는 경우가 아닌 것은?

① 썩거나 상하거나 설익어서 인체의 건강을 해칠 우려가 있는 것
② 병을 일으키는 미생물에 오염된 것
③ 영업자가 아닌 자가 제조, 가공, 소분한 것
④ 안전성평가를 받아 식용으로 적합한 유전자 재조합을 한 것

**113** 식품의 공전을 작성하는 자는?

① 시 · 도지사
② 식품의약품안전처장
③ 식품위생감시원
④ 보건소장

**114** 원산지 표시 방법으로 틀린 것은?

① 등심-국내산 한우
② 소갈비-국내산 육우
③ 삼겹살-국내산
④ 배추김치-배추 국내산

**115** 식품의 표시사항 중 몇 kcal 이하는 0으로 표시할 수 있는가?

① 0 ② 3
③ 5 ④ 7

**116** 다음 중 허위표시 및 과대광고에 포함되지 않는 것은?

① 질병의 예방 또는 치료에 효능이 있다는 내용의 표시, 광고
② 외국어 사용등으로 외국제품으로 혼동할 우려가 있는 표시, 광고
③ 다른 제품을 비방하거나 비방하는 것으로 보이는 표시, 광고
④ 건강증진, 체질개선 등에 도움을 준다는 내용의 표시, 광고

**117** 수입식품의 검사 결과 부적합일 때 취해야하는 조치가 아닌 것은?

① 수출국으로 반송
② 다른 나라로의 반출
③ 담당 관할 보건소의 재검사
④ 폐기

**118** 식품위생감시원의 직무가 아닌 것은?

① 위생사 및 조리사의 관한 교육 사항
② 시설기준의 적합 여부 확인
③ 식품 등의 위생적 취급에 관한 기준의 이행 지도
④ 수입, 판매 또는 사용 등이 금지 된 식품 등의 취급 여부에 관한 단속

**119** 다음 중 영업신고를 하여야 하는 업종이 아닌 것은?

① 즉석판매제조가공업
② 식품 소분판매업
③ 용기포장업
④ 유흥주점영업

**120** 조리사를 두어야 하는 영업은?

① 집단급식소 ② 식품제조업
③ 단란주점 ④ 식품조사처리업

MEMO

# CHAPTER 3 정답 및 해설

| 위생관리문제 | | | | |
|---|---|---|---|---|
| 01 ④ | 02 ② | 03 ④ | 04 ③ | 05 ① |
| 06 ④ | 07 ③ | 08 ① | 09 ③ | 10 ① |
| 11 ④ | 12 ③ | 13 ① | 14 ① | 15 ④ |
| 16 ② | 17 ③ | 18 ④ | 19 ① | 20 ④ |
| 21 ③ | 22 ② | 23 ③ | 24 ③ | 25 ④ |
| 26 ① | 27 ③ | 28 ① | 29 ① | 30 ② |
| 31 ① | 32 ④ | 33 ④ | 34 ① | 35 ① |
| 36 ② | 37 ③ | 38 ④ | 39 ③ | 40 ④ |
| 41 ① | 42 ① | 43 ③ | 44 ④ | 45 ③ |
| 46 ② | 47 ③ | 48 ① | 49 ④ | 50 ④ |
| 51 ② | 52 ② | 53 ④ | 54 ③ | 55 ① |
| 56 ① | 57 ② | 58 ③ | 59 ④ | 60 ② |
| 61 ① | 62 ④ | 63 ③ | 64 ④ | 65 ③ |
| 66 ① | 67 ④ | 68 ④ | 69 ② | 70 ① |
| 71 ② | 72 ④ | 73 ④ | 74 ③ | 75 ② |
| 76 ③ | 77 ① | 78 ① | 79 ② | 80 ① |
| 81 ④ | 82 ③ | 83 ② | 84 ② | 85 ③ |
| 86 ① | 87 ③ | 88 ① | 89 ③ | 90 ③ |
| 91 ② | 92 ④ | 93 ② | 94 ④ | 95 ② |
| 96 ③ | 97 ① | 98 ④ | 99 ② | 100 ④ |
| 101 ③ | 102 ① | 103 ③ | 104 ② | 105 ④ |
| 106 ③ | 107 ④ | 108 ③ | 109 ④ | 110 ① |
| 111 ② | 112 ④ | 113 ② | 114 ④ | 115 ③ |
| 116 ④ | 117 ③ | 118 ① | 119 ④ | 120 ① |

01

위생관리의 목적은 식중독 사고의 예방, 식품위생법 및 행정처분의 강화, 식품의 가치 상승(안전한 먹거리), 점포의 청결한 이미지, 고객 만족, 매출 증진, 대외적 브랜드의 이미지 관리에 있다.

02

식품위생법 제40조, 식품 영업자 및 종업원은 1년에 1번 건강검진을 받아야 한다(총리령).

03

일반 비누로 먼저 손을 세척하고 역성비누로 약 30초 정도 손을 비비면서 소독한다. 일반비누와 역성비누를 혼합하여 사용 시 살균력이 저하된다.

04

철저한 위생관리를 위해 조리 전·중·후 손을 흐르는 물에 30초 이상 깨끗하게 세척한다.

05

식품위생의 정의

- 세계보건기구(WHO) : 식품이 생육, 생산, 제조에서 최종적으로 사람에게 섭취될 때까지의 단계에 있어서 안전성, 건전성(보존성), 또는 악화방지를 위해 취해지는 모든 수단들이다.
- 우리나라 : 식품, 첨가물, 기구 및 용기와 포장을 대상으로 하는 음식물에 관한 위생을 말한다.

06

다음과 같은 질병이 있을 경우 식품 영업에 종사하여서는 안 된다.

- 감염병 환자 : 콜레라·장티푸스, 파라티푸스, 세균성이질, 장출혈성대장균감염증, A형간염
- 결핵 환자(비전염성인 경우 제외)
- 피부병 및 기타 화농성 질환 환자
- 후천성면역결핍증환자(성병에 관한 건강진단을 받아야 하는 영업 종사자에 한 함)

07

머플러는 화상이나 베임 등의 상해의 응급조치를 위해 착용하는 복장이다.

08

식품위생의 행정기구는 다음과 같다.

| | | |
|---|---|---|
| 중앙 기구 | 식품의약품안전처 | 식품위생행정에 관한 모든 업무를 담당 |
| | 질병관리본부 | 식품위생행정의 조사, 연구 및 검사기관 |
| 지방 기구 | 특별시, 광역시, 구청, 군청의 보건·위생과 | 식품위생에 관한 지도, 감독업무 |
| | 시·도의 보건환경연구원 | 지방의 식품위생행정을 과학적으로 뒷받침하는 시험검사기관 |
| | 보건소 | 건강진단 및 위생강습, 식중독의 역학조사 |

09

식품위생으로 질병치료는 불가능하다.
식품위생의 목적은 식품으로 인하여 생기는 위생상의 위해를 방지,식품에 관한 올바른 정보를 제공, 식품영양의 질적향상을 도모, 국민보건 증진에 이바지가 있다.

10

미생물의 크기 : 곰팡이 > 효모 > 스피로헤타 > 세균 > 리케차 > 바이러스

11

미생물 생육에 필요한 3대 요소는 영양소, 수분, 온도이다.

12

바이러스 : 미생물 중 크기가 가장 작으며 세균여과기를 통과하여 여과성 병원체라고 불리며 경구 감염병의 원인이다.

13

수분 활성치(AW) 순서 : 세균(0.9~0.95. > 효모(0.88) > 곰팡이(0.65~0.8)

14

- 저온균 : 발육 최저 온도가 15~20℃(식품 부패균)
- 중온균 : 발육 최저온도가 25~37℃(병원균)
- 고온균 : 발육 최적온도 55~60℃(온천수 서식균)

15

편성 혐기성균은 보툴리누스균, 웰치균 등이 있다.
낙산균은 통성혐기성균, 효모·곰팡이는 호기성균이다.

16

변패 : 단백질 이외의 식품이 미생물에 의해서 변질되는 현상

17

휘발성 염기질소 30~40mg일 때 초기부패로 판정한다.

18

초고온순간살균법은 130~140℃에서 1~2초간 가열 살균하는 방법이다.

19

- 자연동건법 : 겨울철 낮과 밤의 온도차를 이용하여 낮에는 해동·건조 밤에는 동결하는 방법
- 분무건조법 : 액체나 슬러시 상태의 식품을 열풍 중에 안개처럼 분무하여 건조시키는 방법
- 동결건조법 : 동결시킨 후 진공 상태에서 수분을 승화시켜 건조하는 방법
- 천일건조법 : 바람과 햇빛을 이용하여 식품을 건조시키는 방법

20

가스저장법은 $CO_2$ 농도를 높이거나 $O_2$의 농도를 낮추거나 $N_2$를 주입하여 미생물의 발육을 억제시켜 저장하는 방법으로 주로 과일이나 채소에 이용된다.

21

폐흡충(폐디스토마)의 중간숙주는 다슬기, 가재, 민물게이다.

22

유구조충의 중간숙주는 돼지이며 소는 무구조충의 중간숙주이다.

23

분변은 위생적으로 처리하고 채소 재배 시에 화학비료를 사용한다.

24

갈고리촌충은 유구조충의 다른 이름으로 돼지를 중간 숙주로 한다.

25

구충(십이지장충)은 소장에서 기생하며 경구감염, 경피감염이 가능해 오염된 논이나 밭에서 맨발로 작업 시 감염될 수 있다.

26

- 무구조충 : 소
- 유구조충 : 돼지
- 톡소플라스마 : 고양이, 돼지, 개
- 아니사키스 : 크릴새우, 연안어류

27

- 선모충 : 돼지, 개(중간 숙주 1개)
- 간디스토마 : 쇠우렁이, 붕어, 잉어(중간숙주 2개)
- 폐흡충 : 다슬기, 가재, 민물게(중간숙주 2개)
- 아니사키스 : 크릴새우, 연안어류(중간숙주 2개)

28

톡소플라스마는 중간숙주가 고양이, 돼지, 개이며 임신중인 여성이 감염되면 태아에 이상을 유발할 수 있다.

29

아니사키스는 크릴새우, 연안어류를 중간숙주로 한다.

30

- 간흡충 : 쇠우렁이, 붕어, 잉어
- 폐흡충 : 다슬기, 가재, 민물게
- 아니사키스 : 크릴새우, 연안어류
- 유구조충 : 돼지

31

광절열두조충의 중간숙주는 물벼룩, 연어, 송어이다.

32

어패류는 날 것으로 섭취하지 않고 가열하여 섭취하는 것만으로도 기생충 예방에 효과적이다.

33

분변은 위생적으로 처리하고 채소 재배 시에 화학비료를 사용한다.

34

살균 : 세균, 효모, 곰팡이 등 미생물의 영양세포를 사멸시키는 것

35

살균력의 작용 정도는 멸균 > 살균 > 소독 > 방부이다.

36

- 건열멸균법 : 건열멸균기를 이용해 170℃에서 1~2시간 가열하는 방법(유리기구, 주사침 소독)
- 자비소독법 : 끓는 물에서 15~20분간 처리하는 방법(식기류 소독)
- 유통증기멸균법 : 100℃의 유통증기를 30~60분간 통과시켜 살균하는 방법, 아포를 사멸시키지는 못한다.
- 고압증기멸균법 : 고압증기멸균기를 이용하여 121℃에서 20분간 살균하는 방법(통조림, 거즈 소독)

37

크레졸은 석탄산보다 소독력이 2배 강하며, 피부에 저자극성이지만 냄새가 강하다. 변소, 의류, 손소독 등에 이용한다.

38

소독약의 구비조건은 살균력이 강한 것, 금속부식성이 없는 것, 표백성이 없는 것, 용해성이 높고 안정성이 있는 것, 침투력이 강한 것이다.

39

- 역성비누는 무자극성이고 독성이 없으며 무색, 무취, 무미하고 침투력이 강하다.
- 보통비누와 같이 사용하면 소독력이 떨어진다(과일, 야채, 식기, 손소독 등).

40

- 고압증기멸균법 : 고압증기멸균기를 이용하여 121℃에서 20분간 살균하는 방법(통조림, 거즈 소독)
- 자비소독법 : 끓는 물에서 15~20분간 처리하는 방법(식기류 소독)
- 건열멸균법 : 건열멸균기를 이용해 170℃에서 1~2시간 가열하는 방법(유리기구, 주사침 소독)
- 화염멸균법 : 불꽃 속에 20초 이상 가열하는 방법(도자기류)

41

소독제의 살균력 지표는 석탄산이다.

42

- 간헐멸균법 : 1일 1회 100℃의 증기를 30분간 통과시켜 3회 살균하는 방법, 아포형성균을 사멸시킬 수 있다.
- 화염멸균법 : 불꽃 속에 20초 이상 가열하는 방법(도자기류)
- 자비소독 : 끓는물에서 15~20분간 처리하는 방법(식기류 소독)
- 고압증기멸균법 : 고압증기멸균기를 이용하여 121℃에서

20분간 살균하는 방법(통조림, 거즈 소독)

43

승홍은 살균력이 강하며 금속을 부식시키고 단백질과 결합 시 침전이 생긴다(손, 피부소독).

44

바닥에서 60cm 이상의 높이에서 보관 및 조리해야 한다.

45

조리된 음식은 5℃이하 또는 60℃이상 보관한다.

46

한 번 해동한 식품은 재냉동하지 않는다.

47

식품 첨가물의 사용 목적

- 식품의 부패와 변질 방지
- 식품의 상품가치 향상
- 식품의 영양강화
- 식품의 기호 및 관능의 만족
- 식품의 제조 및 품질개량

48

식품의 변질 및 부패를 방지해 보존성을 높이는 식품 첨가물은 보존료로 데히드로초산, 소르빈산, 안식향산, 안식향산나트륨, 프로피온산 등이 있다.

49

식품의 산패 및 식품의 산화로 인한 품질 저하를 방지하는 식품 첨가물은 산화방지제로 BHA(부틸히드록시아니졸), BHT(디부틸히드록시톨루엔), L-아스코르브산나트륨, 몰식자산프로필, 에리소르빈산염이 있다.

50

① 아질산나트륨, ② 질산칼륨, ③ 황산제1철은 발색제이며, ④ 사카린나트륨은 감미료이다.

51

- 피막제: 식품의 외형에 보호막을 만들거나 광택을 부여하기 위해 사용되는 식품첨가물
- 소포제: 식품 제조 시 거품을 없애기 위해 사용되는 식품첨가물
- 추출제: 일종의 용매로서 천연식품 중에서 성분 용해, 추출하기 위해 사용되는 식품 첨가물
- 껌기초제: 껌에 적당한 점성과 탄력성을 갖게 하여 풍미를 유지하기 위한 식품첨가물

52

화학조미료에는 글리신(향료), 구연산나트륨(안정제), d-주석산나트륨 등이 있다.

53

식품의 색소가 퇴색 또는 변색 될 경우 색을 아름답게 하기 위하여 사용하는 식품 첨가물은 표백제로 환원제(메타중아황산칼륨, 무수아황산, 아황산나트륨), 산화제(과산화수소) 등이 있다.

54

구연산: 귤, 딸기, 레몬

55

- 사카린나트륨: 설탕의 300배로 허용식품과 사용량의 제한이 있다.
- 사용가능 식품: 건빵, 생과자, 청량음료
- 사용불가능: 식빵, 이유식, 백설탕, 포도당, 물엿, 벌꿀, 알사탕류

56

기름과 물처럼 혼합될 수 없는 물질을 균일한 혼합물로 만들거나 이를 유지시키기 위해 사용하는 식품 첨가물은 유화제로 글리세린, 지방산에스테르, 글리세리드, 대두인지질-레시틴, 난황-레시틴이 있다.

57

햄, 소시지 등의 식육 연제품에 사용하며 식품의 탄력성, 보수성, 팽창성을 증대시키기 위해 사용되는 식품 첨가물은 품질개량제로 피로인산칼륨 등의 인산염 등이 있다.

58

껌에 적당한 점성과 탄력성을 갖게 하여 풍미를 유지하기 위한 식품 첨가물은 껌기초제로 에스테르검, 초산비닐수지 등이 있다.

59

이타이이타이병을 일으키며 중금속에 오염된 어패류를 섭취하였을 때 중독현상이 일어나는 유해물질은 카드뮴이다.

60

소변에서 코프로포르피린이 검출되는 것은 납의 중독현상이다.

61
다환방향족 탄화수소이며 훈제육이나 태운 고기에서 생성되는 발암물질은 3, 4벤조피렌이다.

62
메탄올(메틸알코올)은 에탄올 발효 시 펙틴이 있을 때 생성된다. 시신경염증, 시각장애를 초래하게 되고 심하면 호흡곤란으로 사망하기도 한다.

63
냉장, 냉동고는 주1회 소독하고 서리를 제거한다.

64
마른행주와 젖은 행주를 구분하여 사용하고 열탕소독하거나 염소소독을 하여 건조하여 사용한다.

65
HACCP은 식품의 원료 관리·제조·가공·조리·소분·유통의 모든 과정에서 유해한 물질이 식품에 섞이거나 식품이 오염되는 것을 방지하기 위하여 각 과정의 위해요소를 확인, 평가하여 중점적으로 관리하는 기준에 해당하는 것이다.

66
HACCP의 7단계 적용 절차
① 잠재적 위해요소 분석
② 중요 관리점 결정
③ 중요관리점의 한계 기준 설정
④ 중요관리점별 모니터링 체계 확립
⑤ 개선 조치 방법 수립
⑥ 검증 절차 및 방법 수립
⑦ 문서화 및 기록유지 방법 설정

67
HACCP의 대상식품
- 어육가공품 중 어묵류
- 냉동수산식품 중 어류, 연체류, 조미가공품
- 냉동식품 중 피자류, 만두류, 면류
- 빙과류
- 비가열음료
- 레토르트식품
- 김치류 중 배추김치

68
도마는 용도에 맞게 색을 구분하여 사용하여야 교차오염이 방지된다.

69
식재료 취급, 작업 시 바닥으로부터 60cm이상 떨어진 곳에서 실시한다.

70
냉장, 냉동시설 : 살균을 자주하고 식자재와 음식물이 닿는 랙이나 내부표면, 용기는 매일 세척 및 살균한다.

71
식중독 환자나 식중독 의심이 되는 증세를 보이는 자를 진단, 검안, 발견한 의사, 한의사, 집단급식소의 설치, 운영자는 지체없이 관할 시장, 군수, 구청장에게 보고하여야 한다.

72
콜레라, 이질, 홍역은 병원체에 의한 감염병이다.

73
감염형식중독 : 원인균 자체가 식중독의 원인이며 세균이 증식한 식품을 섭취해서 발병한다. 포도상구균식중독은 독소형 식중독이다.

74
살모넬라 식중독은 쥐, 파리, 바퀴벌레 등에 의해 육류, 가공품, 어패류, 알류, 우유 등의 식품이 오염되어 12~24시간의 잠복기를 가져 위장염 및 발열을 일으키는 식중독이다. 열에 약해 60℃에서 30분이상 가열 시 예방할 수 있다.

75
세균성식중독의 대표적인 증상은 구토, 복통, 위장염 등이다.

76
장염비브리오식중독, 웰치균은 세균성감염형 식중독, 포도상구균은 세균성독소형 식중독이다.

77
클로스트리디움보툴리늄 식중독은 편성혐기성으로 통조림, 병조림, 소세지 등 진공포장식품에서 식중독을 일으키는 균으로 신경독소인 뉴로톡신을 생성한다. 12~36시간의 잠복기를 가지며 치명률이 높다. 독소인 뉴로톡신은 열에 약하나 형성된 포자는 열에 강하다. 통조림 등 원인 식품의 살균을 철저히 하여 예방한다.

78
장염비브리오 식중독은 어패류에 의해 식중독을 일으키며 3~4%염분에서도 생육이 가능한 호염성세균이다. 10~18시간의 잠복기를 가지며 급성위장염을 일으키고 가열하여 섭취하거나 여름철 생식 금지를 통해 예방할 수 있다.

79
살모넬라에 오염되기 쉬운 식품은 육류, 가공품, 어패류, 알류, 우유 등이 있다.

80
장염비브리오 식중독은 가열하여 섭취하거나 여름철 생식 금지를 통해 예방할 수 있다.

81
포도상구균식중독은 주로 화농성 질환의 대표적인 식품균으로 장독소인 엔테로톡신을 생산하여 발병하며 3시간 정도의 잠복기를 가지며 급성 위장염을 일으킨다. 열에 강해 일반 가열조리법으로는 예방이 어렵고, 화농성 질환자의 식품 취급을 금지하여 예방한다.

82
포도상구균은 열에 강해 가열조리로 예방이 어렵다.

83
- 살모넬라 : 12~24시간
- 포도상구균 : 3시간 정도
- 병원성대장균식중독 : 평균 13시간
- 장염비브리오식중독 : 10~18시간

84
웰치균은 사람, 동물의 분변을 통해 육류 및 가공품에 증식하여 식중독을 일으키며 8~22시간의 잠복기를 가져 구토, 설사, 복통을 일으킨다. 조리 후 저온, 냉동보관, 재가열섭취 금지 등을 통해 예방할 수 있다.

85
클로스트리디움보툴리늄균 식중독은 편성혐기성으로 통조림, 병조림, 소시지 등 진공포장식품에서 식중독을 일으키는 균으로 신경독소인 뉴로톡신을 생성한다. 12~36시간의 잠복기를 가지며 치명률이 높다. 독소인 뉴로톡신은 열에 약하나 형성된 포자는 열에 강하다. 통조림 등 원인 식품의 살균을 철저히 하여 예방한다.

86
신경독소인 뉴로톡신을 생성한다.

87
복어독은 가열로 파괴되지 않으며 치사율이 높다.

88
난소 > 간 > 내장 > 피부 순으로 많이 들어있다.

89
- 삭시톡신 : 검은조개, 섭조개
- 베네루핀 : 모시조개, 굴, 바지락
- 테트라민 : 권패류(소라, 고동)
- 고시폴 : 목화씨

90
- 목화씨 : 고시폴
- 독버섯 : 아마니타톡신, 무스카린, 무스카리딘, 뉴린, 콜린, 팔린
- 독보리 : 테물린

91
- 솔라닌 : 일반감자
- 베네루핀 : 모시조개, 굴, 바지락
- 아미그달린 : 청매, 은행, 살구씨

92
홍합, 섭조개 : 삭시톡신

93
베네루핀 : 모시조개, 굴, 바지락

94
- 테물린 : 독보리
- 아미그달린 : 청매, 은행, 살구씨
- 시큐톡신 : 독미나리

95
독버섯 : 아마니타톡신, 무스카린, 무스카리딘, 뉴린, 콜린, 팔린

96
청매 : 아미그달린

97
메틸알코올(메탄올)은 주류 발효과정에서 펙틴이 존재할 경우 과실주에서 생성되며 두통, 구토, 설사, 실명, 사망을 일으킨다.

98
맥각독 : 에르고타민, 에르고톡신

99
꽁치, 고등어와 같은 등푸른 생선의 섭취로 인한 알레르기성 식중독의 원인성분은 히스타민이다.

100
식품 자체에 함유되어 있는 유해물질은 자연독이다.

101
화학적 식중독은 체내 흡수가 빠르다.

102
아플라톡신은 곰팡이독으로 열에 강하며 가열 후에도 존재한다.

103
- 아플라톡신 : 곰팡이독
- 시크리나 : 황변미독
- 에르고톡신 : 맥각독
- 히스타민 : 등푸른 생선에 함유되어 있는 알레르기성식중독

104
황변미독은 시크리나이라는 곰팡이독에 의해 발생하기 쉽다.

105
충분히 가열하여 섭취하면 예방이 가능하다.

106
발병 후 2~3일 후 자연치유로 없어진다.

107
식품위생법의 목적
- 식품으로 인한 위생상의 위해 방지
- 식품 영양이 질적 향상 도모
- 국민보건증진에 이바지
- 식품에 관한 올바른 정보 제공

108
모든 음식물(의약으로 섭취하는 것 제외)

109
모든 음식물(의약으로 섭취하는 것 제외)이므로 비타민C는 의약품으로 해당되지 않는다.

110
영리를 목적으로 하지 아니하면서 특정 다수인에게 계속해서 음식물을 공급하는 기숙사 ,학교, 병원, 사회복지시설, 산업체, 공공기관 및 후생기관 등의 급식시설로서 대통령령으로 정하는 시설

111
식품을 제조, 가공, 보존하는 과정에서 식품에 넣거나 섞는 물질 또는 식품을 적시는 등에 사용하는 물질

112
안전성평가를 받아 식용으로 적합한 유전자 재조합을 한 것은 안전성평가를 받았으며 적합한 유전자로 조합을 한 것이기 때문에 판매할 수 있다.

113
식품의 공전은 식품의약품안전처장이 작성하는 것으로 식품이나 식품첨가물, 기구, 용기, 포장의 기준과 규격을 작성한 것이다.

114
국내에서 배추김치를 조리하여 판매하는 경우 배추김치로 표시하고 괄호로 원래인 배추의 원산지와 고춧가루를 사용한 경우 고춧가루의 원산지를 같이 표시한다.
(예 : 배추김치/배추-국내산, 고춧가루-중국산)

115
열량 : kcal로 표시되며 5kcal이하는 0으로 표시할 수 있다.

116
① 질병의 예방 또는 치료에 효능이 있다는 내용의 표시, 광고
- 식품 등의 명칭·제조방법·품질·영양 표시, 식품의 성분, 용도와 다른 내용의 표시, 광고

② 제조방법에 관하여 연구하거나 발견한 사실로서 식품학, 영양학 등의 분야에서 공인된 사항 외의 표시,광고
③ 각종 상장, 감사장 등을 이용하거나 인증, 보증, 추천을 받았다는 내용을 사용하거나 이와 유사한 내용을 표현하는 광고
④ 외국어 사용 등으로 외국제품으로 혼동할 우려가 있는 표시, 광고, 또는 외국과 기술 제휴한 것으로 혼동 할 우려가 있는 내용의 표시, 광고
⑤ 다른 업소의 제품을 비방하거나 비방하는 것으로 의심되는 표시, 광고
⑥ 소비자가 건강기능식품으로 오인, 혼동할 수 있는 특정 성분의 기능 및 작용에 관한 표시, 광고

## 117

수입식품의 사후처리는

① 수출국으로 반송 또는 다른 나라로의 반출
② 해당식품 등에 대한 검사 결과 식품의약품안전처장이 정하는 경미한 위반사항이 있는 경우 그 위반사항 보완하여 재수입 신고
③ 이외의 경우에는 폐기한다.

## 118

식품위생감시원의 직무는 다음과 같다.

① 식품 등의 위생적인 취급에 관한 기준의 이행 지도
② 수입, 판매 또는 사용 등이 금지된 식품 등의 취급 여부에 관한 단속
③ 표시기준 또는 과대광고 금지의 위반 여부에 관한 단속
④ 출입, 검사 및 검사에 필요한 식품 등의 수지
⑤ 시설기준의 적합 여부의 확인, 검사
⑥ 영업자 및 종업원의 건강진단 및 위생교육의 이행 여부의 확인, 지도
⑦ 조리사 및 영양사의 법령 준수사항 이행 여부의 확인, 지도
⑧ 행정처분의 이행 여부 확인
⑨ 식품 등의 압류, 폐기
⑩ 영업소의 폐쇄를 위한 간판 제거 등의 조치
⑪ 그 밖에 영업자의 법령 이행 여부에 관한 확인, 지도

## 119

즉석판매제조가공업, 식품운반업, 식품소분판매업, 용기포장류제조업, 식품접객업은 영업신고를 하여야 한다.

## 120

복어를 조리, 판매하는 영업을 하는 자, 집단급식소운영자는 조리사를  두어야 한다.

# MEMO

# PART2

## : 안전관리


안전관리 68
안전관리 문제 74
정답 및 해설 77

# CHAPTER 1 안전관리

## 1. 개인 안전관리

### 1) 개인 안전사고 예방 및 사후 조치

**(1) 안전사고 예방을 위한 개인 안전관리**

관리책임자는 책임 범위 내에서 위험도를 제어할 수 있는 방법을 조사하고, 각각의 안전대책이 위험도 경감에 효과적으로 합리적인지 여부를 판단, 법적 요구사항을 포함하는 가능한 안전대책을 모두 검토하여야 한다.

**(2) 안전사고 예방과정**

① 위험요인 제거

② 위험요인 차단

③ **예방(오류)**: 위험사건을 초래할 수 있는 인적 · 기술적 · 조직적 오류를 예방

④ **교정(오류)**: 위험사건을 초래할 수 있는 인적 · 기술적 · 조직적 오류를 교정

⑤ **제한(심각도)**: 재발방지를 위하여 대응 및 개선 조치를 취함

**(3) 개인안전관리**

안전관리는 개인안전관리, 장비 · 도구 안전작업, 작업환경 안전관리 등으로 조리사가 주방에서 일어날 수 있는 사고와 재해에 대하여 사전에 예측하여 안전기준 확인, 안전수칙 준수 등으로 안전예방 활동을 하는 것이다.

**(4) 재난의 원인 4요소**: 인간, 기계, 매체, 관리

### 2) 작업 안전관리

**(1) 주방내 안전사고 유형**

① 인적 요인

(ㄱ) **정서적요인**: 선천적 · 후천적 소질 요인으로서 과격한 기질, 신경질, 시력 또는 청력의 결함, 지식 및 기능의 부족, 중독증, 각종 질환 등의 요인

(ㄴ) **행동요인**: 개인의 부주의 또는 무모한 행동에서 오는 요인으로 책임자의 지시를 무시한 독단적 행동, 불완전한 동작과 자세, 미숙한 작업방법, 안전장치 등의 점검 소홀, 결함이 있는 기계 · 기구의 사용 등의 요인

(ㄷ) **생리적 요인**: 체내에서 에너지 사용이 일정한 한도를 넘어 과도하게 행해졌을 때 일어나는 생리적 현상으로 사람이 피로하게 되면 심적 태도가 교란되고 동작을 세밀하게 제어하지 못하므로 실수를 유발하게 되어 사고의 원인

② **물적 요인**: 주방 내 각종 기계, 장비 또는 시설물에서 오는 요인

③ **환경적 요인**

| | |
|---|---|
| 주방의 환경적 요인 | • 피부질환은 조리실의 고온, 다습한 환경조건 하에서 조리 시 복합적으로 작용하여 땀띠 등 피부질환을 유발<br>• 조리종사원들은 발목에서 20cm 정도 오는 장화를 착용하기 때문에 무좀이나 검은 발톱, 아킬레스 건염 등의 질병이 발생<br>• 조리종사원들은 자극성 접촉성 피부염이 28.9%로 가장 많고 땀띠 22.2%, 알레르기성 접촉성 피부염 17.8% 순으로 피부 관련 질환이 발생 |
| 주방의 물리적 요인 | 바닥은 물을 사용하기 때문에 미끄러울 뿐만 아니라 다습한 환경으로 인해 항상 물기가 있어 낙상사고 원인이 된다. |
| 주방의 시설요인 | • 청소와 소독 시에 호스로 물을 사용하기 때문에 전기누전의 위험이 있다.<br>• 환경을 악화시켜서 조리종사자 들에게 피로 유발과 작업효율의 저하를 초래 |

**(2) 안전교육의 목적**

① 상해, 사망 또는 재산 피해를 불러 일으키는 불의의 사고를 예방하는 것

② 일상생활에서 개인 및 집단의 안전에 필요한 지식, 기능, 태도 등을 이해시킴

③ 안전한 생활을 영위할 수 있는 습관을 형성시키는 것

④ 개인과 집단의 안전성을 최고로 발달시키는 교육

⑤ 근본적으로 인간생명의 존엄성을 인식

**(3) 응급조치의 목적**

① 다친 사람이나 급성 질환자에게 사고현장에서 즉시 취하는 조치

② 119신고부터 부상이나 질병을 의학적 처치 없이도 회복될 수 있도록 도와주는 행위

③ 생명과 건강을 심각하게 위협받고 있는 환자에게 전문적인 의료가 실시되기에 앞서 긴급히 실시되는 처치

④ 생명을 유지시키고, 더 이상의 상태악화를 방지 또는 지연시키는 것

## 2. 장비 · 도구 안전 작업

### 1) 조리장비·도구 안전관리 지침

**(1) 조리 장비, 도구의 관리원칙**

① 모든 조리장비와 도구는 사용방법과 기능을 충분히 숙지하고 전문가의 지시에 따라 정확히 사용

② 장비의 사용용도 이외 사용 금지

③ 장비나 도구에 무리가 가지 않도록 유의

④ 장비나 도구에 이상이 있을 경우엔 즉시 사용을 중지하고 적절한 조치를 취한다.

⑤ 전기 사용하는 장비나 도구의 경우 전기사용량과 사용법을 확인한 다음 사용. 특히 수분의 접촉여부에 신경을 쓴다.

⑥ 사용도중 모터에 물이나 이물질 등이 들어가지 않도록 항상 주의하고 청결하게 유지

### (2) 안전장비류의 취급관리 ★★

① 일상점검

주방관리자가 매일 조리기구 및 장비를 사용하기 전에 육안을 통해 주방 내에서 취급하는 기계·기구·전기·가스 등의 이상 여부와 보호구의 관리실태 등을 점검하고 그 결과를 기록·유지 하도록 하는 것

② 정기 점검

안전관리책임자는 조리작업에 사용되는 기계·기구·전기·가스 등의 설비기능 이상 여부와 보호구의 성능유지 여부 등에 대하여 매년 1회 이상 정기적으로 점검을 실시하고 그결과를 기록·유지

③ 긴급점검

관리 주체가 필요하다고 판단될 때 실시하는 정밀점검 수준의 안전점검이며 실시목적에 따라 손상점검과 특별점검으로 구분

(ㄱ) **손상점검**: 재해나 사고에 의해 비롯된 구조적 손상 등에 대하여 긴급히 시행하는 점검

(ㄴ) **특별점검**: 결함이 의심되는 경우나, 사용제한 중인 시설물의 사용 여부 등을 판단하기 위해 실시하는 점검

### (3) 장비·도구의 안전 및 유지 관리를 위한 기본 계획

| 구분 | 관리기준 |
|---|---|
| 유지관리 계획수립 | • 안전 및 유지관리 계획서를 수립<br>• 점검결과 및 보수이력 등을 검토하여 이전 및 유지관리 계획서를 작성 |
| 일상점검 | • 점검작업은 현장조사를 실시<br>• 손상의 종류, 정도 등에 대해 보수가 필요한 사항을 판단하여 조사평가서를 작성 |
| 정기점검 | • 점검·진단 계획서를 바탕으로 정기점검을 준비<br>• 점검결과 보고서 작성<br>• 담당자가 문서 또는 시스템에 입력하여 자료보관 |
| 긴급점검 | • 자연재해나 사고 등의 여부 요인 발생 시 점검 여부의 판단<br>• 손상 예상부위를 중심으로 특별 및 긴급 점검 실시 |
| 일상유지보수 | 유지보수 계획서에 근거 산출내역서 작성 |
| 정기유지보수 | 유지보수 계획서에 근거 산출내역 및 근거 작성 |
| 긴급유지보수 | • 특별점검 및 긴급점검 조사평가서 검토 후 문제점 발생 시 공사시행, 신속한 예산집행 및 공사업체 선정 후 착수 |

## 3. 작업환경 안전관리

### 1) 작업장 환경관리

#### (1) 주방의 작업환경

조리사를 둘러싸고 있는 것과 일정하게 접촉을 유지하면서 형태와 인체에 영향을 미치는 모든 외부조건, 즉 조리사를 둘러싸고 있는 물리적 공간인 주방에서 조리사의 반응을 야기시키는 자극장

#### (2) 주방의 조리환경

조리작업을 위한 공간이며, 주방 내의 조리종사원에게 직 · 간접적으로 영향을 미치는 환경적 요인으로서 조리종사원의 근무의욕과 건강 등에 영향

### 2) 작업장 안전관리

#### (1) 작업환경 안전관리 지침 내용

① 직접적인 대책의 안전관리 지침서

| 구분 | 작업환경 개선 | 기계·설비 개선 | 작업방법 개선 |
|---|---|---|---|
| 안전관리 | 작업자가 넘어지거나 미끄러지는 등의 위험이 없도록 작업장 바닥을 청결한 상태로 유지 | 기계·설비를 정기점검 한다. | 작업순서에 따라 정확한 작업이 이루어지도록 한다. |

② 간접적인 대책의 안전관리 지침서

| 구분 | 조직, 관리기준 개선 | 교육의 실시 | 건강유지 증진 |
|---|---|---|---|
| 안전관리 | 전담 안전관리 책임자를 선임 | 정기적으로 안전교육 시행 | 법정근로시간을 준수하여 작업자가 피로감에 지치도록 하지 않는다. |

★★★

#### (2) 주방내 환경관리

조리작업장 환경요소로는 온도와 습도의 조절, 조명시설, 주방 내부의 색, 주방의 소음, 환기(통풍장치) 등이 있다.

① 작업장 온도는 겨울엔 18.3℃~21.1℃사이, 여름엔 20.6℃~22.8℃사이를 유지

② 적정한 상대습도는 40~60% 정도가 매우 적당, 높은 습도는 정신이상을 일으키고 낮은 습도는 피부와 코의 건조를 일으킨다.

③ 조리작업장의 권장 조도는 143~161Lux이다.

④ 작업대에서 사용되는 날카로운 조리기구 등은 미끄럼 사고로 인해 심각한 재해로 발전할 수 있어, 조리사들이 주방환경을 결정하는 데 중요하게 생각하는 요소로서 주방공간 설정 시 가장 유념해서 시공

**(3) 작업환경 안전·유의 사항**

① 작업장 주변 정리정돈에 대하여 파악

② 작업장 및 매장의 온·습도 유지 상황을 인지

③ 작업장의 조명과 환기가 적정하게 유지

④ 작업장의 이물질, 미끄럼 및 오염을 방지

**(4) 작업장의 안전 및 유지 관리 기본방향 설정**

① **작업장 안전 및 유지 관리 기준의 적립**: 안전점검 및 객관적인 시설물 상태에 대한 평가기준 마련 등의 시설물 안전 및 유지관리 기준 필요

② **작업장 안전 및 유지 관리 체계의 개선**: 주방시설의 설계단계에서부터 안전 및 유지 관리를 위한 기준 마련 등 시설물 안전 및 유지관리 체계의 개선

③ **작업장 안전 및 유지 관리 실행 기반의 조성**: 시설물 안전 및 유지 관리를 위해서는 시설물 안전 및 유지관리 관련 법령의 내용에 기초하여 시설물 안전 및 유지 관리 실행 기반을 마련

**(5) 안전교육의 필요성**

① **인간의 본능**: 안전은 인간의 본능이지만 이러한 의지에 상반되는 재해가 발생하는 이유는 그 본능에도 불구하고 그것을 행동화하는 기술을 알지 못하기 때문

② 물체에 대한 사람들의 비정상적인 접촉에 의한 것이 많은 부분을 차지

③ 인적 요인에 의한 안전문화는 교육을 통하여만 실현

④ 사업장의 위험성이나 유해성에 관한 지식, 기능 및 태도는 이것이 확실하게 습관화되기까지 반복하여 교육 훈련을 받지 않으면 이해, 납득, 습득, 이행이 되지 않는다.

## 3) 화재예방 및 조치방법

**(1) 화재의 원인이 될 수 있는 곳을 점검하고 화재진압기를 배치·사용한다.**

① 인화성 물질 적정보관 여부를 점검

② 소화기구의 화재안전기준에 따른 소화전함, 소화기 비치 및 관리, 소화전함 관리 상태를 점검

③ 출입구 및 복도, 통로 등에 적재물 비치 여부를 점검

④ 비상통로 확보 상태, 비상조명등 예비 전원 작동상태를 점검

## 4) 화재급수별 진압방법

(1) **A급화재(일반화재)** : 나무나 종이 천 목재 등 고체 가연물이 타는 화재로 일반화재라 한다. 물을 사용하는 냉각효과가 우선돼야 한다. 물 또는 소화기를 활용해 화재를 진압한다.

(2) **B급화재(유류화재)** : 기름이나 휘발유 알코올 페인트등의 인화성 액체에 화재이며 불이 났을 경우 반드시 물이 아닌 이산화탄소 소화기를 이용 화재를 진압하거나 젖은 모포를 덮어 공기를 차단하는 것도 방법입니다.

(3) **C급화재(전기화재)** : 전기 누전 및 두꺼비집,모터등 전기기구 등에 발생하는 전기화재. 불이 났을 경우에는 물을뿌리면 감전될 위험이 있으니 전기를 차단한후 이산화 탄소 소화기를 사용해 화재를 진압한다.

(4) **K급화재(주방화재)** : 식물성또는 동물성 기름이나 지방등의 가연성 요리시 발생하는 화재를 주방화재라 한다. 일반 소화기가 아닌 k급소화기로 진화해야 한다. k급소화기가 없다면 마요네즈 소금 양상추 등도 효과적입니다.

## 5) 소화기와 소화전

| 소화기 설치 및 관리요령 | 소화기 사용법 | 소화전 사용방법 |
|---|---|---|
| • 소화기는 눈에 잘 띄고 통행에 지장을 주지 않도록 설치한다.<br>• 습기가 적고 건조하며 서늘한 곳에 설치한다.<br>• 유사시에 대비 수시로 점검하여 파손, 부식 등을 확인한다.<br>• 사용한 소화기는 다시 사용할 수 있도록 허가업체에서 약제를 보충한다. | • 당황하지 말고 화원으로 이동한다.<br>• 소화기 안전핀을 뽑는다.<br>• 호스를 들고 레버를 움켜쥔다.<br>• 빗자루로 쓸 듯이 방사한다.<br>• 불이 꺼지면 손잡이를 놓는다(약제 방출이 중단된다). | • 소화전함의 문을 연다.<br>• 결합된 호스와 관창을 화재지점 가까이 끌고 가서 늘어뜨린다.<br>• 소화전함에 설치된 밸브를 시계방향으로 틀면 물이 나온다(단, 가동 스위치로 작동하는 경우에는 ON(적색)스위치를 누른 후 밸브를 연다). |

분말소화기 압력게이지

압력 지시계의 눈금이 "0"에 가까워지는 건 가스충압 불량

압력 지시계의 눈금이 회색범위 안에 있으면 정상

압력 지시계의 눈금이 "15"에 가까워지는 건 가스충압 정상

## 6) 소화방법

소화하려면 연소의 3요소(또는 4요소)중 어느 하나를 제거하거나 연소가 계속되지 않도록 하는 방법을 강구한다.

① 가연물을 제거한다.(제거소화)

② 산소는 차단한다.(질식소화)

③ 산화 반응의 진행을 차단한다.(억제소화)

④ 화점의 온도를 낮춘다.(냉각소화)

⑤ 기름 등 화재시 유면을 에멀젼시킨다.(유화소화)

⑥ 가연물의 농도를 희석시킨다.(희석소화)

# CHAPTER 2 안전관리 문제

## 01 안전사고 예방을 위한 개인 안전관리가 틀린 것은?

① 관리책임자는 책임 범위 내에서 위험도를 제어할 수 있는 방법을 조사
② 각각의 안전 대책이 위험도 경감에 합리적이지 못한 여부 판단
③ 법적 요구사항을 포함하는 가능한 안전대책을 모두 검토
④ 각각의 안전 대책이 위험도 경감에 효과적으로 합리적인 여부를 판단

## 02 안전사고 예방과정이 맞는 것은?

① 위험요인 제거
② 예방(오류)-재발 방지를 위하여 대응
③ 예방(오류)-재발 방지를 위하여 개선 조치를 취함
④ 교정(심각도)-위험 사건을 초래할 수 있는 인적·기술적·조직적 오류를 교정

## 03 재난의 원인 4요소가 맞는 것은?

① 기계, 예방, 매체, 관리
② 인간, 기계, 매체, 관리
③ 인간, 예방, 도구, 관리
④ 기술적, 도구, 예방, 관리

## 04 주방 내 안전사고 유형 중 물적 요인이 맞는 것은?

① 선천적·후천적 소질 요인
② 개인의 부주의 또는 무모한 행동에서 오는 요인
③ 책임자의 지시를 무시한 독단적 행동에서 오는 요인
④ 주방내 각종 기계, 장비 또는 시설물에서 오는 요인

## 05 주방내 안전사고 유형 중 틀린 것은?

① 정서적 요인 ② 생리적 요인
③ 기술적 요인 ④ 환경적 요인

## 06 안전교육의 목적이 아닌 것은?

① 근본적으로 인간 생명의 존엄성을 인식하지 않는다.
② 일상생활에서 개인 및 집단의 안전에 필요한 지식, 기능, 태도 등을 이해시킴
③ 개인과 집단의 안전성을 최고로 발달시키는 교육
④ 안전한 생활을 영위할 수 있는 습관을 형성시키는 것

## 07 일상점검에 대한 설명으로 맞는 것은?

① 매년 1회 이상 정기적으로 점검
② 주방관리자가 조리기구 및 장비를 매주 점검
③ 안전관리 책임자는 조리작업에 사용되는 시설 및 장비를 매주 점검
④ 주방관리자가 매일 조리기구 및 장비를 사용하기 전에 점검

**08** 긴급점검에 대한 설명으로 맞는 것은?

① 손상점검 - 결함이 의심되는 경우
② 손상점검 - 사용제한 중인 시설물의 사용 여부
③ 정밀점검 수준의 안전점검이며 실시목적에 따라 손상점검과 특별점검으로 구분
④ 관리 주체가 필요하다고 판단하지 못 할 때

**09** 조리 장비·도구의 안전 및 유지 관리를 위한 기본 계획에 대한 것으로 틀린 것은?

① 유지관리 계획수립 ② 주방의 작업환경
③ 일상 유지보수 ④ 긴급 유지보수

**10** 작업환경 안전관리 지침 내용 중 직접적인 대책의 안전관리 지침서가 맞는 것은?

① 기계·설비를 정기점검
② 전담 안전관리 책임자를 선임
③ 정기적으로 안전교육 시행
④ 법정근로 시간을 준수하여 작업자가 피로감에 지치도록 하지 않는다.

**11** 작업환경 안전관리 지침 내용 중 간접적인 대책의 안전관리 지침서가 맞는 것은?

① 작업자가 미끄러지는 등의 위험이 없도록 작업장 바닥을 청결한 상태로 유지
② 전담 안전관리 책임자를 선임
③ 기계·설비를 정기점검
④ 작업순서에 따라 정확한 작업이 이루어지도록

**12** 주방 작업장 적정온도는?

① 겨울 - 10.0℃ ~ 15.0℃, 여름 - 20.6℃ ~ 22.8℃
② 겨울 - 18.3℃ ~ 21.1℃, 여름 - 20.6℃ ~ 22.8℃
③ 겨울 - 15.3℃ ~ 18.9℃, 여름 - 21.5℃ ~ 23.3℃
④ 겨울 - 21.1℃ ~ 22.0℃, 여름 - 22.0℃ ~ 22.8℃

**13** 주방 작업장 적정 상대습도는?

① 50 ~ 70% ② 30 ~ 50%
③ 40 ~ 60% ④ 45 ~ 65%

**14** 작업장의 안전 및 유지 관리 기본 방향 설정이 아닌 것은?

① 작업장 안전 및 유지 관리 기본방향 설정
② 작업장 안전 및 유지 관리 체계의 개선
③ 작업장 안전 및 유지 관리 실행 기반의 조성
④ 작업장 주변 정리정돈에 대하여 파악

**15** 안전교육의 필요성이 아닌 것은?

① 출입구 및 복도, 통로 등에 적재물 비치 여부를 점검
② 안전은 인간의 본능이기 때문
③ 물체에 대한 사람들의 비정상적인 접촉
④ 인적 요인에 의한 안전문화는 교육을 통하여만 실현

## MEMO

# CHAPTER 3 정답 및 해설

| 안전관리문제 | | | | |
|---|---|---|---|---|
| 01 ② | 02 ① | 03 ② | 04 ④ | 05 ③ |
| 06 ① | 07 ④ | 08 ③ | 09 ② | 10 ① |
| 11 ② | 12 ② | 13 ③ | 14 ④ | 15 ① |

### 01

안전사고 예방을 위한 개인 안전관리

관리책임자는 책임 범위 내에서 위험도를 제어할 수 있는 방법을 조사하고, 각각의 안전대책이 위험도 경감에 효과적으로 합리적인지 여부를 판단, 법적 요구사항을 포함하는 가능한 안전대책을 모두 검토하여야 한다.

### 02

안전사고 예방과정

1) 위험요인 제거
2) 위험요인 차단
3) 예방(오류) - 위험사건을 초래할 수 있는 인적·기술적·조직적 오류를 예방
4) 교정(오류) - 위험사건을 초래할 수 있는 인적·기술적·조직적 오류를 교정
5) 제한(심각도) - 재발방지를 위하여 대응 및 개선 조치를 취함

### 03

재난의 원인 4요소 : 인간, 기계, 매체, 관리

### 04

물적 요인 : 주방 내 각종 기계, 장비 또는 시설물에서 오는 요인

### 05

인적 요인(정서적 요인, 행동 요인, 생리적 요인)/물리적 요인/환경적 요인

### 06

안전교육의 목적

1) 상해, 사망 또는 재산 피해를 불러일으키는 불의의 사고를 예방하는 것
2) 일상생활에서 개인 및 집단의 안전에 필요한 지식, 기능, 태도 등을 이해시킴
3) 안전한 생활을 영위할 수 있는 습관을 형성시키는 것
4) 개인과 집단의 안전성을 최고로 발달시키는 교육
5) 근본적으로 인간생명의 존엄성을 인식

### 07

일상점검

주방관리자가 매일 조리기구 및 장비를 사용하기 전에 육안을 통해 주방 내에서 취급하는 기계·기구·전기·가스 등의 이상 여부와 보호구의 관리실태 등을 점검하고 그 결과를 기록·유지 하도록 하는 것

### 08

- 긴급점검 : 관리 주체가 필요하다고 판단될 때 실시하는 정밀점검 수준의 안전점검이며 실시목적에 따라 손상점검과 특별점검으로 구분
- 손상점검 : 재해나 사고에 의해 비롯된 구조적 손상 등에 대하여 긴급히 시행하는 점검
- 특별점검 : 결함이 의심되는 경우나, 사용제한 중인 시설물의 사용 여부 등을 판단하기 위해 실시하는 점검

### 09

조리 장비·도구의 안전 및 유지 관리를 위한 기본 계획 : 유지관리 계획수립, 일상 점검, 정기 점검, 긴급 점검, 일상 유지보수, 정기 유지보수, 긴급 유지보수

## 10

| 직접적인 대책 | | | |
|---|---|---|---|
| 구분 | 작업환경 개선 | 기계·설비 개선 | 작업방법 개선 |
| 안전관리 | 작업자가 넘어지거나 미끄러지는 등의 위험이 없도록 작업장 바닥을 청결한 상태로 유지 | 기계·설비를 정기점검 한다. | 작업순서에 따라 정확한 작업이 이루어지도록 한다. |

## 11

| 간접적인 대책 | | | |
|---|---|---|---|
| 구분 | 조직, 관리 기준 개선 | 교육의 실시 | 건강유지 증진 |
| 안전관리 | 전담 안전관리 책임자를 선임 | 정기적으로 안전교육 시행 | 법정근로시간을 준수하여 작업자가 피로감에 지치지 않도록 한다. |

## 12

- 겨울 : 18.3℃ ~ 21.1℃
- 여름 : 20.6℃ ~ 22.8℃

## 13

적정한 상대습도는 40 ~ 60% 정도가 매우 적당

## 14

작업장의 안전 및 유지  관리 기본 방향 설정

- 작업장 안전 및 유지 관리 기준의 적립
- 작업장 안전 및 유지 관리 체계의 개선
- 작업장 안전 및 유지 관리 실행 기반의 조성

## 15

안전교육의 필요성

- 인간의 본능 : 안전은 인간의 본능이지만 이러한 의지에 상반되는 재해가 발생하는 이유는 그 본능에도 불구하고 그것을 행동화하는 기술을 알지 못하기 때문
- 물체에 대한 사람들의 비정상적인 접촉에 의한 것이 많은 부분을 차지
- 인적 요인에 의한 안전문화는 교육을 통하여만 실현
- 사업장의 위험성이나 유해성에 관한 지식, 기능 및 태도는 이것이 확실하게 습관화 되기까지 반복하여 교육 및 훈련을 받지 않으면 이해, 납득, 습득, 이행이 되지 않는다.

MEMO

# PART3

## : 재료관리


재료관리 82

재료관리 문제 102

정답 및 해설 107

# CHAPTER 1 재료관리

## 1. 식품재료의 성분

- 재료관리는 조리작업 시 필요한 재료의 특성을 고려하여 저장, 재고관리, 선입선출하여 재료를 효율적으로 관리하는 것이다.
- 식품의 구성성분은 크게 일반성분과 특수성분으로 구분된다. 식품의 일반성분 99%에는 식품의 영양적 가치가 있는 탄수화물·단백질·지방·무기질·비타민·섬유소 등이 속하며, 식품의 특수성분 1%에는 식품의 기호적 가치라 할 수 있는 식품의 색·맛·냄새·효소·유독성분 등이 포함된다.

> ✓ tip!
>
> **식품의 구비 요소**: 영양성, 안전성, 기호성, 경제성

> ✓ tip!
>
> 식품 재료의 분류
> - **열량소**: 탄수화물, 단백질, 지방
> - **구성소**: 단백질, 무기질
> - **조절소**: 비타민, 무기질

| 구분 | 구성 | kcal | 권장섭취율 | 소화율 |
|---|---|---|---|---|
| 탄수화물 | C,H,O | 4 | 65 | 98 |
| 단백질 | C,H,O,N | 4 | 15 | 92 |
| 지방 | C,H,O | 9 | 20 | 95 |

### 1) 수분

(1) 건강한 사람은 대개 1일 2~3L 정도의 물이 배출되기 때문에 성인의 1일 권장섭취량 2~4L 정도의 보충이 필요하며, 체중 비율로 보아 성인들보다 아이들이 많은 수분을 필요로 한다.

(2) **기능**: 영양소 운반, 노폐물 배출, 소화액 구성, 체온 조절, 체액의 pH조절 및 삼투압 조절 등

**(3) 수분 부족 증상** : 체내의 정상적인 수분 양보다 10%이상 줄어들면 열, 경련, 혈액순환 장애증상이 발생하며, 수분이 20%이상 손실되면 사망에 이르게 된다.

★★
**(4) 물의 종류**

| **유리수**(자유수, 일반적인 보통 물의 성분) | **결합수** |
|---|---|
| 용질에 대해 용매로 작용 | 용매로 작용하지 않음 |
| 건조에 의해서 쉽게 제거 가능 | 압력을 가해도 쉽게 제거되지 않음 |
| 0℃이하에서 쉽게 동결 | 0℃이하의 낮은 온도(-30℃~-20℃)에서도 얼지 않음 |
| 미생물의 생육번식에 이용 | 미생물의 번식에 이용하지 못함 |
| 융점이 높고, 표면장력과 점성이 큼 | 유리수보다 밀도가 큼 |

★★★
**(5) 수분활성도(Aw)**

미생물 성장, 식품의 맛, 색, 향을 변화시키는 식품 내 화학적 반응과 관계되어 매우 중요한 특성으로 식품에 자유수의 양이 얼마나 포함되어 있는지를 나타내는 지표

$$\text{수분활성도(Aw)} = \frac{\text{P(식품의 수증기)}}{\text{P0(순수한 물의 최대 수증기압)}}$$

① 물의 수분활성도 : 1(물의 Aw =1)

② 일반 식품의 수분활성도는 항상 1보다 작음(일반식품의 Aw<1)

③ 수분활성도가 낮으면 미생물의 생육이 억제됨

④ **수분활성도 0.8이상** : 일반식품은 상온에서 곰팡이가 피기 시작

⑤ 곡류나 건조식품 등은 다른 일반식품들에 비해 수분활성도가 낮음(예 : 건조식품 0.2이하, 곡류·콩류 0.60~0.64, 과일·어류·채소 0.99~0.998, 육류 0.92~0.97)

## 2) 탄수화물

**(1) 탄수화물의 특성**

① **구성 원소** : 탄소(C), 수소(H), 산소(O)가 1:2:1의 비율로 구성되어 있다.

② **하루에 섭취하는 적정량** : 1일 총 열량의 65%

③ 소화되는 탄수화물(당질), 소화되지 않는 탄수화물(섬유소)로 구분된다.

④ 적당량을 섭취하면 혈액에 포도당으로 되고, 체내 섭취가 많으면 글리코겐(glycogen)으로 변하여 간과 근육에 저장되며, 많이 섭취하면 지질로 저장된다.

⑤ **최종분해산물** : 포도당

**(2) 탄수화물의 기능**

① **에너지원** : 1g당 4kcal의 에너지 발생, 총열량의 65%가 권장량으로 적당하며, 소화율은 98%이다.

② **단백질의 절약작용** : 탄수화물을 충분히 섭취하지 않으면 단백질을 분해하여 에너지원으로 사용한다.

③ 지방의 완전연소 등 지방대사에 관여한다.

④ 식이섬유소를 공급하여 혈당상승 및 변비 예방한다.

★★★
### (3) 탄수화물의 종류

① **단당류**: 탄수화물의 가장 간단한 구성단위로 더이상 가수분해 또는 소화되지 않는다.

| | |
|---|---|
| **포도당** (Glucose) | 탄수화물의 최종분해산물로 포유동물의 혈액에 0.1% 함유되어 있다. |
| **과당** (Fructose) | 특히 벌꿀에 많이 함유되어 있고 단맛이 가장 강하다. |
| **갈락토오스** (Galactose) | 단독으로 존재하지 못하고 유당에 함유되어 결합상태로만 존재하며, 젖당의 구성성분으로 포유동물의 유즙에 존재한다(우뭇가사리의 주성분). |
| **만노스** | 곤약의 가수분해 |
| **리보오스** | 핵산이 구성성분 |

② **이당류**: 단당류 2개가 결합된 당이다.

| | |
|---|---|
| **맥아당** (Maltose, 엿당) | 포도당+포도당<br>• 엿기름에 많으며, 물엿의 주성분 |
| **서당** (Sucrose, 자당, 설탕) | 포도당+과당<br>• 서당을 160℃이상으로 가열하면 캐러멜화하여 갈색 색소인 캐러멜이 됨 |
| **유당** (Lactose, 젖당) | 포도당+갈락토오스<br>• 포유류의 유즙에 존재하는 것으로 감미가 거의 없음<br>• 유산균과 젖산균의 정장작용<br>• 칼슘(Ca)의 흡수를 도움 |

③ **다당류**: 단당류가 2개 이상 또는 그 이상이 결합된 것으로 분자량이 큰 탄수화물이며, 물에 용해되지 않고 단맛도 없다.

| | |
|---|---|
| **전분**(Starch) | • 주로 곡류에 함유되어 있는 전분(식물성 전분)<br>• 아밀로오스(쌀), 아밀로펙틴(찹쌀) |
| **글리코겐**(Glycogen) | 동물의 저장 탄수화물로 간이나 근육, 조개류에 함유되어 있음 |
| **섬유소**(Cellulose) | • 인간의 소화액 중에는 섬유소를 분해하는 효소가 없으므로 이를 소화하지 못함<br>• 장 점막을 자극해서 소화운동을 촉진시켜 변비를 예방함 |
| **펙틴**(Pectin) | • 소화되지 않는 다당류로 세포막과 세포막 사이에 있는 층에 주로 존재함<br>• **뜨거운 물에 풀리며 설탕과 산의 존재로 겔(gel)화 될 수 있음(예**: 잼과 젤리)<br>• 각종 과실류와 감귤류의 껍질 등에 그 함량이 많음 |
| **이눌린**(Inulin) | • 과당의 결합체로 돼지감자에 다량 함유 |
| **갈락탄** | • 한천에 들어 있는 소화되지 않는 다당류임 |
| **덱스트린** | • 뿌리나 채소즙에 많음<br>• 전분의 가수분해 과정에서 얻어지는 중간산물임 |

| | |
|---|---|
| 한천(agar) | • 우뭇가사리 등 홍조류에 존재하는 점질물로 동결건조한 제품<br>• 겔(gel)형성력이 좋음<br>• 빵, 양갱, 젤리, 우유 등의 안정제로 사용<br>• 배변을 촉진하여 변비 예방에 좋음 |

✓ tip!

- 쌀 전분은 아밀로오즈가 20%, 아밀로펙틴이 80%이고, 찹쌀 전분은 아밀로 펙틴이 100%이다.
- **전화당** : 설탕을 가수분해할 때 얻어지는 포도당과 과당의 혼합물이며, 벌꿀에 많다.
- 당질의 감미도 순서
  과당 〉 전화당 〉 설탕 〉 포도당 〉 맥아당 〉 갈락토오스 〉 젖당

#### (4) 탄수화물의 과잉증과 결핍증

① **과잉증** : 비만증, 소화불량 등

② **결핍증** : 체중감소, 발육불량 등

## 3) 지질

#### (1) 지질의 특성

① **구성원소** : 탄소(C), 수소(H), 산소(O)

② 3분자의 지방산과 1분자의 글리세롤이 에스테르(ester)상태로 결합

③ 상온에서 액체인 것은 기름(oil), 고체인 것은 지방(fat)

④ 과잉섭취 시 피하지방에 저장되며 비만, 고지혈증, 동맥경화, 당뇨병, 심장병 유발

#### (2) 지질의 기능

① **에너지 공급원** : 1g당 9kcal의 에너지 발생, 총 열량의 20%가 권장량으로 적당하며, 소화율은 95%

② **필수지방산** : 생명유지에 꼭 필요한 필수지방산으로 체내에서 합성되지 않기 때문에 반드시 섭취해야 한다(리놀레산, 리놀렌산, 아라키돈산 등).

③ **지용성비타민** : 비타민 A, D, E, K의 흡수를 도움

④ 외부의 충격으로부터 내장기관 보호

⑤ **체온조절** : 피하지방은 외부 온도의 변화로부터 체온을 유지

⑥ **세포막 구성** : 인지질과 콜레스테롤은 체세포, 뇌, 신경조직 등에서 세포막의 구성 성분

⑦ 식품의 맛과 향미, 포만감 제공

#### (3) 지질의 종류 ★★★

| | |
|---|---|
| 단순지질 | • 지방산과 글리세롤의 에스테르 결합<br>• 중성지방(지방산+글리세롤), 왁스(지방산+고급알코올) |
| 복합지질 | • 단순지질에 인, 당, 단백질 등이 결합<br>• 인지질(단순지질+인), 당지질(단순지질+당), 단백지질(단순지질+단백질) 등 |
| 유도지질 | • 단순지질과 복합지질이 가수분해될 때 생성되는 지용성 물질<br>• 지방산, 콜레스테롤, 에르고스테롤, 지용성 비타민류 등 |

### (4) 지방산의 종류

| | |
|---|---|
| 포화지방산 | • 탄소와 탄소 사이의 결합에 이중결합이 없는 지방산<br>• 융점이 높아 상온에서 고체상태<br>• 동물성 지방 식품에 함유<br>• 개미산, 팔미트산, 프로피온산, 카프르산 등 |
| 불포화지방산 | • 탄소와 탄소 사이의 결합에 1개 이상의 이중결합이 있는 지방산<br>• 융점이 낮아 상온에서 액체상태<br>• 혈관벽에 쌓여있는 콜레스테롤을 제거하는 효과<br>• 식물성 기름, 어류, 견과류에 함유<br>• 리놀레산, 리놀렌산, 아라키돈산, 올레산 등 |
| 필수지방산 | • 신체성장과 정상적인 기능에 반드시 필요한 지방산으로 체내합성이 불가능<br>• 식물성 기름에 다량 함유<br>• **결핍** : 피부염, 성장지연 등<br>• 리놀레산, 리놀렌산, 아라키돈산 |

### (5) 지질의 기능적 성질

★★
**① 유화**

(ㄱ) **수중유적형(O/W)** : 물 중에 기름이 분산되어 있는 것(예 : 우유, 생크림, 마요네즈, 아이스크림 등)

(ㄴ) **유중수적형(W/O)** : 기름 중에 물이 분산 되어 있는 것(예 : 버터, 마가린 등)

**② 수소화(경화)**

**액체상태의 기름에 수소($H_2$)를 첨가하고 니켈(Ni)과 백금(Pt)을 넣어 고체형의 기름을 만드는 것(예** : 마가린, 쇼트닝)

**③ 연화(쇼트닝)**

밀가루 반죽에 유지를 첨가하면 반죽 내에서 지방을 형성하여 전분과 글루텐의 결합을 방해하는 것

**④ 가소성**

외부 조건에 의해 유지의 상태가 변했다가 외부 조건을 복구해도 유지의 변형 상태는 유지되는 성질

**⑤ 검화(비누화)**

(ㄱ) 지방이 수산화나트륨(NaOH)에 의하여 가수분해되어 글리세롤과 지방산의 Na염(비누)을 생성하는 현상

(ㄴ) 저급 지방산일수록 비누화가 잘 됨

★★
**⑥ 요오드가(불포화도)**

(ㄱ) 유지 100g중에 불포화 결합하여 첨가되는 요오드의 g수

(ㄴ) 요오드가가 높다는 것은 불포화도가 높다는 의미

| 구분 | 요오드가 | 종류 |
|---|---|---|
| 건성유 | 130이상 | 들기름, 해바라기유, 정어리유, 호두기름 |
| 반건성유 | 100~130 | 대두유(콩기름), 옥수수유, 참기름, 채종유, 면실유 |
| 불건성유 | 100이하 | 피마자유, 올리브유, 야자유, 동백유, 땅콩유 |

⑦ 지방의 과잉증과 결핍증

(ㄱ) **과잉증** : 비만증, 심장기능약화, 동맥경화

(ㄴ) **결핍증** : 신체쇠약, 성장부진

## 4) 단백질

### (1) 단백질의 특성

① **구성원소** : 탄소(C), 수소(H), 산소(O), 질소(N)

② 인체 고형분의 3/5을 차지하며, 세포성분으로 중요

③ 아미노산이 펩타이드(peptide)결합

④ 단백질 속의 질소(N)함량은 16% 즉 6.25

N(질소의 양)×6.25=단백질 양

⑤ 열, 산, 알칼리, 효소 등에 응고되는 성질

### (2) 단백질의 기능

① **에너지원** : 1g당 4kcal, 총열량의 15%, 소화율은 92%

② 모든 신체 조직의 성장과 유지에 매우 중요

③ 효소, 호르몬, 항체 등을 구성

④ 혈관 내의 삼투압을 높게 유지시켜 수분을 혈관에 오래 머무르게 함으로써 몸의 수분 균형을 조절

⑤ 산과 알칼리의 균형을 조절하여 체액의 pH를 항상 일정 상태로 유지

### (3) 단백질의 종류

① **화학적 분류**

| | |
|---|---|
| 단순단백질 | 아미노산만으로 구성<br>• 알부민, 글로불린, 글루테닌, 프롤라민, 히스톤, 알부미노이드 등 |
| 복합단백질 | 단순단백질과 비단백질 성분이 결합한 것<br>• 인단백질(우유 : 카제인)<br>• 당단백질(난백 : 오보뮤코이드, 침 : 뮤신)<br>• 핵단백질(세포핵)<br>• 헤모글로빈(혈액), 지단백질 |
| 유도단백질 | 열, 산, 알칼리 등의 작용으로 변성이나 분해를 받은 단백질<br>• **1차 유도단백질(변성단백질)** : 젤라틴<br>• **2차 유도단백질(분해단백질)** : 펩톤 |

### ② 영양학적 분류

| | |
|---|---|
| 완전단백질 | 생명유지 및 성장에 필요한 양질의 단백질<br>• 달걀(오보알부민, 오보비텔린)<br>• 콩(글리시닌)<br>• 우유(카제인, 락토알부민)<br>• 육류(미오신) |
| 부분적 불완전 단백질 | 아미노산 함량이 충분하지 못하고, 생명유지에 필요한 단백질만 함유<br>• 보리(호르데인)<br>• 밀·호밀(글리아딘)<br>• 쌀(오리제닌) |
| 불완전 단백질 | 생명을 유지하거나 어린이들이 성장하기에 충분한 양의 필수 아미노산을 갖고 있지 못한 단백질<br>• 옥수수(제인)→트립토판 부족 |

### ③ 형태에 따른 분류

| | |
|---|---|
| 섬유상 단백질 | 보통 용매에 녹지 않음<br>• **콜라겐**: 피부와 결합조직 구성<br>• **엘라스틴**: 혈관 등에 함유<br>• **케라틴**: 모발에 함유 |
| 구상 단백질 | 묽은 산, 알칼리에 녹음<br>• 알부민, 글루불린, 글루텔린 등 |

✓ tip!

- ★★★ **필수아미노산 8가지(성인에게 필요)**: 트레오닌, 발린, 트립토판, 이소루신, 루신, 라이신, 페닐아라닌, 메티오닌
- **성장기 어린이에게 필요한 필수아미노산**: (성인 필수아미노산 8가지)+알기닌+히스티딘
- ★★ **식품의 단백질 명칭**

| 콩 | 글리시닌 | 보리 | 호르테인 | 우유 | 카제인 |
|---|---|---|---|---|---|
| 밀가루 | 글루텐 | 난백 | 알부민 | 쌀 | 오리제닌 |
| 옥수수 | 제인 | 생선 | 미오신 | 육류 | 콜라겐 |

### (4) 무기질의 특성

① 탄소(C), 수소(H), 산소(O), 질소(N)등 인체를 구성하는 유기성분을 제외한 나머지 원소

② 체내에서 합성되지 않으므로 반드시 음식물로 섭취

### (5) 무기질의 기능

① **체조직 구성**: 뼈와 치아의 구성 성분, 철, 구리, 나트륨, 인, 염소 등은 혈액의 구성 성분

② **호르몬·효소의 구성**: 요오드-갑상선호르몬, 아연-인슐린, 철-헤모글로빈

③ **수분평형**: 삼투압현상에 의해 세포막을 통과하게 되는데 이동 방향과 양은 무기질의 농도에 의해 결정

④ **산·알칼리 평형**: 체내 대사반응이 정상적으로 이루어질 수 있도록 체액의 산도·알칼리도를 조절하여 적정 pH를 유지

## (6) 무기질의 종류 ★★

| 구분 | 생리작용 | 특징 | 결핍증 | 급원식품 |
|---|---|---|---|---|
| 칼슘(Ca) | • 골격 치아 구성<br>• 혈액응고 관여<br>• 근육 수축성 조절<br>• 생리적 반응을 위한 촉매 | • 비타민D 흡수 촉진<br>• 수산과 피틴산, 지방 흡수를 방해 | • 골격, 치아의 발육 부진, 골다공증, 골연화증, 구루병, 성장 장애, 비타민D 결핍 | • 우유 및 유제품<br>• 해조류<br>• 멸치<br>• 콩<br>• 두부<br>• 뱅어포 등 |
| 인(P) | • 인의 80%가 골격과 치아에 함유<br>• 골격과 치아 구성<br>• 칼슘과 결합되어 체조직 구성에 중요한 작용 | • 성인<br>**칼슘1** : 인1<br>• 어린이<br>**칼슘2** : 인1 섭취가 적당 | • 골격, 치아 발육 부진, 골연화증 | • 유제품, 멸치, 난황, 육류 등 |
| 마그네슘(Mg) | • 골격과 치아의 형성 | • 신경과 근육의 수축에 관여 | • 근육 떨림<br>• 신경 불안정<br>• 경련 | • 견과류<br>• 콩류<br>• 녹색 채소 |
| 나트륨(Na) | • 삼투압 조절<br>• 근육수축에 관여<br>• 수분균형 유지<br>• 산·알칼리 평형유지 | • **과잉 시** : 고혈압, 심장병 유발(우리나라는 나트륨 과잉섭취) | • 식욕 부진<br>• 소화 불량<br>• 근육 경련<br>• 저혈압 | • 소금<br>• 양념류 |
| 칼륨(K) | • 삼투압·수분평형유지<br>• 산·알칼리 평형 유지<br>• 근육수축·이완작용 | • 과잉 시<br>- 신장기능 이상<br>- 세포내액에 존재 | • 식욕 감퇴<br>• 근육 경련 | • 시금치, 양배추, 바나나, 감자 등 |
| 철분(Fe) | • 헤모글로빈과 미오글로빈의 구성 성분<br>• 효소의 보조인자 | - | • 빈혈<br>• 식욕 부진<br>• 면역기능 저하 등 | • 동물성(간, 내장, 난황등)<br>• 식물성(녹황색 채소류 등) |
| 코발트(Co) | • 비타민 $B_{12}$구성요소<br>• 적혈구 생성 | - | • 성장 부진<br>• 빈혈 등 | • 채소<br>• 간<br>• 어류 |
| 불소(F) | • 충치예방<br>• 골다공증 예방 | • **과잉 시** : 반상치 | • 우치(충치)<br>• 폐경기 여성·노인 골다공증 등 | • 해조류, 고등어 등 |
| 요오드(I) | • 갑상선 호르몬(티록신)의 구성성분<br>• 유즙 분비 촉진 등 | • **과잉 시** : 갑상선 기능 항진증 | • 갑상선종<br>• 크레틴병(태아의 성장 지연)등 | • 미역, 다시마, 김 등 |
| 구리(Cu) | • 철 흡수·이용 관여<br>• 헤모글로빈 합석 촉진 | - | • 빈혈<br>• 백혈구의 감소<br>• 뼈의 손실<br>• 성장 장애 | • 간<br>• 굴<br>• 해조류<br>• 채소류 등 |

| 구분 | 생리작용 | 특징 | 결핍증 | 급원식품 |
|---|---|---|---|---|
| 아연(Zn) | • 적혈구와 인슐린의 구성 성분<br>• 면역기능 관여<br>• 상처 회복 | - | • 당뇨병<br>• 성장 지연<br>• 근육발달 지연<br>• 면역기능 저하 | • 해산물<br>• 곡류<br>• 두류<br>• 육류 등 |

✓ tip!

- **산성** : 인(P), 황(S), 염소(Cl) 등이 체내에서 분해되어 산성이 된다.
- **함유 식품** : 곡류, 육류, 어류 등
- **알칼리성** : 칼슘(Ca), 칼륨(K), 나트륨(Na), 마그네슘(Mg), 철분(F) 등이 체내에서 분해되어 알칼리가 된다.
- **함유식품** : 과일, 야채, 해조류 등
- **우유** : 동물성 식품이지만, 칼슘(Ca)이 다량 함유되어 있어 알칼리성 식품이다.

## 5) 비타민

### (1) 비타민의 특성

① 대부분 음식으로 합성되지 않으므로 음식물로 공급되어야 한다. 예외적으로 비타민D는 자외선에 의해 피부·버섯에 합성되고, 나이아신은 트립토판으로부터 합성되고, 비타민K는 장내 세균에 의해 합성된다.

② 에너지 · 신체구성 물질로 사용되지 않는다.

### (2) 비타민의 기능

① 체내에서 대사 작용 조절물질(조효소) 역할을 한다.

② 체내에 극히 미량 함유되어 있으며, 생리 기능을 조절한다.

③ 여러가지 결핍증을 예방하고, 일부 비타민은 항산화제로 여러 영양소의 산화를 방지한다.

★★★
### (3) 비타민의 종류

① 수용성 비타민과 지용성 비타민의 차이점

| 구분 | 수용성 비타민 | 지용성 비타민 |
|---|---|---|
| 특징 | • 물에 잘 용해<br>• 과잉섭취 시 필요량 제외하고 모두 배출<br>• 결핍증이 바로 나타남<br>• 매일 식사에서 필요한 양 만큼 섭취<br>• 비타민 B군($B_1$, $B_2$, $B_6$, $B_9$, $B_{12}$), C, 나이아신 | • 기름과 유지용매에 용해되는 비타민<br>• 기름과 함께 섭취하면 흡수율 증가<br>• 과잉섭취 시 체내 저장<br>• 결핍증이 서서히 나타남<br>• 매일 식사에서 공급되지 않아도 됨<br>• 비타민A, D, E, K |

★★
## ② 수용성 비타민

| 구분 | 기능 | 특징 | 결핍증 | 급원식품 |
|---|---|---|---|---|
| 비타민$B_1$<br>(티아민) | • 탄수화물 대사 조효소<br>• 열에 안정하고 산 또는 빛에 약하다.<br>• 뇌와 신경조직 유지 | • 마늘에 들어 있는 알리신은 비타민 $B_1$의 흡수를 도와 준다. | • 각기병<br>• 식욕감퇴 | • 돼지고기<br>• 곡물의 배아 |
| 비타민$B_2$<br>(리보플라빈) | • 성장촉진<br>• 피부, 점막 보호 | • 열·산에 안정<br>• 빛·알칼리에 불안정 | • 구순염<br>• 구각염<br>• 설염 | • 동물성식품<br>• 우유<br>• 유제품 등 |
| 비타민 $B_3$<br>(나이아신) | 탄수화물 대사 촉진 | **필수아미노산인 트립토판이** 60:1로 만들어주기 때문에 부족증이 없다. | • 펠라그라병옥수수가 주식인 나라에서 생김 | • 육류<br>• 어류<br>• 유제품<br>• 가금류 등 |
| 비타민$B_6$<br>(피리독신) | • 항피부염성 비타민<br>• 단백질 대사 과정에서 보조 효소로 작용 | 열에 의하여 쉽게 파괴 | 피부염 | • 간<br>• 효모<br>• 배아 |
| 비타민$B_9$<br>(엽산) | • 적혈구를 비롯한 세포의 생성에 도움<br>• 아미노산 합성 관여 | - | 빈혈 | • 간<br>• 달걀<br>• 현미 등 |
| 비타민$B_{12}$<br>(코발라민) | • 성장 촉진<br>• 적혈구의 정상적인 발달에 도움 | • 코발트(CO)를 함유<br>• 동물성 식품에만 함유 | 악성빈혈 | • 동물의 간<br>• 생선 등 |
| 비타민C<br>(아스코르브산) | • 혈관벽을 튼튼하게<br>• 세포질 성장촉진<br>• 철분흡수 촉진<br>• 피로회복 | • 알칼리, 열 등에 불안정<br>• 물에 잘 녹음(조리 시 손실이 큼) | • 괴혈병<br>• 면역력 감소 | • 과일류<br>• 채소류<br>• 성인표준 1일 55mg |

✓ **tip!**

**비타민 C 파괴효소**: 아스코르비나제
- 당근과 호박이 오이 등에 비타민C를 파괴하는 아스코르비나제라는 효소가 함유되어 있다.
- 당근에는 아스코르비나제가 많이 들어있어서 무와 같이 섞어 방치하면 비타민C를 파괴한다.

### ③ 지용성 비타민

| 구분 | 기능 | 특징 | 결핍증 | 급원식품 |
|---|---|---|---|---|
| 비타민A (레티놀) | • 망막세포 구성<br>• 상피세포 보호<br>• 면역기능 높임 | • 카로틴(비타민A 전구체)<br>• β-카로틴이 비타민A로서의 활성을 가장 많이 함 | • 야맹증<br>• 안구건조증<br>• 결막염 등 | • 소·돼지 간<br>• 김<br>• 시금치<br>• 당근<br>• 난황 등 |
| 비타민D (칼시페롤) | • 칼슘과 인 흡수 촉진<br>• 골격·치아 발육 촉진 | • 자외선을 쬐면 합성됨<br>• 비타민D 전구물질-에르고스테롤 | • 구루병<br>• 골다공증<br>• 골연화증 등 | 건조식품<br>• 말린 버섯<br>• 말린 생선류 |
| 비타민E (토코페롤) | • 천연항산화제<br>• 생식 기능의 정상화 유지 | • 열에 매우 안정적<br>• 비타민A의 산화를 막고 흡수 | • 노화촉진<br>• 근육위축증<br>• 불임증 등 | • 식물성 기름<br>• 견과류<br>• 배아 등 |
| 비타민K (필로퀴논) | • 혈액의 응고에 관여<br>• 혈전증과 심근경색을 예방 | • 장내세균에 의해 인체 내에서 합성 | • 혈액응고지연<br>• 신장염 등 | • 녹색채소<br>• 대두<br>• 당근 등 |
| 비타민F (리놀레산) | • 신체성장<br>• 발육 | 성장과 영양에 필요 | • 피부병<br>• 성장지연 | 식물성기름 |

## 6) 식품의 색

식품의 색은 식물성과 동물성으로 나뉜다.

### (1) 식물성 색소 ★★

| 클로로필 | | • 녹색 채소의 색(마그네슘 Mg함유)<br>• 열과 산, 효소-변색하여 녹갈색(피페리딘)<br>• 알칼리(소다)에 강하여 선명한 녹색-영양소 파괴(예 : 시금치 데칠 때 뚜껑을 열고 데친 후 찬물에 담근다) |
|---|---|---|
| 플라보노이드 | | • 식물에 넓게 분포하는 황색계통의 색소<br>• 색이 엷은 채소의 색소로서 옥수수, 밀가루, 양파 등에 함유<br>• 산성에는 더 흰색(연근, 우엉+식초물에 삶기=흰색)<br>• 알칼리에는 황색(밀가루 반죽+소다=빵의 색이 진한 황색) |
| 플라보노이드 계열 | 안토잔틴 | • 백색, 담황색을 띠는 수용성 색소-식물의 뿌리, 줄기, 잎 등<br>• 산성-흰색<br>• 알칼리-황색, 짙은 갈색 |
| | 안토시아닌 | • 꽃이나 과일의 적색, 자색의 색소(사과, 딸기, 포도, 가지)<br>• 산성-선명한 적색<br>• 알칼리-청색<br>• 중성-보라색 |

| | |
|---|---|
| 카로티노이드 | • 황색, 주황색, 적색 색소(당근, 고구마, 호박, 고추 등)<br>• 동·식물계에 분포<br>• 물에 녹지 않고 기름에 녹는다(비타민 A의 기능도 있다).<br>• 열·산·알칼리에 강하다.<br>• 산소·햇빛·산화효소에는 약하다. |

### (2) 동물성 색소 ★★

| | |
|---|---|
| 미오글로빈(육색소) | • 동물 근육의 적자색 색소(철Fe 함유)<br>• 가열에 의하여 갈색이나 회색(메트미오글로빈)<br>• 햄·소시지 가공 시 질산칼륨, 아질산나트륨을 첨가 |
| 헤모글로빈(혈액색소) | • 동물의 혈액 색소(철Fe 함유) |
| 헤모시아닌 | • 문어, 오징어(연체류)에 포함되어 있는 파란색 색소<br>• 가열 시 적자색 |
| 아스타산틴 | • 새우, 가재, 게 등에 포함된 색소<br>• 가열 및 부패에 의해 아스타신이 붉은 색으로 변함 |
| 멜라닌 | 오징어 먹물 색소(흑색) |

## 7) 식품의 갈변

### (1) 갈변의 특성

① 식품을 저장, 가열, 조리 시 식품의 색이 변하거나 본래의 색보다 짙어지는 현상

② 효소적 갈변과 비효소적 갈변이 동시에 일어나는 경우가 많다.

### (2) 갈변의 기능

① 식품이 갈변되면 맛·냄새 등 풍미가 나빠지고 식품 성분의 변화를 일으켜 바람직하지 못 한 경우가 대부분이지만 홍차, 맥주, 간장, 빵 제조와 같이 품질을 향상시키기도 한다.

### (3) 갈변의 종류

#### ① 효소적 갈변

| | |
|---|---|
| 폴리페놀옥시다제 | • 채소나 과일류를 껍질을 벗기거나 자를때 일어나는 갈변 현상<br>• 홍차 갈변 |
| 티로시나아제 | 감자 갈변 |

#### ② 효소에 의한 갈변 방지

(ㄱ) **열처리**: 데치기에 의한 효소의 불활성화

(ㄴ) **pH조절**: 산을 이용하여 pH3.0 이하로 낮추면 효소들의 반응속도가 급격하게 감소

(ㄷ) **산소 제거**: 밀폐용기에 저장, 이산화탄소·질소를 넣어 산화 억제

(ㄹ) **온도조절**: -10℃이하로 낮춰 효소 활성을 억제

(ㅁ) 설탕, 소금물에 담궈 보관

### ③ 비효소적 갈변 ★★

| | |
|---|---|
| 마이야르 반응 | • 아미노기(-$NH_2$)와 카르보닐기(=CO)가 공존할 때 일어나는 반응으로 갈색의 중합체인 멜라노이딘을 만드는 반응<br>• 외부의 에너지 공급 없이 자연 발생적으로 일어난 반응<br>• 아미노-카르보닐 반응 · 멜라노이딘 반응(식빵 · 간장 · 된장의 갈색화) |
| 캐러멜화 반응 | • 당류를 180~200℃의 고온으로 가열했을 때 산화 및 분해 산물에 의한 중합 · 축합으로 갈색 물질을 형성(간장, 캐러멜 등) |
| 아스코르브산 | 오렌지, 감귤류 과일주스(pH 낮을수록 갈변 현상 큼) |

> ✓ **tip!**
>
> 제과제빵에서는 마이야르 반응과 캐러멜화 반응이 동시에 일어남

## 8) 식품의 맛과 냄새

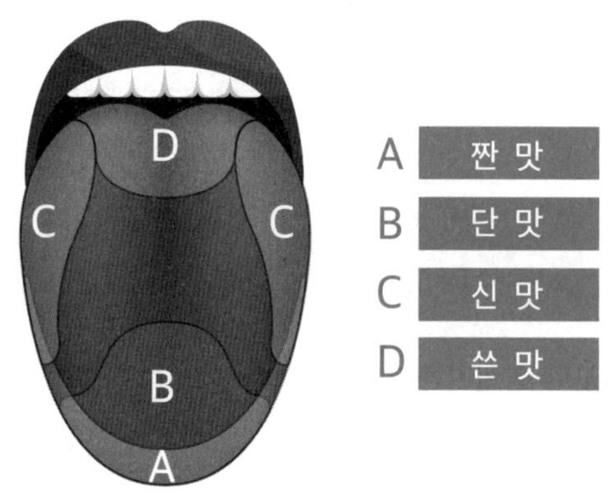


혀의 부위

### (1) 기본적인 맛[헤닝(Henning)의 4가지 맛]

| | |
|---|---|
| 단맛 | • 단맛을 갖고 있는 물질은 대개 유기화합물이며 영양과 밀접한 관계를 갖고 있다.<br>• **당류** : 포도당, 과당, 맥아당, 전화당, 유당, 자당 등<br>• **당 알코올류** : 당을 환원하여 얻은 것으로 단맛은 있으나 열량은 낮다(소르비톨 · 자일리톨 · 만니톨 · 해조류). |
| 짠맛 | • 염화나트륨은 가장 순수한 짠맛<br>• 염화칼륨, 염화마그네슘, 염화칼슘 등을 함유하고 있어 짠맛 이외에 쓴맛도 난다. |
| 신맛 | • 산이 해리되어 생성된 수소이온의 맛으로 생성<br>• 초산(식초), 젖산(요구르트), 사과산(사과), 주석산(포도), 구연산(딸기, 감귤류), 호박산(조개) |
| 쓴맛 | 소량의 쓴맛은 식욕을 촉진한다.<br>• **카페인** : 커피, 초콜릿, 녹차<br>• **후물론** : 맥주<br>• **니코틴** : 담배<br>• **헤스페리딘** : 껍질<br>• **큐커비타신** : 오이껍질 |

### (2) 기타 맛

| | |
|---|---|
| 맛난 맛 | 4원미와 향기 등이 잘 조화되어 구수하게 느껴지는 맛<br>• **글루타민산** : 다시마, 김, 된장, 간장<br>• **이노신산** : 가다랭이 말린 것, 멸치, 육류 |
| 맛난 맛 | • **시스테인, 리신** : 육류, 어류<br>• **타우린** : 오징어, 문어, 조개류<br>• **베타인** : 오징어, 새우<br>• **구아닐산** : 표고버섯, 송이버섯 |
| 매운 맛 | 미각신경을 자극할 때 형성되는 통각<br>• **고추** : 캡사이신<br>• **후추** : 차비신·피페린<br>• **생강** : 진저롤<br>• **강황** : 커큐민<br>• **겨자** : 시니그린<br>• **마늘** : 알리신 |
| 떫은 맛 | 미각의 마비에 의한 수렴성의 불쾌한 맛으로 독특한 풍미를 나타내며, 차 제조에 중요한 맛 성분<br>• 단백질의 응고작용으로 생김<br>• 탄닌성분(감과 밤의 껍질) |
| 아린 맛<br>(쓴맛+떫은맛) | 죽순, 고사리, 가지, 우엉, 토란 등에 함유<br>• 아린맛은 먹기전에 물에 담가두면 제거된다. |

### ★★★ (3) 맛의 상호작용

| | |
|---|---|
| 맛의 대비현상<br>(강화현상) | • 한가지 맛성분에 다른 맛성분을 혼합하면 주된 맛성분을 더 강하게 느끼는 현상<br>• 단맛+소금=단맛 증가(예 : 단팥죽에 단맛을 강하게 하려면 약간의 소금을 첨가한다) |
| 맛의 변조현상 | • 한가지 맛을 느낀 직후에 다른 맛을 보면 원래 맛이 다르게 느껴지는 현상(예 : 쓴약을 먹고 난 후 물을 마시면 물맛이 달게 느껴진다)<br>• 오징어를 먹은 후 밀감을 먹으면 밀감이 쓰게 느껴진다. |
| 맛의 상승현상 | • 같은 종류의 맛을 가진 두 가지 성분을 혼합하면 각각 가지고 있는 본래의 맛보다 강한 맛을 느끼는 현상(예 : 설탕에 포도당을 첨가하면 단맛이 더 증가) |
| 맛의 상쇄현상 | • 상반되는 맛이 서로 영향을 주어 각각의 맛을 느끼지 못하고 조화로운 맛을 느끼는 것(예 : 청량음료의 단맛과 신맛이 서로 조화를 이룬다)<br>• 간장의 짠맛과 발효된 감칠맛이 서로 조화를 이뤄 새로운 풍미를 느껴진다. |
| 맛의 억제현상 | • 두 가지 맛성분을 섞었을 때 각각의 고유한 맛이 약하게 느껴지는 현상<br>• 쓴맛+단맛=쓴맛 감소(예 : 커피에 설탕을 넣으면 단맛에 의해 커피의 쓴맛이 약하게 느껴진다) |
| 미맹현상 | • 미각의 이상 현상으로 식품의 맛을 정상인과 다르게 느끼는 현상<br>• 쓴맛 성분 PTC라는 화합물은 일부 사람은 느끼지 못함 |
| 맛의 피로현상<br>(순응현상) | 같은 맛을 계속 맛볼 경우 미각이 둔해져 맛을 알 수 없게 되거나 다르게 느끼는 현상 |

**(4) 맛의 온도**

① 온도가 높을 수록 단맛은 증가하고, 짠맛과 쓴맛은 감소하고, 신맛은 온도변화에 영향을 받지 않는다.

② 혀의 미각은 30℃전후에 가장 예민

③ **맛의 최적온도** : 단맛(20~50℃), 짠맛(30~40℃), 신맛(25~50℃), 쓴맛(40~50℃)

④ **미각의 반응시간** : 짠맛 > 단맛 > 신맛 > 쓴맛

**(5) 식품의 냄새**

식품의 냄새는 음식의 기호에 영향을 준다.

① 식물성 식품의 냄새

(ㄱ) **테르펜류** : 녹차, 차 잎, 레몬, 오렌지 등

(ㄴ) **알코올 및 알데히드류** : 주류, 감자, 복숭아, 오이 등

(ㄷ) **에스테르류** : 주로 과일향

(ㄹ) **황화합물** : 마늘, 양파, 파, 무, 부추, 고추냉이 등

② 동물성 식품의 냄새

(ㄱ) **어패류의 냄새** : 신선도가 떨어지면 비린내가 나는 트리메틸아민으로 변하여 악취

(ㄴ) **육류의 냄새** : 신선한 육류에는 아세트알데히드 신선도가 떨어지면 메틸메르캅탄 · $H_2S$ · 인돌 등이 생성. 고기굽는 냄새는 카르보닐 화합물

(ㄷ) **우유 · 유제품의 냄새** : 디아세틸(버터의 냄새 성분) · 아세토인

✓ tip!

★★
기타 특수 성분

| 생선비린내 | 트리메틸아민 | 참기름 | 세사몰 | 마늘 | 알리신 |
|---|---|---|---|---|---|
| 고추 | 캡사이신 | 겨자 | 시니그린 | 후추 | 차비신, 피페린 |
| 울금 | 커큐민 | 생강 | 진저론 | 맥주 | 호프(후물론) |
| 산초 | 산쇼올 | 커피, 초콜릿 | 카페인 | 홍어 | 암모니아 |

## 9) 식품의 물성

**(1) 식품의 물성이란 식품의 조리 및 가공으로 외부에서 힘이 가해졌을 때 물질이 반응하는 성질이다.**

**(2) 식품의 기호에 영향을 미치는 요인으로 냄새, 색감, 맛 이외에도 입안에서 느껴지는 청각, 촉감이 중요한데, 이것이 식품의 물리적 성질이다.**

**(3) 식품의 물성을 이용한 조리의 예**

① 마요네즈를 만들 때 이용되는 식용유와 달걀은 둘다 액체이나 마요네즈의 반고형 상태가 된다.

(ㄱ) 강하게 교반하는 과정에서 엄청난 숫자의 지방구가 만들어지면서 그만큼 표면적이 늘어나고 표면적이 늘어나면 표면적끼리의 마찰력이 커져서 움직이지 못해 고체가 되는 것이다.

(ㄴ) 마요네즈를 냉동실에서 얼렸다가 녹이면 유화가 깨져서 다시 액체인 달걀과 식용유로 분리된다.

② 색은 색소로 내기도 하지만 자연에는 색소가 전혀 없이도 색을 내는 경우가 많다.

(ㄱ) 색소는 빛의 특정 파장을 흡수할 뿐 색을 생산하는 기능은 전혀 없다.

(ㄴ) 무엇이든 빛(가시광선)의 적당한 영역을 흡수하거나 반사하면 색이 만들어진다.

(ㄷ) 미세한 물방울, 공기방울, 기름방울이 흰색이 되는 건 크기의 조건을 맞추면 된다.

(ㄹ) 맥주, 탄산 음료에서 미세한 거품(공기)이 올라올 때 흰색이 나오고 달걀 흰자를 휘핑하면 미세한 공기와 지방 입자가 만들어져서 흰색이 되고 아이스크림, 생크림을 휘핑해서 하얗게 된다.

**(4) 교질의 특성**

| 종류 | 특성 |
|---|---|
| 졸(Sol) | 분산매가 액체이고 분산질이 고체이거나 액체로 전체적인 분산계가 액체 상태일 때<br>(예 : 액체졸 - 된장국, 달걀흰자, 수프 등/고체졸 - 사탕) |
| 겔(Gel) | 졸이 냉각하여 응고되거나 물의 증발로 분산매가 줄어 반고체 상태로 굳어지는 것<br>(예 : 밥, 두부, 어묵, 묵, 삶은 달걀 등) |
| 유화<br>(Emulsion) | 분산질인 액체가 분산매인 다른 액체에 녹지 않고 미세하게 균형을 이루며, 잘섞여있는 상태<br>• **유중수적형** : 버터, 마가린 등<br>• **수중유적형** : 우유, 아이스크림, 마요네즈 등 |
| 거품 (Foam) | • 분산매인 액체에 기체가 분산되어 있는 교질 상태<br>• 대표적인 거품의 상태의 식품에는 난백의 기포 |

## ★★★ 10) 식품의 유독성분

**(1) 자연독에 의한 식중독**

동 · 식물에 원래부터 들어 있는 독소에 의하여 발생하는 식중독

① 동물성 자연독

(ㄱ) 복어중독

- **원인 독소** : 테트로도톡신(tetrodotoxin)
- **독성이 있는 부위** : 복어독은 산란기인 5~6월에 독소가 가장 많다. 복어의 난소에 가장 많고, 간>내장>피부 등의 순으로 함유되어 있다. 독성이 강하고 물에 녹지 않으며 열에 안정하여 끓여도 파괴되지 않는다.

(ㄴ) 조개류 중독

- **섭조개(홍합), 대합** : 독성물질은 삭시톡신(saxitoxin)이며 플랑크톤을 섭취한 조개류에서 검출 된다.
- **모시조개, 굴, 바지락, 고동 등** : 독성물질은 베네루핀(venerupin)이며 유독 플랑크톤을 섭취한 조개류에서 검출된다.

② 식물성 자연독

(ㄱ) 독버섯 식중독

- ★★ **무스카린**(muscarine) : 부교감 신경 자극, 호흡곤란 등
- **뉴린, 콜린**(neurine, choline) : 독성은 약하지만 증상은 무스카린과 같다.
- **무스카리딘**(muscaridine) : 교감 신경 자극, 불안정 등
- **팔린**(phaline) : 콜레라 증세, 용혈작용

(ㄴ) **감자중독**

**독성물질**: 솔라닌(solanine-감자의 발아한 부분 또는 녹색부분) / 셉신(sepsin-부패한 감자)

(ㄷ) **독미나리**: 시큐톡신(cicutoxin)

(ㄹ) **청매, 살구씨, 복숭아씨**: 아미그달린(amygdalin)

(ㅁ) **피마자**: 리신(ricin)

(ㅂ) **목화씨**: 고시폴(gossypol)

(ㅅ) **독보리(독맥)**: 테무린(temuline)

(ㅇ) **미치광이풀**: 아트로핀(atropine)

③ **곰팡이 중독**

(ㄱ) **맥각중독**: 보리, 호밀 등에 맥각균이 번식하여 에르고톡신, 에르고타민 등의 독소를 생성하며 인체에 간장독을 일으킨다.

(ㄴ) **황변미 중독**: 페니실리움(penicillum)속 푸른 곰팡이가 저장 중인 쌀에 번식하여 누렇게 변질시키며 시크리나, 시크리오비리딘, 아이슬란디톡신 등의 독소를 생성하여 인체에 신장독, 신경독, 간장독을 일으킨다.

④ **중금속 중독**

(ㄱ) **미나마타(minamata)병**: 수은 중독

(ㄴ) **카드뮴(Cd)**: 광산의 폐수, 토양에 의해 농산물과 축산물에 유입된다. 중독 증상은 골다공증, 골연화증, 빈혈 등

## 2. 효소

효소는 동·식물, 미생물의 세포에 의하여 생산되는 물질로 촉매작용을 하며 세포조직에서 분리되어도 그 작용을 상실하지 않는다. 음식물이 창자에서 흡수되는 상태까지 분해되는 것을 소화라 한다. 소화액은 타액(침), 위액, 장액, 췌액, 담즙의 5가지가 있다. 담즙은 지방의 소화흡수에 특별한 활동을 한다.

### 1) 식품과 효소

#### (1) 소화작용

**소화 과정의 순서**: 입→식도→위→소장→대장→직장→항문

① **입에서의 소화작용**

(ㄱ) **프티알린(아밀라아제)**: 전분→맥아당

(ㄴ) **말타아제**: 맥아당→포도당

② **위에서의 소화작용**

(ㄱ) **펩신**: 단백질→펩톤

(ㄴ) **리파제**: 지방→지방산+글리세롤

(ㄷ) **레닌**: 우유(카제인)→응고

③ **췌액과 장액의 소화 작용**

(ㄱ) **아밀롭신(아밀라아제)**: 전분→맥아당

(ㄴ) **트립신(췌액)**: 단백질과 펩톤→아미노산

(ㄷ) **스테압신(장점막액)**: 지방→지방산+글리세린

(ㄹ) **말타아제(장액)**: 맥아당→포도당

(ㅁ) **수크라아제(장액)**: 서당→포도당+과당

(ㅂ) **락타아제(장액)**: 유당→포도당+갈락토오스

(ㅅ) **리파아제(장액)**: 지방→지방산+글리세롤

④ **흡수(대부분 소장에서 영양소 흡수)**

(ㄱ) 탄수화물은 단당류(포도당, 과당, 갈락토오스)로 분해되어 소장에서 흡수

(ㄴ) 지방은 지방산과 글리세롤로 분해되어 위와 장에서 흡수

(ㄷ) 단백질은 아미노산으로 분해되어 소장에서 흡수

(ㄹ) 수용성 영양소(포도당, 아미노산, 글리세롤, 수용성 비타민, 무기질)는 소장벽 융털의 모세 혈관으로 흡수

(ㅁ) 지용성 영양소(지방산, 지용성 비타민)는 림프관으로 흡수

### (2) 효소

① **효소의 일반적인 성질**

생물학적 반응을 촉매하는 생리 활성을 나타내는 단백질로, 생활 세포 내에서 생산되는 고분자 유기 화합물이며 생체 촉매라고도 한다.

② **산화·환원효소**

(ㄱ) **산화 효소**: 페록시다아제, 카탈라아제, 페놀라아제 등

(ㄴ) **탈수소 효소**: 피리딘 효소, 플라빈 효소 등

③ **가수분해 효소**

(ㄱ) **카르보히드라아제**: 탄수화물의 가수분해 효소(아밀라아제, 사카라아제, 말타아제, 락타아제 등)

(ㄴ) **에스테라아제**: 에스테르 결합을 가수분해시키는 효소(라파아제 등)

(ㄷ) **프로테아제**: 단백질을 가수분해시켜서 아미노산을 생성하는 효소(펩신, 트립신, 펩티다아제, 레닌 등)

④ **효소 반응에 영향을 미치는 인자**

(ㄱ) **온도**

- **효소의 최적 온도**: 30~40℃
- 효소의 활성은 온도가 올라갈수록 증가, 하지만 특정 온도 이상이 되면 열변성에 의해 활성은 떨어지거나 사라짐
- **최적의 pH**: 4.5~8

## 3. 식품과 영양

- 식품이란 사람에게 필요한 영양소를 한 가지 또는 그 이상 함유하고, 유해한 물질을 함유하지 않는 천연물 또는 가공품을 말한다.
- 영양소란 사람의 생명 및 생리적 기능을 유지하기 위해 섭취하는 식품을 함유되어 있는 성분을 말하며, 종류에는 탄수화물, 지방, 단백질, 무기질, 비타민류의 5대 영양소로 구분한다.

### 1) 영양소의 기능 및 영양소 섭취 기준

#### (1) 기능에 따른 분류 ★★

| 열량소 | 체온유지 등 사람이 활동하는 데 필요한 열량 | 탄수화물, 지방, 단백질 |
|---|---|---|
| 구성소 | 몸의 조직을 구성하는 성분을 공급 | 단백질, 무기질, 물 |
| 조절소 | 체내의 생리작용(소화, 호흡, 배설 등) 조절 | 무기질, 비타민, 물 |

#### (2) 기초 식품군

| 구별 | 구성 | 주요 식품군 | 급원식품 |
|---|---|---|---|
| 1군 | 단백질 | 육류, 어류, 알류, 콩류 | 쇠고기, 돼지고기, 닭고기, 생선, 콩류, 달걀 등 |
| 2군 | 칼슘 | 우유 및 유제품, 뼈째 먹는 생선 | 멸치, 뱅어포, 우유 등 |
| 3군 | • 비타민<br>• 무기질 | 채소류 및 과일류 | 시금치, 쑥갓, 당근, 상추, 사과 등 |
| 4군 | 탄수화물 | 곡류 및 감자류 | 쌀, 보리, 콩, 팥, 밀, 감자, 빵 등 |
| 5군 | 지방 | 유지류 | 면실유, 참기름, 들기름, 버터 등 |

#### (3) 영양섭취기준

한국인의 건강을 최적의 상태로 유지하고 질병을 예방하는 데 도움이 되도록 필요한 영양소 섭취 수준을 제시하는 기준

| 평균필요량 | 대상집단을 구성하는 건강한 사람들의 절반에 해당하는 사람들의 1일 필요량을 충족시키는 영양소의 값 |
|---|---|
| 권장섭취량 | 대부분의 사람들에 대해 필요량을 충족시키는 섭취수준으로 평균필요량에 표준편차의 2배를 더하여 정함<br>(평균섭취량+표준편차×2) |
| 충분섭취량 | 영양소 필요량에 대한 자료가 부족하여 표준편차를 구하기 어려워 권장섭취량을 산출할 수 없는 경우 제시 |
| 상한섭취량 | 사람의 건강에 유해 영향이 나타나지 않는 최대 영양소의 섭취 수준 |

✓ tip!

한국인 영양섭취 기준의 에너지 적정 비율
- **성인**: 탄수화물-55~70%, 지방-15~25%, 단백질-7~20%
- **청소년**: 탄수화물-55~70%, 지방-15~30%, 단백질-7~20%
- **유아기**: 탄수화물-50~70%, 지방-20~35%, 단백질-7~20%

### (4) 식단 작성

합리적인 식습관을 형성하고, 기호를 충족시킬 수 있도록 음식의 종류와 분량을 정한다.

① 식단작성의 목적

(ㄱ) 시간과 노력의 절약

(ㄴ) 영양과 기호의 충족

(ㄷ) 식품비의 조절 또는 절약

(ㄹ) 합리적인 식습관의 형성

② 식단 작성의 필요조건

(ㄱ) **영양면**: 필요량에 알맞은 식품과 양을 결정

(ㄴ) **경제면**: 제철 식품을 이용

(ㄷ) **기호면**: 편식을 피하기 위해 광범위한 식품 또는 요리를 선택

(ㄹ) **지역적 면**: 지역에서 생산되는 재료를 충분히 활용하고 식생활과 조화될 수 있는 식을 연구

(ㅁ) **능률면**: 음식의 종류와 조리법을 주방의 구조 및 설비, 조리기구 등을 고려해서 선택

★★
③ 식단 작성의 순서

(ㄱ) 영양기준량의 산출

한국인의 영양권장량을 적용하여 성별, 연령, 노동 강도 등을 고려하여 산출

(ㄴ) 섭취식품량의 산출

영양권장량에 따라 식품군별, 식품별로 산출

(ㄷ) 3식의 배분 결정

**하루에 필요한 섭취 영양량에 따른 식품량을 1일 단위로 계산하여 3식의 단위식단 중 주식은** 1:1:1, 부식은 1:1:2(3:4:5)로 하여 수립

④ 음식 수 및 요리명 결정

식단에 사용할 음식 수를 정하고 섭취식품량이 다 들어갈 수 있도록 고려하여 요리명을 결정

⑤ 식단 작성 주기 결정

1개월분 · 10일분 · 1주일분 5일분(학교급식)등으로 식단 작성 주기를 결정하고 그 주기 내의 식사 횟수를 결정

⑥ 식량배분 계획

성인남자(20~49세) 1인 1일분의 식량구성량에다 평균 성인환산치와 날짜를 곱한 식품량을 계산

⑦ 식단표 작성

요리명 · 식품명 · 중량 · 대치식품 · 단가 등을 기재한 식단표 작성

# CHAPTER 2 재료관리 문제

**01** 식품의 일반성분이 아닌 것은?

① 탄수화물 ② 냄새
③ 단백질 ④ 섬유소

**02** 다음 영양소중 열량소에 해당하지 않는 것은?

① 비타민 ② 탄수화물
③ 단백질 ④ 지방

**03** 다음 영양소중 맞게 연결되어 있는 것은?

① 열량소 : 탄수화물, 단백질, 무기질
② 구성소 : 단백질, 지방
③ 조절소 : 비타민, 무기질, 탄수화물
④ 열량소 : 탄수화물, 단백질, 지방

**04** 자유수와 결합수의 설명으로 맞는 것은?

① 결합수는 용매로 작용한다.
② 자유수는 0℃이하에서 쉽게 동결
③ 결합수는 미생물의 번식에 이용한다.
④ 자유수는 융점이 낮고, 표면장력과 점성이 큼

**05** 수분의 기능의 설명이 아닌 것은?

① 영양소 운반 ② 노폐물 배출
③ 체온 상승 ④ 삼투압 조절

**06** 물은 우리 몸에서 영양분과 배설물의 운반과 체온을 조절하는데, 우리 몸의 약 몇 퍼센트(%)가 물로 구성되어 있는가?

① 40~50% ② 60~70%
③ 80~90% ④ 90~100%

**07** 식품에 수분활성도가 잘못 연결된 것은?

① 건조식품 - 0.5이하
② 곡류 · 콩류 - 0.60~0.64
③ 과일 · 어류 · 채소 - 0.99~0.998
④ 육류 - 0.92~0.98

**08** 체온 유지 등을 위한 에너지(열량) 형성에 관계하지 않는 영양소?

① 단백질 ② 지방
③ 무기질 ④ 탄수화물

**09** 탄수화물의 기능이 맞는 것은?

① 1g당 9kcal의 에너지 발생
② 지방의 완전연소 등 지방대사에 관여
③ 식이섬유소를 공급하지 않는다.
④ 단백질을 분해하지 못한다.

**10** 단당류의 종류가 맞는 것은?

① 포도당, 과당, 갈락토오스, 만노스, 리보오스
② 포도당, 자당, 갈락토오스, 맥아당, 리보오스
③ 맥아당, 과당, 섬유소, 덱스트린, 한수
④ 전분, 글리코겐, 섬유소, 펙틴, 이눌린

**11** 한천에 대한 설명으로 맞는 것은?

① 우뭇가사리 등 홍조류에 존재
② 겔 형성력이 좋지 않다.
③ 변비예방에 좋지 않다.
④ 안정제로 사용하지 못한다.

**12** 당질의 감미도 순서가 맞는 것은?

① 과당>포도당>설탕>전화당>갈락토오스>젖당
② 과당>전화당>설탕>젖당>갈락토오스>맥아당
③ 과당>전화당>설탕>포도당>맥아당>갈락토오스>젖당
④ 젖당>포도당>설탕>전화당>갈락토오스>과당

**13** 지질의 기능에 대한 설명으로 맞는 것은?

① 1g당 4kcal
② 총 열량의 20%가 권장량
③ 지용성 비타민(B군)
④ 필수지방산은 체내에서 합성이 된다.

**14** 포화지방산의 종류가 아닌 것은?

① 팔미트산 ② 프로피온산
③ 리놀레산 ④ 개미산

**15** 필수지방산에 대한 설명으로 틀린 것은?

① 체내 합성이 불가능하다.
② 식물성 기름 뿐아니라 동물성 기름에도 다량 함유되어 있다.
③ 리놀레산, 리놀렌산, 아라키돈산
④ 결핍증으로는 피부염, 성장지연 등이 있다.

**16** 불포화지방산에 대한 설명으로 맞는 것은?

① 융점이 낮아 상온에서 액체
② 식물성과 동물성 기름, 어류, 견과류에 함유
③ 리놀레산, 리놀렌산, 카프르산, 프로피온산 등
④ 혈관벽에 쌓여 있는 콜레스테롤을 제거하지 못한다.

**17** 다음 보기에서 수중 유적형이 아닌 것은?

① 아이스크림 ② 버터
③ 마요네즈 ④ 우유

**18** 건성유의 종류가 맞는 것은?

① 들기름 ② 대두유(콩기름)
③ 올리브유 ④ 땅콩유

**19** 단백질의 기능에 대한 설명중 틀린 것은?

① 에너지원으로 1g당 4kcal, 총열량의 소화율은 92%
② 모든 신체 조직의 성장과 유지에 매우 중요
③ 효소, 호르몬, 항체 등을 구성 하지 못한다.
④ pH를 항상 일정한 상태로 유지

**20** 단순단백질의 종류가 아닌 것은?

① 알부민 ② 글루테닌
③ 펩톤 ④ 히스톤

**21** 완전 단백질의 연결이 맞는 것은?

① 달걀-락트알부민 ② 콩-오보알부민
③ 육류-오보비텔린 ④ 우유-카제인

**22** 필수아미노산의 종류가 아닌 것은?

① 알부민 ② 트레오닌
③ 메티오닌 ④ 루신

**23** 식품의 단백질의 명칭이 잘못 연결된 것은?

① 보리-호르데인 ② 우유-카제인
③ 밀가루-글루텐 ④ 생선-콜라겐

**24** 무기질의 기능이 아닌 것은?

① 체조직 구성-뼈와 치아의 구성 성분
② 체내 대사반응이 정상적으로 이루어지지 않는다.
③ 호르몬·효소의 구성
④ 삼투압 현상에 의해 세포막을 통과

**25** 무기질의 종류가 아닌 것은?

① 콜라겐 ② 마그네슘
③ 요오드 ④ 코발트

**26** 철분(Fe)에 대한 설명으로 틀린 것은?

① 헤모글로빈과 미오글로빈의 구성 성분 효소의 보조인자
② 과잉 시-갑상선기능 항진증
③ 결핍증-빈혈, 식욕부진, 면역기능 저하
④ 급원식품-동물성(간, 내장, 난황 등), 식물성(녹황색 채소류 등)

**27** 비타민의 기능에 대한 설명으로 틀린 것은?

① 체내에서 대사 작용 조절물질
② 체내에 극히 미량 함유
③ 비타민은 항산화제로 여러 영양소의 산화를 방지
④ 결핍증을 예방하지 못 한다.

**28** 다음 수용성 비타민의 설명으로 틀린 것은?

① 물과 기름에 잘 용해
② 과잉섭취 시 필요량 제외하고 모두 배출
③ 매일 식사에서 필요한 양 만큼 섭취
④ 비타민 B군($B_1$, $B_2$,$B_6$, $B_9$, $B_{12}$)과 비타민 C, 나이아신

**29** 다음 지용성 비타민의 설명이 맞는 것은?

① 과잉섭취 시 필요량 제외하고 모두 배출
② 매일 식사에서 공급되지 않아도 됨
③ 결핍증이 바로 나타남
④ 비타민 B군, C, 나이아신

**30** 비타민$B_1$ 티아민에 대한 설명으로 틀린 것은?

① 탄수화물대사 조효소
② 열에 안정하고 산 또는 빛에 강하다.
③ 마늘에 들어있는 알리신은 비타민 $B_1$의 흡수를 도움
④ 결핍증-각기병, 식욕감퇴

**31** 지용성 비타민의 종류가 맞는 것은?

① 티아민 ② 레티놀
③ 아스코르브산 ④ 코발라민

**32** 비타민A 레티놀에 대한 설명으로 틀린 것은?

① 망막세포구성

② 카로틴(비타민A 전구체)

③ 결핍증-야맹증, 안구건조증, 결막염 등

④ 급원식품-말린 버섯, 말린 생선류

**33** 녹색 채소의 색소 성분은?

① 플라보노이드 ② 카로티노이드

③ 안토시아닌 ④ 클로로필

**34** 꽃이나 과일의 적색, 자색의 색을 나타내는 색소는?

① 안토시아닌 ② 클로로필

③ 카로티노이드 ④ 안토잔틴

**35** 동물성 색소가 아닌 것은?

① 미오글로빈 ② 헤모글로빈

③ 코발트 ④ 아스타산틴

**36** 효소에 의한 갈변 방지에 대한 설명으로 틀린 것은?

① 열처리

② pH조절

③ 산소 제거

④ 식촛물에 담궈 보관

**37** 한가지 맛성분에 다른 맛성분을 혼합하면 주된 맛성분을 더 강하게 느끼게 하는 현상은?

① 맛의 대비 현상 ② 맛의 변조 현상

③ 맛의 상승 현상 ④ 맛의 억제 현상

**38** 식물성 식품의 냄새 성분으로 잘못 짝 지어진 것은?

① 테르펜류 : 녹차, 레몬, 오렌지 등

② 알코올 및 알데히드류 : 차잎

③ 에스테르류 : 과일향

④ 황화합물 : 마늘, 양파, 파 등

**39** 생선의 신선도가 떨어지면 비린내가 나는 성분은?

① 디아세틸 ② 아세트알데히드

③ 인돌 ④ 트리메틸아민

**40** 기타 특수 성분이 잘못 연결된 것은?

① 참기름-세사몰 ② 마늘-알리신

③ 고추-시니그린 ④ 후추-차비신

**41** 다음의 식품에 포함되어 있는 성분과 작용의 조합 중 틀린 것은?

① 난황의 유화성-카로틴

② 녹차의 떫은 맛-타닌

③ 밀가루의 제빵성-글루텐

④ 생선의 비린내-트리메틸아민

**42** 4원미와 향기 등이 잘 조화되어 구수하게 느껴지는 맛이 잘못 연결된 것은?

① 글루타민산-다시마, 김, 된장, 간장

② 타우린-오징어, 문어, 조류

③ 구아닐산-육류

④ 이노신산-가다랭이 말린 것, 멸치

**43** 떫은 맛의 설명에 대해 맞는 것은?

① 미각신경을 자극할 때 형성되는 통각
② 먹기전에 물에 담가두면 제거
③ 향기 등이 잘 조화된 맛
④ 미각의 마비에 의한 수렴성의 불쾌한 맛

**44** 맛의 상쇄 현상에 대한 설명으로 맞는 것은?

① 두가지 맛성분을 섞었을 때 각각의 고유한 맛이 약하게 느껴진다.
② 상반되는 맛이 서로 영향을 주어 각각의 맛을 느끼지 못하고 조화로운 맛을 느끼는 것
③ 같은 맛을 계속 맛 볼 경우 미각이 둔해져 맛을 알 수 없게 되거나 다르게 느끼는 현상
④ 한 가지 맛을 느낀 직후 다른 맛을 보면 원래 맛이 다르게 느껴지는 현상

**45** 식품의 물성에 대한 설명으로 틀린 것은?

① 식품의 조리 및 가공으로 외부에서 힘이 가해졌을 때 물질이 반응 하는 성질
② 식품의 기호에 영향을 미치는 요인
③ 냄새, 색감, 맛, 이외에도 입안에서 퍼지는 청각, 촉감이 중요
④ 식품의 조리 및 가공으로 외부에서 힘이 가해지지 않는 성질

**46** 교질의 특성에 대한 설명으로 틀린 것은?

① 졸(Sol)-분산매가 액체이고 분산질이 고체이거나 액체로 전체적인 분산계가 액체 상태일 때
② 겔(Gel)-냉각하여 응고되거나 물의 증발로 분산매가 줄어 반고체 상태로 굳어지는 것
③ 유화-분산질인 액체가 분산매인 다른 액체에 녹지 않고 미세하게 균형을 이루지 못하는 상태
④ 거품-분산매인 액체에 기체가 분산되어 있는 교질 상태

**47** 소화 과정의 순서가 맞는 것은?

① 입→식도→위→대장→소장→직장→항문
② 입→식도→위→소장→대장→직장→항문
③ 입→식도→소장→대장→위→직장→항문
④ 입→위→식도→소장→대장→직장→항문

**48** 췌액과 장액의 소화 작용에 대해 틀린 것은?

① 아밀롭신(아밀라아제) : 전분→맥아당
② 트립신(췌액) : 단백질과 펩톤→아미노산
③ 수크라아제(장액) : 서당→포도당+갈락토오스
④ 리파아제(장액) : 지방→지방산+갈락토오스

**49** 기초식품군에서 1군에 해당하는 급원식품은 ?

① 단백질-쇠고기, 돼지고기, 닭고기, 생선, 콩류 등
② 칼슘-멸치, 뱅어포, 우유 등
③ 비타민, 무기질-시금치, 쑥갓, 당근, 상추 등
④ 탄수화물-쌀, 보리, 콩, 팥, 밀, 감자 등

**50** 식단 작성의 필요 조건이 아닌 것은?

① 영양면 ② 경제면
③ 식품명 ④ 능률면

# CHAPTER 3 정답 및 해설

| 재료관리문제 | | | | |
|---|---|---|---|---|
| 01 ② | 02 ① | 03 ④ | 04 ② | 05 ③ |
| 06 ② | 07 ① | 08 ③ | 09 ② | 10 ① |
| 11 ① | 12 ③ | 13 ② | 14 ③ | 15 ② |
| 16 ① | 17 ② | 18 ① | 19 ③ | 20 ③ |
| 21 ④ | 22 ① | 23 ④ | 24 ② | 25 ① |
| 26 ② | 27 ④ | 28 ① | 29 ② | 30 ② |
| 31 ② | 32 ④ | 33 ④ | 34 ① | 35 ③ |
| 36 ④ | 37 ① | 38 ② | 39 ④ | 40 ③ |
| 41 ① | 42 ③ | 43 ④ | 44 ② | 45 ④ |
| 46 ③ | 47 ② | 48 ④ | 49 ① | 50 ③ |

01

- 식품의 일반성분 : 탄수화물, 단백질, 지방, 무기질, 비타민, 섬유소 등
- 식품의 특수성분 : 식품의 맛, 색, 냄새, 효소, 유독성분 등

02

- 열량소 : 탄수화물, 단백질, 지방
- 구성소 : 단백질, 무기질
- 조절소 : 비타민, 무기질

03

- 열량소 : 탄수화물, 단백질, 지방
- 구성소 : 단백질, 무기질
- 조절소 : 비타민, 무기질

04

유리수(자유수, 일반적인 보통 물의 성분)

- 용질에 대해 용매로 작용
- 건조에 의해서 쉽게 제거 가능
- 0℃이하에서 쉽게 동결
- 미생물의 생육번식에 이용
- 융점이 높고, 표면장력과 점성이 큼

결합수

- 용매로 작용하지 않음
- 압력을 가해도 쉽게 제거되지 않음
- 0℃이하의 낮은 온도(-30℃~-20℃)에서도 얼지 않음
- 미생물의 번식에 이용하지 못함
- 유리수보다 밀도가 큼

05

수분의 기능 : 영양소운반, 노폐물 배출, 소화액 구성, 체온조절, 체액의 pH조절 및 삼투압 조절 등

06

체내 수분함량 우리 몸은 약60~70%로 구성(연령과 성별에 따라 조금씩 차이가 난다)

07

- 건조식품 : 0.2이하
- 곡류·콩류 : 0.60~0.64
- 과일·어류·채소 : 0.99~0.998
- 육류 : 0.92~0.97

08

열량소 : 탄수화물, 단백질, 지방

09

탄수화물의 기능 : 에너지원, 단백질의 절약작용(분해), 지방의 완전연소, 식이섬유소를 공급

10

단당류: 포도당, 과당, 갈락토오스, 만노스, 리보오스

11

우뭇가사리 등 홍조류에 존재하는 점질물로 동결건조한 제품

- 겔(gel) 형성력이 좋음
- 빵, 양갱, 젤리, 우유 등의 안정제로 사용
- 배변을 촉진하여 변비 예방에 좋음

12

과당>전화당>설탕>포도당>맥아당>갈락토오스>젖당

13

1) 에너지 공급원 : 1g당 9kcal의 에너지 발생, 총 열량의 20%가 권장량으로 적당하며, 소화율은 95%
2) 필수지방산 : 생명유지에 꼭 필요한 필수지방산으로 체내에서 합성되지 않기 때문에 반드시 섭취해야 한다(리놀레산, 레놀렌산, 아라키돈산 등).
3) 지용성비타민 : 비타민 A, D, E, K의 흡수를 도움
4) 외부의 충격으로부터 내장기관 보호
5) 체온조절 : 피하지방은 외부 온도의 변화로부터 체온을 유지
6) 세포막 구성 : 인지질과 콜레스테롤은 체세포, 뇌, 신경조직 등에서 세포막의 구성 성분
7) 식품의 맛과 향미, 포만감 제공

14

포화지방산: 탄소와 탄소 사이의 결합에 이중결합이 없는 지방산

- 융점이 높아 상온에서 고체상태
- 동물성 지방 식품에 함유
- 개미산, 팔미트산, 프로피온산, 카프르산 등

15

필수지방산: 신체성장과 정상적인 기능에 반드시 필요한 지방산으로 체내합성이 불가능

- 식물성 기름에 다량 함유
- 결핍 : 피부염, 성장지연 등
- 리놀레산, 리놀렌산, 아라키돈산

16

불포화지방산: 탄소와 탄소 사이의 결합에 1개 이상의 이중결합이 있는 지방산

- 융점이 낮아 상온에서 액체상태
- 혈관벽에 쌓여있는 콜레스테롤을 제거하는 효과
- 식물성 기름, 어류, 견과류에 함유
- 리놀레산, 리놀렌산, 아라키돈산, 올레산 등

17

- 수중유적형(O/W): 물 중에 기름이 분산되어 있는 것(예 : 우유, 생크림, 마요네즈, 아이스크림 등)
- 유중수적형(W/O): 기름 중에 물이 분산되어 있는 것(예 : 버터, 마가린 등)

18

| 구분 | 요오드가 | 종류 |
|---|---|---|
| 건성유 | 130이상 | 들기름, 동유, 해바라기유, 정어리유, 호두기름 |
| 반건성유 | 100~130 | 대두유(콩기름), 옥수수유, 참기름, 채종유, 면실유 |
| 불건성유 | 100이하 | 피마자유, 올리브유, 야자유, 동백유, 땅콩유 |

19

1) 에너지원 : 1g당 4kcal, 총열량의 15%, 소화율은 92%
2) 모든 신체 조직의 성장과 유지에 매우 중요
3) 효소, 호르몬, 항체 등을 구성
4) 혈관 내의 삼투압을 높게 유지시켜 수분을 혈관에 오래 머무르게 함으로써 몸의 수분 균형을 조절
5) 산과 알칼리의 균형을 조절하여 체액의 pH를 항상 일정 상태로 유지

20

아미노산만으로 구성: 알부민, 글로불린, 글루테닌, 프롤라민, 히스톤, 알부미노이드 등

21

생명유지 및 성장에 필요한 양질의 단백질

- 달걀(오보알부민, 오보비텔린), 콩(글리시닌), 우유(카제인, 락트알부민)
- 육류(미오신)

## 22

필수아미노산 8가지(성인에게 필요) : 트레오닌, 발린, 트립토판, 이소루신, 루신, 라이신, 페닐아라닌, 메티오닌

## 23

| | | |
|---|---|---|
| 콩 - 글리시닌 | 보리 - 호르테인 | 우유 - 카제인 |
| 밀가루 - 글루텐 | 난백 - 알부민 | 쌀 - 오리제닌 |
| 옥수수 - 제인 | 생선 - 미오신 | 육류 - 콜라겐 |

## 24

① 체조직 구성 : 뼈와 치아의 구성 성분
- 철, 구리, 나트륨, 인, 염소 등은 혈액의 구성 성분

② 호르몬·효소의 구성
- 요오드 : 갑상선호르몬
- 아연 : 인슐린
- 철 : 헤모글로빈

③ 수분평형 : 삼투압 현상에 의해 세포막을 통과하게 되는데 이동 방향과 양은 무기질의 농도에 의해 결정

④ 산·알칼리 평형 : 체내 대사반응이 정상적으로 이루어질 수 있도록 체액의 산도·알칼리도를 조절하여 적정 pH를 유지

## 25

무기질의 종류 : 칼슘(Ca), 인(P), 마그네슘(Mg), 나트륨(Na), 칼륨(K), 철분(Fe), 코발트(Co), 불소(F), 요오드(I), 구리(Cu), 아연(Zn)

## 26

| | 생리작용 | 결핍증 | 급원식품 |
|---|---|---|---|
| 철분 (Fe) | • 헤모글로빈과 미오글로빈의 구성 성분<br>• 효소의 보조인자 | • 빈혈<br>• 식욕부진<br>• 면역기능 저하 등 | • 동물성(간, 내장, 난황 등)<br>• 식물성(녹황색 채소류 등) |

## 27

1) 체내에서 대사 작용 조절물질(조효소) 역할을 한다.
2) 체내에 극히 미량 함유되어 있으며, 생리기능을 조절한다.
3) 여러 가지 결핍증을 예방하고, 일부 비타민은 항산화제로 여러 영양소의 산화를 방지한다.

## 28

| | 수용성 비타민 |
|---|---|
| 특징 | • 물에 잘 용해<br>• 과잉섭취 시 필요량 제외하고 모두 배출<br>• 결핍증이 바로 나타남<br>• 매일 식사에서 필요한 양 만큼 섭취<br>• 비타민 B군($B_1$, $B_2$, $B_6$, $B_9$, $B_{12}$), C, 나이아신 |

## 29

| | 지용성 비타민 |
|---|---|
| 특징 | • 기름과 유지용매에 용해되는 비타민<br>• 기름과 함께 섭취하면 흡수율 증가<br>• 과잉섭취 시 체내 저장<br>• 결핍증이 서서히 나타남<br>• 매일 식사에서 공급되지 않아도 됨<br>• 비타민A, D, E, K |

## 30

| 구분 | 비타민$B_1$(티아민) |
|---|---|
| 기능 | • 탄수화물 대사 조효소<br>• 열에 안정하고 산 또는 빛에 약하다.<br>• 뇌와 신경조직 유지 |
| 특징 | 마늘에 들어 있는 알리신은 비타민 $B_1$의 흡수를 도와준다. |
| 결핍증 | • 각기병<br>• 식욕감퇴 |
| 급원식품 | • 돼지고기<br>• 곡물의 배아 |

## 31

지용성 비타민 : 레티놀(비타민A), 칼시페롤(비타민D), 토코페롤(비타민E), 필로퀴논(비타민 K), 리놀레산(비타민F)

32

| 구분 | 비타민A(레티놀) |
|---|---|
| 기능 | • 망막세포 구성<br>• 상피세포 보호<br>• 면역기능 높임 |
| 특징 | • 카로틴(비타민A 전구체)<br>• β-카로틴이 비타민A로서의 활성을 가장 많이 함 |
| 결핍증 | • 야맹증<br>• 안구건조증<br>• 결막염 등 |
| 급원식품 | • 소·돼지 간<br>• 김<br>• 시금치<br>• 당근<br>• 난황 등 |

33

| 클로로필 | | • 녹색 채소의 색,(마그네슘 Mg함유)<br>• 열과 산, 효소-변색하여 녹갈색(피페리딘)<br>• 알칼리(소다)에 강하여 선명한 녹색-영양소 파괴 (예 : 시금치 데칠 때 뚜껑을 열고 데친 후 찬물에 담근다) |
|---|---|---|
| 플라보노이드 | | • 식물에 넓게 분포하는 황색 계통의 색소<br>• 색이 옅은 채소의 색소로서 옥수수, 밀가루, 양파 등에 함유<br>• 산성에는 더 흰색(연근, 우엉+식초물에 삶기=흰색)<br>• 알칼리에는 황색(밀가루 반죽+소다=빵의 색이 진한 황색) |
| | 안토잔틴 | • 백색, 담황색을 띠는 수용성 색소-식물의 뿌리, 줄기, 잎 등<br>• 산성-흰색<br>• 알칼리에-황색, 짙은 갈색 |
| | 안토시아닌 | • 꽃이나 과일의 적색, 자색의 색소(사과, 딸기, 포도, 가지)<br>• 산성-선명한 적색<br>• 알칼리-청색<br>• 중성일 때-보라색 |
| 카로티노이드 | | • 황색, 주황색, 적색 색소(당근, 고구마, 호박, 고추등)<br>• 동·식물계에 분포<br>• 물에 녹지 않고 기름에 녹는다(비타민 A의 기능도 있다).<br>• 열·산·알칼리에 강하다.<br>• 산소·햇빛·산화효소에는 약하다. |

34

33번과 해설 동일

35

동물성 색소 : 미오글로빈(육색소), 헤모글로빈(혈액색소), 헤모시아니, 아스타산틴, 멜라닌

36

1) 열처리 : 데치기에 의한 효소의 불활성화
2) pH조절 : 산을 이용하여 pH3.0 이하로 낮추면 효소들의 반응 속도가 급격하게 감소
3) 산소 제거 : 밀폐용기에 저장, 이산화탄소·질소를 넣어 산화 억제
4) 온도조절 : -10℃이하로 낮춰 효소 활성을 억제
5) 설탕, 소금물에 담궈 보관

37

| 맛의 대비현상 (강화현상) | • 한가지 맛성분에 다른 맛성분을 혼합하면 주된 맛성분을 더 강하게 느끼는 현상<br>• 단맛+소금=단맛 증가(예 : 단팥죽에 단맛을 강하게 하려면 약간의 소금을 첨가한다) |
|---|---|

38

식물성 식품의 냄새
1) 테르펜류 : 녹차, 차 잎, 레몬, 오렌지 등
2) 알코올 및 알데히드류 : 주류, 감자, 복숭아, 오이 등
3) 에스테르류 : 주로 과일향
4) 황화합물 : 마늘, 양파, 파, 무, 부추, 고추냉이 등

39

동물성 식품의 냄새
1) 어패류의 냄새 : 신선도가 떨어지면 비린내가 나는 트리메틸아민으로 변하여 악취
2) 육류의 냄새
• 신선한 육류에는 아세트알데히드
• 신선도가 떨어지면 메틸메르캅탄·$H_2S$·인돌 등이 생성
• 고기굽는 냄새는 카르보닐 화합물
3) 우유·유제품의 냄새 : 디아세틸(버터의 냄새성분)·아세토인

## 40

| 생선비린내 | 트리메틸아민 |
|---|---|
| 고추 | 캡사이신 |
| 울금 | 커큐민 |
| 산초 | 산쇼올 |
| 참기름 | 세사몰 |
| 겨자 | 시니그린 |
| 생강 | 진저론 |
| 커피, 초콜릿 | 카페인 |
| 마늘 | 알리신 |
| 후추 | 차비신, 피페린 |
| 맥주 | 호프(후물론) |
| 홍어 | 암모니아 |

## 41

난황의 유화성 : 레시틴

## 42

구아닐산 : 표고버섯, 송이버섯

## 43

| 떫은 맛 | • 미각의 마비에 의한 수렴성의 불쾌한 맛으로 독특한 풍미를 나타내며, 차 제조에 중요한 맛 성분<br>• 단백질의 응고작용으로 생김<br>• 탄닌성분(감, 밤 껍질) |
|---|---|

## 44

| 맛의 상쇄현상 | • 상반되는 맛이 서로 영향을 주어 각각의 맛을 느끼지 못하고 조화로운 맛을 느끼는 것(예 : 청량음료의 단맛과 신맛이 서로 조화를 이룬다)<br>• 간장의 짠맛과 발효된 감칠맛이 서로 조화를 이뤄 새로운 풍미를 느껴진다. |
|---|---|

## 45

식품의 물성이란 식품의 조리 및 가공으로 외부에서 힘이 가해졌을 때 물질이 반응하는 성질이다.

## 46

| 종류 | 특성 |
|---|---|
| 졸(Sol) | 분산매가 액체이고 분산질이 고체이거나 액체로 전체적인 분산계가 액체 상태일 때(예 : 액체 졸 - 된장국, 달걀흰자, 수프 등, 고체졸 - 사탕) |
| 겔(Gel) | 졸이 냉각하여 응고되거나 물의 증발로 분산매가 줄어 반고체 상태로 굳어지는 것(예 : 밥, 두부, 어묵, 묵, 삶은 달걀 등) |
| 유화(Emulsion) | 분산질인 액체가 분산매인 다른 액체에 녹지 않고 미세하게 균형을 이루며, 잘섞여있는 상태<br>• 유중수적형 : 버터, 마가린 등<br>• 수중유적형 : 우유, 아이스크림, 마요네즈 등 |
| 거품(Foam) | • 분산매인 액체에 기체가 분산되어 있는 교질 상태<br>• 대표적인 거품의 상태의 식품에는 난백의 기포 |

## 47

소화 과정의 순서

① 입→ ② 식도→ ③ 위→ ④ 소장→ ⑤ 대장→ ⑥ 직장→ ⑦ 항문

## 48

췌액과 장액의 소화 작용

1) 아밀롭신(아밀라아제) : 전분→맥아당
2) 트립신(췌액) : 단백질과 펩톤→아미노산
3) 스테압신(장점막액) : 지방→지방산+글리세린
4) 말타아제(장액) : 맥아당→포도당
5) 수크라아제(장액) : 서당→포도당+과당
6) 락타아제(장액) : 유당→포도당+갈락토오스
7) 리파아제(장액) : 지방→지방산+글리세롤

49

| 구별 | 구성 | 주요 식품군 |
|---|---|---|
| 1군 | 단백질 | 육류, 어류, 알류, 콩류 |
| 2군 | 칼슘 | 우유 및 유제품, 뼈째 먹는 생선 |
| 3군 | • 비타민<br>• 무기질 | 채소류 및 과일류 |
| 4군 | 탄수화물 | 곡류 및 감자류 |
| 5군 | 지방 | 유지류 |

| 구별 | 구성 | 급원식품 |
|---|---|---|
| 1군 | 단백질 | 쇠고기, 돼지고기, 닭고기, 생선, 콩류, 달걀 등 |
| 2군 | 칼슘 | 멸치, 뱅어포, 우유 등 |
| 3군 | • 비타민<br>• 무기질 | 시금치, 쑥갓, 당근, 상추, 사과 등 |
| 4군 | 탄수화물 | 쌀, 보리, 콩, 팥, 밀, 감자, 빵 등 |
| 5군 | 지방 | 면실유, 참기름, 들기름, 버터 등 |

50

식단 작성의 필요조건

1) 영양면-필요량에 알맞은 식품과 양을 결정
2) 경제면-제철식품을 이용
3) 기호면-편식을 피하기 위해 광범위한 식품 또는 요리를 선택
4) 지역적 면-지역에서 생산되는 재료를 충분히 활용하고 식생활과 조화될 수 있는 식단을 연구
5) 능률면-음식의 종류와 조리법을 주방의 구조 및 설비, 조리기구 등을 고려해서 선택

MEMO

# PART 4

## : 구매관리


구매관리 116
구매관리 문제 124
정답 및 해설 129

# CHAPTER 1 구매관리

구매관리는 조리에 필요한 식재료, 기구, 장비를 적절한 가격에 적정한 시기에 효율적으로 구입하는 것이다.

## 1. 시장조사 및 구매관리

### 1) 시장조사

**(1) 정의**: 구매활동에 필요한 자료(품목, 품질, 가격, 수량, 시기, 구매조건, 거래처)를 수집하고 분석하여 구매방법을 결정하고 그에 따른 비용 절감, 이익증대를 도모하기 위한 조사이다.

**(2) 목적**

① 구매 예정 가격 결정

② 합리적 구매계획 수립

③ 제품개량

④ 신제품의 설계

**(3) 시장조사의 원칙**

① **비용경제성의 원칙**: 시장조사에 소요되는 비용과 구매의 효율성이 조화를 이루어야 한다.

② **조사계획성의 원칙**: 시장조사의 구체적인 계획을 수립해야 한다.

③ **조사정확성의 원칙**: 시장의 실태에 대한 정확한 정보를 조사해야 한다.

④ **조사적시성의 원칙**: 필요한 시기에 적절하게 이루어져야 한다.

⑤ **조사탄력성의 원칙**: 식품은 가격 및 공급량의 변동이 많으므로 시장 변동에 따른 능동적인 대응을 할 수 있어야 한다.

**(4) 시장 조사의 내용**

① **품목**: 구매하고자 하는 품목

② **품질**: 구매하고자 하는 품목의 품질과 가격 대비 가치

③ **수량**: 구매하고자 하는 수량

④ **가격**: 물품의 가격 및 거래조건

⑤ **구매시기**: 물품의 납품가격, 물가, 사용시기 등을 고려하여 결정

⑥ **거래조건**: 인수 및 지불 조건, 계약사항 확립

### 2) 식품의 구매관리

**(1) 정의**:구매자가 물품을 구입 하기 위해 계약하고 조건에 따라 물품을 인수하는 과정

**(2) 목적**

① 필요한 물품을 지속적으로 공급

② 최적의 가격, 서비스, 품질 유지

③ 재고의 저장관리 시 손실 최소화

④ 표준화, 전문화

⑤ 구매 관련 정보 및 시장조사를 통한 경쟁력 확보

**(3) 식품 구매 절차**

① 필요성 인식

② 물품의 종류 및 수량 결정

③ 구매명세서 작성

④ 공급업체 선정 및 계약

⑤ 물품 발주

⑥ 납품 및 검수

⑦ 대금 지급

⑧ 입고

⑨ 구매기록 관리

**(4) 식품 구매 시 고려할 점**

① 예정된 재료를 경제적인 가격으로 구입

② 식용이 가능한 부분이 많고 맛이 좋은 식품 선택

③ 재고량을 파악하고 필요량만 구입

④ 계량과 규격

⑤ 제조일과 유통기한 확인

**(5) 식품별 구매법**★

① **곡류, 건어물류**:부패성이 적어 1개월분을 한 번에 구입

② **육류**:중량과 부위에 유의하고 구입하고 냉장 시설이 갖추어져 있으면 1주일분을 구입

③ **어류**:부패성을 고려하여 필요에 따라 수시로 구입

④ **과일**:산지별, 품종, 수량을 확인하고 필요에 따라 수시로 구입

> ✓ tip!
>
> **식품 담당자의 업무**:시장조사, 식품구매관리 업무총괄, 구매방법결정, 구매식재료결정, 원가관리, 공급업체관리, 고객관리 등

**(6) ★ 공급업체 선정 방법**

① **경쟁입찰계약**: 입찰을 원하는 업체 중 급식소에서 원하는 물품과 품질, 가격을 가장 합당하게 제시한 업체와 계약하는 방법으로 공평하고 경제적이며 쌀, 건어물 같은 저장성이 높은 식품 구매 시에 적합하다.

② **수의계약**: 업체를 경쟁에 붙이지 않고 계약내용을 이행할 자격을 가진 특정업체와 계약하는 방법으로 절차가 간편하고 경비와 인원이 감소하며 채소류, 두부, 생선 등 저장성이 낮고 가격변동이 많은 식품 구매 시에 적합하다.

**(7) 발주량산출방법**

① **총발주량**

$$총발주량 = \frac{정미중량 \times 100}{100 - 폐기율} \times 100 \times 인원수$$

② **필요비용**

$$필요비용 = 필요량 \frac{100}{가식부율} \times 1kg당\ 단가$$

③ **출고계수**

$$출고계수 = \frac{100}{(100 - 폐기율)} = \frac{100}{가식부율}$$

④ **폐기율**

$$폐기율 = \frac{폐기량}{전체중량} \times 100 = 100 - 가식부율$$

## 3) 식품재고관리

**(1) 정의**: 물품의 수요가 발생했을 때 신속하고 경제적일 수 있도록 재고를 최적의 상태로 관리하는 것이다.

**(2) 목적**

① 물품 부족으로 인한 급식생산 계획의 차질 방지

② 정확한 재고 수량 파악으로 필요량 만큼만 구매하여 구매비용 절감

③ 도난과 부주의 및 부패로 인한 손실 최소화

④ 필요한 재고량의 파악으로 보관비용 절감

**(3) 재료 소비량의 계산법**

① **계속 기록법**: 재료의 수입, 불출 및 재고량을 계속하여 기록하는 방법

② **재고조사법**: 전기 이월량과 당기 구입량의 합계에서 기말 재고량을 차감함으로써 당기 소비량을 산출하는 방법

③ **역계산법**: 일정단위를 생산하는데 필요한 재료의 수량을 정하고 그것에다 제품의 수량을 곱해 전체 소비량을 산출하는 방법

#### (4) 재고자산평가 ★★★

① **선입선출법**: 구입 순서에 따라 먼저 구입한 재료를 먼저 사용한다는 가정하에 소비가격 계산

② **후입선출법**: 최근에 구입한 재료부터 먼저 사용한다는 가정하에 소비가격 계산

③ **개별법**: 구입 단가별로 가격표를 붙여 표시된 구입 단가에 따라 재료의 소비가격 계산

④ **단순평균법**: 구입 단가를 구입 횟수로 나눈 구입 단가의 평균을 재료의 소비가격으로 계산

⑤ **이동평균법**: 구입 단가가 다른 재료를 구입할 때마다 재고량과의 가중평균가를 산출해 이를 재료 소비가격으로 계산

## 2. 검수관리

발주하여 받은 물품이 발주서와 일치하는지 물품의 상태가 사용하기 적합한지를 확인하는 작업을 말한다.

### 1) 식재료의 품질 확인 및 선별

#### (1) 식품의 검수과정

① **검수 절차**: 납품 물품과 발주처, 납품서 대조→품질검사→물품인수 또는 반품→인수 물품 입고→검수 기록 및 문서정리

② **식품별 검수 순서** : 냉장→냉동→신선(과일, 채소)→공산품

③ **검수 유의사항**

(ㄱ) 식품이 도착하자마자 바로 진행한다.

(ㄴ) 검수 시 식품은 바닥에서 60cm이상의 높이에서 진행한다.

(ㄷ) 검수 시 식품을 맨손으로 만지거나 손으로 맛보지 않는다.

(ㄹ) 당도계와 염도계를 준비하여 진행한다.

(ㅁ) 저장식품의 양을 고려하여 저장공간을 확보한다.

(ㅂ) 얼음이나 물이 있는 식품은 이를 제거한 후 측정한다.

(ㅅ) 김치류는 관능검사를 실시하고 배추 원산지 증명서를 받는다.

(ㅇ) 유통기한을 확인한다.

④ **검수 담당자의 업무 및 기록**

(ㄱ) 검수 담당자는 관련 서류에 근거하여 검수한다.

(ㄴ) 검수 결과에 대하여 반드시 기록하고 서명하여 기록을 남겨야 한다.

(ㄷ) 공급업체의 물품청구서에 검수를 확인하고 대금 청구를 관리한다.

(ㄹ) 납품이 안 된 사항이나 반품 현황은 담당부서에 보고한다.

(ㅁ) 납품처, 식자재수량, 유통기한, 무게, 중량, 명세서 확인, 입고일, 원산지, 포장 상태 등을 확인한다.

⑤ **검수 기록**

(ㄱ) 검수한 물품에 대한 정보(상태, 중량, 수량 등)를 입력한다.

(ㄴ) 검수일지, 검수표, 납품서, 검수인장, 반품서 등을 사용한다.

### (2) 식품 별 감별 방법★

| | |
|---|---|
| 쌀 | 낱알의 상태, 이물질의 혼합여부, 수확시기, 원산지<br>• 빛깔이 맑고 윤기가 있어야 하며 가공한지 오래되지 않고 낱알이 잘 여물고 고르며 덜 익은 쌀이 거의 없어야 한다.<br>• 수분이 15~16%정도로 적당히 마른 쌀이 좋고 곰팡이 냄새가 없어야 한다. |
| 밀가루<br>(소맥분) | 가루의 상태, 색과 광택, 이물질 혼합여부<br>• 흰색이며 냄새가 없고 잘 건조된 것이어야하며 가루가 미세하고 감촉이 좋아야 한다. |
| 육류 | 부위등급, 중량, 신선도<br>• 소고기 : 선홍색을 띠며 윤기가 나야하고 결이 곱고 미세하며 탄력이 있어야 한다.<br>• 돼지고기 : 분홍색을 띠는 붉은색이며 지방색이 희고 굳은 것이어야 한다. |
| 어패류 | 신선도, 색과 광택, 외관형태<br>• 어류 : 윤기가 나고 광택이 있어야 하며 비늘이 단단히 붙어 있어야 한다. 눈은 선명하고 돌출되어 있으며 아가미는 신선한 선홍색이어야 한다. 손가락으로 눌렀을 때 탄력이 있고 뼈에 육질이 잘 밀착되어 있어야 한다.<br>• 패류 : 봄에는 산란시기로 맛이 없고 겨울철이 좋다. |
| 난류(달걀) | 색, 광택, 투시, 난백, 난황의 상태<br>• 껍질이 까칠하고 광택이 없어야하며 빛을 쬐었을 때 안이 밝게 보이며 6%의 소금물에 담가 가라앉는 것이어야 한다. |
| 서류<br>(고구마, 감자) | 외관, 크기, 싹의 유무<br>• 싹이 나거나 외상 ,부패가 없어야 한다. |
| 과일류 | 숙성도, 중량, 색과 광택, 잔류농약<br>• 성숙하고 신선하며 상처가 없고 색이 선명하고 마르지 않아야 한다. |
| 우유 | 제조일자, 포장상태<br>• 용기 뚜껑이 위생적으로 처리되고 제조일이 오래되지 않은 것, 고유의 크림색을 띠어야하며 중탕시 윗부분이 응고되어야 한다. |
| 통조림 | 외관형태, 제조일자, 유통기한<br>• 병뚜껑이 돌출되거나 들어가지 않은 외관상의 변형이 없는 것이어야 한다. |

## 2) 조리기구 및 설비 특성과 품질 확인

### (1) 조리기기의 선정 기준

① 위생성, 능률성, 내구성, 실용성이 있는 것

② 가격과 유지관리비가 경제적이고 쉬운 것

③ 사후 관리가 쉬운 것

④ 사용하기 편리한 것

⑤ 기존 설치 공간에 적합한 것

### (2) 작업별 주요 기기

① **반입, 검수** : 검수대, 계량기, 운반차, 온도계, 손소독기

② **저장** : 일반저장고, 냉장, 냉동고, 온도계

③ **전처리** : 싱크대, 탈피기, 혼합기, 절단기

④ **조리**: 저울, 취반기, 증기솥, 튀김기, 브로일러, 절단기, 저울, 세미기

⑤ **배식**: 보온고, 냉장고, 이동운반차, 제빙기, 온냉식수기

⑥ **세척, 소독**: 선반, 식기세척기, 식기소독기, 손소독기, 잔반처리기

⑦ **보관**: 선반, 식기소독보관고

### 3) 검수를 위한 설비 및 장비 활용 방법

#### (1) 검수를 위한 구비요건

① 식품의 품질을 확인하고 판단할 수 있는 검수 담당자

② 검수구역은 배달구역입구와 저장소에 인접한 장소로 선정

③ 검수시간은 공급업체와 협의해 혼란이 없도록 지정

④ 구매명세서, 구매청구서

#### (2) 검수기구, 시설 요건

① **검수기구**: 중량측정기구(저울), 온도측정기구(온도계), 물품검사기구(작업대, 기록보관캐비닛), 검수확인물품 운반기구(카트)

② **검수시설**: 조명(540룩스이상), 충분한 공간, 안전성이 확보된 장소, 청소와 배수가 편리한 장소

## 3. 원가

### 1) 원가의 의의 및 종류

#### (1) 원가의 정의: 제품을 제조, 판매 서비스의 제공을 위해 소비된 경제적 가치의 총합으로 매월 실시하는 것이 원칙이지만 3개월 또는 1년에 한 번 실시하기도 한다.

#### (2) 원가의 목적

① **가격 결정**: 제품의 판매 가격을 결정한다.

② **원가 관리**: 원가의 절감과 원가관리의 기초 자료를 제공한다.

③ **예산 편성**: 예산 편성의 기초자료로 사용한다.

④ **재무제표 작성**: 기업이 외부관계자에게 경영활동을 보고하기 위한 재무제표의 기초자료로 사용한다.

#### (3) 원가의 3요소 ★★

① **재료비**: 제품의 제조에 소비된 물품의 원가 (급식재료비, 재료구입비 등)

② **노무비**: 제품의 제조에 소비된 노동의 가치(임금, 급료, 수당, 상여금, 퇴직금 등)

③ **경비**: 제품의 제조에 소비된 재료비, 노무비 이외의 비용(수도, 전기, 감가상각비 등)

#### (4) 원가의 구분 ★

① 고정비와 변동비

(ㄱ) **고정비**: 생산량 증가와 관계없이 고정적으로 발생하는 비용(임대료, 인건비 등)

(ㄴ) **변동비**: 생산량 증가에 따라 함께 증가하는 비용(식재료비 등)

② **직접비와 간접비**

(ㄱ) **직접비**: 특정 제품에 직접 부담시킬 수 있는 비용(직접재료비, 직접노무비, 직접경비)

(ㄴ) **간접비**: 여러 제품에 공통적으로 또는 간접적으로 소비되는 비용(제조간접비, 일반관리비, 판매비)

**(5) 원가의 구조** ★★★

① 직접원가 = 직접경비 + 직접노무비 + 직접재료비

② 제조원가 = 직접원가 + 제조간접비

③ 총원가 = 제조원가 + 일반관리비 + 판매비

④ 판매가격 = 총원가 + 이익

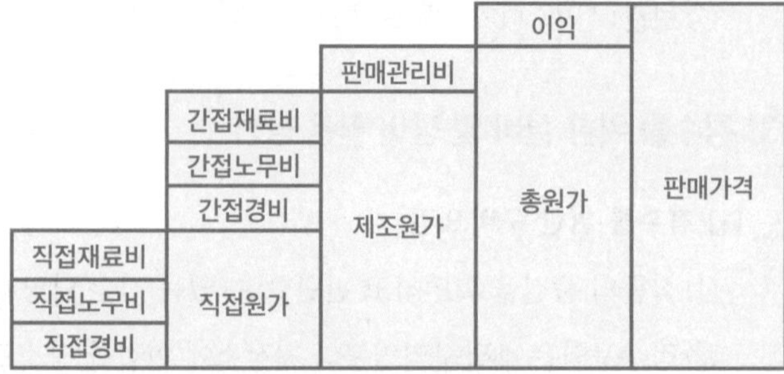


**(6) 원가계산의 원칙**

① **진실성의 원칙**: 제품 제조에 소요된 원가를 사실대로 표현하여 원가의 진실을 파악한다.

② **발생기준의 원칙**: 이익에 상관없이 발생한 것도 원가로 인정해야 한다는 원칙으로 모든 비용과 수익의 계산은 그 발생시점을 기준으로 한다.

③ **계산경제성의 원칙**: 원가 계산 시 경제성을 고려한다.

④ **확실성의 원칙**: 실행 가능한 여러방법 중 가장 확실한 방법을 선택한다.

⑤ **비교성의 원칙**: 다른 일정기간이나 다른 부문과 비교하여 실행한다.

⑥ **상호관리의 원칙**: 원가계산과 일반회계 등 요소별, 부문별, 제품별 계산간에 상호관리가 가능해야 한다.

⑦ **정상성의 원칙**: 정상적으로 발생한 원가만을 계산한다.

## 2) 원가 분석 및 계산

**(1) 원가관리**: 원가를 통제함으로써 가능한 원가를 합리적으로 절감하려는 경영기법

**(2) 손익분기점** ★: 수입과 총비용이 일치하는 점으로 이익도 손실도 발생하지 않는 지점을 말한다.

**(3) 감가상각** ★

① **정의**: 시간이 지남에 따라 손상되어 감소하는 고정자산의 가치를 내용연수에 따라 일정 비율로 할당하여 비용으로 계산하는 절차로 이때 감가된 비용을 감가상각비라고 한다.

② **감가상각의 3요소**

(ㄱ) **기초가격**: 구입가격(취득원가)

(ㄴ) **내용연수**: 취득한 고정자산이 유효하게 사용될 수 있는 기간(사용한 연수)

(ㄷ) **잔존가격**: 고정자산이 내용연수에 도달했을 때 매각 시 얻을 수 있는 추정가격(기초가격의10%)

③ **감가상각 계산법**

(ㄱ) **정률법**: 기초가격에서 감가상각비 누계를 차감한 미상각액에 대해 매년 일정률을 곱하여 산출한 금액을 상각하는 방법

(ㄴ) **정액법**: 고정자산의 감가총액을 내용연수로 균등히 할당하는 방법

$$감가상각 = \frac{기초가격 - 잔존가격}{내용연수}$$

④ 계산

(ㄱ) 식재료 비율

$$\text{식재료비율(\%)} = \frac{\text{식재료비}}{\text{매출액}} \times 100$$

(ㄴ) 식품의 영양가

$$\text{식품의 영양가} = \frac{\text{식품분석표상의 해당성분수치}}{100} \times \text{식품의 양}$$

(ㄷ) 대치식품

$$\text{대치식품량} = \frac{\text{원래식품의 식품분석표상의 해당성분 수치}}{\text{대치할 식품의 해당성분 수치}} \times \text{원래 식품량}$$

# CHAPTER 2 구매관리 문제

**01** 다음 중 시장조사의 목적이 아닌 것은?

① 구매 예정 가격의 결정
② 합리적 구매계획 수립
③ 신제품의 설계
④ 판매증진

**02** 다음 중 시장조사의 원칙이 아닌 것은?

① 비용경제성의 원칙
② 조사정확성의 원칙
③ 비용절감성의 원칙
④ 조사탄력성의 원칙

**03** 다음 중 시장 조사 내용으로 옳지 않은 것은?

① 품목 : 구매하고자 하는 품목
② 가격 : 시장내에서 가장 저렴한 제품
③ 거래조건 : 인수 및 지불 조건, 계약사항 확립
④ 구매시기 : 물품의 납품가격, 물가, 사용시기 등을 고려하여 결정

**04** 식품의 구매관리 목적이 아닌 것은?

① 필요한 물품을 지속적으로 공급
② 표준화, 전문화
③ 재고 저장 시 손실 최소화
④ 재고를 없게 관리하기 위함

**05** 식품의 구매절차 중 (　　)에 들어가는 단계는?

> 필요성인식→물품의 종류 및 수량 결정→(　　)→공급업체 선정·계약-물품발주→납품 및 검수→대금지급→입고→구매관리 기록

① 구매명세서 작성　② 재고조사
③ 시장조사　④ 매출관리

**06** 식품 구매시 고려해야 할 점으로 틀린 것은?

① 식용이 가능한 부분이 많고 맛이 좋은 식품 선택
② 재고량을 파악하고 필요량만 구입
③ 가장 저렴한 가격의 식품 선택
④ 제조일과 유통기한 확인

**07** 식품 별 구매 방법으로 틀린 것을 고르시오.

① 곡류, 건어물류 - 부패성이 적어 1개월분을 한 번에 구입
② 어류 - 부패성을 고려하여 필요에 따라 수시로 구입
③ 과일 - 산지별, 품종, 수량을 확인하고 필요에 따라 수시로 구입
④ 육류 - 대량으로 저렴하게 구입하여 필요량에 따라 소분하여 냉동저장

**08** 입찰을 원하는 업체 중 급식소에서 원하는 물품과 품질, 가격을 가장 합당하게 제시한 업체와 계약하는 방법은?

① 수의 계약 ② 경쟁 입찰 계약
③ 경쟁 수의 계약 ④ 자율 선정 계약

**09** 식품 구매 시 필요비용을 계산한 식은?

① 필요량 $\times \frac{100}{\text{가식부율}} \times$ 1kg당 단가

② $\frac{\text{정미중량} \times 100}{100 - \text{폐기율}} \times 100 \times$ 인원수

③ $\frac{100}{(100 - \text{폐기율})}$

④ $\frac{\text{폐기율}}{\text{전체중량}} \times 100$

**10** 닭조림을 하려한다. 닭조림에 들어가는 닭 1인분량은 50g이며 1000명분을 조리하려 할 때 총 발주량은?(닭 폐기율 15%)

① 50kg ② 60kg
③ 70kg ④ 80kg

**11** 집단 급식소에서 500인분의 오이무침을 하려한다. 1인당 분량은 30g이며 폐기율은 6%일 때 총 발주량은?

① 15kg ② 16kg
③ 17kg ④ 18kg

**12** 식품 재고관리의 목적으로 옳지 <u>않은 것은</u>?

① 정확한 재고량의 파악으로 필요량 만큼만 구매
② 필요한 재고량 파악으로 보관비용 절감
③ 도난과 부주의 및 부패로 인한 손실 최소화
④ 재고량 파악으로 물품의 여유분 확보

**13** 전기 이월량과 당기 구입량의 합계에서 기말 재고량을 차감함으로써 당기 소비량을 산출하는 방법은?

① 계속기록법 ② 재고조사법
③ 역계산법 ④ 선입선출법

**14** 구입단가를 구입횟수로 나눈 구입 단가의 평균을 재료의 소비가격으로 계산하는 방법은?

① 단순평균법 ② 개별법
③ 후입선출법 ④ 이동평균법

**15** 2월 한달 간 당근을 구입한 현황이 다음과 같을 때 당근의 재고가 5개라면 선입선출법에 의한 재고금액은?

| 구입 날짜 | 구입량 | 구입단가 |
|---|---|---|
| 2월 4일 | 12 | 1000원 |
| 2월 5일 | 4 | 1500원 |
| 2월 8일 | 7 | 1200원 |

① 5000원 ② 6000원
③ 7200원 ④ 5500원

**16** 5월 한달 간 과일통조림을 구입한 현황이 다음과 같을 때 통조림의 재고가 13캔이라면 후입선출법에 의한 재고금액은?

| 구입 날짜 | 구입량 | 구입단가 |
|---|---|---|
| 5월3일 | 5캔 | 2000원 |
| 5월7일 | 15캔 | 2200원 |
| 5월13일 | 10캔 | 2300원 |

① 27600원 ② 29600원
③ 28600원 ④ 33000원

**17** 식품의 검수 시 가장 처음 검수해야하는 식품은?

① 냉장 ② 냉동
③ 신선 ④ 공산

**18** 식품의 검수 시 유의사항으로 옳지 않은 것은?

① 식품이 도착하면 바로 진행한다.
② 당도계와 염도계를 준비한다.
③ 식품 검수 시 식품을 하나하나 손으로 만져 상태를 확인한다.
④ 저장식품의 양을 고려하여 저장공간을 확보한다.

**19** 다음 중 검수 담당자의 업무가 아닌 것은?

① 검수 담당자는 관련 서류에 근거하여 검수한다.
② 공급업체의 물품청구서에 검수를 확인하고 대금 청구를 관리한다.
③ 납품처, 식자재수량, 유통기한, 무게, 중량, 명세서 확인, 입고일, 원산지, 포장 상태 등을 확인 한다.
④ 납품이 안 된 사항이나 반품현황은 기록하여 보관만 한다.

**20** 쌀의 품질을 검수할 때 확인할 항목이 아닌 것은?

① 낟알의 상태 ② 탄력 상태
③ 수확 시기 ④ 이물질 혼합여부

**21** 식품의 감별법 중 틀린 것은?

① 쌀은 빛깔이 맑고 윤기가 있어야 하며 가공한지 오래되지 않고 낟알이 잘 여물고 고르며 덜 익은 쌀이 거의 없어야 한다.
② 밀가루는 흰색이며 냄새가 없고 잘 건조된 것이어야 하며 가루가 미세하고 감촉이 좋아야 한다.
③ 난류는 껍질이 매끈하고 광택이 있어야 하며 빛을 쬐었을 때 안이 밝게 보이며 6%의 소금물에 담가 가라앉는 것이어야 한다.
④ 소고기는 선홍색을 띠며 윤기가 나야하고 결이 곱고 미세하며 탄력이 있어야 한다.

**22** 식품의 감별법 중 틀린 것은?

① 돼지고기는 분홍색을 띠는 붉은색이며 지방색이 희고 굳은 것이어야 한다.
② 난류는 껍질이 까칠하고 광택이 없어야 하며 빛을 쬐었을 때 안이 밝게 보이며 6%의 소금물에 담가 가라앉는 것이어야 한다.
③ 과일류는 성숙하고 신선하며 상처가 없고 색이 선명하고 마르지 않아야 한다.
④ 패류는 봄이 제일 맛이 있고 겨울철에는 산란시기로 맛이 없다.

**23** 다음 중 조리기기를 선정할 때 고려할 사항이 아닌 것은?

① 위생성, 능률성, 내구성이 있어야 한다.
② 기능이 단순하며 사용하기 편리해야 한다.
③ 사후 관리가 쉬워야 한다.
④ 기존 설치공간에 적합해야 한다.

**24** 작업별 주요기기의 연결이 틀린 것은?

① 반입, 검수-계량기, 운반차
② 전처리-탈피기, 혼합기, 절단기
③ 조리-저울, 증기솥
④ 세척-손소독기, 냉장고

**25** 반입, 검수를 하기위해 필요한 주요 기기로 알맞은 것은?

① 냉장고 ② 온도계
③ 보온고 ④ 혼합기

**26** 검수를 위한 구비요건으로 틀린 것은?

① 검수구역은 위생을 위해 조리장의 가장 안쪽으로 선정
② 식품의 품질을 확인하고 판단 할 수 있는 검수 담당자
③ 구매명세서, 구매청구서
④ 검수시간은 공급업체와 협의해 혼란이 없도록 지정

**27** 검수시설에 대한 요건으로 알맞지 않은 것은?

① 조명은 50룩스 이상
② 물건과 사람이 이동하기 충분한 공간
③ 안정성이 확보된 장소
④ 청소와 배수가 편리한 장소

**28** 원가의 3요소가 아닌 것은?

① 재료비 ② 노무비
③ 직접비 ④ 경비

**29** 원가의 목적이 아닌 것은?

① 가격 결정 ② 원가 관리
③ 예산 편성 ④ 재고량 조사

**30** 원가를 분류했을 때 다른 것은?

① 임대료 ② 인건비
③ 식재료비 ④ 세금

**31** 생산량의 증가에 따라 함께 증가되는 비용은?

① 고정비 ② 변동비
③ 직접비 ④ 간접비

**32** 원가의 구조 중 틀린 것은?

① 판매가격=총원가+판매관리비
② 제조원가=직접원가+제조간접비
③ 총원가=제조원가+일반관리비+판매비
④ 직접원가=직접경비+직접노무비+직접재료비

**33** 다음 중 원가 계산의 원칙이 아닌 것은?

① 진실성의 원칙
② 발생기준의 원칙
③ 비교성의 원칙
④ 소비성의 원칙

**34** 다음 중 총원가에 대한 설명으로 맞는 것은?

① 총원가=이익+직접원가+판매관리비
② 총원가=이익+간접원가+직접재료비
③ 총원가=판매관리비+제조원가
④ 총원가=직접원가+이익

**35** 다음 내용에 의해 제조 원가를 계산하면?

- 직접재료비-5000원
- 직접노무비-3000원
- 직접경비-1000원
- 간접재료비-3000원
- 간접노무비-2000원
- 간접경비-500원
- 판매관리비-2000원
- 이익-2500원

① 14500원 ② 16500원
③ 17000원 ④ 19000원

**36** 다음 내용에 의해 총원가를 계산하면?

- 직접재료비-10000원
- 직접노무비-6000원
- 직접경비-7000원
- 간접재료비-7000원
- 간접노무비-3000원
- 간접경비-3500원
- 판매관리비-5000원
- 이익-8000원

① 36500원 ② 41500원
③ 44500원 ④ 49500원

**37** 총비용과 총수익이 일치하여 이익도 손실도 없는 지점은?

① 감가상각 ② 가격결정점
③ 한계이익점 ④ 손익분기점

**38** 시간이 지남에 따라 손상되어 감소하는 고정자산의 가치를 내용연수에 따라 일정 비율로 할당하여 비용으로 계산하는 절차로 이때 감가된 비용은?

① 감가상각 ② 비용
③ 이익 ④ 손익

**39** 돼지고기 10kg으로 제육볶음 50인분을 판매한 매출액이 500000원이다. 돼지고기 1kg당 단가가 6000원이고 총양념 비용이 40000원이 들었다면 원가비율은?

① 20% ② 22%
③ 24% ④ 26%

# CHAPTER 3 정답 및 해설

| 구매관리문제 | | | | |
|---|---|---|---|---|
| 01 ④ | 02 ③ | 03 ② | 04 ④ | 05 ① |
| 06 ③ | 07 ④ | 08 ② | 09 ① | 10 ② |
| 11 ② | 12 ④ | 13 ② | 14 ① | 15 ② |
| 16 ① | 17 ① | 18 ③ | 19 ④ | 20 ② |
| 21 ③ | 22 ④ | 23 ② | 24 ④ | 25 ② |
| 26 ① | 27 ① | 28 ③ | 29 ④ | 30 ③ |
| 31 ② | 32 ① | 33 ④ | 34 ③ | 35 ① |
| 36 ② | 37 ④ | 38 ① | 39 ① | |

### 01

목적

- 구매 예정 가격 결정
- 합리적 구매계획 수립
- 제품개량
- 신제품의 설계

### 02

시장조사의 원칙

- 비용경제성의 원칙 : 시장조사에 소요되는 비용과 구매의 효율성이 조화를 이루어야 한다.
- 조사계획성의 원칙 : 시장조사의 구체적인 계획을 수립해야 한다.
- 조사정확성의 원칙 : 시장의 실태에 대한 정확한 정보를 조사해야 한다.
- 조사적시성의 원칙 : 필요한 시기에 적절하게 이루어져야 한다.
- 조사탄력성의 원칙 : 식품은 가격 및 공급량의 변동이 많으므로 시장 변동에 따른 능동적인 대응을 할 수 있어야 한다.

### 03

가장 저렴한 제품이 아니라 적합한 가격과 거래조건을 조사하여야 한다.

### 04

목적

- 필요한 물품을 지속적으로 공급
- 최적의 가격, 서비스, 품질 유지
- 재고의 저장관리 시 손실 최소화
- 표준화, 전문화
- 구매 관련 정보 및 시장조사를 통한 경쟁력 확보

### 05

식품 구매 절차

- 필요성 인식
- 물품의 종류 및 수량 결정
- 구매명세서 작성
- 공급업체 선정 및 계약
- 물품 발주
- 납품 및 검수
- 대금 지급
- 입고
- 구매기록 관리

### 06

식품 구매 시 고려할 점

- 예정된 재료를 경제적인 가격으로 구입
- 식용이 가능한 부분이 많고 맛이 좋은 식품 선택
- 재고량을 파악하고 필요량만 구입
- 계량과 규격
- 제조일과 유통기한 확인

### 07

육류 : 중량과 부위에 유의하고 구입하고 냉장 시설이 갖추어져 있으면 1주일 분을 구입

### 08

경쟁입찰계약 : 입찰을 원하는 업체 중 급식소에서 원하는 물품과 품질, 가격을 가장 합당하게 제시한 업체와 계약하는 방법으로 공평하고 경제적이며 쌀, 건어물 같은 저장성이 높은 식품 구매 시에 적합하다.

09

필요비용

$$필요비용 = 필요량 \times \frac{100}{가식부율} \times 1kg당\ 단가$$

10

$$총\ 발주량 = \frac{정미중량 \times 100}{100 - 폐기율} \times 100 \times 인원수$$

$$\frac{50 \times 100}{100 - 15} \times 1000 = 58.52 \fallingdotseq 60$$

11

$$총\ 발주량 = \frac{정미중량 \times 100}{100 - 폐기율} \times 100 \times 인원수$$

$$\frac{30 \times 100}{100 - 6} \times 500 = 16$$

12

목적

- 물품 부족으로 인한 급식생산 계획의 차질 방지
- 정확한 재고 수량 파악으로 필요량 만큼만 구매하여 구매비용 절감
- 도난과 부주의 및 부패로 인한 손실 최소화
- 필요한 재고량의 파악으로 보관비용 절감

13

재고조사법 : 전기 이월량과 당기 구입량의 합계에서 기말 재고량을 차감함으로써 당기 소비량을 산출하는 방법

14

단순평균법 : 구입단가를 구입횟수로 나눈 구입 단가의 평균을 재료의 소비가격으로 계산

15

선입선출법 : 구입순서에 따라 먼저 구입한 재료를 먼저 사용한다는 가정하에 소비가격 계산

2월 8일 구매분 5개가 재고 - 1200 × 5 = 6000원

16

후입선출법 : 최근에 구입한 재료부터 먼저 사용한다는 가정하에 소비가격 계산

- 5월 3일 구매분 5캔 + 5월 7일 구매분 8캔

= (2000 × 5) + (2200 × 8) = 27600

17

식품별 검수 순서 : 냉장 → 냉동 → 신선(과일, 채소) → 공산품

18

검수 시 유의사항

- 식품이 도착하자마자 바로 진행한다.
- 검수 시 식품은 바닥에서 60cm이상의 높이에서 진행한다.
- 검수 시 식품을 맨손으로 만지거나 손으로 맛보지 않는다.
- 당도계와 염도계를 준비하여 진행한다.
- 저장식품의 양을 고려하여 저장공간을 확보한다.
- 얼음이나 물이 있는 식품은 이를 제거한 후 측정한다.
- 김치류는 관능검사를 실시하고 배추 원산지 증명서를 받는다.
- 유통기한을 확인한다.

19

납품이 안 된 사항이나 반품 현황은 기록해서 보관하고 담당부서에게 보고한다.

20

쌀은 낱알의 상태, 이물질의 혼합여부, 수확시기, 원산지를 검수한다.

21

난류는 껍질이 까칠하고 광택이 없어야 하며 빛을 쬐었을 때 안이 밝게 보이며 6%의 소금물에 담가 가라앉는 것이어야 한다.

22

패류는 봄에는 산란시기로 맛이 없고 겨울철에 맛이 좋다.

23

기능이 다양해야 한다.

24

세척, 소독 : 선반, 식기세척기, 식기소독고, 손소독기, 잔반처리기

25

반입, 검수 : 검수대, 계량기, 운반차, 온도계, 손소독기

26

검수를 위한 구비요건

- 식품의 품질을 확인하고 판단할 수 있는 검수 담당자
- 검수구역은 배달구역 입구와 저장소에 인접한 장소로 선정
- 검수시간은 공급업체와 협의해 혼란이 없도록 지정
- 구매명세서, 구매청구서

### 27

검수시설 : 조명(540룩스이상), 충분한 공간, 안전성이 확보된 장소, 청소와 배수가 편리한 장소

### 28

원가의 3요소

- 재료비 : 제품의 제조에 소비된 물품의 원가(급식재료비, 재료구입비 등)
- 노무비 : 제품의 제조에 소비된 노동의 가치(임금, 급료, 수당, 상여금, 퇴직금 등)
- 경비 : 제품의 제조에 소비된 재료비, 노무비 이외의 비용(수도, 전기, 감가상각비 등)

### 29

원가의 목적

- 가격 결정 : 제품의 판매 가격을 결정한다.
- 원가 관리 : 원가의 절감과 원가관리의 기초 자료를 제공한다.
- 예산 편성 : 예산 편성의 기초자료로 사용한다.
- 재무제표 작성 : 기업이 외부관계자에게 경영활동을 보고하기 위한 재무제표의 기초자료로 사용한다.

### 30

고정비와 변동비

- 고정비 : 생산량 증가와 관계없이 고정적으로 발생하는 비용(임대료, 인건비 등)
- 변동비 : 생산량 증가에 따라 함께 증가하는 비용(식재료비 등)

### 31

변동비 : 생산량 증가에 따라 함께 증가하는 비용(식재료비 등)

### 32

- 직접원가 = 직접경비 + 직접노무비 + 직접재료비
- 제조원가 = 직접원가 + 제조간접비
- 총원가 = 제조원가 + 일반관리비 + 판매비
- 판매가격 = 총원가 + 이익

### 33

원가계산의 원칙

- 진실성의 원칙 : 제품 제조에 소요된 원가를 사실대로 표현하여 원가의 진실을 파악한다.
- 발생기준의 원칙 : 이익에 상관없이 발생한 것도 원가로 인정해야 한다는 원칙으로 모든 비용과 수익의 계산은 그 발생 시점을 기준으로 한다.
- 계산경제성의 원칙 : 원가 계산 시 경제성을 고려한다.
- 확실성의 원칙 : 실행 가능한 여러방법 중 가장 확실한 방법을 선택한다.
- 비교성의 원칙 : 다른 일정기간이나 다른 부분과 비교하여 실행한다.
- 상호관리의 원칙 : 원가계산과 일반회계 등 요소별,부문별, 제품별 계산 간에 상호관리가 가능해야 한다.
- 정상성의 원칙 : 정상적으로 발생한 원가만을 계산한다.

### 34

총원가 = 제조원가 + 일반관리비 + 판매비

### 35

제조원가 = 직접원가 + 제조간접비

직접원가(직접경비 + 직접노무비 + 직접재료비) + 제조간접비(간접재료비 + 간접노무비 + 간접경비)

= 5000원 + 3000원 + 1000원 + 3000원 + 2000원 + 500원

= 14500원

### 36

총원가 = 제조원가 + 일반관리비 + 판매비

= 10000원 + 6000원 + 7000원 + 7000원 + 3000원 + 3500원 + 5000원 = 41500원

### 37

손익분기점 : 수입과 총비용이 일치하는 점으로 이익도 손실도 발생하지 않는 지점을 말한다.

### 38

시간이 지남에 따라 손상되어 감소하는 고정자산의 가치를 내용연수에 따라 일정 비율로 할당하여 비용으로 계산하는 절차로 이때 감가된 비용을 감가상각비라고 한다.

### 39

$$\text{식재료 비율(\%)} = \frac{\text{식재료비}}{\text{매출액}} \times 100$$

$$\frac{(10 \times 6000) + 40000}{500000} \times 100 = 20$$

# PART5

## : 한식 기초조리실무


한식 기초조리실무 134

한식 기초조리실무 문제 155

정답 및 해설 163

CHAPTER 1

# 한식 기초조리실무

## 1. 조리준비

### 1) 조리의 정의 및 기본 조리조작

#### (1) 조리의 정의

식재료 선택, 검수, 조리작업, 요리에 완성되기전 모든 작업을 의미한다.

★★
#### (2) 조리의 목적

① **기호성**: 향과 맛 모양을 좋게하여 식욕을 돋구게 한다.

② **영양성**: 식품의 최대치의 영양가치를 올릴 수 있다.

③ **안정성**: 안전한 음식을 만들 수 있다.

④ **저장성**: 저장성을 높여 식품의 저장기간을 늘릴 수 있다.

⑤ **소화성**: 소화를 용이하게 하여 몸의 영양 흡수를 빠르게 할 수 있다.

#### (3) 기본조리조작

① **다듬기**

(ㄱ) 식재료를 조리할 수 있도록 전처리하는 과정을 말한다.

(ㄴ) 최대한 폐기율(비가식 부분)이 생기지 않도록 다듬어야 한다.

② **씻기**: 식품에 붙어있는 이물질과 유해 물질을 제거하고 조리를 위생적으로 작업하기 위하여 철저히 위생적으로 하여야 한다.

③ **담그기와 불리기**

(ㄱ) 식품을 목적에 의해서 물이나 조미액에 담그는 과정이다.

(ㄴ) 건조식품을 조리가 용이하고 소화되기 쉽도록 물에 담궈 수분을 재흡수시킨다.

(ㄷ) 식품의 갈변을 막기 위하여 이용한다.

(ㄹ) 식품의 쓴맛이나 떫은맛 등 불미성분과 불필요한 냄새, 향, 성분 등을 제거할 수 있다.

④ **썰기**

(ㄱ) 목표 요리에 맞게 재료를 써는 작업을 말한다.

(ㄴ) 불가식부분을 제거하고 먹기쉬운 모양으로 만들어 조리를 용이하게 한다.

⑤ 냉동

(ㄱ) -0℃이하로 식품을 동결시켜 보관하는 방법이다. 미생물의 발육을 저지하고 억제는 할 수 있으나 제거하는 역할은 하지 못한다.

(ㄴ) -40℃이하로 급속동결 시 결정의 크기가 작아져 식품의 조직 파괴가 되지 않는다.

★★
⑥ 해동

(ㄱ) **완만해동**: 냉장고 내에서 서서히 해동하는 방법

(ㄴ) **급속해동**: 전자렌지를 사용하는 방법

**(4) 음식의 적온**

① **청량음료**: 0~5℃

② **맥주**: 6~12°

③ ★**이스트(빵)발효 온도**: 25~30℃

④ ★**밥, 겨자(시니그린), 청국장(종국) 발효 온도**: 40~45℃

⑤ **전골 및 찌개**: 95~98℃

## 2) 기본조리법 및 대량 조리기술

**(1) 기본조리법**

① 비가열조리

(ㄱ) **생식**: 조리가 간단하고 시간이 절약되며 식품 본래의 색이나 향의 손실이 적어 풍미를 살릴 수 있다.

(ㄴ) **무침**: 갖은 양념을 하여 무치는 것으로 열에 약한 비타민의 손실을 막을 수 있다.

② 습열조리

(ㄱ) ★★**데치기(블랜칭 Blanching)**

- 식품을 단시간에 넣었다가 건져 익혀 내는 방법이다.
- 식품의 색을 살리기 위해서는 1%의 소금을 넣어 뚜껑을 열고 단시간 데쳐 냉수에 바로 식혀주는 것이 좋다.

(ㄴ) **끓이기(보일링 Boiling)**: 재료를 한 데 모아 넣고 물을 넣고 가열하는 방법이다. 비교적 영양손실이 많으나 조미하기가 편한 조리법이다. 콜라겐이 젤라틴화 되어 소화가 용이하나 모양의 변형이 올 수 있다.

(ㄷ) ★**삶기(포칭 Poaching)**: 물속에 넣어 재료가 익을 때까지 익혀내는 방법이다.

(ㄹ) **찜(스티밍 Steaming)**: 물을 끓여 수증기의 열로 익혀 내는 방법이다. 음식의 형태를 그대로 살릴 수 있고 영양손실이 적으나 조리시간이 다소 걸릴 수 있다.

(ㅁ) ★★**은은하게 끓이기(시머링 Simmering)**

- 약불에서 은은하게 끓여내는 방법이다.
- 재료를 부드럽게 하며 맑은 국물을 끓여낼 수 있다.

③ 건열조리

(ㄱ) **굽기(브로일링 Broiling)**: 소화를 좋게 하며 풍미와 맛이 좋게하여 식욕이 나게하며 식품의 살균효과가 있다.

- **직접구이**: 석쇠 등의 기구를 사용하여 불이 재료에 직접 열을 가하여 익혀내는 방법이다.
- **간접구이**: 팬이나 철판 등을 사용하여 높은 열로 익혀내는 방법이다.

(ㄴ) **튀기기(프라잉 Frying)** ★★

- 높은 온도와 짧은 시간 안에 가열함으로 영양손실이 적은 방법이다.
- 튀김 시 적온은 160~180℃ 이다.
- 발연점이 높은 기름에 사용하기 좋다.
- 튀김옷에는 글루텐 함량이 적은 박력분이 좋다.
- 튀김반죽은 많이 저어주지 않는 것이 좋다.

(ㄷ) **복기(소테 Sauteing)**: 팬이나 냄비를 사용하여 기름과 함께 높은열로 단시간에 조리하는 방법으로 재료의 색이 유지되며 영양소 및 비타민 손실이 적다.

(ㄹ) **지지기(팬프라이 Pan-frying)**: 팬에 기름을 두르고 재료를 익혀내는 방법이다.

④ **복합조리**

**브레이징(braising)**: 달군팬에 고기나 야채를 먼저 볶거나 구운 뒤 물이나 술, 소스를 넣어 조려내는방법(예 : 스튜)

⑤ **초단파(전자파) 조리** (microwave): 전자렌지를 사용하여 조리하는 방법

### (2) 각 나라별 조리법

① **한국요리**: 밥을 주식으로 육류·어패류·콩·채소 등 주재료를 다양한 양념으로 사용하는 요리로서 요리 하나 하나가 기호적이고 조미료 배합이 우수하다는 특징이 있다.

② **서양요리**

(ㄱ) 어패류·조류·육류 등의 식품을 동물성 지방이나 생채소와 함께 많이 사용한다.

(ㄴ) 조리법이 다양하고 특히 향신료·허브를 사용한 음식이 발달하였다.

③ **중국요리**

(ㄱ) 다양한 식재료를 사용하며 많은 양의 기름으로 높은열로 가열하는 요리가 많다.

(ㄴ) 재료의 사용 범위가 넓어 요리법의 종류도 많으므로 맛을 즐긴다는 것을 특징으로 각지방에 따른 특색요리가 발달하였다.

④ **일본요리**

(ㄱ) 섬나라의 특색으로 어패류와 채소를 주식으로 하는 요리가 많이 있다.

(ㄴ) 관동·관서로 맛의 차이가 있으나 계절감을 요리에 넣어 요리에 맞는 식기와 더불어 눈을 즐겁게 하는 특징이 있다.

### (3) 대량조리기술

① **국**

(ㄱ) 국의 건더기는 국물의 1/3정도가 적당하다.

(ㄴ) 국물맛을 내는 재료(다시마, 멸치, 건새우, 조개류 등)를 넣고 끓여낸 뒤 건더기를 넣어 끓인다.

② **찌개**

(ㄱ) 건더기는 2/3정도가 좋다.

(ㄴ) 처음엔 센불로 끓이다가 끓으면 불을 줄여 익혀낸다.

③ 조림

(ㄱ) 식품자체에 맛이 들 수 있도록 조리하여야 한다.

(ㄴ) 재료의 어느 부분이나 맛이 들 수 있도록 하여야 한다.

(ㄷ) 소스나 국물이 끓을 때 생선을 넣어 조리하는 것이 맛과 형태를 살릴 수 있다.

④ 구이

(ㄱ) 불이 너무 세면 겉면만 타고 속은 익지 않는다.

(ㄴ) 재료가 너무 두꺼우면 조미료가 속까지 배어 들어가지 못해 맛이 좋지 않으면서 조미료만 태울 수 있으니 유의한다.

(ㄷ) 대량 구이 조리에는 오븐구이나 소금구이가 좋다.

⑤ 튀김

(ㄱ) 식물성 유지를 사용하는 것이 좋다.

(ㄴ) 조리 시간이 많이 소요되며, 온도 조절에 유의해야 한다.

⑥ 무침

(ㄱ) 채소를 데쳐 사용할 때에는 데친 후 완전히 식혀서 무치도록 한다.

(ㄴ) 푸른 채소는 끓는 물에 살짝 데쳐 놓고 먹기 직전에 무쳐야 특유의 향을 유지할 수 있다.

(ㄷ) 건나물을 사용할 때에는 충분히 불려 사용해야 한다.

**(4) 기본 칼 기술 습득**

① 칼의 종류

일반적으로 칼은 칼끝의 모양에 따라 세 가지 정도로 나눈다.

(ㄱ) **아시아형(low tip)**

칼날 길이를 기준으로 18cm정도이며, 칼등이 곡선 처리되어 있고 칼날이 직선인 안정적인 모양이다. 칼이 부드럽고 똑바로 자르기에 좋다. 채 썰기 등 동양요리에 적당하며, 우리나라와 일본 같은 아시아에서 많이 사용되는 칼이다.

(ㄴ) **서구형(center tip)**

칼날 길이를 기준으로 20cm이며, 칼등과 칼날이 곡선으로 처리되어 칼끝에서 한 점으로 만난다. 주로 자르기에 편하며 힘이 들지 않는다. 일반 부엌칼이나 회칼로도 많이 사용된다.

(ㄷ) **다용도칼(high tip)**

칼날 길이를 기준으로 16cm정도이며, 칼등이 곧게 뻗어 있고 칼날은 둥글게 곡선 처리된 칼이다. 주로 칼을 자유롭게 움직이면서 도마 위에서 롤링하며 뼈를 발라내기도 하는 다양한 작업을 할 때 사용한다.

② 칼의 용도에 따른 분류

한식칼, 양식칼, 일식회칼, 중식칼, 과도 및 조각도 등

③ 칼 관리

칼 다루기

(ㄱ) 칼날은 예리하고 날카롭게 관리해야 사고의 위험을 줄일 수 있다. 무딘 칼을 사용할 경우 재료를 썰 때 힘이 많이 들게 되므로 더 크게 다칠 수 있다. 칼날을 세우기 위해서는 숫돌에 갈아서 날카롭게 만들어야 한다.

(ㄴ) 숫돌의 입자의 크기를 측정하는 단위를 입도라고 하며 기호 #으로 나타낸다. 숫자가 클수록 입자가 미세하다는 뜻이다.

④ 숫돌의 종류

(ㄱ) 400#: 거친 숫돌로서 새 칼을 사용할 때 칼의 형상을 조절하고, 형태가 깨진 칼끝의 형태를 수정하기도 한다. 칼날이 두껍고 이가 많이 빠진 칼을 가는 데 사용한다. 굵은 숫돌을 사용할 경우에 칼 끝에 요철이 심하게 생기므로 중간 숫돌과 마무리 숫돌을 함께 사용하는 것이 좋다.

(ㄴ) 1000#: 굵은 숫돌로 간 다음 고운 숫돌로 갈아야 잘리는 칼의 면을 어느 정도 부드럽게 사용 할 수 있다. 일반적인 칼갈이에 많이 사용한다.

(ㄷ) 4000~6000#: 마무리 숫돌로 어느 정도 부드럽게 손질된 칼날을 더욱더 윤기가 나고 광이 나게 갈아준다. 먼저 입도가 낮은 숫돌에 갈아 칼날을 세운 다음 마무리 숫돌에 갈아 마무리한다.

⑤ 숫돌의 사용방법

(ㄱ) 칼이 숫돌의 전면을 골고루 닿도록 사용한다. 숫돌의 중앙만 사용하게 되면 가운데만 움푹 파이게 된다.

(ㄴ) 전면이 고르지 않을 경우 거친 바닥에 갈아 수평을 유지하게 해서 사용한다.

(ㄷ) 숫돌은 사용하기 전에 물에 담가 충분히 물을 먹인 다음에 사용한다.

(ㄹ) 숫돌을 사용할 때에는 미끄러짐을 방지하기 위하여 숫돌 밑에 천을 깔거나 숫돌집에 고정시켜 사용한다.

⑥ 칼 가는 방법

(ㄱ) 숫돌을 물에 담가 수분이 충분히 흡수되게 한 후 사용한다.

(ㄴ) 젖은 행주를 숫돌 밑에 깔거나 숫돌 고정틀을 사용하여 고정시킨다.

(ㄷ) 칼날의 갈아야 할 부분과 중점적으로 갈아야 할 부분을 확인한다.

(ㄹ) 칼을 오른손으로 꼭 잡고, 왼선을 손끝으로 칼 표면을 지그시 누르고 칼을 간다.

**(5) 조리기구의 종류 및 용도**

① 조리용 레인지

가스레인지는 조리장에서 가장 기본이 되는 가열기기로 요리마다 적당한 불조절이 필요하다. 중화 가스레인지는 화력이 강해서 볶음 요리에 사용하면 온도가 떨어지지 않아 재료의 맛을 살리면서 볶음 요리를 완성할 수 있다. 인덕션 레인지는 불꽃이 없이 식품을 가열하는 기구로 안전하고 외관이 깔끔하며 위생적이다.

② **필러(peeler)**: 감자, 당근, 무, 토란 등 과일 · 채소의 껍질을 벗기는 기구이다.

③ 그리들(Griddle)

(ㄱ) 두꺼운 철판 밑으로 열을 가열하여 철판 위에서 음식을 조리하는 기구이다.

(ㄴ) 전, 햄버거 등 부침 요리에 사용된다.

④ **브로일러(Broiler)**: 석쇠에 구운모양을 나타내는 조리도구로 스테이크 등과 같은 메뉴에 사용한다.

⑤ **블렌더(Blender)**

(ㄱ) 식품의 혼합 · 교반 등에 사용된다.

(ㄴ) 액체를 교반하여 동일한 성질로 만드는 기구이다.

⑥ **믹서(Mixer)** : 여러 가지 재료를 혼합하는 기구이다.

⑦ **휘퍼(Whipper)** : 거품을 낼 때 사용하는 기구이다.

⑧ **푸드차퍼(Food chopper)** : 식품을 다지는 기구이다.

⑨ **슬라이서(Slicer)** : 햄, 육류 등을 일정하게 써는 기구이다.

### (6) 식재료 계량 방법

① **계량단위**

(ㄱ) ★★ 1컵(C) = 200cc = 200ml (우리나라 기준)

240cc = 240ml (외국 기준)

(ㄴ) ★★ 1큰술(TS. table spoon) = 15cc = 15ml

(ㄷ) ★★ 1작은술(ts. tea spoon) = 5cc = 5ml

(ㄹ) 1온스(oz. ounce) = 30cc = 28.3g

(ㅁ) 1파운드(pound) = 453.6g = 16oz

(ㅂ) 1쿼터(quart) = 32oz

② **계량방법**

(ㄱ) **가루식품** : 덩어리가 지지 않도록 체에 내려 스푼을 이용하여 계량컵에 수북하게 담고 누르지 말고 윗면을 평평하게 깍아서 잰다(예 : 밀가루).

(ㄴ) **설탕**

- **백설탕 · 황설탕** : 계량컵에 바로 수북하게 담아 윗면을 평평하게 깍아 잰다.
- **흑설탕** : 계량컵이나 계량스푼에 빈공간이 없도록 꾹꾹 눌러 담아 윗면을 깍아 잰다.

(ㄷ) **액체식품** : 기름 · 간장 · 물 · 식초 등의 액체식품은 계량컵이나 계량스푼에 가득 채워서 계량하거나 평평한 곳에 놓고 눈높이에서 보아 눈금과 액체의 표면 아랫부분을 눈과 같은 높이로 맞추어 읽는다.

(ㄹ) **고체식품** : 고체지방(버터, 마가린)이나 다진고기 등의 고체식품은 계량컵이나 계량스푼에 빈공간이 없도록 꾹꾹 눌러 담아 표면을 깍아서 계량한다.

(ㅁ) **알갱이 상태의 식품** : 쌀, 팥, 통후추, 깨 등의 알갱이 상태의 식품은 계량컵이나 계량스푼에 가득 담아 살짝 흔들어서 공간을 매운뒤 표면을 평면이 되도록 깍아서 계량한다.

(ㅂ) **농도가 큰 식품** : 고추장, 된장 등의 농도가 큰 식품은 계량컵이나 계량스푼에 꾹꾹 눌러 담아 평평한 것으로 고르게 밀어 표면이 평면이 되도록 깎아서 계량한다.

## 3) 조리장의 시설 및 설비 관리

### (1) 조리장의 시설

① 조리장의 3원칙

(ㄱ) **위생 (조리장 선택시 가장 우선적)**: 식품의 오염을 방지하며 채광, 환기, 통풍 등이 잘되고 배수와 청소가 용이하여야 한다.

(ㄴ) **능률**: 식품의 구입, 검수, 저장, 식사 공간과 연결이 쉽고 기구 기기등의 배치가 능률적이어야 한다.

(ㄷ) **경제**: 구입이 쉽고 경제적이어야 한다.

② 조리장의 위치

(ㄱ) 통풍 · 채광, 배수가 잘되고 악취 · 먼지 유독가스가 들어오지 않는 곳

(ㄴ) 비상 시 출입문과 통로에 방해되지 않는 장소

(ㄷ) 음식의 운반과 배선이 편한 곳

(ㄹ) 식자재의 반입과 반출이 용이한 곳

(ㅁ) 종업원의 출입이 편하며 손님에게 피해가 가지 않는 곳

(ㅂ) 비상시 탈출에 방해가 되지 않는 곳

③ 조리장의 면적

(ㄱ) 식당넓이의 1/3이 기준이다.

(ㄴ) 일반급식소 0.1㎡, 학교, 병원(1인당)0.1㎡

(ㄷ) 직사각형의 형태가 좋으며 정사각형이나 원형은 동선의 교체가 증가되어 비능률적이다.

### (2) 조리장의 설비 관리

① 작업대

(ㄱ) 높이 85cm~90cm, 넓이 55~60cm

(ㄴ) 작업대 설치시 동선을 우선으로 생각하여 설치하여야 한다.

(ㄷ) 작업대의 종류

- **ㄷ자형**: 동선이 짧으며 넓은 조리장에서 가장 효율적이다.
- **ㄴ자형**: 좁은조리장에 적합하다.
- **병렬형**: 동선이 겹치게 되며 쉽게 피로가 올 수 있다.
- **일렬형**: 작업동선이 길어지게 되며 비능률적이다.
- **아일랜드형**: 동선을 단축시킬 수 있고 공간활용이 자유롭다(후드설치가 쉽다).

② 환기

(ㄱ) 후드의 경사각은 30°로 사방형(4방개방형) 후드가 가장 효율적이다.

(ㄴ) 창문을 이용한 자연환기, 송풍기를 이용한 환기, 배기용 환풍기를 이용한 환기가 있다.

③ 조명

(ㄱ) 조리장의 조도가 낮으면 작업능률이 떨어지고 피로가 증가되며 사고위험이 높아진다.

(ㄴ) 간접조명이 좋으며 조리실 조도는 50룩스 이상을 유지하여야 한다.

④ 바닥

(ㄱ) 바닥과 1m까지의 내벽은 물청소가 용이한 내수성 자재를 사용한다.

(ㄴ) 미끄럽지 않고 청소가 쉬우며 산 · 염 · 유기용액에 강한 자재 사용

(ㄷ) 경제적이며 유지비가 저렴해야 함

## 2. 식품의 조리원리

### 1) 농산물의 조리 및 가공 저장

#### (1) 전분

① 전분의 구조

(ㄱ) 아밀로오스(amylose)와 아밀로펙틴(amylopectin)으로 구성

(ㄴ) **멥쌀** : 아밀로펙틴 80%, 아밀로오스 20%

(ㄷ) **찹쌀** : 아밀로펙틴 100%

★★★
② 전분의 호화(a화)

날전분에 수분을 첨가하여 가열하였을 때 전분입자가 팽창하며 점성이 높은 상태인 콜로이드 상태로 되는 현상

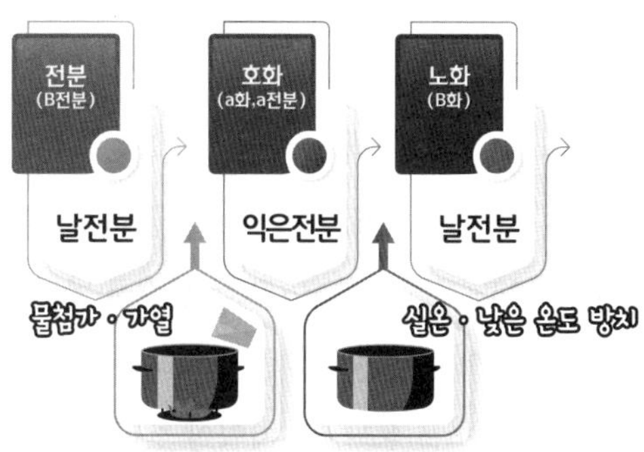


호정화 - 물을 넣지 않고 160℃ 이상 가열

★★★
③ 호화촉진요소

(ㄱ) 가열 온도가 높을수록

(ㄴ) 전분의 입자가 클수록(감자나 고구마가 곡류보다 호화가 빨리 이루어짐)

(ㄷ) 아밀로오스 함량이 많을수록

(ㄹ) 수분량이 많을수록

(ㅁ) 수침시간이 길수록

(ㅂ) 알칼리성일수록(소금 첨가)

④ 전분의 노화(B화)

익은전분인 알파전분(a전분)을 낮은 온도에서 방치하게 되면 딱딱하게 굳어짐과 베타전분(B전분)으로 돌아가는 현상을 노화라고 한다.

★★★
⑤ 노화촉진요소

(ㄱ) 아밀로오스의 함량이 많을수록

(ㄴ) 온도가 낮을수록(0~5℃)

(ㄷ) 수분함량이 30~60% 사이

★★★
**⑥ 노화억제방법**

(ㄱ) 80°C 이상에서 급속히 건조

(ㄴ) 0°C 이하에서 냉동 보관

(ㄷ) 수분 15% 이하 건조

(ㄹ) 설탕을 다량 함유

(ㅁ) 유화제 사용

**⑦ 전분의 호정화(덱스트린화)**

물을 가하지 않고 160°C 이상의 온도로 가열하였을 때 가용성 전분을 거쳐 덱스트린으로 분해 되는 현상(예 : 미숫가루, 누룽지, 뻥튀기, 튀밥)

### (2) 곡류의 조리

**① 쌀**

(ㄱ) 벼-왕겨-외피-배아-배유로 구성

(ㄴ) 쌀을 씻을 때 문질러 씻게 되면 배아가 떨어져 나가 비타민$B_1$이 손실되므로 조심한다.

(ㄷ) 밥을 지을 때 약간의 소금을 넣게 되면 밥맛이 좋아진다.

(ㄹ) 밥을 짓는 열원의 열이 셀수록 밥맛이 좋다.

(ㅁ) 산성이 높을수록 밥맛이 나빠진다.

(ㅂ) 쌀의 품종과 재배지역의 토질에 따라 밥맛은 달라진다.

**② 밀가루**

밀가루의 단백질은 탄성이 높은 글루테닌(glutenin)과 점성이 높은 글리아딘(gliadin)으로 이 두가지가 물과 결합하여 글루텐(gluten)을 형성하게 된다.

| 글루텐 함량 | 종류 | 용도 |
|---|---|---|
| 13% 이상 | 강력분 | 식빵, 마카로니, 스파게티 |
| 10~13% | 중력분 | 국수, 만두피 |
| 10% 이하 | 박력분 | 튀김, 쿠키, 카스테라, 파이 |

(ㄱ) **글루텐 형성에 영향을 주는 요인**

- **팽창제**: 이스트(효모), 베이킹파우더(B.P), 중조(식소다)
- **지방**: 겹(층)을 형성하며 부드럽게 만들며 바삭한 질감을 줄 수도 있다(패스트리, 파이).
- **소금**: 글루텐을 강하게 한다.

③ **설탕**: 색이 나게 하며 많이 사용하면 반죽이 부풀지 못하고 꺼지게 된다.

④ **달걀**: 반죽의 형태를 형성하는 것을 돕지만 많이 사용하게 되면 음식이 질겨진다.

✓ 튀김 반죽을 만들 때에는 얼음물을 사용하거나 오래 젓지 않아야 바삭한 튀김을 만들 수 있다.

### (3) 서류의 조리

① **종류** : 감자, 고구마, 토란, 마, 돼지감자, 야콘 등

② 수분함량이 70~80%로 곡류에 비해 저장성이 낮다.

③ **점질감자** : 샐러드, 조림, 볶음요리에 적합

④ **분질감자** : 매시드 포테이토, 튀김요리에 적합

⑤ **감자의 독성성분**

(ㄱ) **솔라닌** : 덜익은 녹색부분과 싹부분에 존재

(ㄴ) **셉신** : 부패한 감자에 존재

### (4) 두류의 조리

① **두류의 특성**

(ㄱ) 주성분이 단백질로 구성되어 있다.

(ㄴ) **콩 단백질 주성분** : 글리시닌

(ㄷ) 대두와 팥에는 물과 만나면 거품을 내고 용혈작용을 하는 사포닌이라는 독성분이 있다(가열하면 사라짐).

(ㄹ) 날콩에는 안티트립신이 함유되어 있어 소화가 어려움

(ㅁ) 인 · 철 · 칼슘 · 비타민$B_1$이 풍부하다.

(ㅂ) 콩을 삶을 때 식용소다(중조)를 첨가하여 삶으면 콩이 쉽게 무르지만 비타민$B_1$(티아민)의 손실이 크다.

② **두류의 가공**

(ㄱ) **두부**

- 단백질 글리시닌이 두부응고제와 열에 의해 응고되는 성질을 이용하여 만든다.
- **두부응고제** : 황산칼슘, 염화칼슘, 염화마그네슘, 황산마그네슘

(ㄴ) **두유** : 두부를 만들 때 생성되는 중간산물로 콩을 불린 뒤 마쇄 · 여과 · 가열과정을 거친 가공식품이다.

(ㄷ) **간장** : 콩을 주원료로 발효시켜 만든 것으로 식염의 함량은 20%정도이다.

(ㄹ) **고추장** : 쌀 · 밀가루 · 보리 등의 전분질 원료와 콩 · 소금 · 고춧가루 등을 주원료로 만든 발효식품

(ㅁ) **된장** : 콩을 주원료로 코지를 사용하여 일정시간 숙성시킨 대표적인 콩 발효 식품이다.

(ㅂ) **청국장** : 대두를 삶아 납두균을 첨가하여 40°C에서 발효시킨 식품이다.

> ✓ **tip!**
>
> ★★ 두부 제조 과정
>
> ① 콩불리기-마쇄(갈기) ② 가열 ③ 여과 ④ 간수(응고제)첨가 ⑤ 착즙 ⑥ 두부

**(5) 채소류의 조리**

① **채소의 분류**

(ㄱ) **경채류(줄기 사용)**: 샐러리, 아스파라거스, 미나리 등

(ㄴ) **엽채류(푸른 잎 사용)**: 배추, 상추, 쑥갓, 아욱, 시금치, 양배추, 갓, 근대 등

(ㄷ) **근채류(뿌리 사용)**: 무, 당근, 우엉, 연근, 토란 등

(ㄹ) **과채류(열매 사용)**: 오이, 호박, 가지, 수박, 참외, 토마토 등

(ㅁ) **화채류(꽃 사용)**: 브로컬리, 컬리플라워, 아티초크 등

★★
② **조리에 의한 색의 변화**

| | 클로로필(엽록소) | 카로티노이드 | 플라보노이드 | 안토시아닌 |
|---|---|---|---|---|
| 종류 | 녹색채소에 있는 마그네슘을 함유한 엽록소 색소 | 당근, 호박, 토마토 등 황색 또는 주황색 색소 | 감자, 무, 연근 등의 흰색 또는 노란색 색소 | 생강, 적채, 가지 등의 자색 또는 보라색 색소 |
| 산 | 불안정(갈색) | 안정 | 안정(흰색유지) | 적색 |
| 열 | 불안정 | 안정 | 안정 | 중성(자색) |
| 알칼리 | 안정(녹색유지) | 안정 | 불안정 | 청색 |

✓ **point!**

★★★
**김치의 연부현상**

김치의 보관중 저장용기에 꾹 눌러 담지않아 내부에 공기가 생겨 미생물에 의하여 물러짐 현상이 생기는 것

③ **효소적 갈변**

(ㄱ) 감자, 연근, 고구마 등의 껍질을 벗기면 갈색으로 변하는 현상

(ㄴ) **갈변방지 방법**: 가열, 수침, 소금물, 설탕물, 산첨가, 진공포장

④ **비효소적갈변**: 산이나 가열에 의하여 엽록소가 페오피틴으로 변하여 갈색으로 변하는 현상

**(6) 과일류의 조리**

① **과일류의 특징**

(ㄱ) 수분이 많아 장기간 보관이 어려움

(ㄴ) 당분과 유기산(사과산, 주석산, 구연산 등)의 함량이 많고 비타민C와 무기질이 풍부

(ㄷ) 방향 성분인 에스테르를 함유하고 있어 상쾌하고 시원한 맛을 낸다.

② **과일가공**

(ㄱ) ★★ **잼**: 과육에 설탕(60%이상)을 넣고 점성이 생길수 있도록 만든다.

(ㄴ) ★★ **젤리**: 과일즙에 설탕(70%)을 넣고 가열·농축하여 굳힌다.

✓ ★★★ **point!**

**젤리화의 3요소**: 펙틴, 당분, 유기산

(ㄷ) **마멀레이드**: 젤리속에 과일의 과육이나 과피의 조각을 섞어 가열 · 농축한 것이다.

(ㄹ) **프리저브**: 과일을 설탕시럽과 같이 가열하여 과일이 연하고 투명한 상태로 만든 것

(ㅁ) **스쿼시**: 과실주스에 설탕을 넣은 농축 음료수

③ **과일류의 저장**: 피막제 저장, 가스저장, 냉장보관, 실온보관(아열대산 과일)

## 2) 축산물의 조리 및 가공·저장

### (1) 육류의 조리

① 육류의 결합조직

(ㄱ) **콜라겐(Collagen)**: 물속에서 가열하면 젤라틴으로 변화

(ㄴ) **엘라스틴(Elastin)**: 거의 변화가 없음

② 육류의 색소

(ㄱ) **헤모글로빈**: 혈색소

(ㄴ) **미오글로빈**: 육색소

✓ **tip!**

육류의 색소 변화

공기중 산소결합→가열·장기간 저장→미오글로빈→옥시미오글로빈(선명한 적색)→메트미오글로빈

③ 사후강직

(ㄱ) 미오신이 액틴과 결합하여 액토미오신이 되어 근육을 수축시킨다.

(ㄴ) 사후강직의 상태는 고기는 단단하고 질기고 맛이 없고 가열해도 쉽게 연해지지 않는다.

(ㄷ) **소고기**: 2~9시간/돼지고기: 30분~2시간/닭고기: 1시간

④ 숙성 (자기소화)

(ㄱ) 사후강직이 종료된 육류를 냉장온도에서 보관하면 자기 소화에 의하여 근육의 연화, 각종 맛 성분의 생성, 육즙의 증가 등으로 맛이 좋아진다.

(ㄴ) 소고기 : 7~14일/돼지고기 : 1~2일/닭고기 : 8~24시간

(ㄷ) 숙성에 의해 육류의 품질이 향상된다.

(ㄹ) 숙성(자기소화) 이후에는 부패가 진행된다.

⑤ 육류의 연화법

(ㄱ) 결반대로 썰기, 다지기, 두들기기

(ㄴ) 설탕첨가

(ㄷ) 오래 끓이기

(ㄹ) 단백질 분해요소 사용

✓ point!

단백질 분해요소
- **파파야** : 파파인(papain)
- **무화과** : 피신(ficin)
- **파인애플** : 브로멜린(bromelin)
- **배** : 프로테아제(protease)
- **키위** : 액티니딘(actinidin)

⑥ 소고기의 부위별 특징과 조리용도

소 부위별 명칭

| 부위명칭 | 특징 | 조리용도 |
|---|---|---|
| 목살 | 지방이 적고 육질이 질기다. | 구이·스테이크 |
| 등심 | 육질이 연하고 풍미가 좋다. | 구이·스테이크 |
| 채끝살 | 지방이 적고 육질이 연하다. | 구이·샤브샤브·불고기 |
| 안심 | 지방이 적고 담백, 풍미가 우수 | 구이·로스구이 |
| 우둔살 | 지방이 적고 살코기가 많음 | 육포·육회·장조림 |
| 갈비 | 지방과 근막이 많이 형성되어 풍미가 좋다. | 구이·찜·탕 |
| 설도 | 지방이 적고 질기다. | 육회·산적·육포·장조림 |
| 양지 | 육질이 질기고 근막이 형성 | 국·찜·탕·장조림 |
| 사태 | 지방이 적고 질기다. | 국·탕·찜·수육·장조림 |

⑦ 돼지고기의 부위별 특징과 조리용도

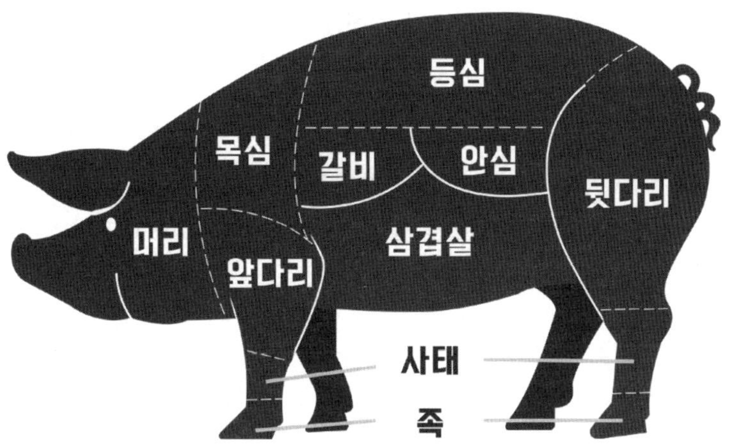


돼지고기 부위별 명칭

| 부위명칭 | 특징 | 조리용도 |
|---|---|---|
| 목살 | 지방이 적당하고 풍미가 좋다. | 소금구이, 보쌈 |
| 등심 | 육질이 부드럽고 지방이 적다. | 튀김, 구이 |
| 앞다리살 | 지방이 적고 육질이 섬세하다. | 불고기, 찌개, 수육 |
| 갈비 | 육질이 쫄깃하고 풍미가 좋다. | 찜, 구이, 강정 |
| 갈매기살 | 힘살이 많아 쫄깃하다. | 구이 |
| 안심 | 지방이 적당하고 육질의 결이 곱다. | 장조림, 돈가스 |
| 뒷다리살 | 지방이 적고 육질이 섬세하다. | 다진 고기, 구이 |
| 삼겹살 | 지방이 많고 풍미가 좋다. | 다진 고기, 구이 |

✓ tip!

**상강육(Marblring)** : 육류의 절단면에 얼룩지방이 균등하게 분포되어 있는 것으로 조리특성과 직접 관련되어 양질의 맛을 갖게 한다.

⑧ 젤라틴(Gelatin)

(ㄱ) 동물의 가죽이나 뼈에 다량 존재하는 불완전 단백질인 콜라겐(collagen)의 가수분해로 생긴 물질

(ㄴ) 설탕의 첨가량이 많으면 젤 강도를 감소시켜 농도가 증가할수록 응고력 감소(설탕 첨가량은 20~25%가 적당)

(ㄷ) 산 첨가 시 응고가 방해되어 부드러움

(ㄹ) 염류(소금) 첨가 시 응고가 촉진되어 단단해짐

(ㅁ) 단백질 분해효소 사용 시 응고력이 약해짐

(ㅂ) 젤라틴의 농도가 높을수록 빠르게 응고

(ㅅ) **용도** : 족편, 마시멜로, 젤리, 아이스크림 등

⑨ 육류의 가공

(ㄱ) **햄**: 돼지의 뒷다리를 식염, 설탕, 아질산염, 향신료 등을 섞어서 훈연한 제품으로 레귤러햄, 본레스 햄, 프레스 햄 등이 있다.

(ㄴ) **소시지**: 햄·베이컨을 가공하고 남은 고기에 기타 잡고기를 섞어 조미한 후 동물의 창자 또는 인공 케이싱에 채운 후 가열이나 훈연 또는 발효시킨 제품이다.

(ㄷ) **베이컨**: 돼지고기의 기름진 복부 부위의 피를 제거한 후 얇게 저며서 햄과 같은 방법으로 전처리하여 베이컨 핀을 꽂아 훈연한 제품이다.

**(2) 달걀**

① **달걀의 구성**: 달걀은 껍질 및 난황(노른자), 난백(흰자)으로 구성되어 있으며 난백은 90%가 수분이고 나머지는 대부분 단백질이며, 난황은 약50%가 고형분이고 단백질 외에 다량의 지방과 인(p)과 철(Fe)이 들어있다.

② **달걀의 응고성(농후제)**

(ㄱ) **응고 온도**: 난백 60~65℃, 난황 65~70℃

(ㄴ) 설탕을 넣으면 응고 온도가 높아짐(응고 지연)

(ㄷ) 식염(소금)이나 산(식초)을 첨가하면 응고 온도가 낮아짐(응고 촉진)

(ㄹ) 달걀을 물에 넣어 희석하면 응고 온도가 높아지고 응고물은 연해짐

(ㅁ) 온도가 높을수록 가열시간이 단축되지만, 응고물은 수축하여 단단하고 질겨짐

(ㅂ) **응고성을 이용한 식품**: 달걀찜, 커스터드, 푸딩, 수란, 오믈렛 등

③ **난백의 기포성**

(ㄱ) 난백은 냉장온도보다 실내온도에 저장했을 때 거품이 잘 생긴다.

(ㄴ) 난백에 산을 첨가하면 거품이 잘 생긴다.

(ㄷ) 신선한 달걀보다 묵은 달걀이 수양난백이 많아 거품이 잘 형성된다.

(ㄹ) 설탕, 우유, 기름은 거품이 잘 나지 않게 한다.

✓ **tip!**

**기포성을 이용한 식품**: 스폰지케이크, 머랭, 카스테라

④ **난황의 유화성**

(ㄱ) 난황이 난백보다 유화력이 4배정도 높으며, 이는 난황의 레시틴 성분 때문이다.

(ㄴ) 난황에 액체유를 넣고 계속 저으면 수중유적형의 유화액인 마요네즈가 만들어진다.

✓ **tip!**

**유화성을 이용한 식품** : 마요네즈, 케이크 반죽, 크림스프, 드레싱 등

**⑤ 달걀의 녹변현상**

달걀을 껍질째 삶으면 난백과 난황 사이에 검푸른 색이 생기는 것을 볼 수 있다. 이는 난백의 황화수소($H_2S$)가 난황의 철분(Fe)과 결합하여 황화 제1철(유화철, FeS)을 만들기 때문이다.

(ㄱ) 가열온도가 높을수록 반응속도가 빠르다.

(ㄴ) 가열시간이 길수록 녹변 현상이 잘 일어나고 색이 짙다.

(ㄷ) 신선한 달걀보다는 오래된 달걀일수록 녹변 현상이 잘 일어난다.

(ㄹ) 삶은 후 즉시 냉수에 넣어 식히면 적게 생기고, 식히지 않으면 많이 생긴다.

**⑥ 달걀의 신선도 판정방법**

(ㄱ) **비중법**: 물 1cup에 식염 1큰술(6%)을 용해한 물에 달걀을 넣어 가라앉으면 신선한 것이고 위로 뜨면 오래된 것이다.

(ㄴ) **난황계수와 난백계수 측정법**

- 난황계수=난황의 높이/난황의 직경 난황계수: 0.36 이상이면 신선
- 난백계수=난백의 높이/난백의 직경 난백계수: 0.14 이상이면 신선

✓ 오래된 달걀일수록 난황, 난백계수는 작아지고 기실은 커져서 흔들었을 때 소리가나고 pH는 높아진다.

**⑦ 우유조리**

(ㄱ) **우유의 성분**: 우유의 주성분은 칼슘과 단백질이다. 그중 단백질인 카제인(Casein)은 산(Acid)이나 레닌(Rennin)에 의해 응고되는데 이 응고성을 이용하여 치즈를 만든다.

(ㄴ) **우유의 단백질**

- **카제인**: 산 · 레닌 등에 의해 응고되며 치즈 제조에 이용된다.
- **유장단백질**: 열에 의해 응고되며 락토글로불린, 락토알부민 등이 있다.

(ㄷ) **카제인의 응고**

- **산에 의한 응고**: 토마토 크림스프를 만들 때 처음부터 우유와 토마토를 함께 넣고 끓이면 토마토에 들어 있는 산 때문에 카제인이 응고되어 덩어리가 생긴다.
- **레닌에 의한 응고**: 포유동물의 위점막에 있는 효소로서 15°C이하에서는 응고가 일어나지 않고, 60°C 이상에서는 불활성 된다.
- **염류에 의한 응고**: 고온에서 더 활발하게 발생한다.
- **폴리페놀화합물에 의한 응고**: 폴리페놀화합물은 우유 단백질을 탈수시킨다.

★★
(ㄹ) **우유의 살균처리**

- **초고온순간살균법**: 130~140°C에서 0.5~5초 동안 가열하는 방법이다.
- **고온단시간살균법**: 70~75°C에서 15~30초 동안 가열하는 방법이다.
- **저온장시간살균법**: 61~65°C에서 30분동안 가열하는 방법이다(영양소파괴가 가장 적다).

(ㅁ) 우유의 조리 특성

- 단백질 겔(gel)강도를 높여줄 수 있다(커스터드, 푸딩).
- 요리의 색을 희게 하며 부드러운 질감과 풍미를 부여한다.
- 고온에서 오랜 시간 우유를 가열하면 마이야르 반응에 의해 갈색으로 변화(빵, 과자, 케이크)
- 여러 가지 냄새를 흡착(생선비린내를 제거해준다)
- 60~65°C 이상에서 직접 열을 가하게되면 피막이 생기기 때문에 우유를 끓일 경우에는 중탕으로 데우는 것이 좋다.

⑧ 우유의 가공품

| 구분 | 내용 |
|---|---|
| 연유 | • 무당연유 : 우유의 수분을 증발시켜 1/3~1/2로 농축<br>• 가당연유 : 설탕을 첨가하여 농축 |
| 분유 | 전유, 탈지유, 반탈지유 등을 건조시켜 수분을 5% 이하로 분말화 |
| 크림 | 우유를 원심분리하였을 때 위로 뜨는 유지방이 많은 부분 |
| 버터 | • 우유의 유지방을 응고시켜 만든 유중수적형의 유가공 식품<br>• 80%이상의 지방을 함유 |
| 아이스크림 | 크림에 설탕, 유화제, 안정제(젤라틴), 지방 등을 첨가하여 공기를 불어 넣은 후 동결 |
| 요구르트 | 탈지우유를 농축한 후 설탕을 첨가하여 가열, 살균, 발효 |
| 치즈 | • 자연치즈 : 우유단백질인 카제인을 효소인 레닌에 의하여 응고시켜 만든 발효식품<br>• 가공치즈 : 자연치즈에 유화제를 가하여 가열한 것으로 발효가 더 이상 일어나지 않아 저장성이 큼 |
| 사워크림 | 생크림(유지방)을 발효한 것 |

## 3) 수산물의 조리 및 가공 저장

### (1) 어패류

① 어패류의 특징

(ㄱ) 콜라겐의 함량이 적어서 육류보다 연하다.

(ㄴ) 생선은 산란기 직전에 가장 살이 찌고 지방이 많아 맛이 좋고, 산란 직후에는 맛이 떨어진다.

(ㄷ) 해수어는 담수어보다 지방함량이 많고 맛도 좋음

(ㄹ) 육루와 달리 사후강직 직후 동시에 자기소화와 부패가 동시에 일어난다.

(ㅁ) 신선도가 낮아지면 TMA(트리메틸아민)가 증가하고 암모니아가 생성된다.

② 어류의 종류

(ㄱ) **담수어** : 하천, 저수지 등에 사는 민물 물고기

(ㄴ) **해수어** : 붉은살 생선(얕은 바다에 서식하는 다랑어 · 고등어 등), 흰살 생선(깊은 바다에 서식하는 대구 · 도미 등)

③ 어류의 성분

(ㄱ) **단백질** : 생선의 근섬유의 주체를 형성하는 단백질로 미오신 · 액틴 · 액토미오신 등이 있다.

(ㄴ) **지방** : 불포화지방산 80%, 포화지방산 20%

④ 어류의 사후변화

| | |
|---|---|
| 사후강직 | • 크기가 작아 사후 1~4시간 동안에 최대 강직상태가 된다.<br>• 붉은살 생선이 흰살생선보다 사후강직이 빨리 시작된다.<br>• 사후강직경직 시에 가장 맛이 좋다. |
| 자기소화 | 사후강직이 끝난 후 어패류 속에 존재하는 단백질 분해효소에 의해 일어남 |
| 부패 | 자기소화와 함께 동시에 일어난다. |

✓ tip!

어류 부패 시 발생하는 물질
암모니아, 피페리딘, 트리메틸아민, 황화수소, 인돌, 메르캅탄

★★
⑤ 어취의 제거

(ㄱ) 생선의 비린내는 어체 내에있는 트리메틸아민 옥사이드( TMAO )가 환원되어 트리메틸아민( TMA )으로 변화되어 나는 냄새이다.

(ㄴ) 수용성이므로 물에 씻어 비린내를 제거할 수 있다.

(ㄷ) 산(레몬즙, 식초)이나 생강즙(조리과정 중 마지막 사용)첨가

(ㄹ) 휘발성으로 뚜껑을 열고 조리한다.

(ㅁ) 간장, 된장, 고추장 등의 장류를 첨가한다.

(ㅂ) 파, 마늘, 겨자, 고추냉이, 술, 향신료 등 사용

(ㅅ) 우유를 첨가하면 우유의 단백질(카제인)이 트리메틸아민을 흡착하여 비린내를 제거한다.

⑥ 어패류 조리법

(ㄱ) 생선구이를 할때는 소금을 2~3%를 뿌리면 어육을 수축시켜 부서지지 않고 탈수현상을 막는다.

(ㄴ) 조림이나 탕을 끓일때는 양념을 먼저 끓인뒤 넣어야 생선의 모양과 영양손실을 줄일 수 있다.

(ㄷ) 튀김은 박력분을 사용하고 180°C에서 2~3분간 튀기는 것이 좋다.

(ㄹ) 어묵은 어육 단백질(미오신)이 소금에 용해되는 성질을 이용하여 만든다.

(ㅁ) 구이에는 지방함량이 높은 생선(고등어, 꽁치)이 풍미가 좋다.

(ㅂ) 전유어는 생선 비린내 제거에 적합한 조리 방법이다.

⑦ 어패류의 가공

(ㄱ) **연제품** : 어육에 소금을 넣고 전분을 넣어 반죽하여 찌거나 튀겨낸 제품

(ㄴ) **젓갈** : 어패류에 20~30%의 소금을 넣고 발효 · 숙성하여 만든다.

**(2) 해조류의 조리**

① 해조류의 특징

(ㄱ) 요오드나 칼륨 등 무기질과 비타민이 풍부하다.

(ㄴ) 수용성 식이섬유가 많은 알칼리성 식품이다.

② 해조류의 종류

| 녹조류 | 얕은 바다에서 산다. | 파래·매생이 청각·클로렐라 등 |
|---|---|---|
| 갈조류 | 중간 바다에서 산다. | 미역·다시마·톳·모자반 등 |
| 홍조류 | 깊은 바다에서 산다. | 김, 우뭇가사리 등 |

③ 해조류의 가공

(ㄱ) **마른 김**: 김을 채취하여 발에 종이모양으로 펴서 건조시킨다(겨울에 나는 것이 좋다).

(ㄴ) **우무**: 우뭇가사리를 삶아서 끈끈한 액으로 만들어 겔화한 것이다.

(ㄷ) **한천**: 우무를 잘라서 동결시킨 것이다. 분말한천은 점액을 분무 건조시킬 때 얻을 수 있다.

## 4) 유지 및 유지 가공품

### (1) 유지의 특성

① 상온에서 액체인 것은 '유', 고체인 것은 '지'라고한다.

② 가수분해되면, 지방산과 글리세롤로 된다.

### (2) 유지의 종류

① **동물성 유지**: 고체상태가 많고, 포화지방산이 많이 함유되어 있다(유지, 라드, 어유 등).

② **식물성 유지**: 액체상태가 많고, 불포화지방산이 많이 함유되어 있다(옥수수유, 대두유, 참기름, 올리브유 등).

③ **가공 유지(경화유)**: 식물성 기름에 수소($H_2$)를 첨가하여 니켈(Ni),백금(Pt)을 촉매로 사용하여 실온에서 고체가 되도록 가공한 것이다(쇼트닝, 마가린 등).

### (3) 유지의 발연점

기름을 가열하면 일정한 온도에 열분해를 일으켜 지방산과 글리세롤로 분리되어 연기가 나기 시작하는데 이때의 온도를 발연점 또는 열분해 온도라 한다. 발연점에 도달한 경우는 청백색의 연기와 함께 자극성 취기가 발생하는데 이는 기름 분해에 의해 아크롤레인(Acrolein)이 생성되기 때문이다. 발연점이 높은 식물성 기름이 튀김에 적당하다.

> ✓ tip!
>
> **아크롤레인**: 발연점 이상에서 청백색 연기와 함께 자극성 취기가 발생하여 기름에 거품이 나며, 기름이 분해되면서 생성되는 물질이다.

### (4) 발연점에 영향을 주는 요인

① **유리지방산의 함량이 높을수록**: 유리지방산의 함량이 높은 기름은 발연점이 낮다.

② **그릇의 표면적이 넓을수록**: 같은 기름이라도 기름을 담는 그릇이 넓으면 발연점이 낮아진다. 그러므로 기름으로 조리하는 그릇은 되도록 좁은 것을 사용한다.

③ **기름 이외의 이물질이 많을수록**: 기름이 아닌 다른 물질이 기름에 섞여 있으면 기름의 발연점이 낮아진다.

④ **여러 번 반복 사용할수록**: 발연점은 떨어져서 튀김하기에 부적당하다.

#### (5) 유지의 산패

① 산패의 정의

유지나 유지함량이 많은 식품은 장기간 저장하거나 가열을 반복하면 공기 중의 효소, 광선, 미생물 등의 작용을 받아 불쾌한 냄새가 발생하고 착색이 되며 맛이 나빠진다. 이러한 유지의 품질 저하 현상을 산패라고 한다.

② 산패의 영향 인자

(ㄱ) 온도가 높을수록 유지의 산패를 촉진한다.

(ㄴ) 광선 및 자외선은 유지의 산패를 촉진한다.

(ㄷ) 금속류는 유지의 산패를 촉진한다.

(ㄹ) 수분이 많을수록 유지의 산패를 촉진한다.

(ㅁ) 지방분해효소가 많을수록 유지의 산패를 촉진한다.

(ㅂ) 포화도가 높을수록 유지의 산패를 촉진한다.

### 5) 냉동식품의 조리

미생물은 10°C 이하면 생육이 억제되어도 0°C 이하에서는 거의 작용을 하지 못한다. 이러한 원리를 응용하여 저장한 식품이 냉장 및 냉동식품이다. 냉장식품은 얼리지 않고 저온에서 저장한 것이며 냉동식품은 0°C이하로 얼려서 저장한 것이다.

#### (1) 냉동 방법

냉동품의 저장은 -15°C 이하의 저온에서 주로 축산물과 수산물의 장기 저장에 이용되며 냉동에 의한 식품의 품질저하를 막기 위해 물의 결정을 미세하게 하려면 급속동결법이 필요하며, 일반적으로는 -40°C이하에서 동결시키고, 간혹 액체질소를 사용하여 -194°C에서 급속동결 시키기도 한다.

#### (2) 해동 방법

① **육류·어류** : 높은 온도에서 해동하면 조직이 상해서 드립(Drip)이 많이 나오므로 냉장고나 흐르는 냉수에서 필름에 싼 채 해동하는 것이 좋다. 가장 좋은 방법은 냉장고 내에서 저온 해동시켜 즉시 조리하는 것이다.

② **야채류** : 야채는 냉동 전에 가열처리를 하므로 조리 시 단시간에 조리한다. 삶을 때는 끓는물에 냉동채소를 넣고 2~3분간 끓여 해동과 조리를 동시에 한다. 그 밖에 찌거나 볶을 때에도 동결된 채로 조리한다.

③ **조리 냉동식품** : 플라스틱 필름으로 싼 것은 끓는 물에서 그대로 약 10분간 끓이고, 알루미늄에 넣은 것은 오븐에서 약 20분간 덥힌다.

④ **튀김류** : 빵가루를 묻힌 것은 동결상태 그대로 다소 높은 온도의 기름에 튀겨도 되나, 미리 튀겨져 있는 것은 오븐에서 15~20분간 덥힌다.

⑤ **빵 및 과자류** : 자연 해동시키거나 오븐에 덥혀 해동시킨다.

⑥ **과일류** : 해동은 먹기 직전에 하며 포장된 채로 냉장고나 흐르는 냉수에서 하며 열탕은 사용하지 않는다. 주스로 할 경우 동결된 상태에서 그대로 믹서에 넣거나 가공하며 생식용은 반동결상태에서 먹는다.

## 6) 조미료와 향신료

### (1) 향신료 ★★

① **파** : 육류의 누린 냄새, 생선의 비린 냄새, 채소의 풋냄새 등을 제거해 준다(황화아릴).

② **마늘** : 살균과 강장작용을 하여 혈액 순환을 촉진시키고 소화를 돕는다(알리신).

③ **생강** : 육류의 누린 냄새와 생선의 비린 냄새를 없애는 데 효과적이다(진저론, 쇼가올).

④ **고추** : 식욕을 촉진해 주고 소화를 돕는다(캡사이신).

⑤ **후추** : 육류의 누린 냄새와 생선의 비린 냄새를 없애는 데 효과적이다(차비신).

⑥ **겨자** : 시니그린 분해효소인 미로시나제는 40~45°C에서 가장 활발하기 때문에 따뜻한 물에 갠다(시니그린).

⑦ **기타 향신료** : 아니스(회향), 시나몬(계피), 클로브(정향), 너트메그(육두구), 타임(백리향) 등

### (2) 조미료

모든 식품의 맛, 향기, 색에 풍미를 가해주는 물질로 다음과 같은 것들이 있다.

① **조미료**(맛난 맛) : 멸치, 화학조미료, 된장

② **감미료**(단맛) : 설탕, 엿, 인공 감미료

③ **함미료**(짠맛) : 식염, 간장

④ **산미료**(신맛) : 양조초, 빙초산

⑤ **고미료**(쓴맛) : 홉

⑥ **신미료**(매운맛) : 고추, 후추, 겨자

# CHAPTER 2 한식 기초조리실무 문제

**01** 멥쌀과 찹쌀에 있어 노화속도의 차이의 원인 성분은?

① 아밀라아제(amylase)
② 글리코겐(glycogen)
③ 아밀로펙틴(amylopectin)
④ 글루텐(gluten)

**02** 전분의 노화 억제 방법이 <u>아닌 것</u>은?

① 설탕 첨가
② 유화제 첨가
③ 수분함량을 10% 이하로 보존
④ 0℃에서 보존

**03** 먹다남은 찹쌀떡을 보관하려 할 때 노화가 가장 빨리 일어나는 것은?

① 상온 보관　② 온장고 보관
③ 냉동고 보관　④ 냉장고 보관

**04** 전분의 호정화(dextrinization)가 일어난 예로 적합하지 <u>않은 것</u>은?

① 누룽지　② 토스트
③ 미숫가루　④ 묵

**05** (　　)에 알맞은 용어가 순서대로 나열된 것은?

> 당면은 감자, 고구마, 녹두 가루에 첨가물을 혼합·성형하여 (　　)한 후 건조·냉각하여 (　　)시킨 것으로 반드시 열을 가해 (　　)하여 먹는다.

① α화 - β화 - α화　② α화 - α화 - β화
③ β화 - β화 - α화　④ β화 - α화 - β화

**06** 전분의 호정화를 이용한 식품은?

① 식혜　② 치즈
③ 맥주　④ 뻥튀기

**07** 전분의 노화를 억제하는 방법으로 적절하지 <u>않은 것</u>은?

① 수분함량 조절　② 냉동
③ 설탕의 첨가　④ 산의 첨가

**08** 곡물의 저장 과정에서 변화에 대한 설명으로 옳은 것은?

① 곡류는 저장 시 호흡작용을 하지 않는다.
② 곡물 저장 시 벌레에 의한 피해는 거의 없다.
③ 쌀의 변질에 가장 깊은 것은 곰팡이 이다.
④ 수분과 온도는 저장에 큰 영향을 주지 못한다.

**09** 쌀과 같이 당질을 많이 먹는 식습관을 가진 한국인에게 대사상 꼭 필요한 비타민은?

① 비타민 $B_1$ ② 비타민 $B_2$
③ 비타민 A ④ 비타민 D

**10** 다음 중 쌀의 가공품이 아닌 것은?

① 현미 ② 강화미
③ 팽화미 ④ α-화미

**11** 쌀을 지나치게 문질렀을 때 가장 손실이 큰 비타민은?

① 비타민 A ② 비타민 $B_1$
③ 비타민 D ④ 비타민 E

**12** 다음 중 빵 반죽의 발효 시 가장 적합한 온도는?

① 15 ~ 20℃ ② 25 ~ 30℃
③ 45 ~ 50℃ ④ 55 ~ 60℃

**13** 강력분을 사용하지 않는 것은?

① 케이크 ② 식빵
③ 마카로니 ④ 피자

**14** 무기염류에 의한 단백질 변성을 이용한 식품은?

① 곰탕 ② 버터
③ 두부 ④ 요구르트

**15** 대두의 성분 중 거품을 내며 용혈작용을 하는 것은?

① 사포닌 ② 레닌
③ 아비딘 ④ 청산배당제

**16** 날콩에 함유된 단백질의 체내 이용을 저해하는 것은?

① 펩신 ② 트립신
③ 글로불린 ④ 안티트립신

**17** 두유가공품 중 발효과정을 거치는 것은?

① 두유 ② 피넛버터
③ 유부 ④ 된장

**18** 채소를 데치기 전 블렌칭(blanching)하는 이유로 틀린 것은?

① 효소의 불활성화 ② 미생물 번식의 억제
③ 산화반응 억제 ④ 수분감소 방지

**19** 녹색채소를 데칠 때 색을 선명하게 하기 위한 조리방법으로 부적합한 것은?

① 휘발성 유기산을 휘발시키기 위해 뚜껑을 열고 끓는 물에 데친다.
② 산을 희석시키기 위해 조리수를 다량 사용하여 데친다.
③ 섬유소가 알맞게 연해지면 가열을 중지하고 냉수에 헹군다.
④ 조리수의 양을 최소로 하여 색소의 유출을 막는다.

**20** 안토시아닌 색소가 함유된 채소를 알칼리 용액에서 가열하면 어떻게 변색하는가?

① 붉은색 ② 황갈색
③ 무색 ④ 청색

**21** 녹색채소를 데칠 때 소다를 넣을 경우 나타나는 현상이 아닌 것은?

① 채소의 질감이 유지된다.
② 채소의 색이 푸르게 고정된다.
③ 비타민C가 파괴된다.
④ 채소의 섬유질을 연화시킨다.

**22** 녹색 채소의 데치기에 대한 설명으로 틀린 것은?

① 데치는 조리수의 양이 많으면 영양소, 특히 비타민 C의 손실이 크다
② 데칠 때 식소다를 넣으면 엽록소가 페오피틴으로 변해 선명한 녹색이 된다.
③ 데치는 조리수의 양이 적으면 비점으로 올라가는 시간이 길어져 유기산과 많이 접촉하게 된다.
④ 데칠 때 소금을 넣으면 비타민C의 산화도 억제하고 채소의 색을 선명하게 한다.

**23** 다음 중 일반적으로 꽃 부분을 식용부위로 하는 화채류는?

① 비트(beets)
② 파슬리(parsley)
③ 브로콜리(broccoli)
④ 아스파라거스(asparagus)

**24** 다음 중 신선하지 않은 달걀을 설명한 것은?

① 3%의 소금물에 넣어서 떠오르면 신선한 달걀이다.
② 껍질이 거칠고 광택이 없다.
③ 흔들었을 때 소리가 없는 것이다.
④ 난황계수와 난백계수가 높은 것이다.

**25** 채소 가공 시 가장 손실되기 쉬운 비타민은?

① 비타민A　　② 비타민D
③ 비타민C　　④ 비타민E

**26** 김치 저장 중 김치조직의 연부현상이 일어나는 이유에 대한 설명으로 가장 먼 것은?

① 조직을 구성하고 있는 펙틴질이 분해 되기 때문에
② 미생물이 펙틴분해효소를 생성하기 때문에
③ 용기에 꼭 눌러 담지 않아 내부에 공기가 존재하여 호기성 미생물이 번식되기 때문에
④ 김치가 국물에 잠겨 수분을 흡수하기 때문에

**27** 일반적인 잼의 설탕 함량은?

① 15 ~ 25%　　② 35 ~ 45%
③ 60 ~ 70%　　④ 90 ~ 100%

**28** 산과 당이 존재하면 특정적인 젤(gel)을 형성하는 것은?

① 섬유소(cellulose)　　② 펙틴(pectin)
③ 전분(stratch)　　④ 글리코겐(glycogen)

**29** 과일에 조리에서 열에 의해 가장 영향을 많이 받는 것은?

① 비타민C　　② 비타민A
③ 비타민 $B_1$　　④ 비타민E

**30** 브로멜린(bromelin)이 함유되어 있어 고기를 연화시키는데 이용되는 과일은?

① 사과　　② 파인애플
③ 귤　　④ 복숭아

**31** 쇠고기 가공 시 발색제를 넣었을 때 나타나는 선홍색 물질은?
① 옥시미오글로빈(oxymyoglobin)
② 니트로소미오글로빈(nitrosomyoglobin)
③ 미오글로빈(myoglobin)
④ 메트미오글로빈(metmyoglobin)

**32** 쇠고기의 부위별 용도의 연결이 적합하지 않은 것은?
① 앞다리 : 불고기, 육회, 구이
② 설도 : 스테이크, 샤브샤브
③ 목심 : 불고기, 국거리
④ 우둔 : 산적, 장조림, 육포

**33** 육류조리에 대한 설명으로 틀린 것은?
① 탕 조리 시 찬물에 고기를 넣고 끓여야 추출물이 최대한 용출된다.
② 장조림 조리 시 간장을 처음부터 넣으면 고기가단단해지고 잘 찢기지 않는다.
③ 편육 조리 시 찬물에 넣고 끓여야 잘 익고 고기맛이 좋다.
④ 불고기용으로는 결합조직이 되도록 적은 부위가적당하다.

**34** 나무 등을 태운 연기에 훈제한 육가공품이 아닌 것은?
① 치즈 ② 베이컨
③ 햄 ④ 소시지

**35** 쇠고기 부위 중 결체 조직이 많아 구이에 가장 부적당한 것은?
① 등심 ② 갈비
③ 사태 ④ 채끝

**36** 돼지의 지방 조직을 가공하여 만든 것은?
① 헤드치즈 ② 라드
③ 젤라틴 ④ 쇼트닝

**37** 훈연에 대한 설명으로 틀린 것은?
① 햄, 베이컨, 소시지가 훈연제품이다.
② 훈연 목적은 육제품의 풍미와 외관 향상이다.
③ 훈연재료는 침엽수인 소나무가 좋다.
④ 훈연하면 보존성이 좋아진다.

**38** 돼지고기 편육을 할 때 고기를 삶는 방법으로 가장 적합한 것은?
① 한 번 삶아서 찬물에 식혔다가 다시 삶는다.
② 물이 끓으면 고기를 넣어서 삶는다.
③ 찬물에 고기를 넣어서 삶는다.
④ 생강은 처음부터 같이 넣어야 탈취 효과가 크다.

**39** 육류에 연화 과정에 관여하지 않은 것은?
① 파파야 ② 파인애플
③ 레닌 ④ 무화과

**40** 고기를 연화시키기 위해 첨가하는 식품과 단백질 분해효소가 맞게 연결된 것은?
① 배 : 파파인(papain)
② 키위 : 피신(ficin)
③ 무화과 : 액티니딘(actnidin)
④ 파인애플 : 브로멜린(bromelin)

**41** 식품의 감별법 중 <u>틀린 것</u>은?

① 쌀알은 투명하고 앞니로 씹었을 때 강도가 센 것이 좋다.
② 생선은 안구가 돌출되어 있고 비늘이 단단하게붙어 있는 것이 좋다.
③ 닭고기의 뼈(관절) 부위가 변색된 것은 변질된 것으로 맛이 없다.
④ 돼지고기의 색이 검붉은 것은 늙은 돼지에서 생산된 고기일 수 있다.

**42** 다음 중 신선한 달걀의 특성에 해당되는 것은?

① 껍질이 매끈하고 윤기가 흐른다.
② 식염수에 넣었더니 가라 앉는다.
③ 깨뜨렸더니 난백이 넓게 퍼진다.
④ 노른자의 점도가 낮고 묽다.

**43** 마요네즈를 만들 때 유화제 역할을 하는 것은?

① 식초　② 샐러드유
③ 설탕　④ 난황

**44** 난황에 들어 있으며, 마요네즈 제조 시 유화제 역할을 하는 것은?

① 레시틴　② 오브알부민
③ 글로불린　④ 갈락토오스

**45** 난황에 함유되어 있는 색소는?

① 클로로필　② 안토시아닌
③ 카로티노이드　④ 플라보노이드

**46** 난백의 기포성에 영향을 주는 인자에 대한 설명으로 옳은 것은?

① 난백의 온도가 낮을수록 기포생성이 용이하다.
② 설탕은 난백의 기포성은 증진되나 안전성이 감소된다.
③ 레몬즙을 넣으면 단백질 점도가 저하되어 기포성은 좋아진다.
④ 물을 40%첨가하면 기포성은 저하되고 안전성은 증가된다.

**47** 달걀의 열응고성을 이용한 것은?

① 마요네즈　② 엔젤 케이크
③ 커스타드　④ 스펀지 케이크

**48** 신선한 달걀의 감별법 중 <u>틀린 것</u>은?

① 햇빛(전등)에 비출 때 공기집의 크기가 작다.
② 흔들 때 내용물이 흔들리지 않는다.
③ 6%소금물에 넣어서 떠오른다.
④ 깨뜨려 접시에 놓으면 노른자가 볼록하고 흰자의 점도가 높다.

**49** 마요네즈를 만들 때 기름의 분리를 막아주는 것은?

① 난황　② 난백
③ 소금　④ 식초

**50** 달걀의 기포성을 이용한 것은?

① 달걀찜
② 푸딩(pudding)
③ 머랭(meringue)
④ 마요네즈(mayonnaise)

**51** 달걀흰자로 거품을 낼 때 식초를 약간 첨가하는 것은 다음 중 어떤 것과 가장 관계가 깊은가?
① 난백의 등전점 ② 용해도 증가
③ 향 형성 ④ 표백 효과

**52** 우유를 응고 시키는 것과 거리가 먼 것은?
① 가열 ② 레닌
③ 산 ④ 당류

**53** 우유 가공품 중 발효유에 속하는 것은?
① 가당연유 ② 무당연유
③ 전지분유 ④ 요구르트

**54** 토마토 크림수프를 만들 때 나타나는 응고 현상은?
① 산에 의한 우유의 응고
② 레닌에 의한 우유의 응고
③ 염류에 의한 밀가루의 응고
④ 가열에 의한 밀가루의 응고

**55** 다음 중 발효 식품은?
① 치즈 ② 수정과
③ 사이다 ④ 우유

**56** 우유에 산을 넣으면 응고물이 생기는데 이 응고물의 주체는?
① 유당 ② 레닌
③ 카제인 ④ 유지방

**57** 토마토 크림수프를 만들 때 일어나는 우유의 현상을 바르게 설명한 것은?
① 산에 의한 응고 ② 당에 의한 응고
③ 효소에 의한 응고 ④ 염에 의한 응고

**58** 우유의 카제인을 응고시킬 수 있는 것은?
① 탄닌 - 레닌 - 설탕 ② 식초 - 레닌 - 탄닌
③ 레닌 - 설탕 - 소금 ④ 소금 - 설탕 - 식초

**59** 어류의 사후강직에 대한 설명으로 틀린 것은?
① 붉은살 생선이 흰살 생선보다 강직이 빨리 시작된다.
② 자기소화가 일어나면 풍미가 사라진다.
③ 담수어는 자체 내 효소의 작용으로 해수어 보다 부패 속도가 빠르다.
④ 보통 사후 12~14시간 동안 최고로 단단하게 된다.

**60** 연제품 제조에서 어육단백질을 용해하며 탄력성을 주기 위해 꼭 첨가해야 되는 것은?
① 소금 ② 설탕
③ 펙틴 ④ 글로타민소다

**61** 생선조림에 대해 잘못 설명한 것은?
① 생선을 빨리 익히기 위해서 냄비 뚜껑은 처음부터 닫아야 한다.
② 생강이나 마늘은 비린내를 없애는 데 좋다.
③ 가열시간이 너무 길면 어육에서 탈수작용이 일어난다.
④ 가시가 많은 생선을 조릴 때 식초를 약간 넣어 약한 불에 조리면 뼈째 먹을 수 있다.

**62** 어류의 지방함량에 대한 설명으로 옳은 것은?

① 흰살생선은 5%이하의 지방을 함유한다.

② 흰살생선이 붉은살 생선 보다 함량이 많다.

③ 산란기 이후 함량이 많다.

④ 등쪽이 배쪽보다 함량이 많다.

**63** 어패류의 주된 비린 냄새 성분은?

① 아세트알데히드(acetaldehyde)

② 부티르산(butyric acid)

③ 트리메틸아민(trimethylamine)

④ 트리메틸아민옥사이드(trimethylamine oxide)

**64** 식품감별 중 아가미 색깔이 선홍색인 것은?

① 부패한 생선 ② 초기 부패의 생선

③ 점액이 많은 생선 ④ 신선한 생선

**65** 어묵제조에 대한 내용으로 맞는 것은?

① 생선을 설탕에 넣어 익힌다.

② 생선에 젤라틴을 첨가한다.

③ 생선의 지방을 분리한다.

④ 생선에 소금을 넣어 익힌다.

**66** 오징어에 대한 설명으로 <u>틀린 것</u>은?

① 가로로 형성되어 있는 근육섬유는 열을 가하면 줄어드는 성질이 있다.

② 무늬를 내고자 오징어에 칼집을 넣을 때에는 껍질이 붙어있던 바깥 쪽으로 내야한다.

③ 오징어의 4겹 껍질 중 제일 안쪽의 진피는 몸의 축 방향으로 크게 수축한다.

④ 오징어는 가로방향으로 평행하게 근섬유가 발달되어 있어 말린 오징어는 옆으로 잘 찢어진다.

**67** 국이나 전골 등에 국물 맛을 독특하게 내는 조개류의 성분은?

① 요오드 ② 주석산

③ 구연산 ④ 호박산

**68** 생선묵의 점탄성을 부여하기 위해 첨가하는 물질은?

① 소금 ② 전분

③ 설탕 ④ 술

**69** 생선튀김의 조리법으로 가장 알맞은 것은?

① 180℃에서 2~3분간 튀긴다.

② 150℃에서 4~5분간 튀긴다.

③ 130℃에 5~6분간 튀긴다.

④ 200℃에서 7~8분간 튀긴다.

**70** 생선의 비린내를 억제하는 방법으로 <u>부적합한 것</u>은?

① 물로 깨끗이 씻어 수용성 냄새 성분을 제거한다.

② 처음부터 뚜껑을 닫고 끓여 생선을 완전히 응고시킨다.

③ 조리 전에 우유에 담가둔다.

④ 생선 단백질이 응고된 후 생강을 넣는다.

**71** 다음 중 홍조류에 속하는 해조류는?

① 김 ② 청각

③ 미역 ④ 다시마

**72** 미역에 대한 설명으로 <u>틀린 것</u>은?

① 칼슘과 요오드가 많이 함유되어 있다.

② 알칼리성 식품이다.

③ 갈조 식품이다.

④ 점액질 물질인 알긴산은 중요한 열량급원이다.

**73** 유지의 산패에 영향을 미치는 인자와 거리가 먼 것은?

① 온도　② 광선
③ 수분　④ 기압

**74** 유지의 산패도를 나타내는 값으로 짝지어진 것은?

① 비누화가, 요오드가
② 요오드가, 아세틸가
③ 과산화물가, 비누화가
④ 산가, 비누화가

**75** 지방의 산패를 촉진시키는 요인이 아닌 것은?

① 효소　② 자외선
③ 금속　④ 토코페롤

**76** 마가린, 쇼트닝, 튀김유 등의 식물성 유지에 무엇을 첨가하여 만드는가?

① 염소　② 산소
③ 탄소　④ 수소

**77** 발연점을 고려했을 때 튀김용으로 가장 적절한 것은?

① 쇼트닝(유화제 첨가)　② 참기름
③ 대두유　④ 피마자유

**78** 유중수적형(W/O) 유화액은?

① 버터　② 난황
③ 우유　④ 마요네즈

**79** 트랜스지방은 식물성 기름에 어떤 원소를 첨가하는 과정에서 발생하는가?

① 수소　② 질소
③ 산소　④ 탄소

**80** 다음 중 유화의 형태가 나머지 셋과 다른 것은?

① 우유　② 버터
③ 마요네즈　④ 아이스크림

**81** 튀김용 기름으로 사용 가능한 기름은?

① 올리브유　② 면실유
③ 피마자유　④ 버터

**82** 유지의 산패도를 나타내는 값으로 짝지어진 것은?

① 비누화가, 요오드가
② 요오드가, 아세틸가
③ 카르보닐가, 요오드가
④ 산가, 과산화물가

**83** 버터 대용품으로 생산되고 있는 식물성 유지는?

① 쇼트닝　② 마가린
③ 마요네즈　④ 땅콩버터

# CHAPTER 3 정답 및 해설

| 한식기초조리실무문제 | | | | |
|---|---|---|---|---|
| 01 ③ | 02 ④ | 03 ④ | 04 ④ | 05 ① |
| 06 ④ | 07 ④ | 08 ③ | 09 ① | 10 ① |
| 11 ② | 12 ② | 13 ① | 14 ③ | 15 ① |
| 16 ④ | 17 ④ | 18 ④ | 19 ④ | 20 ④ |
| 21 ① | 22 ② | 23 ③ | 24 ① | 25 ③ |
| 26 ④ | 27 ③ | 28 ② | 29 ① | 30 ② |
| 31 ② | 32 ② | 33 ③ | 34 ① | 35 ③ |
| 36 ② | 37 ③ | 38 ② | 39 ③ | 40 ④ |
| 41 ③ | 42 ② | 43 ④ | 44 ① | 45 ③ |
| 46 ③ | 47 ③ | 48 ③ | 49 ① | 50 ③ |
| 51 ① | 52 ④ | 53 ④ | 54 ① | 55 ① |
| 56 ③ | 57 ① | 58 ② | 59 ④ | 60 ① |
| 61 ① | 62 ① | 63 ③ | 64 ④ | 65 ④ |
| 66 ② | 67 ④ | 68 ② | 69 ① | 70 ② |
| 71 ① | 72 ④ | 73 ④ | 74 ④ | 75 ④ |
| 76 ④ | 77 ③ | 78 ① | 79 ① | 80 ② |
| 81 ② | 82 ④ | 83 ② | | |

01

아밀로펙틴은 녹말을 구성하는 다당류로 떡의 특성인 찰기를 이루는 물질이다.

02

노화는 전분을 상온으로 방치하면 전분으로 되돌아가는 성질을 말한다. 0℃ 이하로 냉동시켜 노화를 억제한다.

03

전분의 노화는 온도가 0~5℃일 때 가장 잘 일어난다.

04

호정화는 전분에 물을 가하지 않고 160℃이상으로 가열하면 여러 단계의 기용성 전분을 거쳐 덱스트린으로 분해되는 현상이다.

05

α화된 전분은 열과 물을 가하여 익힌 전분이고 β화된 전분은 α화된 전분을 실온에 방치하여 건조되어서 노화된 전분이다.

06

뻥튀기, 팝콘 등의 팽화식품이 호정화를 이용한 식품이다.

07

수분을 10~15%로 줄이거나, 0℃ 이하로 냉동 보관하거나 설탕 또는 유화제를 첨가하면 노화가 억제된다.

08

곡류는 호흡작용을 하며 저장 시 수분과 온도에 영향을 받고, 벌레와 쥐 등 해충에 큰 피해를 입는다.

09

당질을 많이 섭취하는 한국인의 식생활에는 비타민$B_1$이 필요하다.

10

쌀 가공품이란 쌀을 이용하여 먹기 편하고 저장성이 좋게 만든 식품이다. 현미는 벼에서 왕겨층을 제거한 것이다.

11

비타민 $B_1$은 수용성비타민이므로 영양 손실이 가장 크다.

12

빵 반죽 시 효모(이스트)가 활동하기 좋은 온도범위는 25~30℃이다.

13

강력분(식빵 마카로니 피자), 중력분(만두피 국수), 박력분(튀김옷, 케이크, 카스테라, 쿠키)

14

두부는 대두단백질인 글리시닌이 두부응고제(무기염류)와 열에 의해 응고되는 성질을 이용한 것이다.

**15**
대두의 사포닌 성분은 삶았을 때 거품이 나고 용혈 작용을 한다.

**16**
날콩에 함유된 효소인 안티트립신은 단백질의 체내 이용을 저해하므로 가열해서 막아야 한다.

**17**
된장은 소금물에 콩과 코지균을 섞어 넣고 일정시간 발효시키는 과정을 거친다.

**18**
식품의 품질을 저하시키는 효소를 불활성화시키기 위해 블렌칭을 한다 부피감소, 살균, 효소파괴의 효과가 있다.

**19**
조리수의 양은 다량의 조리수를 사용하여 짧은 시간에 데쳐야 영양소와 수분의 유출을 막을 수 있다.

**20**
안토시아닌 색소는 알칼리 용액-청색 중성용액-자색 산성용액-적색

**21**
녹색채소를 데칠 때 소다를 첨가하면 색은 선명해지지만 조직이 물러지며 비타민C의 손실이 크다.

**22**
페오피틴은 클로로필이 산이나 가열에 의하여 변하는 물질로 갈색을 띤다.

**23**
꽃 부분을 식용으로 하는 화채류는 브로콜리, 컬리플라워, 아티초크 등이 있다.

**24**
신선한 달걀은 3%의 소금물에 넣었을 때 가라 앉는다.

**25**
채소나 과일 속에 많이 들어있는 비타민C는 수용성이므로 조리할 때 가장 손실되기 쉽다.

**26**
김치를 국물에 잠기도록 보관하면 수분을 흡수하므로 연부현상을 막을 수 있다.

**27**
잼은 펙틴1~1.5, 당 60~70%, pH3.0~3.5에서 만들어진다.

**28**
펙틴 1.0~1.5%, 유기산 0.3%를 함유한 과즙에 설탕60~ 65%를 첨가하면 젤을 형성한다.

**29**
수용성비타민 중 비타민C가 열에 가장 약하고 물에 잘 용해된다.

**30**
단백질을 연화시키는 과일로는 파인애플, 무화과, 파파야 등이 있다.

**31**
니트로소미오글로빈은 염지(curing)에 의해서 미오글로빈으로부터 생산되며 비가열 식육제품인 햄 등의 고정된 육색을 낸다.

**32**
설도는 지방이 적고 질겨서 스테이크나 샤브샤브로 적당하지 않다. 장조림, 산적, 육포 등에 쓰인다.

**33**
고기 가열 시 편육용으로 사용할 경우에 끓는 물에 고기덩어리를 넣고 익혀야 맛이 있다.

**34**
치즈:발효식품

**35**
사태는 질기기 때문에 편육이나 장국으로 먹는 것이 좋다.

**36**
라드는 돼지의 지방을 녹여 정제하여 얻는 반고체의 식용유지이다.

**37**
훈연재료는 솔참나무, 떡갈나무, 벚나무 등 수지의 함유량이 적고 향기가 좋으며 방부성 물질의 발생량이 많은 것이 좋다.

38
편육은 끓는 물에 고기를 넣고 끓여야 고기의 표면이 먼저 응고되어 성분이 덜 용출된다.

39
레닌은 우유 단백질인 카제인의 응고 효소이다.

40
배(프로테아제), 키위(액티니딘), 무화과(피신)

41
닭고기의 뼈(관절) 부위가 변색된 것은 변질된 것이 아니라 냉동된 것이다.

42
껍질이 거칠고 두꺼우며 달걀을 깨뜨렸을 때 노른자가 그대로 있고 흰자가 퍼지지 않은 것이 신선한 달걀이다.

43
난황의 레시틴(lecithin)과 세팔린(cephalin)은 마요네즈 만들 때 유화제 역할을 한다.

44
레시틴은 마요네즈 제조 시 천연 유화제 역할을 하며 달걀의 난황에 많이 함유되어 있다.

45
난황에 함유되어 있는 색소는 동물성 카로티노이드(carotinoid) 계 색소 중 루테인이다.

46
난백의 온도가 낮을수록 기포 생성이 어렵고, 설탕을 넣으면 거품이 안정하게 형성된다. 물을 40% 첨가하면 안정성이 저하된다.

47
커스타드(custard)는 달걀, 우유, 설탕 따위를 섞어 열응고성을 이용해서 만든 것이다.

48
신선한 달걀은 6%의 소금물에 가라앉고 오래된 달걀은 뜬다.

49
난황의 레시틴은 유화제로 물과 기름의 분리를 막아준다.

50
머랭은 달걀의 기포성을 이용해 만든 것이다.

51
달걀흰자에 식초를 첨가하여 pH를 낮추어 난백의 등진점에 가까워 지면 난백의 표면장력과 점도가 떨어져 기포성이 좋아진다.

52
카제인은 산, 레닌의 의해 응고되고 락토글로불린과 알토탈부민은 열에 의해 응고된다.

53
요구르트는 살균처리한 요구르트에 유산균을 넣고 발효시켜 응고시킨 발효유이다.

54
우유와 토마토를 함께 끓이면 토마토에 있는 산성분에 의해 우유단백질 카제인이 응고된다.

55
치즈는 레닌이나 산으로 우유단백질(카제인)을 응고 시킨 후 숙성발효시킨 것이다.

56
우유단백질인 카제인은 산, 레닌, 폴리페놀 물질, 염류에 의해 응고된다.

57
토마토 크림수프는 산에 의하여 우유단백질인 카제인이 응고된다.

58
우유 단백질인 카제인을 응고시킬 수 있는 것은 식초, 레닌, 탄닌 등이다.

59
어류는 크기가 작아 사후 1~4시간 동안 최대 강직 상태

60
연제품인 어류단백질인 미오신(myosin)이 소금에 용해되어 풀과 같이 되고 가열하면 굳는 성질을 이용해 만든다.

61
생선 조림 시 처음에는 뚜껑을 열고 끓여 어취를 휘발 시킨 후 뚜겅을 덮고 끓인다.

62
흰살생선의 지방함량은 5%이하이다.

63
생선의 비린내는 트리메틸아민 옥사이드가 환원되어 트리메틸아민(trimethylamine)으로 되어 나는 냄새다.

64
신선한 생선은 아가미가 닫혀있고, 색깔이 선홍색이다.

65
어묵은 흰살 생선에 함유된 단백질인 미오신(myosin) 소금에 용해되는 성질을 이용해 만든 것이다.

66
오징어에 무늬를 내고자 칼집을 넣을 때에는 내장이 들어있던 안쪽으로 넣어야 둥글게 말려 무늬가 나타나 보기에 좋다.

67
주석산은 포도, 구연산은 감귤류, 호박산은 조개의 지미성분이다.

68
생선묵의 점탄성을 부여하기 위해 전분을 첨가한다.

69
생선튀김은 박력분을 사용하여 180℃에서 2~3분간 튀겨 조리한다.

70
생선의 비린내 성분인 트리메틸아민은 휘발성이므로 조리할 때 뚜껑을 열면 휘발되어 비린내를 억제할 수 있다.

71
• 홍조류 : 김, 우뭇가사리
• 갈조류 : 미역, 다시마, 톳
• 녹조류 : 청태, 청각

72
알긴산(aldnic acid)은 해조류 성분의 20~30%를 차지하고 있는 끈끈한 성질의 식이섬유이다.

73
유지의 산패에 영향을 미치는 인자는 온도, 광선, 수분, 금속, 지방의 불포화도이다.

74
산패도를 나타내는 방법으로 카르보닐가, 과산화물가 산가 등이 있다.

75
토코페롤(비타민E)은 열에 매우 안정하며 항산화 기능이 있는 비타민으로 결핍 시 불임증, 노화현상 등이 촉진된다.

76
경화유는 불포화 지방산에 니켈(Ni)을 촉매로 백금(Pt)과 수소를 첨가시켜 포화지방산으로 만든 고체형 기름이다.

77
식용유지의 발연점은 포도씨유(250℃), 대두유(238℃),옥수수유(232℃), 라드(190℃), 올리브유(190℃)

78
유중수적형(W/O)은 버터, 마가린이고 수중유적형(O/W)은 난황, 우유, 마요네즈 등이 있다.

79
경화유(trans fat)는 불포화지방산에 니켈(Ni)을 촉매로 백금(Pt) 수소를 첨가시켜 포화지방산으로 만든 고체형의 기름이다.

80
유중수적형(W/O)은 버터, 마가린 등이 있다. 수중유적형 (O/W)은 난황 우유 마요네즈 아이스크림 등이 있다.

81
면실유-230℃

82
산패도를 나타내는 방법으로 카르보닐가, 산가, 과산화물가, 비누화가 등이 있다.

83
마가린은 버터 대용품으로 생산되는 식물성 유지이다.

MEMO

# PART 6

## : 한식


한식 170
한식 문제 183
정답 및 해설 189

# 한식

## 1. 한국 음식의 개요

### 1) 한국 음식의 특징

사계절이 뚜렷한 우리 나라는 지역적으로 기후의 가치가 있어 각 지방마다 다양한 특산물이 생산되며, 이들을 이용한 조리법 또한 다양하다. 삼면이 바다로 둘러싸여 있어 해산물이 풍부하고 해산물을 이용한 조리 가공법이 매우 다양하다.

**(1) 영양상의 특징**

음식의 종류와 조리법이 다양하며, 영양적 측면에서 볼 때 매우 합리적이다.

**(2) 조리상의 특징**

① 주식과 부식의 구분이 확실

② 음식의 맛을 중요하게 여기므로 조미료와 향신료가 발달

③ 음식이 보약이라는 약식동원(藥食同原)의 의식

④ 가공 저장 발효 식품 발달

**(3) 풍속상의 특징**

① 의례를 중심으로 통과의례식을 행하였다.

② 풍속과 풍류성이 뛰어나 시절식이 발달

### 2) 한국 음식의 종류

**(1) 주식류**

① **밥**: 우리 음식의 가장 대표적인 것으로서 우리식사의 주식이다. 밥의 영양소 중 대부분은 탄수화물이며 우리 체내 에너지원의 큰 부분을 차지하고 있는 중요 영양소

② **죽(粥), 미음, 응이**: 곡류를 주재료로 해서 만든 반 유동식의 일종

③ **국수**: 무병장수를 비는 뜻으로 생일잔치나 결혼잔치, 명절 때 등 손님 접대용 교자상에 밥 대신 차렸으며, 면류를 주로 하는 면상에 쓰였다.

④ **만둣국, 떡국**: 겨울 음식으로 특히 설 음식으로 알려져 있다.

**(2) 부식류**

① **국(탕)**: 한식에서 밥과 함께 내는 국물요리

② **찌개(조치)**: 국보다 국물을 적게 하여 끓인 국물요리

✓ 조치란 찌개를 일컫는 궁중용어로 3첩 반상에는 올리지 않고, 5첩 반상에 1가지, 7첩 반상에 2가지

③ **전골**: 반상이나 주안상에 곁상으로 따라나가는 중요한 음식

④ **선**: 호박, 오이, 가지 등의 식품에 쇠고기 등의 부재료를 소로 채워 넣고 찜과 같이 만든 음식

⑤ **찜**: 반상, 주안상, 교자상 등에 차려지는 요리

⑥ **조림과 초**: 초는 조림을 달게 만들어 녹말물을 입혀 국물을 엉기고 윤기나게 조리는 것

⑦ **볶음**: 재료를 기름에 볶는 요리

⑧ **구이**: 가장 기본이 되는 조리법

⑨ **전, 산적, 누름적**

(ㄱ) **전**: 기름을 두르고 지졌다는 뜻

(ㄴ) **산적**: 재료를 썰어 각각 양념을 한 다음 꼬치에 끼워서 지진 음식

(ㄷ) **누름적**: 산적에 달걀을 씌워 지진 음식

⑩ **나물**: 숙채와 생채의 총칭

⑪ 회, 숙회, 강회, 수란

⑫ **마른반찬**: 포, 부각 · 자반 · 튀각, 장아찌

(ㄱ) **포**: 쇠고기, 생선, 어패류의 연한 살을 얇게 저미거나 다져서 혹은 통째로 말리는 것

(ㄴ) **부각**: 감자, 고추, 깻잎, 김 등에 찹쌀풀을 입혀서 말린 후 튀기는 것

(ㄷ) **자반**: 해산물, 생선, 나물 등을 소금에 절여 튀기는 것

(ㄹ) **장아찌**: 채소가 많은 제철에 간장, 고추장, 된장 등에 넣어 저장하여 그 재료가 귀한 철에 쓰는 찬품으로 장과라고 한다.

⑬ **젓갈, 식혜**: 반상에 오르는 밑반찬 중의 하나

⑭ **김치**: 한국음식을 대표할 만큼 널리 알려진 김치는 찬품 중에 가장 기본

**(3) 떡 · 한과**

① 떡

(ㄱ) 대표적인 곡물요리이며, 디저트의 일종이다.

(ㄴ) 각 지방마다 특성에 맞게 곡물, 고물의 종류나 재료, 기본 조리법, 지역적인 특성 등으로 다양하게 발달

② **한과와 엿**: 한국의 전통 과자류의 총칭으로 한과류는 재료나 만드는 법에서 강정, 유밀과(油密果), 숙실과(熟實果), 과편(果片), 다식(茶食), 정과(正果), 엿강정 등으로 구분

**(4) 음청류**: 음청류(飮淸類)는 더운 차(茶)보다 대개 찬 음료를 가리킨다.

**(5) 술류**: 과일이나 곡물 익힌 것 등을 발효시켜 알코올 성분이 있게 만든 음료의 총칭

### 3) 한국 음식의 상차림

밥을 주식으로 준비한 식탁을 반상이라 하고 규모에 있어서 반찬의 수를 첩수라 하는데, 첩수에 따라 반상의 종류가 결정된다. 이때 첩수는 반찬의 수를 말한다.

**(1) 반상**

| 구분 | 밥 | 탕 | 김치 | 종지 | 조치 | 숙채 | 생채 | 구이 | 조림 | 전류 | 마른 반찬 | 회 |
|---|---|---|---|---|---|---|---|---|---|---|---|---|
| 3첩반상 | ○ | ○ | ○ | 1(간장) | × | 1 | 1 | 1 | × | × | × | × |
| 5첩반상 | ○ | ○ | ○ | 2(간장, 초간장) | 찌개1 | 1 | 1 | 1 | × | 1 | 1 | × |
| 7첩반상 | ○ | ○ | ○ | 3(간장, 초간장, 초고추장) | 찌개1 찜1 | 1 | 1 | 1 | 1 | 1 | 1 | 1 |
| 9첩반상 | ○ | ○ | ○ | 3(간장, 초간장, 초고추장) | 2 | 1 | 2 | 2 | 1 | 1 | 1 | 1 |
| 12첩반상 | ○ | ○ | ○ | 3(간장, 초간장, 초고추장) | 2 | 2 | 2 | 2 | 1 | 2 | 1 | 2 |

**(2) 면상**: 국수를 주식으로 준비하며 흔히 점심에 많이 사용하며 깍두기, 장아찌, 밑반찬, 젓갈 등을 사용하지 않는다.

**(3) 교자상**: 손님에게 내는 상으로 5첩 이상의 반상을 말하며 품교자상이라고도 하여 명절이나 잔치상으로 사용한다.

**(4) 주안상**: 술을 접대할 때 차리는 상을 말한다.

**(5) 죽상**: 응이, 미음, 죽 등의 유동식을 주식으로 차린상

**(6) 다과상**: 후식상으로 또는 식사 대접이 아닐 때에 손님에게 차린 상차림

**(7) 제사상**: 조상의 은덕을 추모하여 차리는 상

| 한식기의 종류와 특징 | |
|---|---|
| 구분 | 특징 |
| 주발 | 몸체가 직선형으로 올라간 형태이며, 남자용 밥그릇으로 쓰인다. |
| 바리 | 입이 안쪽으로 오므라든 형태이며, 여자용 밥그릇으로 쓰인다. |
| 탕기 | 국대접, 국사발이라고 불린다. |
| 쟁첩 | 납작한 형태이며, 반찬을 담는 그릇이다. |
| 조치보 | 반찬 그릇이며 어류, 육류, 찜 등을 담을 때 쓰인다. |
| 보시기 | 쟁첩보다 살짝 크고, 김치류를 담을 때 쓰인다. |
| 대접 | 면, 국수 등을 담을  때 쓰인다. |
| 조반기 | 대접처럼 운두가 낮고 위가 넓은 모양으로 꼭지, 뚜껑이 있다. |

### 4) 한국음식의 양념과 고명

**(1) 양념**: 재료의 맛과 향을 돋구거나 좋지 못한 맛을 없애기 위하여 사용하는 것

① **소금**: 음식의 간을 맞추고, 방부작용과 생선살을 단단하게 한다.

② **간장**: 음식의 간을 맞추는 기본적인 조미료

③ **된장**: 메주를 소금물에 담가 숙성시킨 후 간장을 떠내고 남는 것

④ **고추장**: 우리나라만의 고유 조미료

⑤ **설탕**: 자당이 주성분인 천연 감미료

⑥ **식초**: 식욕을 돋우어 줄 뿐 아니라 살균, 방부의 효과가 있으며 생선요리에 쓰면 단백질 응고 작용

⑦ **참기름, 들기름, 식용유**: 참기름과 들기름은 독특한 향기가 있어 우리 음식에 없어서는 안되는 주요 기름이다. 식용유는 부침요리를 할 때 많이 사용한다.

⑧ **고춧가루**

⑨ **파, 마늘, 생강**: 누린내를 제거하며 식욕증진과 몸을 따뜻하게 하는 작용, 연육작용, 항산화작용도 한다.

⑩ **후춧가루**: 육류 요리나 생선요리에 사용

**(2) 고명**: 음식의 모양과 빛깔을 보기 좋게 하고, 식욕을 돋우기 위해 음식 위에 뿌리거나 얹어내는 것

### 5) 한국의 절식(節食)과 시식(時食)

세시음식은 명절음식과 시절음식을 통칭하는 말로 다달이 있는 명절에 차려 먹는 음식은 절식, 계절에 따라 나는 식품으로 만드는 음식은 시식이라 부른다.

### 6) 통과의례와 상차림

통과의례란 사람이 태어나서 임신, 출산, 백일, 돌, 관례, 혼례 등 죽음에 이르기까지의 일생을 통하여 의례를 행하는 것

## 2. 한식 밥조리

### 1) 밥 재료 준비

**(1) 쌀**

① 왕겨로 둘러싸여 있고 그 내부는 겨와 배유, 배아로 구성

② 벼는 현미 80%, 왕겨층 20%로 구성

③ 백미(10분도미)는 100% 배유만 남은 것

**(2) 쌀의 종류**

① **인도형**(인디카형) : 쌀알의 길이가 길어 장립종이라고 하며 찰기가 적다(인도, 타이완, 중국 등).

② **일본형**(자포니카형) : 쌀알의 길이가 짧고 둥글어 단립종이라고 하며 밥을 지었을 때 찰기가 있다(한국, 일본, 중국 등).

③ **자바형**(자바니카형) : 밥을 지었을 때 끈기가 적다(필리핀, 중국의 북부 등).

④ 쌀의 영양성분은 단백가 78로 식물성 단백질 중에서 영양적으로 우수한 편, 당질이 75%

⑤ **불리기** : 실온에서 30~60분정도 불리면 적당(이때 쌀 무게에 20~30% 수분을 흡수)

### 2) 조리

**(1) 쌀씻기는 3~5회 정도 맑은 물이 나올 때까지 하는데, 단시간에 흐르는 물에서 한다.**

**(2) 쌀씻기는 전분, 수용성 단백질, 지방, 향미물질 등의 손실을 최소화하기 위해 큰 채로 씻는다.**

**(3) 온도 상승기(강한 화력에서 10~15분 정도 가열(끓기 시작 할때까지))→비등기(중간 화력에서 5분 정도 유지) →증자기(약한 화력에서 15~20분 정도(뜸들이기))→밥 뒤적이기**

### 3) 담기

**(1) 조리 종류와 색, 형태, 분량, 인원수 등에 따라 그릇을 선택해서 담는다.**

**(2) 밥의 종류에 따라 그릇을 선택해서 담는다.**

## 3. 한식 죽 조리

### 1) 죽 재료 준비

**(1) 쌀, 곡류와 부재료를 필요에 맞게 불려서 갈거나 분쇄하고 부재료는 조리법에 맞게 손질하여 죽을 쑬 때 재료로 사용한다.**

**(2) 쌀로 죽을 만들었을 때 쌀 1컵 분량에 물 5컵을 부어서 죽을 쑨다.**

### 2) 죽 조리

**(1) 죽의 종류** ★★★

① 죽

(ㄱ) **옹근죽** : 으깨거나 갈지 않고 형태 그대로 쑤는 죽

(ㄴ) **원미죽** : 불린 쌀을 굵게 갈아서 쑤는 죽

(ㄷ) **무리죽**(비단죽) : 완전히 곱게 갈아서 쑤는 죽

(ㄹ) **암죽** : 곡식의 마른 가루에 물을 넣고 묽게 쑤는 죽

② **미음** : 곡물을 통째로 푹 무르도록 끓여서 고운 체에 내린 것

③ **응이** : 죽보다 더 묽어 마실 수 있다.

**(2) 죽 재료 준비**

① 주재료가 되는 쌀이나 곡류, 부재료를 필요량에 맞게 준비

② 쌀은 씻어서 물에 1~2시간 이상 충분히 불려서 물기를 제거

③ 조리법에 따라 재료를 알맞게 분쇄한다.

**(3) 죽 조리**

① 죽은 열을 은근하게 오래 끓이기 위해서 바닥이 두꺼운 냄비나 돌이나 옹기로 된 냄비가 좋다.

② 일반적으로 보통 묽기의 죽일 경우 물은 쌀 부피의 5~6배 적당

③ 죽 조리 시간을 조절하는 중요한 요소는 물의 함량이다.

### 3) 담기

**(1) 조리 종류와 색, 형태, 분량, 인원수 등에 따라 그릇을 선택**

**(2) 조반은 아침에 간단하게 차려지는 죽상**

**(3) 반찬으로는 맵지 않은 국물이 있는 나박김치, 동치미가 좋다.**

**(4) 따듯하게 담는다.**

> ✓ tip
>
> **식기의 종류** : 주발, 탕기, 대접, 조치보, 쟁첩, 조반기 등

## 4. 한식 국·탕 조리

한식의 기본 상차림은 밥이 주식이 되고 국과 몇 가지 찬으로 구성

### 1) 국·탕 재료준비

**(1) 국·탕의 종류** : 계절과 반찬을 고려해서 메뉴를 구성하는 것이 좋은데 그 종류는 4가지로 분류

① **맑은국** : 육수를 기본으로 하고 건더기는 적은 편

② **토장국** : 쌀뜨물에 된장이나 고추장을 풀어 감칠맛이 난다.

③ **곰국** : 쇠고기의 질긴 부위나 내장, 뼈, 꼬리 등을 오래 끓여 충분히 우려낸 국

④ **냉국** : 여름철에 오이냉국, 미역냉국 등 신맛을 가미해서 차갑게 먹는 국

### 2) 국·탕 조리

조화로운 국물과 건더기, 품질의 맛, 색깔, 풍미 등을 고려하며 조리원리에 맞게 재료를 넣어 끓인다. 또한 재료의 특성을 고려해서 끓이는 시간과 불의 세기 등을 조절하여 재료의 맛을 충분히 살리도록 한다.

**(1) 재료들의 영양소를 고려하여 영양소가 중복되거나 파괴되지 않도록 선정**

**(2) 보통 1인분 국의 양은 1컵 반이 적당**

**(3) 국물과 건더기의 비율은 3 : 1정도(6 : 4 또는 7 : 3)가 적당**

### 3) 국·탕 담기

**(1) 탕기, 대접, 뚝배기, 질그릇, 오지그릇, 유기그릇 등**

**(2) 재료와 조리 종류에 따라 온·냉으로 나갈 수 있어 온도를 잘 고려하여 담는다.**

**(3) 국을 그릇에 담을 때는 건더기와 국물의 비율이 4 : 6 또는 3 : 7정도로 담아 낸다.**

## 5. 한식 찌개 조리

찌개는 국과 조리법이 비슷하나 국보다 건더기의 양이 더 많고 간이 센 것이 특징

### 1) 찌개의 분류

**(1) 맑은찌개** : 소금, 간장, 새우젓으로 간(두부젓국찌개, 명란젓 찌개 등)

**(2) 토장찌개** : 된장, 고추장으로 간(된장찌개, 생선찌개, 고추장 찌개 등)

### 2) 찌개 재료 준비

**(1) 식재료에 따라 알맞게 손질하여 전처리**

**(2) 찬물에 육수 재료를 넣고 서서히 끓이면서 부유물과 기름이 떠오르면 걷어내어 제거**

### 3) 찌개 조리

**(1) 조개류는 소금물에 해감한 후 약불로 단시간에 끓인다.**

**(2) 멸치는 내장을 제거하고 볶은 후 찬물에 넣어 끓인다.**

**(3) 단단한 채소는 데쳐서 사용한다.**

**(4) 생선찌개를 끓일 때 뚜껑을 열고 끓여 비린내를 날려 준다.**

### 4) 찌개 담기

**(1) 찌개를 담는 그릇은 '조치보'(탕기보다는 조금 작은크기)라고 한다.**

**(2) 국물과 건더기는 4 : 6정도로 한다.**

**(3) 찌개 온도를 뜨겁게 유지하여 제공한다.**

## 6. 한식 전·적 조리

- 생선, 고기, 채소 등을 얇게 저며서 옷을 입혀 기름을 두르고 지지는 조리법으로 전유어(煎油魚), 전유아, 저냐, 전 등으로 부른다.
- 적은 재료를 썰어 꼬치에 끼워서 구운 음식을 말한다.

### 1) 전·적 재료준비

**(1) 전·적에 사용하는 기름은 발연점이 높은 대두유, 옥수수유, 포도씨유, 카놀라유 등의 기름을 사용한다.**

**(2) 전·적 재료의 전처리란 다듬기, 씻기, 자르기, 수분 제거 등 밑 손질을 말한다.**

**(3) 조리전 팬을 충분히 달궈 기름을 발라 길을 들여서 사용한다.**

### 2) 전·적 조리

**(1) 재료와 조리에 따라 기름의 종류와 온도, 양을 조절해가며 만든다.**

**(2) 전 반죽 할 때 재료 선택**

① 밀가루, 멥쌀가루, 찹쌀가루 : 묽은 반죽으로 모양이 잡히지 않을 때 사용

② 달걀흰자와 전분 : 부드러운 전을 만들고자 할 때, 전을 흰색으로 만들고자 할 때

③ 달걀과 밀가루, 멥쌀가루, 찹쌀가루를 혼합하여 사용하는 경우 : 전의 점성을 높이고 모양을 잡을 때 사용

**(3) 전·적 조리 방법**

전처리(재료를 알맞은 크기로 얇게 저미거나 썬다)→조미(소금, 후추)→밀가루, 달걀물 입히기→팬에 기름을 두르고 부치기→부쳐낸 전은 겹치지 않도록 펴서 식히거나 따뜻하게 70℃으로 이상 제공

### 3) 전·적 담기

**(1) 도자기, 스테인리스, 유리, 목기, 대나무 채반 등의 재질로 된 그릇을 이용해 담는다(평평한 접시를 선택한다).**

**(2) 지짐 누름적은 꼬치를 빼고 담는다.**

**(3) 접시의 내원을 벗어나지 않게 70~80℃ 정도로 담는다.**

## 7. 한식 생채·회 조리

생채(生菜)는 날 것으로 먹을 수 있는 싱싱한 채소를 익히지 않고 양념으로 무친 음식이다.

### 1) 생채·회 재료 준비

**(1) 생채·회의 종류**

① **생채** : 생으로 먹을 수 있는 야채 - 더덕생채, 무생채, 오이생채, 배추 겉절이 등

② **회**

(ㄱ) 생회(익히지 않은 것) - 육회, 민어회, 굴회 등

(ㄴ) 숙회(익혀서먹는 것) - 두릅회, 미나리 강회, 문어숙회 등

**(2) 생채의 재료**

채소의 아삭한 맛과 채소 자체가 지닌 색, 향, 맛을 즐길 수 있도록 각각의 손질법에 신경을 써야한다. 생채의 재료는 조직이 연한 것이 적당하다.

**(3) 회의 재료**

생회로 사용하는 육회, 갑회, 생선회, 어패류회는 재료의 신선도가 최우선 되어야 한다.

### 2) 생채·회 조리

**(1) 생채의 조리**

재료를 썰어야 할 경우 부서지지 않게 썰고, 미리 무쳐 놓으면 물이 생기고 식감도 떨어지므로 먹기 바로 전에 무쳐서 완성한다.

**(2) 회 조리**

① 육회는 우둔살이나 홍두깨살을 이용해 만드는 데 기름과 힘줄을 제거하고 고기의 결 반대로 썰어서 무친다.

② 어패류 회와 생선 회는 내기 바로 전에 썬다.

### 3) 담기

**(1) 생채와 회는 먹기 직전에 그릇에 담아 내는 게 좋다.**

**(2) 조리 종류와 특성에 따라 양념장을 곁들인다.**

## 8. 한식 조림·초 조리

조림은 육류나 어패류, 채소류를 간장으로 양념하여 간이 충분히 스며들도록 약불에서 오래 익혀 만든 음식으로 재료가 부드러워지고 양념과 맛 성분이 배어 있어 반찬으로 사용한다. 초(炒)는 한자로 볶는다는 뜻이 있으나 조림처럼 요리하다가 국물이 조금 남았을 때 물녹말을 넣어 윤기나게 조리는 조리법이다.

### 1) 조림·초 재료 준비

**(1) 조림의 재료 준비**

① **육류조림**: 조림의 대표는 장조림으로 쇠고기의 대접살, 우둔살, 홍두깨살, 사태살을 이용한다.

② 생선은 소금물로 씻어서 토막을 낸다. 어취의 주성분인 트리메틸아민은 수용성이므로 물로 씻으면 어느 정도 제거가 가능하다.

**(2) 초의 재료 준비**

① 홍합은 조개류로 살이 붉은 것은 암컷, 흰 것은 수컷으로 단백질과 지질, 비타민이 풍부한 천연 영양식품이다.

② 전복은 껍질째 솔로 문질러 씻고 살 윗부분과 옆면의 검은 빛의 막을 소금으로 문질러 씻는다.

### 2) 조림·초 조리

**(1) 육류의 조림**

핏물을 빼고 삶은 고기는 연해지면 간장을 넣는다. 이때 처음부터 간장을 넣고 조리면 삼투압에 의해 고기 속의 수분이 빠져 나와서 장조림이 단단해지므로 끓는 물에 삶아서 결합조직을 용해시켜 고기를 연하게 한 후에 간장과 양념을 넣는다.

**(2) 생선의 조림**

생선의 어취를 제거하기 위해 조리 처음에 뚜껑을 열고 조리하고, 생선살이 부스러지지 않게 하기 위해서는 조림장이 끓을 때 생선을 넣어 지미성분도 잡고 모양도 유지한다.

**(3) 채소 및 기타 조림**

푸른색 채소를 조림할 때는 짧은 시간에 뚜껑을 열고 조리하며 엽록소 파괴를 줄여 색깔이 누렇게 되는 것을 줄일 수 있다.

**(4) 초의 조리**

홍합이나 전복, 삼합초 모두 중불에서 양념장을 끼얹어가면서 조려야 색이 곱고 윤기가 난다. 초의 조리 시 사용하는 물 녹말의 비율은 물과 전분가루를 각각 1 : 1로 섞어서 준비하며 조리 마지막에 물 녹말을 넣고는 재료들이 으스러지지 않게 조린다.

### 3) 조림·초 담기

조림과 초는 오목한 그릇에 주재료와 부재료를 조화 있게 소복하게 담고 국물을 끼얹어 담는다.

## 9. 한식 구이 조리

재료를 꼬치에 꿰거나 그대로 불 위에서 직접 굽는 직접구이와 철판 등을 사용, 전도의 방식을 이용한 간접구이가 있다.

### 1) 구이 재료 준비

**(1) 구이의 종류**

① **육류**: 너비아니, 갈비구이, 제육구이 맥적, 방자구이 등

② **가금류**: 닭구이, 오리구이 등

③ **어패류**: 삼치구이, 민어구이, 도미구이, 대합구이 등

④ **기타**: 더덕구이, 송이구이, 가지구이, 김구이 등

**(2) 구이의 방법에 따른 도구**

① **직접구이(브로일링, broiling)**: 석쇠나 망을 이용하여 직접 불 위에서 식품을 굽는 방법으로 열원과 식품과의 거리는 8~10cm정도가 적당하며 식품에 화력이 골고루 전달되도록 석쇠 등을 고루 움직여 가며 굽는다.

② **간접구이(그릴링, grilling)**: 철판이나 프라이팬을 놓고 그 위에 식품을 올려서 굽는 방법으로 중간 매체인 금속판이 뜨겁게 먼저 달구어져서 식품으로 열이 전달되어 구워지는 방법이다.

**(3) 구이의 재료 준비**

① 육류의 재료 준비

(ㄱ) 너비아니에 사용되는 쇠고기의 부위는 등심이나 안심으로 약 0.5cm 두께로 썰어 잔 칼집을 넣어 고기의 수축을 막고 부드럽게 한다.

(ㄴ) 갈비구이는 쇠고기나 돼지고기를 사용하며 갈비를 6cm 정도로 토막을 내서 질긴 껍질과 기름 등을 제거하고 살을 0.5cm 두께로 저며 펴서 칼집을 넣어 준비한다.

(ㄷ) **가금류의 재료 준비** : 닭고기는 포를 떠서 칼집을 충분히 넣는다.

(ㄹ) **어패류의 재료 준비** : 손질된 생선을 씻어 물기를 제거하고 칼집을 넣어 생선에 2%의 소금을 뿌려서 20분 정도 간이 들도록 두었다가 물로 씻은 뒤 물기를 제거한다. 조개류는 소금물에 담가 해감을 시킨 후 사용한다.

## 2) 구이 조리

### (1) 육류의 구이 조리

① 너비아니용으로 준비한 쇠고기는 결 반대로 썰어 설탕이나 단백질 분해효소가 함유된 과일 즙을 넣어 먼저 버무려두면 고기가 연해진다.

② 양념장에 고기를 재울 때 삼투압 현상으로 고기의 수분이 빠져서 질겨지므로 먹기 30분 정도 전에 재워두는 것이 좋다.

③ 구이를 약한 불로 하면 표면이 건조해지고, 센불로 하면 재료가 익기 전에 타서 단백질이 급속히 수축을 일으켜 질겨지므로 불의 세기 조절에 유의한다.

④ 양념은 3일 정도 숙성과정을 거치면 고춧가루의 거친 맛이 없어지고 맛이 깊어진다.

### (2) 어패류의 구이 조리

생선 구이 중 양념구이를 할 때는 유장(참기름과 간장)을 발라 초벌구이를 하여 생선을 살짝 익혀두고 재벌구이에서 양념을 발라 구워야 타지 않고 속까지 고루 익힐 수 있다.

### (3) 구이 조리에 영향을 미치는 요인

① **단백질 가수분해 효소 첨가(연육제)** : 파파야 - 파파인(papain), 파인애플 - 브로멜린(bromelin), 키위 - 액티니딘(actinidin), 무화과 - 피신(ficin), 배 - 프로테아제(protease)

② **염의 첨가** : 식염용액(1.2~1.5%)과 인산염용액(0.2M)의 수화작용에 의해 근육단백질이 연해진다.

③ **설탕의 첨가** : 설탕을 과하게 넣으면 탈수작용으로 고기의 질이 좋지 않지만 적당히 넣으면 단백질의 열 응고를 지연시키므로 단백질의 연화작용을 가져온다.

④ **기계적 방법** : 칼등으로 두드림으로써 결합조직과 근섬유를 끊어주고 칼로 썰 때 고기결의 직각 방향으로 썰어준다.

## 3) 구이 담기

음식이 부서지지 않도록 주의하며 따듯한 온도를 유지하여 담는다. 생선의 경우 머리가 왼쪽, 배가 아래쪽으로 향하도록 담아낸다.

## 4) ★★★ 구이 종류

① 맥적 → 된장구이　　② 방자구이 → 소금구이　　③ 너비아니 → 간장양념구이

## 10. 한식 숙채 조리

숙채(熟菜)는 익힌 나물로 데치거나, 삶기, 찌기, 볶기 등의 열을 가하는 조리과정을 거쳐서 양념한 반찬이다.

### 1) 숙채재료 준비

#### (1) 숙채의 종류

① **무침나물**: 채소를 데치거나 쪄서 양념을 넣고 무치는 나물

② **볶음 나물**: 채소를 그대로 팬에 볶는 나물

#### (2) 숙채의 재료 준비

① 묵은 나물을 미지근한 물에 불린 후 삶아서 사용한다.

② 녹색 채소는 끓는 물에 소금을 넣고 뚜껑을 열고 데친다.

③ 도라지는 껍질을 벗기고 썰은 후 소금물에 주물러서 쓴맛을 제거한 뒤 사용한다.

### 2) 숙채 조리

#### (1) 무침과 볶기

① **무침**: 데쳐낸 재료들을 각 나물의 맛과 어울리는 양념을 사용하여 무친다.

② **볶기**: 볶기 전에 양념을 미리하면 간이 잘 배어 맛이 좋고 묵은 나물의 경우 볶으면서 물이나 육수를 조금 넣어 조리면 나물이 부드러워진다.

### 3) 숙채 담기

숙채의 종류에 따라 고명을 올리거나 양념장을 곁들이기도 한다. 담을 때 기름기나 이물질이 그릇에 묻지 않도록 한다.

## 11. 한식 볶음 조리

적은 양의 기름을 팬에 두르고 재료를 단시간에 익혀내는 조리법이다.

### 1) 볶음 재료 준비

수용성 영양소의 손실이 적고 기름을 사용하므로 지용성 비타민의 흡수율을 높일 수 있다.

#### (1) 볶을 때 재료가 골고루 익으려면 재료의 특성을 알고 밑 준비를 해야 하는데 부드러운 재료인 버섯류나 호박 등은 잘 익으므로 크게 준비하고 당근 등과 같은 단단한 재료는 얇게 썰어 준비한다.

#### (2) 볶음의 조리도구

큰 팬을 사용하는 것이 좋으며, 재료가 바닥에 닿는 면이 넓어야 균일하고 두꺼운 팬이 균일하게 익고 양념도 잘 섞이면서 속까지 간이 밴다.

## 2) 볶음 조리

(1) 기름은 재료의 휘발성 성분과 지용성 성분을 녹여내서 완성된 음식의 향미를 증가시키는데 기름의 사용량은 5~10%가 적당하다.

(2) 온도가 너무 낮으면 식품의 수분증발이 일어나지 않아 기름이 재료로 흡수되어 맛에 담백함이 없고 기름지며 온도가 너무 높으면 재료가 속까지 익기 전에 타게되므로 볶는 온도에 유의하여야 한다.

(3) 육류는 육즙이 유출되면 퍽퍽해지고 질겨지므로 팬을 충분히 달구어 볶는다.

## 3) 볶음 담기

(1) 볶음 요리는 돔형(소복이 쌓는 방법)으로 담는 것이 어울린다.

(2) 통깨는 중앙 부분에 모아서 뿌린다.

# CHAPTER 2 한식 문제

**01** 한국음식의 상차림 중 다음은 어느 상차림에 올라가는 음식인가?

젓국찌개, 북어보푸라기, 매듭자반, 나박김치

① 죽상차림 ② 장국상 차림
③ 주안상 차림 ④ 다과상

**02** 한식 중 다달이 있는 명절에 차려 먹은 음식을 무엇이라 하는가?

① 일상식 ② 의례음식
③ 절식 ④ 시식

**03** 정월 대보름에 아홉 가지 나물과 같이 먹는 것은?

① 오곡밥 ② 밤밥
③ 비빔밥 ④ 콩나물밥

**04** 통과의례 상차림의 연결이 바른 것은?

① 백일상 - 백설기 ② 돌상 - 육포
③ 폐백상 - 국수 ④ 회갑상 - 수수경단

**05** 손님에게 내는 상으로 5첩 이상의 반상을 말하며 연회식으로 사용하는 상차림은?

① 면상 ② 죽상
③ 다과상 ④ 교자상

**06** 한국 음식의 반상 차림 중 5첩반상에 포함되지 않는 것은?

① 냉채 ② 숙채
③ 전 ④ 회

**07** 쌀의 호화를 돕기 위해 밥을 짓기 전에 침수시키는데, 최대 수분 흡수량으로 옳은 것은?

① 20~30% ② 5~10%
③ 55~65% ④ 70~80%

**08** 밥 짓기에 대한 설명으로 틀린 것은?

① 쌀을 미리 물에 불리는 것은 가열 시 열전도를 위해서다.
② 밥물은 쌀 중량의 2.5배, 부피의 1.5배 정도로 붓는다.
③ 쌀 전분이 완전히 a화 되려면 98℃이상에서 20분 정도 걸린다.
④ 밥맛을 좋게 하기 위해 0.03%정도 소금을 넣을 수 있다.

**09** 곡류가 가장 많이 함유하고 있는 성분은?

① 단백질 ② 지질
③ 탄수화물 ④ 비타민

**10** 다음중 죽의 종류가 아닌 것은?

① 옹근죽 ② 원미죽
③ 비단죽(무리죽) ④ 응이

**11** 죽 조리에 대한 설명중 틀린 것은?

① 일반적으로 보통 묽기의 죽일 경우 물은 쌀 부피의 7~9배가 적당하다.
② 일반적으로 보통 묽기의 죽일 경우 물은 쌀 부피의 5~6배가 적당하다.
③ 죽은 열을 은근하게 오래 끓이기 위해서 바닥이 두꺼운 냄비나 돌이나 옹기로 된 냄비가 좋다.
④ 죽 조리 시간을 조절하는 중요한 요소는 물의 함량이다.

**12** 쌀을 갈아서 물 대신 우유를 반 분량 정도 넣어 끓인 죽으로 궁중의 약정에서 보양음식으로 끓인 죽은 무엇인가?

① 흑임자죽 ② 타락죽
③ 밤죽 ④ 쌀 암죽

**13** 죽 종류의 일종으로 곡식의 마른 가루에 물을 넣고 묽게 쑤는 죽은?

① 옹근죽 ② 미음
③ 암죽 ④ 원미죽

**14** 밥과 죽을 만들 때의 큰 차이점은 무엇인가?

① 곡물의 종류 ② 육수의 사용여부
③ 물의 함량 ④ 소금의 양

**15** 다음 국과 탕의 종류에 대한 설명으로 틀린 것은?

① 맑은 국: 육수를 기본으로 하고 건더기는 적은 편
② 토장국: 쌀뜨물에 된장이나 고추장을 풀어 감칠맛이 난다.
③ 곰국: 쇠고기의 질긴 부위나 내장, 뼈, 꼬리 등을 오래 끓여 충분히 우려낸 국
④ 냉국: 신맛을 가미해서 따듯하게 먹는 국

**16** 국·탕 조리 시 주의할 점과 거리가 먼 것은?

① 육수를 낼 때 소금은 나중에 넣도록 한다.
② 육수에 조미 재료(파, 마늘, 양파, 생강 등)를 많이 넣어 시원한 맛을 낸다.
③ 국·탕의 조리 온도는 85~100℃로 유지한다.
④ 찌개는 국보다 건더기의 비율을 더 많게 한다.

**17** 국을 그릇에 담을 때 건더기와 국물의 비율은?

① 1:1 또는 1:2 정도
② 2:4 또는 1:2 정도
③ 4:6 또는 3:7 정도
④ 6:4 또는 7:3 정도

**18** 찌개의 분류에 대한 설명으로 맞는 것은?

① 맑은 찌개-소금, 간장, 새우젓으로 간(두부젓국찌개, 명란젓 찌개 등)
② 맑은 찌개-된장으로 간(된장찌개 등)
③ 토장찌개-소금, 간장으로 간(명란젓 찌개등)
④ 토장 찌개-새우젓으로 간( 두부젓국 찌개 등)

**19** 고추장으로 조미한 찌개를 무엇이라 하는가?

① 조치 ② 지짐
③ 감정 ④ 응이

**20** 찌개를 담는 그릇으로 맞는 것은?

① 조치보 ② 바리
③ 대접 ④ 종지

**21** 다음 중 찌개에 관한 설명으로 맞지 않은 것은?

① 찌개는 건더기가 국보다 많고 간은 국보다 센 편이다.
② 맑은 찌개는 주재료로 호박, 무, 조개류 등을 넣어 소금이나 새우젓으로 간을 맞춘다.
③ 명란젓 찌개는 명란젓과 새우젓, 고추장으로 간을 맞춘 얼큰한 찌개이다.
④ 찌개는 조미 재료에 따라 고추장찌개, 된장찌개, 맑은 찌개로 나뉜다.

**22** 전·적 조리에 대한 설명 중 틀린 것은?

① 밀가루, 멥쌀가루, 찹쌀가루 : 전을 흰색으로 만들 때 사용
② 밀가루, 멥쌀가루, 찹쌀가루 : 묽은 반죽으로 모양이 잡히지 않을 때 사용
③ 달걀흰자와 전분 : 부드러운 전을 만들고자 할 때, 전을 흰색으로 만들고자 할 때 사용
④ 달걀과 밀가루, 멥쌀가루, 찹쌀가루를 혼합하여 사용하는 경우 : 전의 점성을 높이고 모양을 잡을 때 사용

**23** 다음 보기 중 산적이나 누름적에 속하지 않는 적은?

① 파산적 ② 장산적
③ 화양적 ④ 두릅적

**24** 산적과 누름적에 대한 설명으로 틀린 것은?

① 누름적 중 달걀 물을 입혀 번철에 지진 것은 지짐 누름적이다.
② 산적은 익힌 재료를 양념하여 꿰어 굽는다.
③ 누름적 중 익힌 재료를 꿰어서 완성한 것은 화양적이다.
④ 산적은 섭산적처럼 다진 고기를 반대기 지어 석쇠에 굽는 것도 포함된다.

**25** 전류 조리의 특징으로 바르지 않은 것은?

① 다양한 재료의 사용이 가능하다.
② 생선조리 시 어취 해소에 좋은 조리법이다.
③ 달걀 물과 곡물을 입혀 영양소 상호보완 작용을 한다.
④ 전류는 자체 요리로만 사용하며 다른 요리와의 사용이 어렵다.

**26** 생채·회의 종류에 대한 설명으로 틀린 것은?

① 생채 : 생으로 먹을 수 있는 야채 - 더덕생채, 무생채 등
② 생회(익히지 않은 것) - 육회, 민어회, 굴회 등
③ 숙회(익히지 않은것) - 육회, 민어회 등
④ 숙회(익혀서 먹는 것) - 두릅회, 미나리강회, 문어숙회 등

**27** 생회에 속하며 여름철이 산란기이므로 독성분이 있어 여름철에는 먹지 않는 회는 무엇인가?

① 해삼, 멍게 ② 굴
③ 두릅회 ④ 미나리강회

**28** 다음 중 생채에 대한 설명으로 틀린 것은?

① 생채의 재료는 무, 배추, 미나리 등 날로 먹을 수 있는 채소가 가장 많이 쓰인다.
② 무생채는 채를 썰어 먼저 고춧가루를 넣어 붉은 빛을 돌게 한 후 양념을 넣어 무친다.
③ 생채의 양념으로는 초장, 초고추장, 겨자장 등이 있다.
④ 생채로 먹을 수 있는 채소들로 시금치, 고사리, 고춧잎 등이 있다.

**29** 미나리강회에 대한 설명으로 옳은 조리법은?

① 삶은 편육은 식혀서 모양을 면보로 잡는다.
② 미나리는 다듬은 후 소금을 넣고 데쳐 찬물에 헹구지 않고 사용한다.
③ 야채, 황백지단, 미나리를 같은 길이로 썰어 층층이 겹쳐서 먹는 요리이다.
④ 삶고 있는 고기의 익은 정도는 꼬지를 찔러 보아 핏물이 나오는 정도로 확인한다.

**30** 도라지의 쓴맛을 제거하는 가장 올바른 방법은?

① 소금을 뿌린다.
② 소금물에 담가서 우려낸 후 잘 주물러 씻는다.
③ 끓는 물에 데친다.
④ 식초 물에 담가 둔다.

**31** 초 조리의 과정으로 틀린 것은?

① 조미료는 설탕, 소금, 식초, 간장 순서로 양념을 한다.
② 조림보다 간을 약하고 달게하여 조림국물이 거의 없게 윤기나게 조려 낸다.
③ 물 전분을 넣어 걸쭉하고 윤기나게 조린다.
④ 주재료와 이용되는 양념장에 따라서 홍합초, 전복초, 삼합초, 해삼초 등이 있다.

**32** 쇠고기 장조림의 부위로 부적절한 것은?

① 사태살 ② 우둔살
③ 홍두깨살 ④ 등심살

**33** 조림의 특징으로 맞지 않는 것은?

① 조림은 육류나 어패류, 채소류 등을 간장에 조린 음식이다.
② 궁중에서는 조리개라고도 불렀다.
③ 식품이 부드러워지고 양념과 맛 성분이 배어드는 조리법이다.
④ 생선조림 시 흰살 생선은 맛을 더하기 위해 고추장과 고춧가루를 넣어 조리한다.

**34** 홍합에 대한 설명으로 거리가 먼 것은?

① 비타민A가 쇠고기의 10배가 많다.
② 조개류로 색이 홍색이어서 홍합 또는 담채라 한다.
③ 살이 붉은 것은 수컷, 흰 것은 암컷이다.
④ 노화방지에 탁월하고 유해산소를 제거하는데 도움이 된다.

**35** 구이의 종류 중에서 맞지 않는 것은?

① 육류 : 너비아니, 갈비구이, 제육구이 등
② 가금류 : 너비아니, 더덕구이, 송이구이 등
③ 어패류 : 삼치구이, 민어구이, 도미구이 등
④ 기타 : 가지구이, 김구이 등

**36** 다음 중 간접 조리방법에 대한 설명으로 잘못된 것은?

① 프라이팬이나 철판 등의 전도열로 구이를 하는 방법
② 철판 등을 뜨겁게 달 군 후에 재료를 올려야 잘 달라붙지 않는다.
③ 곡류처럼 직접 구울 수 없는 것에 사용된다.
④ 열원과 식품과의 거리는 1.5~2cm가 적당하다.

**37** 가열 조리 중 건열 조리로 옳은 조리법은?

① 찜 ② 구이
③ 삶기 ④ 조림

**38** 고기를 연하게 하기 위해 사용하는 과일에 들어 있는 단백질 분해효소로 틀린 것은?

① 피신 ② 브로멜린
③ 파파인 ④ 아밀라아제

**39** 생선구이를 담는 법으로 옳지 않은 것은?

① 생선구이가 부서지지 않도록 담는다.
② 머리가 오른쪽 배가 위쪽을 향하도록 담는다.
③ 온도가 떨어지지 않도록 따뜻한 온도를 유지하여 담는다.
④ 종류에 따라 고명으로 장식한다.

**40** 유장을 발라 초벌구이할 때 유장의 간장과 참기름의 비율로 맞는 것은?

① 1:2 ② 2:1
③ 1:3 ④ 3:1

**41** 나물에 대한 설명으로 틀린 것은?

① 익힌 나물인 숙채를 뜻한다.
② 채소, 산나물, 들나물, 뿌리 등의 채소를 이용할 수 있다.
③ 마른 나물들을 불렸다가 바로 또는 삶아서 사용한다.
④ 구절판이나 잡채는 복합조리법으로 숙채로 보기 어렵다.

**42** 푸른 채소를 데칠 때 색을 선명하게 유지시키고 비타민C의 산화도를 억제해주는 것은?

① 소금 ② 식초
③ 기름 ④ 설탕

**43** 녹색채소를 데칠 때 소다를 넣을 경우 일어나는 현상으로 틀린 것은?

① 채소의 질감이 유지된다.
② 채소의 색이 푸르게 고정된다.
③ 비타민C가 파괴된다.
④ 채소의 섬유질을 연화시킨다.

**44** 다음 중 우리나라 전통 음식인 잡채에 들어가는 재료로 적합하지 않은 것은?

① 도라지 ② 오이
③ 당근 ④ 콩나물

**45** 채소의 비타민, 무기질의 손실을 줄이는 옳은 조리법은?

① 데치기 ② 끓이기
③ 삶기 ④ 볶음

**46** 볶음 조리 도구로 적당한 것은?

① 바닥이 좁은 팬 ② 바닥이 넓은 팬
③ 편수 냄비 ④ 속이 깊은 곰솥

**47** 오징어 볶음의 조리 방법으로 틀린 것은?

① 오징어는 사선으로 일정하게 칼집을 넣어서 오징어가 뒤틀리거나 말리지 않도록 한다.
② 채소는 일정한 두께로 자르고 청·홍고추는 어슷썰어서 물에 담궈 씨를 뺀다.
③ 칼집을 넣을 때는 오징어의 껍질이 있던 쪽이 적당하다.
④ 고추장 양념이 뭉치거나 타지 않도록 뒤집어 가며 볶는다.

**48** 볶음 조리의 특징으로 잘못된 것은?

① 소량의 기름을 이용해 뜨거운 팬에 익히는 방법이다.
② 센 불에서 단시간에 볶아내므로 원하는 질감, 색과 향을 살릴 수 있다.
③ 재료가 타지 않도록 낮은 온도에서만 볶아준다.
④ 수용성 영양소의 손실이 적다.

**49** 볶음 요리 시 재료에 따른 불 조절로 틀린 것은?

① 육류 볶음 시 낮은 온도에서 조리하면 육즙이 유출되므로 팬을 달구어서 볶는다.
② 마른 표고버섯은 약간의 물을 넣어 볶는다.
③ 낙지볶음처럼 야채가 부재료로 들어가는 요리는 주재료를 먼저 볶고 부재료, 양념 순으로 넣어 볶는다.
④ 버섯은 물기가 많으므로 센 불에서 재빨리 볶거나 소금에 살짝만 절여서 볶는다.

**50** 조리 시에 센불로 가열 후 약불로 조절하는 조리로 틀린 것은?

① 생선조림 ② 된장찌개
③ 밥 ④ 새우튀김

**51** 약과를 반죽할 때 필요 이상으로 기름과 설탕을 넣으면 어떤 현상이 일어나는가?

① 매끈하고 모양이 좋아진다.
② 튀길 때 둥글게 부푼다.
③ 튀길 때 모양이 풀어진다.
④ 켜가 좋게 생긴다.

**52** 죽을 만들고자 한다면 쌀에 몇 배의 물을 넣고 쑤어야 하는가?

① 2배 ② 4배
③ 6배 ④ 8배

**53** 전이나 적을 만들 때 좋은 생선은?

① 붉은살 생선 ② 흰살 생선
③ 기름진 생선 ④ 참치

**54** 쌀을 굵게 갈아 쑨 죽은?

① 무리죽 ② 옹이
③ 원미죽 ④ 옹근죽

**55** 고추장으로 간을 한 찌개는?

① 조치 ② 감정
③ 전골 ④ 지짐이

**56** 고명으로 사용하지 않은 재료는?

① 마늘 ② 달걀 지단
③ 미나리초대 ④ 석이버섯

**57** 대파를 분류하여 사용할 때 찌개나 육수를 낼 때 적당한 파는?

① 대파의 흰 부분 ② 실파
③ 대파의 푸른 부분 ④ 쪽파

**58** 음양오행설을 바탕으로 오방색인 흰색, 녹색, 노란색, 붉은색과 검은색 식품을 고명으로 사용하는 데 석이버섯의 색은?

① 검은색 ② 노란색
③ 녹색 ④ 붉은색

**59** 쌀 침지 시간으로 밥맛이 가장 좋은 시간은?

① 씻자마자 바로 ② 30분
③ 2시간 ④ 3시간

**60** 쌀을 반으로 으깨서 싸래기를 만들어 쑨 죽은?

① 옹근죽 ② 원미죽
③ 무리죽 ④ 타락죽

**61** 고추장으로 조미한 찌개는 무엇이라 하는가?

① 지짐 ② 감정
③ 응이 ④ 조치

**62** 부드러운 살코기로서 맛이 좋으며 구이, 전골, 산적용으로 적당한 소고기 부위는?

① 양지, 사태, 목심
② 안심, 채끝, 우둔
③ 갈비, 삼겹살, 안심
④ 양지, 설도, 삼겹살

# CHAPTER 3 정답 및 해설

| 한식 문제 | | | | |
|---|---|---|---|---|
| 01 ① | 02 ③ | 03 ① | 04 ① | 05 ④ |
| 06 ④ | 07 ① | 08 ② | 09 ③ | 10 ④ |
| 11 ① | 12 ② | 13 ③ | 14 ③ | 15 ④ |
| 16 ② | 17 ③ | 18 ① | 19 ③ | 20 ① |
| 21 ③ | 22 ① | 23 ② | 24 ② | 25 ④ |
| 26 ③ | 27 ② | 28 ④ | 29 ④ | 30 ② |
| 31 ① | 32 ④ | 33 ④ | 34 ③ | 35 ② |
| 36 ④ | 37 ② | 38 ④ | 39 ② | 40 ③ |
| 41 ④ | 42 ① | 43 ① | 44 ② | 45 ④ |
| 46 ② | 47 ③ | 48 ③ | 49 ③ | 50 ④ |
| 51 ③ | 52 ③ | 53 ② | 54 ③ | 55 ② |
| 56 ① | 57 ③ | 58 ① | 59 ② | 60 ② |
| 61 ② | 62 ② | | | |

## 01

죽상은 응이, 미음, 죽 등의 유동식을 주식으로 하며 위에 부담이 되지 않는 음식으로 함께 오르는 찬도 찌개는 젓국이나 소금으로 간을 한 맑은 찌개와 김치류는 국물이 있는 나박김치나 동치미가 오른다.

## 02

절식이란 다달이 있는 명절에 차려 먹는 음식을 말하고, 시식은 계절에 따라 나는 식품으로 만드는 음식으로 명절음식과 시절음식을 세시음식이라고 한다.

## 03

세시풍속 정월대보름에는 오곡밥을 먹는다.

## 04

사람이 태어나서 죽음에 이르기까지 통과하여야 하는 의례를 통과 의례라고 하며 임신, 출생, 백일, 돌, 관례, 혼례, 회갑, 회혼례, 상례, 제례 등이 있다. 아이가 태어나서 백일 되는 날인 백일상에 오르는 음식으로는 흰밥과 미역국, 백설기, 수수경단 등인데 백설기는 아기의 순수무구한 순결을 의미하고 수수팥떡은 액막이의 의미가 있다.

## 05

반상차림

- 면상 : 국수를 주식으로 준비하며 흔히 점심에 많이 사용하며 깍두기, 장아찌, 밑반찬, 젓갈 등을 사용하지 않는다.
- 교자상 : 손님에게 내는 상으로 5첩 이상의 반상을 말하며 명절이나 잔칫상으로 사용한다.
- 주안상 : 술을 접대할 때 차리는 상을 말한다.
- 죽상 : 응이, 미음, 죽 등의 유동식을 주식으로 차린 상
- 다과상 : 후식 상으로 또는 식사 대접이 아닐 때에 손님에게 차린 상차림
- 제상 : 조상의 은덕을 추모하여 차리는 상

## 06

반상차림

| 구분 | 밥 | 탕 | 김치 | 종지 | 조치 | 숙채 |
|---|---|---|---|---|---|---|
| 3첩 반상 | ○ | ○ | ○ | 1(간장) | × | 1 |
| 5첩 반상 | ○ | ○ | ○ | 2(간장, 초간장) | 찌개1 | 1 |
| 7첩 반상 | ○ | ○ | ○ | 3(간장, 초간장, 초고추장) | 찌개1 찜 1 | 1 |
| 9첩 반상 | ○ | ○ | ○ | 3(간장, 초간장, 초고추장) | 2 | 1 |
| 12첩 반상 | ○ | ○ | ○ | 3(간장, 초간장, 초고추장) | 2 | 2 |

| 구분 | 생채 | 구이 | 조림 | 전류 | 마른 반찬 | 회 |
|---|---|---|---|---|---|---|

| 3첩 반상 | 1 | 1 | × | × | × | × |
|---|---|---|---|---|---|---|
| 5첩 반상 | 1 | 1 | × | 1 | 1 | × |
| 7첩 반상 | 1 | 1 | 1 | 1 | 1 | 1 |
| 9첩 반상 | 2 | 2 | 1 | 1 | 1 | 1 |
| 12첩 반상 | 2 | 2 | 1 | 2 | 1 | 2 |

07

쌀에 흡수되는 최대수분 흡수량은 20~30%이고 밥의 수분 함량은 65%이다.

08

물은 쌀 중량의 1.5배, 부피의 1.2배

09

곡류는 약 70% 이상의 탄수화물을 함유하고 있다.

10

죽의 종류

- 옹근죽 : 으깨거나 갈지 않고 형태 그대로 쑤는 죽
- 원미죽 : 불린 쌀을 굵게 갈아서 쑤는 죽
- 무리죽(비단죽) : 완전히 곱게 갈아서 쑤는 죽
- 암죽 : 곡식의 마른 가루에 물을 넣고 묽게 쑤는 죽
- 응이 : 죽보다 더 묽어 마실 수 있다.

11

죽 조리

- 죽은 열을 은근하게 오래 끓이기 위해서 바닥이 두꺼운 냄비나 돌이나 옹기로 된 냄비가 좋다.
- 일반적으로 보통 묽기의 죽일 경우 물은 쌀 부피의 5~6배 적당
- 죽 조리 시간을 조절하는 중요한 요소는 물의 함량이다.

12

타락(駝酪)이란 우유를 가리키는 옛말로 궁중에서 보양식으로 사용한 죽

13

죽의 종류

- 옹근죽 : 으깨거나 갈지 않고 형태 그대로 쑤는 죽
- 원미죽 : 불린 쌀을 굵게 갈아서 쑤는 죽
- 무리죽(비단죽) : 완전히 곱게 갈아서 쑤는 죽
- 암죽 : 곡식의 마른 가루에 물을 넣고 묽게 쑤는 죽
- 미음 : 곡물을 통째로 푹 무르도록 끓여서 고운 체에 내린 것
- 응이 : 죽보다 더 묽어 마실 수 있다.

14

밥과 죽의 큰 차이로 물의 양을 들 수 있는데 밥은 용량의 1.2배, 죽은 용량의 5~6배이다.

15

국·탕의 종류

계절과 반찬을 고려해서 메뉴를 구성하는 것이 좋은데 그 종류는 4가지로 분류

- 맑은 국 : 육수를 기본으로 하고 건더기는 적은 편
- 토장국 : 쌀뜨물에 된장이나 고추장을 풀어 감칠맛이 난다.
- 곰국 : 쇠고기의 질긴 부위나 내장, 뼈, 꼬리 등을 오래 끓여 충분히 우려낸 국
- 냉국 : 여름철에 오이냉국, 미역냉국은 신맛을 가미해서 차갑게 먹는 국

16

육수에 조미 재료(파, 마늘, 양파, 생강 등)를 너무 많이 넣게 되면 국물 본래의 시원한 맛이 덜해지므로 주의해야 한다.

17

건더기와 국물의 비율이 4 : 6 또는 3 : 7정도로 담는다.

18

찌개의 분류

- 맑은 찌개 : 소금, 간장, 새우젓으로 간(두부젓국 찌개, 명란젓 찌개 등)
- 토장 찌개 : 된장, 고추장으로 간(된장 찌개, 생선 찌개, 고추장 찌개 등)

19

찌개를 궁중용어로 조치라고 했고, 고추장으로 조미한 찌개는 감정이라고 부른다. 지짐이는 국물이 찌개보다 적고 조림보다 많은 음식이다.

20
한식의 그릇으로 조치보는 찌개를 담는 그릇, 바리는 유기로 된 여성용 밥그릇, 대접은 숭늉, 면, 국수를 담는 그릇, 종지는 간장, 초장, 초고추장 등의 장류와 꿀을 담는 그릇

21
명란젓 찌개는 두부, 무, 파 등을 넣은 새우젓으로 간을 맞춘 담백한 맛의 찌개이다.

22
전 반죽 할 때 재료 선택
- 밀가루, 멥쌀가루, 찹쌀가루 : 묽은 반죽으로 모양이 잡히지 않을 때 사용
- 달걀흰자와 전분 : 부드러운 전을 만들고자 할 때, 전을 흰색으로 만들고자 할 때
- 달걀과 밀가루, 멥쌀가루, 찹쌀가루를 혼합하여 사용하는 경우 : 전의 점성을 높이고 모양을 잡을 때 사용

23
장산적은 산적, 누름적에 속하지 않는다.
- 산적 : 파산적
- 누름적 : 화양적, 두릅적

24
산적은 익히지 않은 재료를 양념하여 꿰어 굽는 것

25
전류는 자체만으로도 사용하지만 신선로나 전골 등에 넣어서 사용 가능하다.

26
생채·회의 종류
- 생채 : 생으로 먹을 수 있는 야채
  더덕생채, 무생채, 오이생채, 배추 겉절이 등
- 회 : 생회(익히지 않은 것)
  육회, 민어회, 굴회 등
- 숙회(익혀서먹는 것) : 두릅회, 미나리강회, 문어숙회 등

27
굴회는 여름철이 산란기이므로 맛이 아리고 독성분이 있어 먹지 않는다.

28
생채는 싱싱한 채소들을 익히지 않고 양념으로 무쳐낸 것이다.

29
미나리강회는 미나리의 잎을 떼고 데쳐 냉수에 헹구고, 고기는 삶아서 뜨거울 때 면보에 싸서 모양을 잡으며 고기와 황·백지단을 길이 맞춰 썰고 데친 미나리로 말아서 꼬지로 매듭을 고정한 요리이다.

30
도라지의 쓴맛 성분인 알칼로이드는 소금물에 담가 우려낸 후 주물러 씻으면 제거할 수 있다.

31
조미료는 입자의 분자량, 향 등을 고려하여 설탕→소금→간장→식초 순서로 양념을 하는 습열조리법

32
장조림용으로 사태살, 우둔살, 홍두깨살과 같이 근육이 발달한 부위를 쓰는 것이 기름기가 없고 씹는 맛이 쫄깃해서 좋다.

33
흰살생선은 지방함량이 적고 담백해서 강한 양념이 필요 없고 붉은생선살은 고추장이나 고춧가루 등을 사용하여 어취를 잡는다.

34
홍합의 살이 붉은 것은 암컷, 흰 것은 수컷으로 단백질과 지질, 비타민이 풍부한 천연 영양식품이다.

35
구이의 종류
- 육류 : 너비아니, 갈비구이, 제육구이 등
- 가금류 : 닭구이, 오리구이 등
- 어패류 : 삼치구이, 민어구이, 도미구이, 대합구이 등
- 기타 : 더덕구이, 송이구이, 가지구이, 김구이 등

36
직접구이 시 열원과 식품과의 거리는 8~10cm가 적당하다.

37
찜, 삶기, 조림은 습열 조리법이다.

38
과일에 들어있는 단백질 분해효소에는 배의 프로테아제, 파인애플의 브로멜린, 무화과의 피신, 파파야의 파파인 등이 있다.

39
완성된 생선구이는 머리가 왼쪽으로 가고 배가 아래쪽을 향하도록 담는다.

40
초벌구이 시 유장의 비율은 간장과 참기름을 1 : 3의 비율로 혼합하여 사용한다.

41
구절판이나 잡채는 복합조리법으로 탕평채, 죽순채, 월과채, 밀쌈 등과 숙채에 해당한다.

42
클로로필은 산성에 불안정하고, 알칼리성에 안정하기 때문에 소금을 넣고 데치면 색이 선명해진다.

43
녹색 채소를 데칠 때 소다를 넣게 되면 녹색은 선명하게 유지되지만, 질감이 물러지고 비타민C가 파괴된다.

44
잡채에 들어가는 부재료는 소고기, 당근, 도라지, 양파, 숙주나물, 목이버섯 등이 있다.

45
고온에서 단시간 조리하기 때문에 영양소의 손실을 가장 줄일 수 있는 방법은 볶음이다.

46
재료가 균일하게 익으며 양념장이 골고루 배어들 수 있도록 바닥이 넓은 큰 팬을 사용한다.

47
내장이 있던 쪽에 사선으로 일정한 간격을 유지하며 칼집을 넣는다.

48
낮은 온도에서 볶으면 많은 기름을 흡수하여 좋지 않다.

49
부재료로 넣는 야채는 연기가 날 정도로 센 불에서 야채를 먼저 볶고, 주재료를 넣고 다시 볶은 후에 양념을 넣어 볶아준다.

50
튀김은 고온에서 단시간으로 조리한다.

51
밀가루 반죽에 기름을 적당히 넣으면 부드럽고 바삭한 맛을 내지만, 과다 사용한 경우 모양이 풀어진다.

52
죽은 곡물에 쌀의 6~7배 정도의 물을 넣고 오래 끓여서 녹말의 상태가 완전 호화 상태까지 푹 무르게 만든 유동식 상태의 음식이다.

53
전이나 적을 만들 때는 흰살 생선을 사용한다.

54
- 무리 죽은 물에 불린 쌀을 갈아서 고운체에 받친 앙금으로 쑨 죽이다.
- 옹이는 원래 율무를 뜻하는 것으로 율무를 곱게 갈아 앙금을 만들어 말려 두었다가 끓인 죽이다.
- 옹근 죽은 불린 쌀을 그대로 참기름으로 볶다가 물을 부어 끓인 죽이다.

55
감정은 국물이 적고 고추장으로 간을 한 찌개이다.

56
고명으로는 달걀지단, 미나리초대, 고추, 실파, 버섯 등이 사용된다.

57
대파의 흰 부분을 사용하면 음식이 깔끔하여 양념으로 사용하고 대파의 푸른 부분은 찌개를 끓이거나 육수를 낼 때 사용한다.

58
흰색(달걀흰자), 노란색(달걀의 노른자), 붉은색(홍고추, 실고추, 대추, 당근), 녹색(미나리, 오이, 풋고추, 호박), 검은색(표고버섯, 석이버섯)

59
쌀의 침지 시간은 30분~1시간이 좋다.

60

옹근죽(쌀알을 그대로 사용하여 쑨 죽), 원미죽(쌀을 반으로 으깨서 쑨 죽), 무리죽(쌀을 갈거나 쌀가루로 쑨 죽)이다.

61

국물을 많이 하는 것을 지짐, 고추장으로 조미한 찌개는 감정이라고 한다.

62

부드러운 살코기로서 맛이 좋으며 구이, 전골, 산적용으로 적당한 쇠고기 부위는 안심, 채끝, 우둔이다.

모의고사 1 196
정답 및 해설 1 203
모의고사 2 207
정답 및 해설 2 213
모의고사 3 217
정답 및 해설 3 223
모의고사 4 227
정답 및 해설 4 235
모의고사 5 241
정답 및 해설 5 249
모의고사 6 253
정답 및 해설 6 259
모의고사 7 263
정답 및 해설 7 269
모의고사 8 273
정답 및 해설 8 279
모의고사 9 283
정답 및 해설 9 289
모의고사 10 293
정답 및 해설 10 299

# PART7

## : 모의고사

CHAPTER 1

# 모의고사 1

**01** 식품영업에 종사하는 영업자나 종사자의 건강진단 검진 주기는?

① 6개월 ② 1년

③ 2년 ④ 3년

**02** 식품위생의 목적이 아닌 것은?

① 식품의 질감 변화

② 위생상의 위해 방지

③ 식품영양의 질적 향상

④ 국민보건의 증진에 이바지

**03** 다음 중 미생물의 필수 생육 조건이 아닌 것은?

① 온도 ② 햇빛

③ 수분 ④ 영양소

**04** 과일의 호흡작용을 억제시켜 미생물의 증식을 막고 보존성을 높이는 보관법은?

① 건조법 ② 훈연법

③ CA저장법 ④ 조사살균법

**05** 식품안전관리인증기준(HACCP) 의 준비단계에서 가장 먼저 해야 할 일은?

① HACCP팀 구성

② 제품의 용도 확인

③ 공정흐름도 작성

④ 제품설명서 작성

**06** 세계보건기구(WHO)에서 제시한 각 나라의 보건 수준을 평가하는 지표가 아닌 것은?

① 평균수명 ② 모성사망률

③ 보통사망률 ④ 비례사망지수

**07** 영아사망률에 대한 설명으로 옳은 것은?

① 연간 사망한 영아의 수

② 연간 출생자 수 100명당 영아 사망자 수

③ 연간 출생자 수 1,000명당 영아 사망자 수

④ 연간 출생자 수 10,000명당 영아 사망자 수

**08** 다음 중 공공부조에 해당하는 것은?

① 국민연금 ② 건강보험

③ 기초연금 ④ 산재보험

**09** 다음 중 에너지를 낼 수 있는 열량 영양소가 아닌 것은?

① 지질 ② 단백질

③ 비타민 ④ 탄수화물

**10** 수분활성도에 대한 설명으로 옳은 것은?

① 순수한 물의 수분활성도는 1이다.

② 대부분 식품의 수분활성도는 1보다 높다.

③ 수분활성도 0.6 이하에서는 미생물이 번식한다.

④ 순수한 물의 수증기압을 식품의 수증기압으로 나눈 값을 의미한다.

**11** 껍질을 깎은 감자가 갈변되었다면 원인이 되는 효소는?

① 리파아제
② 티로시나아제
③ 아스코르빈산
④ 폴리페놀옥시다아제

**12** 다음 중 식품을 조리하는 목적으로 옳지 않은 것은?

① 소화 흡수율이 높아진다.
② 식품에 없던 영양소가 생성된다.
③ 식품이 가지고 있는 나쁜 성분을 제거한다.
④ 조리조작을 통해 식품의 저장성이 높아진다.

**13** 전분의 노화가 가장 잘 일어나는 온도는?

① -20~-10℃
② 0~4℃
③ 15~27℃
④ 60~65℃

**14** 다음 중 영양소의 손실이 가장 적은 육류 조리법은?

① 탕 ② 편육
③ 장조림 ④ 적, 전

**15** 냉동된 육류를 해동하는 방법으로 가장 적합한 것은?

① 실온에 꺼내어 둔다.
② 냉장고에 넣고 서서히 해동한다.
③ 전자렌지의 해동 기능을 이용한다.
④ 뜨거운 물에 담가 급속히 해동한다.

**16** 원가계산의 원칙으로 적합하지 않은 것은?

① 진실성의 원칙
② 비효율성의 원칙
③ 상호관리의 원칙
④ 발생기준의 원칙

**17** 총원가에 대한 설명으로 적합한 것은?

① 판매원가에 이익을 합친 값이다.
② 직적원가에 제조간접비를 더한 값이다.
③ 판매관리비에 제조원가를 합한 값이다.
④ 직접재료비, 직접노무비, 직접경비를 합한 값이다.

**18** 3첩 반상의 찬류에 포함되지 않는 것은?

① 구이 ② 숙채
③ 편육 ④ 장아찌

**19** 어류 비린내의 원인 성분으로 선도 평가에 이용되는 지표 성분은?

① 진저론 ② 커큐민
③ 암모니아 ④ 트리메틸아민

**20** 요구르트는 우유단백질의 어떤 성질을 이용하여 제조하는가?

① 팽윤 ② 수화
③ 응고성 ④ 용해성

**21** 다음에서 설명하는 맛의 현상은?

> 국을 끓일 때 국간장과 소금으로 간을 하는데, 맛을 여러 번 보면 짠맛에 둔해져 간이 짜게 될 수 있다.

① 피로 현상 ② 상쇄 현상
③ 변조 현상 ④ 상승 현상

**22** 「식품위생법」상 표시에 대한 정의로 옳은 것은?

① 식품첨가물에 기재하는 문자, 숫자
② 식품에 들어 있는 영양소의 양 등 영양에 관한 정보 표시
③ 식품, 식품첨가물, 기구 또는 용기, 포장에 적는 문자, 숫자 또는 도형
④ 식품, 식품첨가물, 기구 또는 용기, 포장에 기재하는 문자, 숫자

**23** 카드뮴 만성 중독의 주요 3대 증상이 아닌 것은?

① 단백뇨 ② 폐기종
③ 신장 기능 장애 ④ 빈혈

**24** 식품취급자의 화농성 질환에 의해 감염되는 식중독은?

① 살모넬라 식중독
② 황색포도상구균 식중독
③ 장염비브리오 식중독
④ 병원성 대장균 식중독

**25** 1인당 급수량이 가장 많이 필요한 급식시설은?

① 학교급식 ② 보통급식
③ 산업체급식 ④ 병원급식

**26** 국가의 보건 수준이나 생활수준을 나타내는 데 가장 많이 이용되는 지표는?

① 병상이용률
② 건강보험 수혜자의 수
③ 영아사망률
④ 조출생률

**27** 공중보건에 대한 설명으로 옳지 않은 것은?

① 질병 예방, 수명 연장, 정신적·신체적 효율의 증진을 목적으로 한다.
② 공중보건의 최소단위는 지역사회이다.
③ 환경위생 향상, 감염병 관리 등이 포함된다.
④ 주요 사업 대상은 개인의 질병 치료이다.

**28** 증식에 필요한 최저 수분활성도(Aw)가 높은 미생물부터 바르게 나열된 것은?

① 세균 - 효모 - 곰팡이
② 곰팡이 - 효모 - 세균
③ 세균 - 곰팡이 - 효모
④ 효모 - 곰팡이 - 세균

**29** 화학물질에 의한 식중독으로 일반 중독 증상과 시신경의 염증으로 실명의 원인이 되는 물질은?

① 납
② 수은
③ 메틸알코올
④ 청산

**30** 바이러스(Virus)가 병원체인 감염병은?

① 세균성 이질 ② 폴리오
③ 파라티푸스 ④ 장티푸스

**31** 우유의 초고온순간살균법에 적절한 가열온도와 시간은?

① 132℃에서 2초간
② 150℃에서 5초간
③ 162℃에서 5초간
④ 200℃에서 2초간

**32** 내용물이 산성인 통조림이 개봉된 후 용해되어 나올 수 있는 유해 금속은?

① 주석 ② 비소
③ 카드뮴 ④ 아연

**33** 껌 기초제로 사용되며, 피막제로도 사용되는 식품 첨가물은?

① 초산비닐수지
② 에스테르검
③ 폴리이소부틸렌
④ 포리소르베이트

**34** 유해 감미료에 해당하는 것은?

① 둘신 ② D-소르비톨
③ 자일리톨 ④ 아스파탐

**35** HACCP에 대한 설명으로 틀린 것은?

① 위해 방지를 위한 사전 예방적 식품안전관리 체계를 말한다.
② 어떤 위해를 미리 예측하여 그 위해 요인을 사전에 파악하는 것이다.
③ 미국, 일본, 유럽연합, 국제기구(CODEX, WHO) 등에서도 모든 식품에 HACCP을 적용할 것을 권장하고 있다.
④ HACCP 12절차의 첫 번째 단계는 위해요소 분석이다.

**36** 「식품위생법」상 조리사 면허를 받을 수 없는 사람은?

① 미성년자
② 마약중독자
③ B형간염환자(비활동성 보균자)
④ 조리사 면허의 취소처분을 받고 그 취소된 날부터 1년이 지난 자

**37** 「식품위생법」상 용어에 대한 정의로 옳지 않은 것은?

① '집단급식소'라 함은 영리를 목적으로 하는 급식시설을 말한다.
② '식품'이라 함은 의약으로 섭취하는 것을 제외한 모든 음식물을 말한다.
③ '위해'라 함은 식품, 식품첨가물, 기구 또는 용기·포장에 존재하는 위험요소로서 인체의 건강을 해치거나 해칠 우려가 있는 것을 말한다.
④ '용기·포장'이라 함은 식품을 넣거나 싸는 것으로서 식품을 주고받을 때 함께 건네는 물품을 말한다.

**38** 「식품위생법」상 영업의 신고대상 업종이 아닌 것은?

① 일반음식점영업
② 단란주점영업
③ 휴게음식점영업
④ 식품제조·가공업

**39** 「식품위생법」상 조리사를 두어야 할 영업이 아닌 것은?

① 지방자치단체가 운영하는 집단급식소
② 병원이 운영하는 집단급식소
③ 식품첨가물 제조업소
④ 복어 조리 판매업소

**40** 온열 요인에 해당하지 않는 것은??

① 기온 ② 기습
③ 기류 ④ 기압

**41** 수질의 오염정도를 파악하기 위한 BOD(생물학적 산소요구량)의 측정 시 일반적인 온도와 측정기간은?

① 10℃에서 5일간
② 10℃에서 10일간
③ 20℃에서 5일간
④ 20℃에서 10일간

**42** 구충·구서의 일반 원칙과 가장 거리가 먼 것은?

① 구제 대상동물의 발생원을 제거한다.
② 대상동물의 생태, 습성에 따라 실시한다.
③ 광범위하게 동시에 실시한다.
④ 성충시기에 구제한다.

**43** 잠함병의 발생과 가장 관련 있는 환경 요소는?

① 저압과 산소
② 고압과 질소
③ 고온과 이산화탄소
④ 저온과 일산화탄소

**44** 우리나라에서 공공부조에 해당하는 것은?

① 생명보험 ② 국민연금
③ 고용보험 ④ 의료보험

**45** 감염병 중 생후 가장 먼저 예방접종을 실시하는 것은?

① 백일해 ② 파상풍
③ 홍역 ④ 결핵

**46** 눈 보호를 위해 가장 적합한 인공조명 방식은?

① 직접조명 ② 간접조명
③ 반직접조명 ④ 전반확산조명

**47** 소독의 지표가 되는 소독제는?

① 석탄산 ② 크레졸
③ 과산화수소 ④ 포르말린

**48** 「식품위생법」상 식중독 환자를 진단한 의사가 제일 먼저 보고하여야 하는 사람은?

① 보건소장
② 경찰서장
③ 보건복지부장관
④ 관할 시장·군수·구청장

**49** 인분을 사용한 밭에서 특히 경피적 감염을 주의해야 하는 기생충은?

① 십이지장충 ② 요충
③ 회충 ④ 말레이사상충

**50** 화학성 식중독의 원인이 아닌 것은?

① 설사성 패류 중독
② 환경오염에 기인하는 식품 유독 성분 중독
③ 중금속에 의한 중독
④ 유해성 식품첨가물에 의한 중독

**51** 관능을 만족시키는 식품첨가물이 아닌 것은?

① 동클로로필린나트륨
② 질산나트륨
③ 아스파탐
④ 소르빈산

**52** 소분업 판매를 할 수 있는 식품은?

① 전분 ② 식용유지
③ 식초 ④ 빵가루

**53** 모든 미생물을 제거하여 무균 상태로 하는 조작은?

① 소독 ② 살균
③ 멸균 ④ 방부

**54** 육류의 발색제로 사용되는 아질산염이 산성 조건에서 식품 성분과 반응하여 생성되는 발암성 물질은?

① 지질 과산화물(Aldehyde)
② 벤조피렌(Benzopyrene)
③ 니트로사민(Nitrosamine)
④ 포름알데히드(Formaldehyde)

**55** 알레르기성 식중독을 유발하는 세균은?

① 병원성 대장균(E.coli O157 : H7)
② 모르가넬라 모르가니(Morganella Morganii)
③ 엔테로박터 사카자키(Enterobacter Sakazakii)
④ 비브리오 콜레라(Vibrio Cholera)

**56** 하수의 오염 측정방법과 관련 없는 것은?

① THM의 측정
② COD의 측정
③ DO의 측정
④ BOD의 측정

**57** 인수공통감염병에 해당하지 않는 것은?

① 광견병
② 탄저
③ 고병원성조류인플루엔자
④ 백일해

**58** 소음의 측정 단위인 dB(Decibel)이 나타내는 것은?

① 음압 ② 음역
③ 음파 ④ 음속

**59** 식품공정상 표준온도는?

① 5℃ ② 10℃
③ 15℃ ④ 20℃

**60** 황변미 중독을 일으키는 오염 미생물은?

① 곰팡이 ② 효모
③ 세균 ④ 기생충

MEMO

# 정답 및 해설 1

| 모의고사1회 | | | | |
|---|---|---|---|---|
| 01 ② | 02 ① | 03 ② | 04 ③ | 05 ① |
| 06 ② | 07 ③ | 08 ③ | 09 ③ | 10 ① |
| 11 ② | 12 ② | 13 ② | 14 ④ | 15 ② |
| 16 ② | 17 ③ | 18 ③ | 19 ④ | 20 ③ |
| 21 ① | 22 ③ | 23 ④ | 24 ② | 25 ④ |
| 26 ③ | 27 ② | 28 ① | 29 ③ | 30 ② |
| 31 ① | 32 ① | 33 ① | 34 ① | 35 ④ |
| 36 ② | 37 ① | 38 ② | 39 ③ | 40 ④ |
| 41 ③ | 42 ④ | 43 ② | 44 ④ | 45 ④ |
| 46 ② | 47 ① | 48 ④ | 49 ① | 50 ① |
| 51 ④ | 52 ④ | 53 ③ | 54 ③ | 55 ② |
| 56 ① | 57 ④ | 58 ① | 59 ④ | 60 ① |

01

식품영업에 종사하는 영업자나 종사자는 매년 1회(건강진단 검진을 받은 날 기준) 건강진단을 받아야 한다.

02

식품위생의 목적은 식품으로 인한 위생상의 위해를 방지하고 식품영양의 질적 향상을 도모하며 식품에 관한 올바른 정보를 제공하여 국민보건의 증진에 이바지하는 것이다.

03

미생물의 생육에는 온도, 산소, 영양소, 수분, pH 등이 필요하며 미생물 증식의 3대 생육 조건은 수분, 영양소, 온도이다.

04

CA저장법(가스저장법)은 과일이나 채소의 호흡작용을 억제시켜 숙성을 방지하고 미생물의 증식을 막아 보존성을 높이는 방법이다.

05

HACCP의 준비단계는 'HACCP팀 구성 - 제품설명서 작성 - 제품의 용도 확인 - 공정흐름도 작성 - 공정흐름도 현장 확인'순이다.

06

세계보건기구(WHO)에서 제시한 각 나라의 보건 수준을 평가하는 지표는 평균수명, 비례사망지수, 보통사망률, 영아사망률이다.

07

영아사망률은 한 나라의 보건 수준을 평가하는 가장 대표적인 지표로 연간 출생자 수 1,000명당 영아 사망자 수를 계산하여 나타낸다.

08

공공부조에는 의료급여, 기초연금, 기초생활보장 등이 해당된다. 국민연금, 건강보험, 산재보험은 사회보험이다.

09

에너지를 낼 수 있는 열량 영양소에는 탄수화물, 단백질, 지질이 있다.

10

수분활성도(Aw)란 식품의 수증기압을 순수한 물의 수증기압으로 나눈 값으로 순수한 물의 수분활성도는 1이다. 또한 대부분 식품의 수분활성도는 1보다 낮으며 수분활성도 0.6 이하가 되면 미생물이나 세균이 번식하기 어려운 환경이 된다.

11

감자의 갈변은 효소적 갈변으로 티로시나아제가 작용하여 감자의 색을 변색시킨다.

12

식품에 없던 영양소가 생성되지는 않으며 기존에 식품이 가지고 있던 영양소가 보존되는 효과가 있다.

13

노화는 0~4℃의 냉장온도에서 가장 빠르게 일어나며 0℃ 이하이거나 60℃ 이상에서는 노화가 억제된다.

14

적과 전의 경우 기름에서 고온으로 단시간에 조리하므로 보기의 육류 조리법 중 영양소의 손실이 가장 적다.

15

냉동식품의 경우 냉장고에 꺼내두고 저온으로 서서히 해동하는 것이 품질의 변화가 가장 적고 위생적이다.

16

원가계산의 원칙으로는 진실성의 원칙, 계산경제성의 원칙, 발생기준의 원칙, 확실성의 원칙, 정상성의 원칙, 상호관리의 원칙, 비교성의 원칙이 있다.

17

총원가는 판매관리비에 제조원가를 합한 값이다.

18

3첩 반상에는 구이(또는 조림), 숙채(또는 생채), 장아찌(또는 젓갈이나 마른 찬)가 포함되며 편육은 7첩 반상 이상에 포함되는 찬류이다.

19

식품의 맛과 냄새

생선이 세균에 의해 부패되기 시작하면 트리메틸아민의 생성량이 많아지고 비린내가 강해져 생선의 선도 평가에 이용된다.

① 진저론은 생강, ② 커큐민은 강황, ③ 암모니아는 홍어의 냄새 성분이다.

20

축산물의 조리/가공/저장

요구르트는 우유나 탈지우유에 함유되어 있는 유당의 응고성을 이용한 유제품이다. 유당을 이용하는 유산균을 넣어 발효시키면 유기산이 발생되고, 우유단백질인 카제인과 만나 응고된다.

21

식품의 맛과 냄새

같은 맛을 계속 섭취하면 그 맛을 알 수 없게 되거나 다르게 느끼는 현상으로, 피로 현상에 대한 설명이다.

② **상쇄 현상**: 서로 다른 맛 성분을 혼합하면 각각의 고유한 맛을 내지 못하고 맛이 약해지거나 없어진다.
③ **변조 현상**: 한 가지 맛 성분을 먹고 바로 다른 맛 성분을 먹으면 처음 맛이 다르게 느껴진다.
④ **상승 현상**: 같은 맛 성분을 혼합하면 맛이 더 강해진다.

22

표시란 식품, 식품첨가물, 기구 또는 용기, 포장에 적는 문자, 숫자 또는 도형을 말한다.

23

카드뮴 만성 중독의 주요 3대 증상으로는 폐기종, 신장기능 장애, 단백뇨가 있다.

24

① **살모넬라 식중독** : 쥐, 바퀴벌레, 파리, 가축 등으로 오염된 식품 섭취 시 감염된다.
③ **장염비브리오 식중독** : 오염된 해수, 흙, 해수 세균 등과 오염된 조리 기구를 통해 감염된다.
④ **병원성 대장균 식중독** : 우유, 환자 및 보균자, 동물의 분변에 직, 간접적으로 오염된 조리식품의 섭취로 감염된다.

25

1인당 급수량은 '학교급식 < 공장급식 < 기숙사급식 < 병원급식'순이다.

26

영아사망률은 생후 1년 미만인 영아의 사망률로 국가의 보건수준을 나타내는 대표적인 지표로 이용된다.

27

공중보건의 대상은 개인이 아닌 지역사회의 인간 집단이다.

28

최저 수분활성도(Aw)는 세균이 0.91 이상으로 가장 높고, 효모는 0.88, 곰팡이는 0.65~0.80이다.

29

메틸알코올(메탄올)에 중독되면 두통, 구토, 설사 등의 증상이 생기고, 심할 경우 시신경염증으로 인한 실명, 호흡곤란, 사망이 이르게 된다.

30
바이러스가 병원체인 것은 폴리오(소아마비)이다.

31
초고온순간살균법은 130~140℃에서 2초간 살균하는 방법으로, 영양 손실이 적고 완전 멸균이 가능하다.

32
통조림 캔의 철이 녹스는 것을 막기 위해 주석을 코팅한다. 통조림 내용물의 산성이 강하면 통조림 캔으로부터 주석이 용출될 수 있다.

33
초산비닐수지는 츄잉껌의 기초제, 과실의 피막제로 사용된다.

34
유해 감미료에는 둘신, 사이클라메이트, 페릴라틴, 에틸렌글리콜 등이 있다.

35
HACCP 12절차의 첫 번째 단계는 HACCP팀 구성이다.

36
조리사의 결격사유로는 정신질환자, 감염병환자(B형간염환자는 제외), 마약이나 그 밖의 약물 중독자, 조리사 면허의 취소처분을 받고 그 취소된 날부터 1년이 지나지 아니한 자가 해당한다.

37
「식품위생법」상 집단급식소라 함은 영리를 목적으로 하지 아니하면서 특정 다수인에게 계속하여 음식물을 공급하는 급식시설을 말한다.

38
단란주점영업 및 유흥주점영업은 영업허가를 받아야 하는 업종이다.

39
집단급식소(국가 및 지방자치단체, 학교, 병원 및 사회복지시설 등) 운영자와 복어를 조리, 판매하는 영업을 하는 식품접객업자는 조리사를 두어야 한다.

40
감각온도 3요소는 기온, 기습, 기류이다. 이에 복사열을 더하면 감각온도의 4요소가 된다.

41
BOD 측정 시 20℃에서 5일간 측정한다.

42
구충·구서는 발생 초기에 실시하는 것이 성충 시기에 실시하는 것보다 효과적이다..

43
잠항병은 수압이 높은 바다에 들어갔다가 수면 위로 올라오면 체내에 녹아있던 질소가 갑작스럽게 기포를 만들면서 혈액 속을 돌아다니며 몸에 통증을 유발하는 증상이다.

44
우리나라의 4대 보험은 국민연금, 건강보험, 고용보험, 산재보험이다.

45
결핵 예방접종은 생후 4주 이내에 실시한다.

46
간접조명은 시력을 보호하고 눈의 건강을 지키는 데 가장 적합한 조명이다.

47
석탄산은 살균력이 안전하고 유기물에도 소독력이 약화되지 않기 때문에 석탄산 계수는 소독약의 살균력을 나타내는 기준이 된다.

48
「식품위생법」 제 86조에 의거하여 식중독 환자나 식중독이 의심되는 자를 진단한 의사나 한의사는 관할 시장·군수·구청장에게 보고하여야 한다.

49
십이지장충은 소장에서 기생하는 기생충으로, 경피감염과 경구감염이 가능하다. 식품을 통해 경구 감염되거나 손, 발을 통해 체내에 침입하므로 분뇨 처리한 흙과 접촉을 피해야 하며, 인분을 사용한 곳에서는 맨손, 맨발 작업을 피해야 한다.

**50**

설사성 패류 중독은 유독성 플랑크톤을 섭취한 패류를 섭취한 후 발생하며, 설사, 복통 등 소화기계 이상증상을 일으키는 자연독 식중독에 해당한다.

**51**

소르빈산은 식품의 변질이나 부패를 방지하기 위한 보존료에 해당한다.

**52**

통·병조림 제품, 레토르트식품, 냉동식품, 어육제품, 특수용도식품(체중 조절용 조제식품은 제외), 식초, 전분은 이를 소분·판매하여서는 아니 된다.

**53**

멸균은 비병원균, 병원균 등의 미생물을 아포까지 사멸시켜 무균 상태로 만드는 것이다.

① 소독 : 병원미생물의 생활을 파괴하여 감염력을 약화시키는 것이다.
② 살균 : 미생물에 물리적·화학적 자극을 가하여 미생물의 세포를 사멸시키는 것이다.
④ 방부 : 미생물의 증식을 억제하고 식품의 부패나 발효를 방지하는 것이다.

**54**

햄, 소시지 등의 가공 시 붉은색을 유지하기 위하여 질산나트륨 또는 질산칼륨을 첨가하는데, 이렇게 첨가된 질산염은 아질산으로 변화한 후 단백질 분해산물인 아민과 반응하여 니트로사민이라는 발암물질을 형성한다.

**55**

알레르기성 식중독의 원인균인 모르가넬라 모르가니균은 잔내 세균과 모르가넬라속에 속하는 단백질 부패 세균으로, 꽁치, 고등어와 같은 히스티딘이 많은 붉은살 어류에 부착·증식하여 히스타민과 유해 아민계 물질을 생성하며, 몸에 두드러기가 나고 열이 나는 증상을 일으킨다.

**56**

THM이란 트리할로메탄을 칭하는 용어로, 수돗물의 원수를 염소 처리하는 과정에서 생성되는 환경오염물질이므로 하수의 오염 측정 방법과 관련 없다.

COD(화학적 산소요구량), DO(용존산소량), BOD(생화학적 산소요구량)는 하수오염 조사에 사용된다.

**57**

백일해는 호흡기계 감염병이다.

**58**

데시벨(dB)은 사람이 들을 수 있는 음압과 음의 강도의 범위를 나타내는 단위이다.

**59**

식품공정상 표준온도는 20℃, 상온은 15~25℃, 실온은 1~35℃, 미온은 30~40℃이다.

**60**

황변미(Yellowed Rice)는 곰팡이독이 원인이 되어 중독을 일으키는데, 수분 14~15%를 함유한 쌀에 곰팡이가 번식하여 누렇게 변색되는 현상을 말한다.

CHAPTER 2

# 모의고사 2

**01** 식품 제조공정에서 거품을 없애는 목적으로 사용되는 식품첨가물은?

① 유화제 ② 보존제
③ 표백제 ④ 소포제

**02** 곰팡이가 곡류와 땅콩 등의 콩류에 침입하여 생성하는 독소는?

① 맥각독 ② 아플라톡신
③ 메탄올 ④ 벤조알파피렌

**03** 덜 익은 매실이나 복숭아씨, 살구씨 등에 함유된 식물성 독성 물질은?

① 무스카린 ② 베네루핀
③ 고시풀 ④ 아미그달린

**04** 한천의 용도가 아닌 것은?

① 훈연제품의 산화방지제
② 푸딩, 양갱 등의 젤화제
③ 유제품, 청량음료 등의 안정제
④ 곰팡이, 세균 등의 배지

**05** 비타민 D의 전구체인 에르고스테롤을 많이 함유한 것은?

① 오이 ② 호박
③ 상추 ④ 표고버섯

**06** 다음중 지용성 비타인으로 짝지어진 것은?

① 비타민 A.D.E.K
② 비타민 A.B.C.D
③ 비타민 A.B.D.E
④ 비타민 A.C.E.K

**07** 쌀과 같이 당질을 많이 먹는 식습관을 가진 한국인에게 대사상 꼭 필요한 비타민은?

① 비타민 $B_1$ ② 비타민 A
③ 비타민 $B_6$ ④ 비타민 D

**08** 소스를 만들 때 전분을 물에 풀어 넣을 때 용액의 성질은?

① 젤(Gel) ② 현탁액
③ 유화액 ④ 콜로이드 용액

**09** 안토시아닌 색소를 함유하는 과일의 붉은색을 보존하려고 할 때 가장 적절한 방법은?

① 식초를 가한다.
② 중조를 가한다.
③ 소금을 가한다.
④ 수산화나트륨을 가한다.

**10** 수분활성도에 대한 설명으로 옳은 것은?

① 임의의 온도에서 식품이 나타내는 수증기압에 대한 같은 온도에 있어서 순수한 물의 최대 수증기압의 비율

② 임의의 온도에서 식품이 나타내는 수증기압

③ 임의의 온도에서 식품의 수분 함량

④ 임의의 온도에서 식품과 물량의 순수한 물의 최대 수증기압

**11** 김치류의 신맛 성분이 아닌 것은?

① 초산(Acetic acid)

② 호박산(Succinic acid)

③ 젖산(Lactic acid)

④ 수산(Oxalic acid)

**12** 쓰거나 신 음식을 맛본 후 금방 물을 마시면 물이 달게 느껴지는데, 이와 관련 있는 현상은?

① 변조 현상 ② 대비 효과

③ 상쇄 현상 ④ 억제 현상

**13** 김의 보관 중 변질을 일으키는 인자와 거리가 먼 것은?

① 산소 ② 광선

③ 저온 ④ 수분

**14** 원가의 종류에 대한 설명으로 옳은 것은?

① 직접원가 = 직접재료비 + 직접노무비 + 직접경비 + 일반관리비

② 제조원가 = 직접원가 + 제조간접비

③ 총원가 = 제조원가 + 지급이자

④ 판매가격 = 총원가 + 직접원가

**15** 식품의 구매방법으로 필요한 품목, 수량을 표시하여 업자에게 견적서를 제출받고 품질이나 가격을 검토한 후 낙찰자를 정하여 계약을 체결하는 것은?

① 수의계약 ② 경쟁입찰

③ 대량구매 ④ 계약구입

**16** 채소 검수 시 신선한 것이 아닌 것은?

① 양상추 - 바깥쪽 잎이 싱싱하고 녹색이며, 단단하고 무거운 것

② 배추 - 잎이 연하며 굵은 섬유질이 없고, 누런 떡잎이 없으며 속에 심이 없는 것

③ 오이 - 굵기가 고르며, 매끈하고 가벼운 것

④ 대파 - 줄기가 시들거나 억세지 않고, 흰 대가 굵고 긴 것.

**17** 식단 작성 시 필요한 사항과 가장 거리가 먼 것은?

① 식품 구입방법

② 영양 시준량 산출

③ 3식 영양량 배분 결정

④ 음식수의 계획

**18** 조리의 목적으로 옳은 것은?

① 식품의 기호성이 감소된다.

② 식품의 영양가가 향상된다.

③ 가열조작에 의해서만 이루어진다.

④ 식품의 영양적 효용성이 증가한다.

**19** 식품을 절단하는 목적으로 옳은 것은?

① 식품의 부패를 방지하기 위해서이다.

② 식품 고유의 맛과 향을 향상시키기 위해서이다.

③ 영양소의 손실을 최소화하기 위해서이다.

④ 표면적을 크게 하여 열전도율을 상승시키기 위해서이다.

**20** 조리 중 소금의 역할로 옳은 것은?
① 미생물의 발육이 잘 된다.
② 전분의 노화를 억제한다.
③ 두부 조리 시 질감을 부드럽게 한다.
④ 생선구이에서 석쇠에 붙게 한다.

**21** 밥맛에 영향을 주는 인자에 대한 설명으로 옳은 것은?
① 조리용수는 pH 5~6이 적당하다.
② 지나치게 건조된 쌀은 밥맛이 없다.
③ 아밀로펙틴의 함량이 낮을수록 밥맛이 좋다.
④ 열원, 조리용기의 재질은 밥맛에 영향을 미치지 않는다.

**22** 밀가루 반죽에서 글루텐 형성을 억제하는 물질은?
① 우유 ② 소금
③ 설탕 ④ 난백

**23** 밀가루 반죽에서 소금의 역할로 옳은 것은?
① 반죽을 부풀게 한다.
② 글루텐의 구조를 단단하게 한다.
③ 반죽의 색을 좋게 한다.
④ 반죽 내에서 단백질의 연화작용을 한다.

**24** 부드러운 살코기로 맛이 좋으며, 구이, 전골, 산적용으로 적당한 소고기 부위는?
① 양지, 사태, 목심
② 안심, 채끝, 우둔
③ 갈비, 삼겹살, 안심
④ 양지, 설도, 삼겹살

**25** 달걀을 삶았을 때 난황주위에 일어나는 암녹색의 변색에 대한 설명으로 옳은 것은?
① 100℃의 물에서 5분 이상 가열 시 나타난다.
② 신선한 달걀일수록 색이 진해진다.
③ 난황의 철과 난백의 황화수소가 결합하여 생성된다.
④ 낮은 온도에서 가열할 때 색이 더욱 진해진다.

**26** 흰색 야채의 경우 흰색을 그대로 유지할 수 있는 방법으로 옳은 것은?
① 야채를 제친 후 곧바로 찬물에 담가둔다.
② 약간의 식초를 넣어 삶는다.
③ 야채를 물에 담가 두었다가 삶는다.
④ 약간의 중조를 넣어 삶는다.

**27** 설탕 용액이 캐러멜화 되는 일반적인 온도는?
① 50~60℃ ② 70~80℃
③ 100~110℃ ④ 180~200℃

**28** 생선의 비린내를 억제하는 방법으로 적절하지 않은 것은?
① 물로 깨끗이 씻어 수용성 냄새 성분을 제거한다.
② 처음부터 뚜껑을 닫고 끓여 생선을 완전히 응고시킨다.
③ 조리 전에 우유에 담가 둔다.
④ 생선 단백질이 응고된 후 생강을 넣는다.

**29** 난백으로 거품을 만들 때 이에 대한 설명으로 옳은 것은?
① 레몬즙을 1~2방울 떨어뜨리면 거품 형성이 용이하다.
② 지방은 거품 형성을 용이하게 한다.
③ 소금은 거품의 안정성에 기여한다.
④ 묽은 달걀보다 신선란이 거품 형성을 용이하게 한다.

**30** 찜 조리에 대한 설명으로 옳은 것은?

① 찌는 도중에 조미할 수 있다.

② 수용성 영양 성분의 손실이 많다.

③ 유동성 식품은 용기에 넣어도 찔 수 없다.

④ 쉽게 부서지지 않고 맛이나 향기를 유지하는 조리법이다.

**31** 유지의 산패를 차단하기 위해 사용하는 물질은?

① 보존제 ② 발색제

③ 항산화제 ④ 표백제

**32** 국소진동으로 인한 질병 및 직업병의 예방 대책이 아닌 것은?

① 보건교육 ② 완충장치

③ 방열복 착용 ④ 작업시간 단축

**33** 다음중 황을 함유하는 아미노산이 아닌 것은?

① 메티오닌 ② 아르기닌

③ 시스테인 ④ 시스틴

**34** 자외선에 의한 인체 건강 장애가 아닌 것은?

① 설안염 ② 피부암

③ 폐기종 ④ 백내장

**35** 생균을 이용하여 인공능동면역이 되며, 면역 획득에 있어서 영구면역성인 질병은?

① 세균성 이질 ② 폐렴

③ 홍역 ④ 임질

**36** 130~140℃에서 1~2초간 가열하는 우유의 살균 방법은?

① 저온살균법

② 고압증기멸균법

③ 고온단시간살균법

④ 초고온순간살균법

**37** 사시, 동공확대, 언어장애 등의 특유의 신경마비 증상을 나타내며 비교적 높은 치사율을 보이는 식중독 원인균은?

① 클로스트리디움 보툴리눔균

② 포도상구균

③ 병원성 대장균

④ 셀레우스균

**38** 이타이이타이병의 유발물질은?

① 수은(Hg) ② 납(Pb)

③ 칼슘(Ca) ④ 카드뮴(Cd)

**39** 다음중 비중격천공을 일으키는 중금속은?

① 수은(Hg) ② 납(Pb)

③ 칼슘(Ca) ④ 크롬(Cr)

**40** 수질의 분변오염지표균은?

① 장염비브리오균 ② 대장균

③ 살모넬라균 ④ 웰치균

**41** 집단급식소를 설치·운영하려는 자의 식품위생교육 시간은?

① 6시간 ② 4시간

③ 8시간 ④ 2시간

**42** 용존산소량의 측정(DO)에 대한 설명으로 옳지 않은 것은?

① 하수 중에 들어 있는 산소량이다.
② 용존산소량은 4~5ppm이상이어야 한다.
③ 용존산소량이 낮을수록 오염도가 높다.
④ 물속에 존재하는 수소이온량을 나타내는 지수이다.

**43** 작업장의 조명과 바닥 관리에 대한 설명으로 옳지 않은 것은?

① 대부분의 작업장은 백열등이나 형광등을 사용한다.
② 스테인리스로 된 작업 테이블을 사용한다.
③ 조리작업장의 권장 조도는 143~161Lux이다.
④ 작업대에 사용되는 날카로운 조리기구 등은 미끄럼 사고 등의 원인으로 재해로 발전할 수 있다.

**44** 결합수에 대한 설명으로 옳지 않은 것은?

① 수용성 물질을 녹일 수 없어 용매로 작용이 불가능하다.
② 미생물의 번식에 이용이 불가능하다.
③ 미생물 번식에 이용이 가능하다.
④ 자유수보다 밀도가 크다.

**45** 탄수화물의 다당류에 해당하지 않는 것은?

① 전분　② 섬유소
③ 포도당　④ 펙틴

**46** 불포화지방산인 식물성 기름을 가공식품으로 만들 때 산패를 억제하기 위해 수소를 첨가하는 과정에서 생기는 지방산은?

① 필수지방산
② 트랜스지방산
③ 불포화지방산
④ 포화지방산

**47** 피부의 상피 세포를 보호하고 눈의 기능을 좋게 하는 지용성 비타민은?

① 비타민D　② 비타민E
③ 비타민F　④ 비타민A

**48** 육색소라고도 하며, 가축의 종류, 연령, 근육 부위에 따라 함량이 달라지는 동물성 색소는?

① 미오글로빈　② 헤모글로빈
③ 아스타산틴　④ 멜라닌

**49** 쓴맛의 성분과 식품의 연결이 옳지 않은 것은?

① 쿠쿠르비타신 - 오이의 꼭지 부분
② 나린진 - 밀감, 자몽
③ 테인 - 차류
④ 케르세틴 - 맥주(호프)

**50** 단팥죽에 약간의 소금을 첨가하여 단맛을 좋게 하는 것과 관련 있는 맛의 변화 현상은?

① 대비 현상　② 상쇄 현상
③ 변조 현상　④ 억제 현상

**51** 식품과 유독성분의 연결이 옳지 않은 것은?

① 복어 - 테트로도톡신
② 맥각 - 에르고톡신
③ 감자 - 솔라닌
④ 면실유 - 무스카린

**52** 재료를 직화로 굽는 방법으로 높은 온도에서 조리하는 방법은?

① 볶기(Sauteing, 소테)
② 굽기(Broilling, 브로일링)
③ 지지기(Pan-frying, 팬-프라이)
④ 튀기기(Deep-frying, 딥-프라이)

**53** 감각온도의 3요소에 해당하지 않는 것은?

① 기온 ② 기습
③ 기류 ④ 기압

**54** 중간숙주 없이 감염이 가능한 기생충은?

① 아나사키스 ② 회충
③ 폐흡충 ④ 간흡충

**55** 우리나라의 경우 계량컵(1C)은 몇 mL(cc)인가?

① 150 ② 200
③ 240 ④ 300

**56** 매개 곤충과 질병의 연결이 옳지 않은 것은?

① 이 - 발진티푸스
② 쥐 벼룩 - 페스트
③ 모기 - 사상충증
④ 벼룩 - 렙토스피라증

**57** 달걀의 녹변 현상이 잘 일어나는 경우에 해당하지 않는 것은?

① 삶은 즉시 찬물에 넣어 식히지 않은 경우
② 신선도가 낮은 경우
③ 가열 온도가 높은 경우
④ 가열 시간이 짧은 경우

**58** 감염형 식중독의 원인균이 아닌 것은?

① 살모넬라균
② 장염비브리오균
③ 병원성 대장균
④ 보톨리누스균

**59** 간흡충증의 제2중간숙주는?

① 잉어 ② 쇠우렁이
③ 물벼룩 ④ 다슬기

**60** 장독소(엔테로톡신)을 가지고 있는 식중독은?

① 살모넬라 식중독
② 황색포도상구균 식중독
③ 크로스트리듐 보톨리늄 식중독
④ 장염비브리오 식중독

# CHAPTER 2 정답 및 해설 2

| 모의고사2회 | | | | |
|---|---|---|---|---|
| 01 ④ | 02 ② | 03 ④ | 04 ① | 05 ④ |
| 06 ① | 07 ① | 08 ② | 09 ① | 10 ① |
| 11 ④ | 12 ① | 13 ③ | 14 ② | 15 ② |
| 16 ③ | 17 ① | 18 ② | 19 ④ | 20 ③ |
| 21 ② | 22 ③ | 23 ② | 24 ② | 25 ③ |
| 26 ② | 27 ④ | 28 ② | 29 ① | 30 ④ |
| 31 ③ | 32 ③ | 33 ② | 34 ③ | 35 ③ |
| 36 ④ | 37 ① | 38 ④ | 39 ④ | 40 ② |
| 41 ① | 42 ④ | 43 ② | 44 ③ | 45 ③ |
| 46 ② | 47 ④ | 48 ① | 49 ④ | 50 ① |
| 51 ④ | 52 ② | 53 ④ | 54 ② | 55 ② |
| 56 ④ | 57 ④ | 58 ④ | 59 ① | 60 ② |

### 01
① 유화제 : 서로 섞이지 않는 물과 기름을 혼합하여 잘 섞이게 하는 식품첨가물이다.
② 보존제 : 부패 미생물의 증식을 막아 식품의 저장 및 신선도를 연장시킬 목적으로 사용되는 식품첨가물이다.
③ 표백제 : 식품 제조 중 식품의 갈변, 착색의 변화를 억제하기 위해 사용하는 식품첨가물이다.

### 02
① 맥각독 : 보리, 밀, 호밀 등에 에르고톡신이나 에르고타민의 곰팡이독을 생성한다.
③ 메탄올 : 정제가 불충분한 에탄올이나 증류주 등에 미량 함유되어 있어 중독증상이 심할 경우 시각장애를 초래할 수 있다.
④ 벤조알파피렌 : 석유, 석탄, 목재, 식품(훈제육이나 태운 고기)등을 태울 때 불완전 연소로 생성된다.

### 03
복숭아씨, 살구씨, 청매 등에는 아미그달린이라는 물질이 있어 효소에 의해 유독성분인 청산이 분해되어 식중독을 일으킬 수 있다.

### 04
한천은 식품공업품, 의약품, 미생물 배지, 화장품 등의 다양한 용도로 사용되고 있으며, 식품산업에서 주로 겔화제, 안정제, 점증제 등으로 이용된다.

### 05
표고버섯은 에르고스테롤을 많이 함유하고 구아닐산에 의해 감칠맛을 낸다.

### 06
지용성 비타민은 A.D.E.K 이다.

### 07
비타민 $B_1$(티아민 : Tiamin)
- 기능 : 포도당이 분해될 때 필요하며, 위액분비를 촉진하고 식욕을 증진시킴
- 특징 : 마늘의 매운맛 성분인 알리신에 의해 흡수율 증가
- 결핍증 : 각기병, 다발성 신경염
- 공급원 : 녹색채소, 돼지고기, 육류의 간 및 내장, 어류

### 08
현탁액이란 액체 속에 미세한 고체 입자가 분산해서 떠 있는 것으로, 탕수육 조리 시 전분을 물에 풀어 넣을 때 용액의 성질이다.

### 09
안토시아닌은 적색·자색·청색의 채소 및 과일에 있는 수용성 색소이다. 가지를 삶을 때 백반을 넣으면 보라색을 유지하고, 생강(담황색)을 식초에 절이면 붉게 변하는 것은 안토시아닌 색소를 함유하고 있기 때문이다.

### 10
수분활성도(Aw)는 임의의 온도에서 식품이 나타내는 수증기압($P_0$)을 그 온도에서 순수한 물의 최대 수증기압($P_0$)으로 나눈 것이다.

11

수산(Oxalic acid)은 시금치에 많이 함유되어 있으며, 무색으로 전분을 가수분해하여 물엿, 포도당을 제조할 때 이용된다.

12

맛의 변조 현상은 한 가지 맛을 느낀 직후 다른 맛을 보면 원래 식품의 맛이 다르게 느껴지는 현상이다.

② 대비 : 서로 다른 두 가지 맛이 작용하여 주된 맛 성분이 강해지는 현상
③ 상쇄 : 두 종류의 정미 성분이 혼재해 있을 경우 각각의 맛을 느낄 수 없고 조화된 맛을 느끼는 현상
④ 억제 : 서로 다른 정미 성분이 혼합되었을 때 주된 정미 성분의 맛이 약화되는 현상

13

김은 직사광선 및 습기 찬 곳을 피하고 서늘하고 통풍이 잘 되는 곳이나 냉동고에 보관해야 한다.

14

① 직접원가 = 직접재료비 + 직접노무비 + 직접경비
③ 총원가 = 제조원가 + 판매관리비
④ 판매가격 = 총원가 + 이익

15

지명경쟁입찰은 몇몇 업자들을 지명하여 계약조건을 지시한 뒤 조건이 맞으면 입찰시키는 방법으로, 규모가 큰 단체급식에서 식재료를 구매할 때 사용하는 계약방식이다.

16

오이는 굵기가 고르며, 가시가 있고 무거운 느낌이 나는 것이 좋다.

17

식단의 작성 순서

- 영양 기준량 산출 : 한국인 영양섭취기준을 작용하여 성별, 연령, 노동의 강도에 따라 영양량 산출
- 섭취 기준량 산출 : 5가지 기초 식품군이 골고루 섭취될 수 있도록 산출
- 3식 배분 : 주식은 아침 : 점심 : 저녁을 1 : 1 : 1로, 부식은 1 : 1 : 2등으로 하여 음식의 영양 및 가짓수 결정.
- 음식의 가짓수, 요리명 결정 : 음식의 가짓수와 요리명, 요리법 결정
- 식단의 주기 결정 : 1주일, 10일, 1개월분 중에서 결정
- 식량 배분 계획 : 성인 남자 1인 1일분의 식량 구성량에 평균 성인 환산치와 날짜를 곱해 산출
- 식단표 작성 : 요리명, 식재료, 중량, 대치식품, 단가 등 표기

18

조리의 목적은 유해 물질과 불미 성분의 제거, 소화율 증가, 저장성 증가, 식품의 영양적 효용성 증가 등에 있다.

19

식품을 절단하는 목적은 가식부분의 이용 효율을 높이기 위한 것으로 식품의 표면적을 넓게 함으로써 열의 전달이 쉽고, 조미료의 침투를 용이하게 한다. 또한 씹기에 연하고 입안의 느낌을 좋게 할 뿐 아니라 외관을 아름답게 한다.

20

① 소금은 미생물의 발육을 억제한다.
② 소금은 밀가루 반죽을 단단하게 한다.
④ 기름이나 식초는 생선구이에서 석쇠에 붙지 않게 한다.

21

① 물의 pH가 7~8일 때 밥맛이 좋고 산성일수록 맛이 떨어진다.
③ 아밀로펙틴의 함량이 높을수록 밥맛이 좋다.
④ 열전도가 느린 무쇠솥은 끓인 후 열의 지속률이 높아 알루미늄 재질보다 밥맛이 좋다.

22

설탕은 흡습성이 있어 밀 단백질의 수화를 감소시켜 글루텐 형성을 느려지게 한다.

23

소금은 글루텐의 구조를 단단하게 하는 역할을 한다.

24

- 양지육 : 전골, 조림, 편육, 탕
- 갈비 : 찜, 구이, 탕
- 채끝살 : 구이, 조림, 지짐, 찌개, 전골
- 안심 : 전골, 구이, 볶음, 스테이크
- 우둔살 : 조림, 육포, 구이, 산적, 육회, 육전
- 설도 : 스테이크, 육회, 육포
- 사태 : 탕, 찌개, 국, 조림, 편육, 찜

25

녹변 현상이 잘 일어나는 경우

- 가열 시간이 길수록
- 가열 온도가 높을수록
- 오래된 달걀일수록(신선도가 낮을수록)
- 삶은 즉시 찬물에 넣어 식히지 않은 경우

26
연근이나 우엉 등에는 안토잔틴 색소가 함유되어 있어 식초물에 삶으면 흰색을 띤다.

27
설탕 용액이 캐러멜화 되는 온도는 180~200℃이다.

28
**어취**(생선 비린내)**제거 방법**
- 신선도가 저하되면 TMA의 양이 증가하지만 TMA가 수용성이므로 물로 씻어내 비린내를 줄이는 방법
- 산(레몬즙, 식초)을 첨가하여 TMA외 휘발성, 염기성 물질을 중화시키는 방법
- 마늘, 파, 양파, 생강, 겨자, 고추냉이, 술 등의 향신료를 강하게 사용하는 방법
- 비린내 억제 효과가 있는 된장, 간장을 첨가하는 방법
- 우유에 미리 담가 두었다가 조리하는 방법(우유의 단백질인 카제인이 트리메틸아민을 흡착하므로 비린내를 제거하는 데 효과적)

29
수양란 일수록(수양란이 농후란에 비해 안전성과 점성이 적음) 거품 형성이 잘 되며 30℃에서 거품이 잘 일어난다. 식초, 레몬즙과 같은 산을 첨가하면 기포 발생이 좋아지나, 설탕, 우유, 기름은 기포 발생을 저해한다.

30
찜은 수증기의 기화열(539kcal/g)을 이용하는 방법으로, 압력을 가하지 않는 한 100℃를 넘지 않는다.

31
항산화제 종류에는 비타민, 미네랄, 카로토노이드, 플라보노이드, 토코페놀, 세사몰 등이 있다.

32
방열복은 고열, 고온작업 시 필요하다.

33
아미노산의 화학구조에 황(s)을 함유하는 아미노산은 메티오닌 시스테인 시스틴등이 있다

34
폐기종은 유해 입자와 가스 흡입에 의해 발생하며, 분진, 흡연 등에 의한 건강 장애이다.

35
영구면역성질병에는 홍역, 백일해, 발진티푸스, 장티푸스, 페스트, 콜레라 등이 있다.

36
① **저온살균** : 61~65℃에서 약 30분간 살균
② **고압증기멸균법** : 고압증기멸균기를 이용하여 121℃에서 15~20분간 살균
③ **고온단시간살균법** : 70~75℃에서 15~30초간 살균

37
② **포도상구균** : 화농성 질환으로, 구토, 설사, 발열을 일으키는 식중독균이다.
③ **병원성 대장균** : 장관 내에서 설사 및 그 밖의 소화기 증상을 일으키는 세균이다.
④ **셀레우스균** : 설사형 복통 등을 일으키는 세균성 식중독균이다.

38
이타이이타이병은 카드뮴 중독에 의해 발생하며, 골연화증, 신장장애 등의 증상이 나타난다.
**금속 중독 증상**
- **납(Pb)** : 연연, 권태, 체중 감소, 염기성 과립적혈구 수의 증가, 요독증 증세
- **수은(Hg, 미나마타병의 원인 물질)** : 피로감, 언어장애, 기억력 감퇴, 지각이상, 보행곤란 증세
- **크롬(Cr)** : 비염, 인두염, 기관지염, 비중격천공
- **카드뮴(Cd, 이타이이타이병의 원인 물질)** : 폐기종, 신장기능 장애, 골연화, 단백뇨의 증세

39
**크롬(Cr)** : 비염, 인두염, 기관지염, 비중격천공

40
대장균은 식품이나 수질의 분변오염지표균이다.

41
집단급식소를 설치·운영하는 자는 6시간의 식품위생교육을 받아야 한다.
**식품위생교육 시간**
- **식품제조·가공업, 즉석판매제조·가공업, 식품첨가물제조업** : 8시간
- **식품운반업, 식품소분·판매업, 식품보존업, 용기·포장류제조업** : 4시간
- **식품접객업, 집단급식소를 설치·운영하는 자** : 6시간

**42**

물속에 존재하는 수소이온량을 나타내는 지수는 수소이온농도(pH)이다.

**43**

스테인리스로 된 작업 테이블 및 기계는 작업장 내 눈부심의 원인이 되므로 사용을 지양한다.

**44**

미생물의 번식에 이용 가능한 것은 자유수(유리수)이다.

**45**

포도당은 단당류이다.

**46**

① **필수지방산** : 불포화지방산 중 체내의 대사과정에 중요한 역할을 하는 지방산
③ **불포화지방산** : 탄소와 탄소 사이의 결합에 1개 이상의 이중결합이 있는 지방산
④ **포화지방산** : 탄소와 탄소사이의 결합에 이중결합이 없는 지방산

**47**

① **비타민 D** : 칼슘의 흡수 및 골격과 치아의 발육을 촉진한다.
② **비타민 E** : 성장과 영양에 꼭 필요하다.
③ **비타민 F** : 항산화 작용(노화 방지), 비타민 A의 흡수를 촉진한다.

**48**

② **헤모글로빈** : 근육 중 혈관에 분포하는 혈액 색소
③ **아스타산틴** : 피조개의 붉은살, 새우, 게, 가재 등에 포함되어 있는 흑색 또는 청록색 색소
④ **멜라닌** : 오징어 먹물의 색소

**49**

케르세틴은 양파 껍질의 성분이고, 맥주(호프)의 성분은 후물론이다.

**50**

② **상쇄 현상** : 서로 다른 맛 성분이 혼합되었을 때 각각의 고유한 맛을 내지 못하고 약해지거나 없어지는 현상
③ **변조 현상** : 한 가지 맛 성분을 먹은 직후 다른 맛 성분을 먹으면 원래 식품의 맛이 다르게 느껴지는 현상
④ **억제 현상** : 서로 다른 맛 성분이 혼합되었을 때 주된 맛 성분의 맛이 약화되는 현상

**51**

면실유의 유독 성분은 고시풀이고, 무스카린은 독버섯의 유독 성분이다.

**52**

① **볶기(Sauteing, 소테)** : 유지를 사용하여 고온에서 단시간에 조리하는 방법
③ **지지기(Pan-frying, 팬-프라이)** : 팬에 기름을 두르고 지져서 식품을 익히는 방법
④ **튀기기(Deep-frying, 딥-프라이)** : 고온의 기름에 재료를 넣어 열이 전도되며 식품을 익히는 방법

**53**

감각온도의 3요소는 기온, 기습, 기류이고, 감각온도의 4요소는 기온, 기습, 기류, 복사열이다.

**54**

중간숙주 없이 감염이 가능한 기생충으로는 회충, 편충, 요충 등이 있다.

**55**

계량컵은 부피를 측정하는 데 사용된다. 미국 등 외국에서는 1컵을 240ml로 하고 있으나, 우리나라의 경우 1컵을 200ml로 하고 있다.

**56**

렙토스피라증은 쥐에 의해 감염되는 질병이다.

**57**

가열 시간이 긴 경우 녹변 현상이 일어난다.

**58**

보툴리누스균은 세균성 식중독의 원인균이다.

**59**

간흡충의 제 1중간숙주는 우렁이, 제 2중간숙주는 잉어, 참붕어 등의 민물고기이다.

**60**

황색포도상구균은 장독소인 엔테로톡신을 생성한다. 엔테로톡신은 열에 강해 120℃에서 20분간 처리해도 파괴되지 않는다.

# CHAPTER 3 모의고사 3

**01** 국가의 보건 수준이나 생활 수준을 나타내는 데 가장 많이 이용되는 지표는?

① 조사망률
② 병상이용률
③ 의료보험계수
④ 영아사망률

**02** 식품영업자 및 종업원 건강진단의 검진주기로 옳은 것은?

① 1년　② 2년
③ 6개월　④ 1년 6개월

**03** 식품과 그 식품에서 유래될 수 있는 독성 물질의 연결이 옳지 않은 것은?

① 복어 - 테트로도톡신
② 모시조개 - 베네루핀
③ 맥각 - 에르고톡신
④ 은행 - 말토리진

**04** 공중보건사업을 하기 위한 최소 단위가 되는 것은?

① 가정　② 개인
③ 시·군·구　④ 국가

**05** 병원체가 바이러스(Virus)인 감염병은?

① 결핵　② 회충
③ 발진티푸스　④ 일본뇌염

**06** 식육 및 어육제품의 가공 시 첨가되는 아질산염과 제2급 아민이 반응하여 생기는 발암물질은?

① 벤조피렌(Benzopyrene)
② PCB(Polychlorinated Biphenyl)
③ 엔-니트로소아민(N-Nitrosoamine)
④ 말론알데히드(Malonaldehyde)

**07** 화학적 산소요구량을 나타내는 것은?

① COD　② DO
③ BOD　④ SS

**08** 유해 감미료에 해당하는 것은?

① 아스파탐　② D-소르비톨
③ 둘신　④ 자일리톨

**09** 식품안전관리인증기준(HACCP)을 수행하는 단계에 있어서 가장 먼저 실시하는 것은?

① 중점관리점 규명
② 관리 기준의 설정
③ 기록유지방법의 설정
④ 식품의 위해 요소 분석

**10** 탄수화물의 이당류에 해당하지 않는 것은?

① 자당(설탕, 자당)　② 맥아당(엿당)
③ 젖당(유당)　④ 포도당

**11** 브로멜린(Bromelin)이 함유되어 있어 고기를 연화시키는 데 이용되는 과일은?

① 사과 ② 파인애플
③ 귤 ④ 복숭아

**12** 찹쌀은 아밀로펙틴이 몇 %인가?

① 20 ② 50
③ 80 ④ 100

**13** 지질의 기능에 대한 설명으로 옳지 않은 것은?

① 필수지방산 공급 및 지용성 비타민의 흡수를 좋게 한다.
② 전체 에너지 섭취량 중 20%를 공급한다.
③ 지방 조직과 세포막·호르몬 등을 구성한다.
④ 1g당 4kcal의 에너지를 발생시킨다.

**14** 뼈의 성장에 필요한 물질로 칼슘 흡수 및 골격과 치아의 발육을 촉진하는 비타민은?

① 비타민 A ② 비타민 D
③ 비타민 E ④ 비타민 P

**15** 식품 감별법에 대한 설명으로 옳지 않은 것은?

① 어류는 눈이 튀어 나오고, 선명한 것, 비늘이 잘 부탁되어 있고 탄력이 있으면서 광택이 나는 것이 좋다.
② 표고버섯은 버섯 갓이 고르게 피어 있고, 상처가 없는 것 고유의 색상과 향기를 가지고 있는 것이 좋다.
③ 소고기, 돼지고기는 육색이 선홍색이고 윤택이 나는 것, 수분이 충분하게 함유되어 탄력성이 있는 것, 아취가 없는 것이 좋다.
④ 조개류는 물기가 없고 입이 열린 것이 좋다.

**16** 닭고기 요리를 만들기 위해 정미중량 100g을 지급하려 할 때, 1인당 발주량은? (단, 닭고기의 폐기율은 20%이다.)

① 12.5g ② 20g
③ 25g ④ 125g

**17** 일반 가열 조리법으로 예방하기 가장 어려운 식중독은?

① 살모넬라에 의한 식중독
② 웰치균에 의한 식중독
③ 포도상구균에 의한 식중독
④ 병원성 대장균에 의한 식중독

**18** 조리장의 시설 조건으로 고려해야 할 3가지 원칙이 아닌 것은?

① 위생성 ② 능률성
③ 미관성 ④ 경제성

**19** 작업장의 조명불량으로 발생될수 있는 질환이 아닌 것은?

① 결막염 ② 안구진탕증
③ 근시 ④ 안정피로

**20** 전분에 물을 넣고 가열하면 점성이 생기고 부풀어 오르는 현상은?

① 수화 ② 호화
③ 노화 ④ β화

**21** 박력분의 글루텐 함량과 용도로 옳은 것은?

① 10%이하 - 케이크, 과자, 튀김옷
② 5%이하 - 케이크, 과자
③ 10%이하 - 소면, 우동
④ 13%이상 - 식빵, 마카로니

**22** 식품에 함유된 단백질 분해 효소로 옳지 않은 것은?

① 파파야 - 파파인(Papain)
② 파인애플 - 브로멜린(Bromelin)
③ 무화과 - 피신(Ficin)
④ 키위 - 프로테아제(Protease)

**23** 육류의 부위와 조리법의 연결이 옳지 않은 것은?

① 양지, 사태, 꼬리 - 탕
② 홍두깨, 우둔, 대접살 - 장조림
③ 양지, 사태, 우설 - 편육
④ 등심, 안심, 갈비 - 국

**24** 달걀의 신선도 평가에 대한 설명으로 옳지 않은 것은?

① 표면이 꺼칠꺼칠하며, 흔들어서 소리가 나지 않는 것이 신선하다.
② 6%의 소금물에 달걀을 넣어 가라앉으면 신선한 것이다.
③ 난황 계수가 0.36 이상이면 신선한 것이다.
④ 난백 계수는 0.14 이하이면 신선한 것이다.

**25** 채소의 색과 조미료의 침투 속도를 고려하여 조미료를 사용할 때 가장 적절한 순서는?

① 설탕 → 소금 → 식초
② 소금 → 식초 → 설탕
③ 식초 → 소금 → 설탕
④ 설탕 → 식초 → 소금

**26** 소스나 수프의 농도를 조절하는 농후제는?

① 핫소스　　② 리에종
③ 스파이스　　④ 치즈가루

**27** 「식품위생법」상 식품 등의 위생적 취급에 관한 기준으로 옳지 않은 것은?

① 식품 등의 보관·운반·진열 시에는 식품 등의 기준 및 규격이 정하고 있는 보존 및 유통기준에 적합하도록 관리하여야 한다.
② 식품 등의 제조·가공·조리에 직접 사용되는 기계·기구 및 음식기는 세척·살균하는 등 항상 청결하게 유지·관리하여야 하며, 어류·육류·채소류를 취급하는 칼, 도마는 공통으로 사용한다.
③ 식품 등의 제조·가공·조리 또는 포장에 직접 종사하는 자는 위생모를 착용하는 등 개인위생관리를 철저히 하여야 한다.
④ 제조·가공(수입품 포함)하여 최소판매 단위로 포장된 식품 또는 식품첨가물을 영업허가 또는 신고하지 아니하고 판매의 목적으로 포장을 뜯어 분할하여 판매하여서는 아니 된다.

**28** 동물과 관련된 감염병의 연결이 옳지 않은 것은?

① 소 - 결핵　　② 고양이 - 디프테리아
③ 개 - 광견병　　④ 쥐 - 페스트

**29** 모시조개, 굴, 바지락 속에 들어 있는 독성분은?

① 베네루핀(Venerupin)
② 솔라닌(Solanine)
③ 무스카린(Muscarine)
④ 아마니타톡신(Amanitatoxin)

**30** 세균 번식이 잘 되는 식품에 해당하지 않는 것은?

① 산이 많은 식품
② 수분을 함유한 식품
③ 영양분이 많은 식품
④ 온도가 적당한 식품

**31** 식품첨가물 중 보존료에 해당하지 않는 것은?

① 안식향산 ② 프로피온산
③ 아스파탐 ④ 소르빈산

**32** 사용이 허가된 발색제는?

① 폴리아크릴산나트륨
② 알긴산프로필렌글리콜
③ 카르복시메틸스타치나트륨
④ 아질산나트륨

**33** 조리사 또는 영양사 면허의 취소처분을 받고 그 취소된 날부터 얼마의 기간이 경과되어야 면허를 받을 자격이 있는가?

① 1개월 ② 3개월
③ 6개월 ④ 1년

**34** 어패류에서 감염되는 기생충 질환의 가장 확실한 예방법은?

① 환경위생관리 ② 생식 금지
③ 보건교육 ④ 개인위생 철저

**35** 돼지고기를 날 것으로 먹거나 불완전하게 가열하여 섭취할 때 감염될 수 있는 기생충은?

① 유구조충 ② 무구조충
③ 광절열두조충 ④ 간디스토마

**36** 「식품위생법」상 허위표기, 과대광고로 보지 않는 것은?

① 수입신고한 사항과 다른 내용의 표시, 광고
② 식품의 성분과 다른 내용의 표시, 광고
③ 인체의 건전한 성장 및 발달과 건강한 활동을 유지하는 데 도움을 준다는 표현의 표시, 광고
④ 외국어의 사용 등으로 외국제품으로 혼동할 우려가 있는 표시, 광고

**37** 식품과 독성분의 연결이 옳지 않은 것은?

① 매실 - 베네루핀
② 섭조개 - 삭시톡신
③ 독버섯 - 무스카린
④ 독보리 - 테물린

**38** 병원체가 세균인 질병은?

① 폴리오 ② 백일해
③ 발진푸티스 ④ 홍역

**39** 제2급 법정감염병에 해당하지 않는 것은?

① A형간염 ② B형간염
③ 풍진 ④ 백일해

**40** 물로 전파되는 수인성 감염병에 해당하지 않는 것은?

① 홍역 ② 장티푸스
③ 세균성 이질 ④ 콜레라

**41** 식품의 가식부율이 80%인 식품의 출고계수는?

① 1.25 ② 2.5
③ 3.2 ④ 5.0

**42** 「식품위생법」상 식품위생의 대상은?

① 식품, 약품, 기구, 용기, 포장
② 조리법, 조리시설, 기구, 용기, 포장
③ 조리법, 단체급식, 기구, 용기, 포장
④ 식품, 식품첨가물, 기구, 용기, 포장

**43** 냉동 고기 해동 시 위생적이며 영양 손실이 가장 적은 방법은?
① 냉장고 속에서 해동한다.
② 18~22℃의 실온에 둔다.
③ 23~25℃의 흐르는 물에 담가둔다.
④ 40℃의 미지근한 물에 담가둔다.

**44** 맥아당에 대한 설명으로 옳은 것은?
① 포도당과 전분이 결합된 당이다.
② 과당과 포도당 각 1분자가 결합된 당이다.
③ 과당 2분자가 결합된 당이다.
④ 포도당 2분자가 결합된 당이다.

**45** 열에 의해 가장 쉽게 파괴되는 비타민은?
① 비타민A ② 비타민C
③ 비타민E ④ 비타민K

**46** 당질의 감미도가 가장 높은 당은?
① 젖당 ② 설탕
③ 맥아당 ④ 과당

**47** 세계보건기구(WTO)의 주요 기능이 아닌 것은?
① 국제적인 보건사업의 지휘 및 조정
② 회원국에 대한 기술 지원 및 자료 공급
③ 유행병 질병 및 전염병 대책 후원
④ 세계식량계획 설립

**48** 1g당 발생하는 열량이 가장 큰 것은?
① 당질 ② 단백질
③ 지방 ④ 알코올

**49** 식품의 감별법으로 옳지 않은 것은?
① 쌀알은 투명하고 앞니로 씹었을 때 강도가 센 것이 좋다.
② 생선은 안구가 돌출되어 있고 비늘이 단단하게 붙어 있는 것이 좋다.
③ 닭고기의 뼈(관절) 부위가 변색된 것은 변질된 것으로 맛이 없다.
④ 돼지고기의 색이 검붉은 것은 늙은 돼지에서 생산된 고기일 수 있다.

**50** 많이 익은 김치(신김치)는 오래 끓여도 쉽게 연해지지 않는 이유로 옳은 것은?
① 김치에 존재하는 소금에 의해 섬유소가 단단해지기 때문이다.
② 김치에 존재하는 소금에 의해 팽압이 유지되기 때문이다.
③ 김치에 존재하는 산에 의해 팽압이 유지되기 때문이다.
④ 김치에 존재하는 산에 의해 섬유소가 단단해지기 때문이다.

**51** 식육 및 어육 등의 가공육 제품의 육색을 안정하게 유지하기 위해 사용하는 식품첨가물은?
① 아황산나트륨 ② 질산나트륨
③ 몰식자산프로필 ④ 이산화염소

**52** 단체급식소에서 식품 구입량을 정하여 발주하는 식은?
① 발주량 = 1인분 순사용량 ÷ 가식률 × 100 × 식수
② 발주량 = 100인분 순사용량 ÷ 가식률 × 100
③ 발주량 = 1인분 순사용량 ÷ 폐기율 × 100 × 식수
④ 발주량 = 100인분 순사용량 ÷ 폐기율 × 100

**53** 다음과 같은 조건에서 당질 함량을 기준으로 고구마 180g을 쌀로 대치하려고 할 때 필요한 쌀의 양은?

- 고구마 100g의 당질 함량 29.2g
- 쌀 100g의 당질 함량 31.7g

① 165.8g ② 170.6g
③ 177.5g ④ 184.7g

**54** 박력분에 대한 설명으로 옳은 것은?

① 마카로니 제조에 쓰인다.
② 우동 제조에 쓰인다.
③ 글루텐의 탄력성과 점성이 강하다.
④ 단백질 함량이 9%이하이다.

**55** 이산화탄소($CO_2$)를 실내공기의 오탁지표로 사용하는 가장 주된 이유는?

① 공기 중에 가장 많은 비율로 존재한다.
② 실내공기 조성의 전반적인 상태를 알 수 있다.
③ 일산화탄소로 변화된다.
④ 유독성이 강하다.

**56** 폐기율이 가장 낮은 식품은?

① 서류 ② 과일류
③ 달걀 ④ 패류

**57** 우리나라의 계량 단위로 옳지 않은 것은?

① 1컵(C) = 미터법180cc(mL)
② 1큰술(TS : Tablespoon) = 15cc(mL) = 3작은술(ts)
③ 1작은술(ts : teaspoon) = 5cc(mL)
④ 1온스(oz : ounce) = 30cc = 28.35g

**58** 스테이크에 적합하지 않은 소고기 부위는?

① 설도 ② 등심
③ 양지 ④ 채끝

**59** 「식품위생법」상 식품영업에 종사하지 못하는 질병의 종류가 아닌 것은?

① 비감염성 결핵
② 피부병
③ 화농성 질환
④ 후천적면역결핍증

**60** 식품취급자가 손을 씻는 방법으로 적절하지 않은 것은?

① 살균 효과를 증대시키기 위해 역성비누 액에 일반비누 액을 섞어 사용한다.
② 팔에서 손으로 씻어 내려온다.
③ 손을 씻은 후 비눗물을 흐르는 물에 충분히 씻는다.
④ 역성비누 원액을 몇 방울 손에 받아 30초 이상 문지르고 흐르는 물로 씻는다.

CHAPTER 3

# 정답 및 해설 3

| 모의고사3회 | | | | |
|---|---|---|---|---|
| 01 ④ | 02 ① | 03 ④ | 04 ③ | 05 ④ |
| 06 ③ | 07 ① | 08 ③ | 09 ④ | 10 ④ |
| 11 ② | 12 ④ | 13 ④ | 14 ② | 15 ④ |
| 16 ④ | 17 ③ | 18 ③ | 19 ① | 20 ② |
| 21 ① | 22 ④ | 23 ④ | 24 ④ | 25 ① |
| 26 ② | 27 ② | 28 ② | 29 ① | 30 ① |
| 31 ③ | 32 ④ | 33 ④ | 34 ② | 35 ① |
| 36 ③ | 37 ① | 38 ② | 39 ③ | 40 ① |
| 41 ① | 42 ④ | 43 ① | 44 ④ | 45 ② |
| 46 ④ | 47 ④ | 48 ③ | 49 ③ | 50 ④ |
| 51 ② | 52 ① | 53 ① | 54 ④ | 55 ② |
| 56 ① | 57 ① | 58 ③ | 59 ① | 60 ① |

### 01
영아사망률이란 출생 후 1년 이내 사망한 영아의 비율을 나타낸 지표로서, 영아의 사망률은 모성의 건강 상태와 주변 환경의 영향을 많이 받으므로 국가 보건 수준의 평가를 위해 많이 사용되고 있다.

### 02
「식품위생법」 제 40조 총리령으로 건강검진주기는 1년이다.

### 03
은행의 독성분은 아미그달린, 부르니민, 메틸피리독신이다. 말토리진은 곡류에서 검출되는 페니실륨속 곰팡이에 의한 독성분이다.

### 04
개인이 아니라 집단으로, 우리나라는 1956년 「보건소법」제정 이후 보건소 조직망을 통해 예방 사업을 진행하면서 시·군·구, 각 도마다 식품위생 행정기구를 두고 있다.

### 05
① 결핵 : 세균에 의한 감염병이다.
② 회충 : 기생충에 의한 감염병이다.
③ 발진티푸스 : 리케차에 의한 감염병이다.

### 06
엔-니트로소아민은 육가공품의 발색제 사용으로 인한 아질산과 아민의 반응 생성물이다.

### 07
COD는 화학적 산소요구량을 말하며, COD가 높을수록 오염된 물질이다.

### 08
사이클라메이트, 둘신, 페릴라틴, 에틸렌글라이콜은 유해 감미료에 해당한다.

### 09
HACCP(식품안전관리인증기준) 7가지 원칙에서 1단계는 위해 요소 분석이다.

HACCP의 7원칙
- 원칙1 : 위해 요소 분석
- 원칙2 : 중요관리점(COP) 결정
- 원칙3 : 중요관리점에 대한 한계 기준 설정
- 원칙4 : 중요관리점 모니터링 체계 확립
- 원칙5 : 개선 조치 방법 수립
- 원칙6 : 검증 절차 및 방법 수립
- 원칙7 : 문서화, 기록 유지 방법 설정

### 10
포도당은 단당류(육탄당)이다.

11
파인애플에는 브로멜린이라는 단백질 분해 효소가 함유되어 있다.
육류의 연화 효소
- 프로테아제 : 배즙, 생강
- 피신 : 무화과
- 브로멜린 : 파인애플
- 파파인 : 파파야

12
찹쌀은 아밀로펙틴 100%이다.

13
지질은 1g당 9kcal의 에너지를 발생시킨다.

14
① 비타민 A : 피부의 상피 세포를 보호하고, 눈의 기능을 좋게 한다.
③ 비타민 E : 항산화 작용(노화방지), 비타민 A의 흡수를 촉진하고 산화를 예방한다.
④ 비타민 P : 비타민 C와 비슷하고, 모세혈관을 튼튼하게 한다.

15
조개류는 물기가 있고 입이 열린 것이나 굳게 닫힌 것은 죽은 것이므로 사용하지 않는다.

16
발주량은 '정미중량 ×100 ÷(100-폐기율) ×인원 수'로 구할 수 있다. 따라서 닭고기 요리의 1인당 발주량은 100g × 100 ÷(100-20) ×1 = 125g이다.

17
포도상구균 식중독의 원인 독소인 엔테로톡신은 열에 강해 120℃에서 20분간 가열해도 파괴되지 않아 일반 가열 조리법으로 예방하기 어렵다.

18
조리장의 3원칙은 위생성, 능률성, 경제성이다.

19
결막염은 대기상 먼지에 의한 피해이다.

20
전분의 호화(전분의 α화)란 전분에 물을 넣고 가열하면 점성이 생기고 부풀어 오르는 현상을 말한다.

21
박력분의 글루텐 함량은 10%이하로, 케이크, 과자, 튀김옷 등에 사용된다.
밀가루의 분류
- 강력분 : 글루텐 13%이상, 식빵, 하드롤, 파스타, 피자, 마카로니
- 중력분 : 글루텐 10%초과 13%미만, 소면, 우동 등의 면류, 크래커
- 박력분 : 글루텐 10% 이하, 케이크, 과자, 튀김옷

22
키위의 분해 효소는 액티니딘(Actinidin)이고, 프로테아제(Protease)는 배의 분해 효소이다.

23
등심, 안심, 갈비는 구이에 적합하다.

24
난황 계수는 난황의 높이(mm) ÷난황의 지름(mm)으로 계산하여, 0.36이상이면 신선한 것이다. 난백 계수는 난백의 높이(mm) ÷난백의 평균지름(mm)으로 계산하여, 0.14 이상이면 신선한 것이다.

25
채소의 색과 조미료의 침투 속도를 고려한 조미료의 사용 순서는 '설탕 → 소금 → 식초'이다.

26
리에종(Liaison)은 소스나 수프를 진하게 하는 것으로, 루(Roux), 달걀노른자, 밀가루, 전분 등을 사용한다.

27
칼, 도마 등의 조리기구나 용기, 앞치마, 고무장갑 등은 교차오염을 방지하기 위해 식재료 특성이나 구역별로 구분하여 사용해야 한다.

28
디프테리아는 인간이 병원소이며 환자나 보균자의 콧물, 인후 분비물, 기침에 의해 직접 전파된다.

29
② 솔라닌(Solanine) : 감자의 독성분
③ 무스카린(Muscarine) : 독버섯
④ 아마니타톡신(Amanitatoxin) : 독버섯

30
미생물 증식에 필요한 조건은 영양소, 수분, 온도, 산소이다. 산이 많은 식품은 세균 번식이 어렵다.

31
아스파탐은 감미료에 해당한다.
**주요 식품첨가물**
- **착색료** : 클로로필린나트륨, 철클로로필린나트륨, 이산화티티늄
- **발색제** : 질산나트륨, 아질산나트륨, 질산칼륨
- **감미료** : 아스파탐, 스테비아, 사카린나트륨
- **보존료** : 소르빈산, 안식향산, 프로피온산, 데히드로초산

32
①, ② 폴리아크릴산나트륨, 알긴산프로필렌글리콜은 식품의 점착성을 증가시키고 유화 안정성을 증진시킨다.
③ 카르복시메틸스타치나트륨은 주로 아이스크림의 증점제로 사용한다.

33
조리사 또는 영양사 면허의 취소처분을 받고 그 취소된 날부터 1년이 지나야 면허를 받을 자격이 있다.

34
어패류를 생식하지 않는 것이 어패류 매개 기생충 질환을 예방할 수 있는 확실한 방법이다.

35
유구조충은 돼지고기와 관련 있다.
**중간숙주에 의한 기생충의 분류**
- **무구조충** : 소
- **유구조충** : 돼지
- **광절열두조충** : 제 1중간숙주(물벼룩) → 제 2중간숙주(연어, 송어)
- **간디스토마** : 제 1중간숙주(왜우렁이) → 제 2중간숙주(붕어, 잉어)

36
제조 방법에 관하여 연구하거나 발견한 사실에 대한 식품학, 영양학 등의 문헌을 인용하여 문헌의 내용을 정확히 표시하는 것은 허위표시, 과대광고의 범위에 해당하지 않는다.

37
매실(청매)의 독성분은 아미그달린이고, 베네루핀은 모시조개, 굴, 바지락, 고동 등의 독성분이다.

38
병원체가 세균인 질병에는 한센병, 결핵, 백일해, 폐렴 , 성홍열, 장피푸스, 콜레라, 세균성 이질, 파라티푸스 등이 있다.

39
B형간염은 제 3급 법정감염병에 해당한다.
**제 2급 법정감염병**
- 결핵
- 수두
- 홍역
- 콜레라
- 장피푸스
- 파라티푸스
- 세균성이질
- 장출혈성대장균감염증
- A형간염
- 백일해
- 유행성이하선염
- 풍진
- 폴리오
- 수막구균 감염증
- 폐렴구균감염증
- b형헤모필루스인플루엔자
- 한센병
- 성홍열
- 반코마이신내성황색포도알균(VRSA)감염증
- 카바페넴내성장내세균속균종(CRE)감염증

40
홍역은 제 2급 감염병으로 호흡기계 감염병이다.

41
출고계수 = 100 ÷(100 - 폐기율 20) = 1.25

42
「식품위생법」상 식품위생의 대상은 식품, 식품첨가물, 기구 또는 용기·포장 등 음식에 관한 전반적인 것을 말한다.

43
축산물과 수산물은 높은 온도에서 해동하면 조직이 상해 드립(Drip)이 많이 나오므로 냉장고나 흐르는 냉수에서 밀폐한 채 해동하는 것이 좋다.

## 44

맥아당은 전분이 아밀라아제에 의해 가수분해 된 중간 생성물로, 포도당 두 분자가 결합된 당이다.

**이당류**

- 맥아당 : 포도당+포도당
- 자당 : 포도당+과당
- 유당 : 포도당+갈락토오스

## 45

조리 과정 중에 비타민 C는 50%, 비타민 $B_2$는 30%, 비타민 $B_1$은 5%, 비타민 A는 3% 정도의 손실률이 있다.

**비타민 C**(Ascorbic acid, 아스코르브산)

- 대사 작용에 관여한다.
- 물에 잘 녹고 열에 의해 쉽게 파괴되고, 조리 시 가장 많이 손실된다.
- 결핍증 : 괴혈병, 출혈, 해독 기능 저하
- 공급원 : 신선한 채소, 콩나물, 과일

## 46

당질의 감미도는 '과당(120~180) > 전화당(85~130) > 설탕(서당)(100) > 포도당(70~74) > 맥아당(엿당)(60) > 갈락토오스(33) > 젖당(유당)(16)'순이다.

## 47

세계식량계획의 설립은 유엔세계식량계획(WFP)의 기능이다.

## 48

1g당 지방은 9kcal, 탄수화물과 단백질은 4kcal, 지방은 9kcal, 알코올은 7kcal의 열량이 발생된다.

## 49

냉동한 닭고기 조리 시 닭 뼈가 짙은 갈색으로 변색된 것은 냉동과 해동의 과정에서 닭 뼈 골수의 적혈구가 파괴되어 변색된 것으로, 변질된 것은 아니다.

## 50

김치는 적정 숙성 단계가 지나면 점차 산도가 올라간다. 이러한 신김치를 오래 끓이면 김치에 존재하는 산에 의해 섬유소가 단단해져 쉽게 연화되지 않는다.

## 51

질산나트륨, 아질산나트륨, 질산칼륨은 식품의 색을 안정시키는 육류 발색제이다.

## 52

발주량 = 정비중량(1인분 순사용량) ×100 ÷가식률 ×인원수(식수)

## 53

대체 식품량은 '원래 식품의 양 ×원래 식품의 해당 성분의 수치 ÷대체하고자 하는 식품의 해당 성분의 수치'로 구할 수 있다. 고구마 대치 쌀의 식품량 = 180g × 29.2g ÷ 31.7g = 165.8이다. 즉, 고구마 180g을 쌀로 대치하려면 165.8g의 쌀이 필요하다.

## 54

① 마카로니 제조에 쓰이는 밀가루는 강력분이다.
② 우동 제조에 쓰이는 밀가루는 중력분이다.
③ 박력분은 글루텐의 탄력성과 점성이 약하다.

**밀가루의 분류 및 용도**

| 종류 | 글루텐 함량 | 용도 |
|---|---|---|
| 강력분 | 13% 이상 | 식빵, 하드롤, 파스타, 피자, 마카로니 |
| 중력분 | 10%초과 13%미만 | 소면·우동 등의 면류, 크래커 |
| 박력분 | 10% 이하 | 케이크, 과자, 튀김옷 |

## 55

이산화탄소는 무색, 무취의 비독성 가스로 이를 통해 전반적인 공기의 조성 상태를 알 수 있어 실내공기 오염의 지표로 사용된다.

## 56

폐기율의 경우 곡류 0%, 패류 75~83%, 서류 5%, 생선류 28~35%, 채소류 13~18%, 버섯류 10%, 달걀 12%, 과일류 22~25%이다.

## 57

우리나라의 경우 1컵(C)은 미터법 200cc(mL)이다.

## 58

양지(업진살)는 편육, 탕, 조림에 적합하다.

## 59

비감염성 결핵인 경우 조리 작업을 해도 무관하다.

## 60

역성비누를 보통비누와 함께 사용하면 살균효과가 감소한다.

CHAPTER 4

# 모의고사 4

01 법정 제2급 감염병이 아닌 것은?

① 결핵 ② 세균성 이질
③ 한센병 ④ 말라리아

02 실내공기의 오염지표로 이용되는 기체는??

① 산소($O_2$) ② 이산화탄소($CO_2$)
③ 일산화탄소(CO) ④ 질소($N_2$)

03 생선 및 육류의 초기 부패 판정 시 지표가 되는 물질이 아닌 것은?

① 휘발성염기질소(VBN)
② 암모니아(Ammonia)
③ 트리메틸아민(Trimethylamine)
④ 아크롤레인(Acrolein)

04 음식물이나 식수에 오염되어 경구적으로 침입되는 감염병이 아닌 것은?

① 유행성이하선염
② 파라티푸스
③ 세균성 이질
④ 폴리오

05 사회보장제도 중 공공부조에 해당하는 것은?

① 고용보험 ② 건강보험
③ 의료급여 ④ 국민연금

06 유해성 금속의 의한 영향으로 미나마타병과 관련 있는 중금속 물질은?

① 수은(Hg) ② 카드뮴(Cd)
③ 크롬(Cr) ④ 납(Pb)

07 일반음식점의 모범업소의 지정 기준이 아닌 것은?

① 화장실에 1회용 위생종이 또는 에어타월이 비치되어 있어야 한다.
② 주방에는 입식조리대가 설치되어 있어야 한다.
③ 1회용 물컵을 사용하여야 한다.
④ 종업원은 청결한 위생복을 입고 있어야 한다.

08 국내에서 허가된 인공감미료는?

① 둘신(Dulcin)
② 사카린나트륨(Ssdium Saccharin)
③ 사이클라민산나트륨(Sodium Cyclamate)
④ 에틸렌글리콜(Ethylene Glycol)

09 일반적인 인수공통감염병에 해당하지 않는 것은?

① 탄저 ② 고병원성조류인플루엔자
③ 홍역 ④ 광견병

10 「식품위생법」상 조리사가 면허취소 처분을 받은 경우 반납하여야 할 기간은?

① 지체 없이 ② 5일
③ 7일 ④ 15일

**11** 잠복기가 가장 짧은 식중독은?

① 장구균 식중독
② 살모넬라균 식중독
③ 장염 비브리오 식중독
④ 황색포도상구균 식중독

**12** 식물성 자연독 성분이 아닌 것은?

① 무스카린(Muscarine)
② 테트로도톡신(Tetrodotoxin)
③ 솔라닌(Solanine)
④ 고시폴(Gossypol)

**13** 신선한 달걀에 해당하는 것은?

① 달걀을 흔들어서 소리가 나는 것
② 삶았을 때 난황의 표면이 암녹색으로 쉽게 변하는 것
③ 껍질이 매끈하고 윤기 있는 것
④ 깨보면 많은 양의 난백이 난황을 에워싸고 있는 것

**14** 수분활성도(Aw)에 대한 설명으로 옳지 않은 것은?

① 일반식품의 수분활성도는 항상 1보다 크다.
② 임의의 온도에서 식품이 나타내는 수증기압(P)을 그 온도에서 순수한 물의 최대 수증기압($P_0$)으로 나눈 것을 말한다.
③ 수분활성도가 큰 식품일수록 미생물이 번식하기 쉬워 저장성이 낮다.
④ 수분활성도가 1인 물을 순수한 물이라고 한다.

**15** 육류 조리 시 열에 의한 변화로 옳은 것은?

① 중량이 증가한다.
② 보수성이 증가한다.
③ 단백질이 응고되고, 고기가 수축·분해된다.
④ 결합 조직의 젤라틴이 콜라겐화된다.

**16** 차, 커피, 코코아, 과일 등에서 수렴성 맛을 주는 성분은?

① 탄닌(Tannin)
② 카로틴(Carotene)
③ 엽록소(Chlorophyll)
④ 안토시아닌(Anthocyanin)

**17** 탄수화물의 구성 요소가 아닌 것은?

① 탄소 ② 질소
③ 산소 ④ 수소

**18** 치즈 제조에 사용되는 우유 단백질을 응고시키는 효소는?

① 프로테아제(Protease)
② 레닌(Rennin)
③ 아밀라아제(Amylase)
④ 말타아제(Maltase)

**19** 생선묵에 점탄성을 부여하기 위해 첨가하는 물질은?

① 소금 ② 전분
③ 설탕 ④ 술

**20** 기름을 여러 번 재가열할 때 일어나는 변화로 옳은 것은?

① 풍미가 좋아진다.
② 색이 연해지고, 거품 형성 현상이 생긴다.
③ 산화중합 반응으로 점성이 높아진다.
④ 가열 분해로 황산화 물질이 생겨 산패를 억제한다.

**21** 식품의 단백질이 변성되었을 때 나타나는 현상이 아닌 것은?

① 소화 효소의 작용을 받기 어려워진다.
② 용해도가 감소한다.
③ 점도가 증가한다.
④ 폴리펩티드(Polypeptide) 사슬이 풀어진다.

**22** 채소 조리 시 색의 변화로 옳은 것은?

① 시금치는 산을 넣으면 녹황색으로 변한다.
② 당근은 산을 넣으면 퇴색된다.
③ 양파는 알칼리를 넣으면 백색으로 된다.
④ 가지는 산에 의해 청색으로 된다.

**23** 당근의 구입 단가가 kg당 1,300원이고 10kg 구매 시 표준수율이 86%라면, 당근 1인분(80g)의 원가는 약 얼마인가?

① 51원　② 121원
③ 151원　④ 181원

**24** 원가 계산의 목적으로 옳지 않은 것은?

① 가격 결정의 목적
② 원가 관리의 목적
③ 예산 편성의 목적
④ 기말재고량 측정의 목적

**25** 다음 자료를 통해 총원가를 산출하면?

- 직접재료비170,000원
- 간접재료비 55,000원
- 직접노무비 80,000원
- 간접노무비 50,000원
- 직접경비 5,000원
- 간접경비 65,000원
- 판매경비 5,500원
- 일반관리비 10,000원

① 425,000원　② 430,500원
③ 435,000원　④ 440,500원

**26** 식품을 계량하는 방법으로 옳지 않은 것은?

① 밀가루 계량은 부피보다 무게를 재는 것이 정확하다.
② 흑설탕은 계량 전 체로 친 다음 계량 한다.
③ 버터를 컵이나 스푼으로 계량할 경우 실온에서 반고체 상태로 컵에 빈 공간이 없도록 꾹꾹 눌러 수평으로 깎아 계량한다.
④ 꿀과 같이 점성이 있는 것은 계량컵을 이용한다.

**27** 소고기의 부위별 조리 방법의 연결이 옳지 않은 것은?

① 채끝살 - 구이, 조림, 지짐
② 사태 - 탕, 찌개, 국
③ 안심 - 전골, 구이, 볶음
④ 우둔살 - 편육, 탕

**28** 달걀의 특성을 이용한 음식의 연결이 옳지 않은 것은?

① 응고성 - 달걀찜
② 팽창제 - 시폰 케이크
③ 유화성 - 마요네즈
④ 간섭제 - 맑은 장국

**29** 동일 면적에서 동선이 가장 짧고, 넓은 조리장에 가장 적합한 조리대 형태는?

① 일렬형　　② 병렬형
③ 아일랜드형　　④ ㄷ자형

**30** 유지의 산패에 영향을 끼치는 요인에 대한 설명으로 옳지 않은 것은?

① 온도가 높을수록 반응 속도가 증가한다.
② 광선 및 자외선은 산패를 촉진시킨다.
③ 수분이 많으면 촉매 작용이 강해진다.
④ 포화지방산의 함량이 높을수록 유지의 산패가 촉진된다.

**31** 이당류에 대한 설명으로 옳은 것은?

① 여러 종류의 단당류가 결합된 분자량이 큰 탄수화물이다.
② 단당류 2개가 결합된 당이다.
③ 탄수화물의 가장 작은 구성단위이다.
④ 동물체의 글리코겐 형태로 저장된다.

**32** 유지의 발연점이 낮아지는 요인으로 옳지 않은 것은?

① 유지가 분해되어 유리지방산의 함량이 높아진 경우
② 용기의 표면적이 좁은 경우
③ 기름에 이물질이 많은 경우
④ 사용 횟수가 많은 경우

**33** 자유수에 대한 설명으로 옳지 않은 것은?

① 식품 중에 유리 상태로 존재하는 물(보통의 물)이다.
② 미생물 번식에 이용이 가능하며, 유기물로부터 간단하게 분리된다.
③ 수용성 물질을 녹여 용매로 작용한다.
④ 0℃ 이하에서 얼음으로 동결되지 않는다.

**34** 작업장 내 군집독의 가장 큰 원인은?

① 실내공기의 이화학적 조성의 변화
② 실내의 생물화학적 변화
③ 실내공기 중 산소의 부족
④ 실내기온의 증가

**35** 과실 주스에 설탕을 섞은 농축액 음료수는?

① 탄산음료
② 스쿼시
③ 시럽
④ 젤리

**36** 어패류의 생식 시 주로 나타나며, 수양성 설사 증상을 일으키는 식중독의 원인균은?

① 살모넬라균
② 장염비브리오균
③ 포도상구균
④ 클로스트리디움 보톨리눔균

**37** 식품위생 수준 및 자질 향상을 위하여 조리사 및 영양사에게 교육을 받을 것을 명할 수 있는 자는?

① 보건소장
② 시장·군수·구청장
③ 식품의약품안전처장
④ 보건복지부장관

**38** 탄수화물의 기능에 대한 설명으로 옳지 않은 것은?

① 지방의 완전 연소에 꼭 필요하며, 부족 시 산 중독증을 유발한다.
② 에너지의 공급원으로 전체 열량의 65%를 차지한다.
③ 1g당 9kcal의 에너지를 발생시킨다.
④ 인체 내의 소화 흡수율이 98%이며 피로 회복에 좋다.

**39** 식품에서 자연적으로 발생하는 유독 물질을 통해 식중독을 일으킬 수 있는 것이 아닌 것은?

① 피마자 ② 표고버섯
③ 미숙한 매실 ④ 모시조개

**40** 식품첨가물과 주요 용도의 연결이 옳은 것은?

① 명반 - 피막제
② 이산화티타늄 - 표백제
③ 삼이산화철 - 발색제
④ 호박산 - 산도조절제

**41** 「식품위생법」상 다음의 정의에 해당하는 것은?

> 식품을 제조·가공·조리 또는 보존하는 과정에서 감미, 착색, 표백 또는 산화방지 등을 목적으로 식품에 사용되는 물질을 말한다.

① 식품 ② 식품첨가물
③ 화학적 합성품 ④ 기구

**42** 식품의 부패 및 변질과 관련이 적은 것은?

① 수분 ② 온도
③ 압력 ④ 효소

**43** 과일 통조림으로부터 용출되어 구토, 설사, 복통의 중독 증상을 유발할 가능성이 있는 물질은?

① 안티몬 ② 주석
③ 크롬 ④ 구리

**44** 장염비브리오 식중독균(V. Parahaemolyticus)의 특징으로 옳지 않은 것은?

① 해수에 존재하는 세균이다.
② 3~4%의 식염농도에서 잘 발육한다.
③ 특정 조건에서 사람의 혈구를 용혈시킨다.
④ 그람양성균이며 아포를 생성하는 구균이다.

**45** 기생충과 인체감염원인 식품의 연결이 옳지 않은 것은?

① 유구조충 - 돼지고기
② 무구조충 - 민물고기
③ 동양모양선충 - 채소류
④ 아니사키스 - 바다생선

**46** 곤충을 매개로 간접 전파되는 감염병과 가장 거리가 먼 것은?

① 재귀열 ② 말라리아
③ 인플루엔자 ④ 쯔쯔가무시병

**47** 곰팡이의 독소와 독성을 나타내는 곳의 연결이 옳지 않은 것은?

① 오크라톡신(Ochratoxin) - 간장독
② 아플라톡신(Aflatoxin) - 신경독
③ 시트리닌(Citrinin) - 신장독
④ 스테리그마토시스틴(Sterigmatocystin) - 간장독

**48** 질병을 매개하는 위생해충과 그 질병의 연결이 옳지 않은 것은?

① 모기 - 사상충증, 말라리아
② 파리 - 장티푸스, 콜레라
③ 진드기 - 유행성출혈열, 쯔쯔가무시증
④ 이 - 페스트, 재귀열

**49** 식품을 조리 또는 가공할 때 생성되는 유해 물질과 그 생성 원인에 대한 설명으로 옳지 않은 것은?

① 엔-니트로사민(N-Nitrosoamine) - 육가공품의 발색제 사용으로 인한 아질산과 아민의 결합 반응 생성물이다.
② 다환방향족 탄화수소(Polycyclic Aromatic Hydrocarbon) - 유기물을 고온으로 가열할 때 생성되는 단백질이나 지방의 분해 생성물이다.
③ 아크릴아미드(Acrylamide) - 전분 식품 가열 시 아미노산과 당의 열에 의한 결합 반응 생성물이다.
④ 헤테로고리아민(Heterocyclic Amine) - 주류 제조 시 에탄올과 카바밀기의 반응에 의한 생성물이다.

**50** 조리용 소도구의 용도로 옳은 것은?

① 믹서(Mixer) - 재료를 다질 때 사용한다.
② 휘퍼(Whipper) - 감자 껍질을 벗길 때 사용한다.
③ 필러(Peeler) - 골고루 섞거나 반죽할 때 사용한다.
④ 그라인더(Grinder) - 소고기를 갈 때 사용한다.

**51** 가식부율이 높은 식품은?

① 고등어, 감자
② 보리, 쌀
③ 사과, 파인애플
④ 대파, 수박

**52** 육류의 조리·가공 중 색소 성분의 변화에 대한 설명으로 옳은 것은?

① 육류 조직 내의 미오글로빈(Myoglobin)이 산화되면 메트미오글로빈(Metmyoglobin)으로 되어 갈색이 된다.
② 육류 조직 내의 미오글로빈은 공기 중에 노출되면 산소와 결합하여 헤마틴(Hematin)으로 되어 선명한 붉은색이 된다.
③ 햄, 베이컨, 소시지 등의 육류 가공품은 질산염이나 아질산염과 작용하여 옥시미오글로빈(Oxymyoglobin)으로 되어 선명한 붉은색이 된다.
④ 신선한 육류의 절단면이 계속 공기 중에 노출되면 옥시미오글로빈으로 되어 갈색이 된다.

**53** 신맛 성분과 주요 소재 식품의 연결이 옳지 않은 것은?

① 구연산(Citric Acid) - 감귤류
② 젖산(Lactic Acid) - 김치류
③ 호박산(Succinic Acid) - 늙은 호박
④ 주석산(Tartaric Acid) - 포도

**54** 생선의 비린내를 억제하는 방법으로 적절하지 않은 것은?

① 물로 깨끗이 씻어 수용성 냄새 성분을 제거한다.
② 처음부터 뚜껑을 닫고 끓여 생선을 완전히 응고시킨다.
③ 조리 전에 우유에 담가 둔다.
④ 생선 단백질이 응고된 후 생강을 넣는다.

**55** 닭 튀김 시 살코기 색이 분홍색을 나타내는 것에 대한 설명으로 옳은 것은?

① 변질된 닭이므로 먹지 못한다.
② 병에 걸린 닭이므로 먹어서는 안 된다.
③ 근육 성분의 화학적 반응이므로 먹어도 된다.
④ 닭의 크기가 클수록 분홍색 변화가 심하다.

**56** 붉은 양배추 조리 시 식초나 레몬즙을 조금 넣었을 때의 변화에 대한 설명으로 옳은 것은?

① 안토시아닌계 색소가 선명하게 유지된다.
② 카로티노이드계 색소가 변색되어 녹색으로 된다.
③ 클로로필계 색소가 선명하게 유지된다.
④ 안토잔틴계 색소가 변색되어 청색으로 된다.

**57** 마늘에 함유된 황화합물로 특유의 냄새를 가지는 성분은?

① 알리신(Allicin)
② 디메틸설파이드(Dimethyl Sulfide)
③ 머스터드 오일(Mustard Oil)
④ 캡사이신(Capsaicin)

**58** 달걀 흰자로 거품을 낼 때 약간의 식초를 첨가하는 것과 관련 있는 것은?

① 난백의 등전점
② 용해도 증가
③ 향 형성
④ 표백 효과

**59** 직접 가열하는 급속해동법이 많이 이용되는 식품은?

① 생선
② 소고기
③ 냉동피자
④ 닭고기

**60** 오이피클 제조 시 오이의 녹색이 녹갈색으로 변하는 이유?

① 클로로필리드가 생기기 때문
② 클로로필린이 생기기 때문
③ 페오피틴이 생기기 때문
④ 잔토필이 생기기 때문

MEMO

# CHAPTER 4 정답 및 해설 4

| 모의고사4회 | | | | |
|---|---|---|---|---|
| 01 ④ | 02 ② | 03 ④ | 04 ① | 05 ③ |
| 06 ① | 07 ③ | 08 ② | 09 ③ | 10 ① |
| 11 ④ | 12 ② | 13 ④ | 14 ① | 15 ③ |
| 16 ① | 17 ② | 18 ② | 19 ② | 20 ③ |
| 21 ① | 22 ① | 23 ② | 24 ④ | 25 ④ |
| 26 ② | 27 ④ | 28 ④ | 29 ④ | 30 ④ |
| 31 ② | 32 ② | 33 ④ | 34 ① | 35 ② |
| 36 ② | 37 ③ | 38 ③ | 39 ② | 40 ④ |
| 41 ② | 42 ③ | 43 ② | 44 ④ | 45 ② |
| 46 ③ | 47 ② | 48 ④ | 49 ④ | 50 ④ |
| 51 ② | 52 ① | 53 ③ | 54 ② | 55 ③ |
| 56 ① | 57 ① | 58 ① | 59 ③ | 60 ③ |

### 01
말라리아는 제 3급 감염병에 해당한다.

### 02
이산화탄소는 실내공기 오염 정도의 지표로 이용되며, 위생학적 허용한계는 0.1%(= 1,000ppm)이다.

### 03
휘발성 염기류인 암모니아나 트리메틸아민은 어육의 선도 저하로 증가하므로 선도를 판정하는 방법으로 쓰인다. 유지가 과열되어 연기가 나는 시점을 발연점이라 하는데, 청백색의 연기와 함께 자극성 냄새가 발생되며 이는 유지가 분해에 의해 아크롤레인을 생성하기 때문이다.

### 04
소화기계감염병은 병원체는 환자, 보균자의 분변으로 배설되어 음식물이나 식수에 오염되어 경구 침입하는 감염병으로, 장티푸스, 파라티푸스, 콜레라, 세균성 이질, 아메바성 이질, 소아마비(폴리오)가 있다.

### 05
기초생활보장, 의료급여는 사회보장제도 중 공공부조에 해당한다.
고용보험, 건강보험, 국민연금은 모두 사회보험에 해당한다.

### 06
수은 중독은 미나마타병과 관련 있으며, 구토, 지각이상, 언어장애 등의 증상이 나타난다.

- 납(Pb) : 연연, 빈혈, 안면창백, 구토, 복통, 사지마비, 지각상실, 시력장애, 말초신경염 등
- 수은(Hg, 미나마타병의 원인 물질) : 피로감, 언어장애, 기억력 감퇴, 지각이상, 보행곤란 증세
- 크롬(Cr) : 비염, 궤양, 피부염, 알레르기성 습진
- 카드뮴(Cd, 이타이이타이병의 원인 물질) : 골연화증, 골다공증

### 07
- 특별자치도지사, 시장, 군수, 구청장이 모범업소를 지정할 수 있다.
- 일반음식점의 모범업소의 지정 기준은 1회용 물컵, 1회용 숟가락, 1회용 젓가락 등을 사용하지 아니하여야 한다.

### 08
사카린나트륨은 김치류, 음료류 등에 사용이 가능하도록 허가된 인공감미료이다.

### 09
인수공통감염병은 동물과 사람 간에 서로 전파되는 병원체에 의해 발생되는 감염병으로, 탄저, 결핵, 돈단독, 구제역, 조류인플루엔자, 광우병, 광견병 등이 있다.

### 10
조리사가 그 면허의 취소처분을 받은 경우에는 지체 없이 면허증을 특별자치도지사·시장·군수·구청장에게 반납하여야 한다.

## 11
잠복기가 병원미생물이 사람 또는 동물의 체내에 침입하여 발병할 때까지의 기간을 의미한다. 포도상구균의 잠복기는 1~6시간(평균 3시간)으로 잠복기가 가장 짧다.

## 12
테트로도톡신은 복어 중독의 원인 독소로, 동물성 자연독 성분이다.

## 13
농후난백보다 수양난백이 많은 달걀이 오래된 것이다.

## 14
일반식품에는 수분 외에 탄수화물, 단백질 등 가용성 영양소들이 포함되어 있으므로 수분활성도가 항상 1보다 작다.

## 15
육류는 가열 조리 시 단백질이 응고되고, 고기가 수축·분해되고, 중량과 보수성이 감소되며, 결합 조직의 콜라겐이 젤라틴화되면서 조직이 부드러워진다.

## 16
탄닌은 혀의 점막 단백질이 일시적으로 응고되어 미각신경이 마비되면서 생기는 성분으로, 수렴성의 불쾌한 맛으로, 차 제조의 중요 성분이다.

## 17
탄수화물은 탄소, 산소, 수소의 복합체이다.

## 18
우유의 단백질은 산과 응유효소(레닌)에 의해 응고되는 카세인과 응고되지 않는 락토글로불린과 락트알부민으로 구성되어 있다. 치즈는 카세인을 레닌으로 응고시킨 것이다.

## 19
생선묵에는 점탄성을 부여하기 위해 전분을 첨가한다.

## 20
기름을 여러 번 재가열할 시 점차 점성이 생기고, 색이 진해지며 맛이 나빠진다. 또한 공기 중의 산소와 결합하여 산화함으로써 거품이 생긴다.

## 21
식품의 단백질이 변성되었을 때에는 폴리펩티드 사슬이 풀어져 소화 효소의 작용 공간이 증가하여 소화 효소의 작용을 받기 쉬워진다.

## 22
② 당근의 카로티노이드 색소는 산, 알칼리, 열에 변화되지 않는다.
③ 양파의 플라보노이드 색소는 알칼리성에서 황색으로, 산성에서 백색으로 변한다.
④ 가지의 안토시아닌 색소는 산성에서 적색, 알칼리성에서 청색으로 변한다.

## 23
10kg(10,000g)구매 시 표준수율(구매한 단위에서 버려지는 부분을 뺀 가용 부분)이 86%이므로, 당근의 실제 수량은 8,600g이다. 구입 원가는 kg당 1,300원 이므로 10kg구매 시 13,000원이다. 80g당 원가를 a라 하면

8,600 : 13,000 = 80 : a

8,600 ×a = 13,000 ×80

a = (13,000 ×80) ÷8,600 = 1,040,000 ÷8,600 = 120.93 ≒121원

**따라서 당근 1인분의 원가는 약 121원이다.**

## 24
원가 계산은 가격 결정, 원가 관리, 예산 편성, 재무제표 작성에 목적이 있다.

## 25
- 직접원가 = 직접재료비 + 직접노무비 + 직접경비 = 170,000원 + 80,000원 + 5,000원 = 255,000원
- 제조원가 = 직접원가 + 제조간접비( = 간접재료비 + 간접노무비 + 간접경비) = 255,000원 + (55,000원 + 50,000원 + 65,000원) = 425,000원

**총원가는 제조원가 + 판매관리비 = 425,000원 + (5,500원 + 10,000원) = 440,500원이다.**

## 26
흑설탕이나 황설탕은 모양이 유지될 정도로 계량컵에 꾹꾹 눌러 담아 컵의 위를 평면으로 깎아 계량한다.

## 27
우둔살은 조림, 육포, 구이, 산적 등의 조리에 적합하다.

28

간섭제는 결정체 형성을 방해하여 매끈하고 부드러운 질감을 만드는 역할을 하며, 셔벗이나 캔디 제조 시 이용한다.

29

① 일렬형 : 작업 동선이 길고 비능률적이지만 조리장이 굽은 경우 사용한다.
② 병렬형 : 작업할 때 180°회전하게 되므로 에너지 소모가 크며 쉽게 피로해진다.
③ 아일랜드형 : 공간 활용이 자유로우며, 동선을 단축시킬 수 있다.

30

불포화지방산의 함량이 높을수록 유지의 산패가 촉진된다.

31

이당류는 단당류 2개가 결합된 당으로, 지당, 맥아당, 젖당이 이에 해당한다.
① 다당류에 대한 설명이다.
③ 단당류에 대한 설명이다.
④ 단당류에 속하는 포도당에 대한 설명이다.

32

용기의 표면적이 넓은 경우 발연점이 낮아진다.(1인치 넓을수록 발연점은 2℃씩 저하)

33

자유수는 0℃ 이하에서 얼음으로 동결되고, 100℃ 이상에서 증발한다.

34

군집독이란 많은 사람이 밀집된 실내에서 공기가 물리적·화학적 조성의 변화를 일으켜 현기증, 구토, 권태감, 두통 등의 증상을 일으키는 것을 말한다.

35

스쿼시(Squash)는 마시기 전에 증류수나 소다수 등의 액체를 혼합한 설탕을 넣거나 설탕을 넣지 않은 과일 원료의 농축물이며, 액체를 혼합하기 전의 농축액은 코디얼(Cordial)이라고도 한다.

36

장염비브리오균은 어패류, 해조류를 생으로 섭취할 시 식중독을 일으키는 세균이다.
① 살모넬라균은 동물의 장내에 기생하며 급성 위장염을 일으키는 병원성 세균이다.
③ 포도상구균은 화농성 질환으로, 세균성 식중독을 일으키는 세균이다.
④ 클로스트리디움 보툴리눔은 신경마비 독소이며, 시력장애, 근육마비의 증상을 일으킨다.

37

식품의약품안전처장은 식품위생 수준 및 자질 향상을 위하여 조리사 및 영양사에게 교육을 받을 것을 명할 수 있다.

38

탄수화물은 1g당 3kcal의 에너지를 발생시킨다. 1g당 9kcal의 에너지를 발생시키는 것은 지방이다.

39

① 피마자의 종자에는 리신(Ricin)이라는 독성 단백질이 함유되어 있다.
③ 미숙한 매실의 종자에는 아미그달린(Amygdalin)이라는 청산배당체가 함유되어 있다.
④ 모시조개에 존재하는 독성분은 베네루핀(Venerupin)이다.

40

호박산은 산도조절제로, 무색, 백색의 결정 또는 결정성 분말로 특이한 신맛이 난다.
① 명반은 팽창제로, 빵, 과자 등을 부풀려 모양을 갖추게 할 목적으로 사용한다.
② 이산화티타늄은 비타르계 색소로, 설탕, 시럽의 착색제로 사용하며 청량음료에도 일부 사용한다.
③ 삼이산화철은 합성착색제로, 인공적으로 착색시켜 천연색을 유지하는 물질이다.

41

식품첨가물은 식품을 제조, 가공 또는 보존하는 과정에서 감미, 착색, 표백 또는 산화 방지 등을 목적으로 사용되는 물질을 말한다.
① 식품 : 의약으로 섭취하는 것을 제외한 모든 음식물을 말한다.
③ 화학적 합성품 : 화학적 수단으로 원소 또는 화합물에 분해 반응 외의 화학 반응을 일으켜서 얻은 물질을 말한다.
④ 기구 : 음식을 먹을 때 사용하거나 담는 것, 식품 또는 식품첨가물을 채취·제조·가공·조리·저장·소분·운반·진열할 때 사용하는 것을 말한다.

42
식품변질의 원인에는 미생물의 번식(수분, 온도, 영양분), 식품 자체의 효소 작용, 공기 중에서의 산화로 인한 비타민 파괴 및 지방 산패 등이 있다.

43
통조림의 주원료인 주석은 금속을 보호하기 위한 코팅에 사용된다. 이때 철판에 코팅을 너무 얇게 하거나 내용물의 산성이 강해 캔의 부식을 잘 일으키게 되면 통조림 캔으로부터 주석이 용출될 가능성이 높다.

44
장염비브리오 식중독균은 그람음성균으로 아포를 형성하지 않는다.

45
무구조충(민촌충)은 소를 통해 사람에게 감염된다.

46
인플루엔자는 기침이나 재채기 등으로 감염되는 비말감염이다.

47
아플라톡신은 아스퍼질러스 플라버스 곰팡이가 탄수화물을 많이 함유한 식품에 증식하여 생성된 독소로, 간장독이다.

48
재귀열은 이가 매개하는 질병이고, 페스트는 벼룩을 매개로 하여 설치동물(쥐)을 통해 감염되는 질병이다.

49
헤테로고리아민은 육류나 생선을 고온으로 조리할 때 육류나 생선에 존재하는 아미노산과 크레아틴이라는 물질이 반응하여 고리 형태로 생성되는 물질이다.

50
① 믹서 : 여러 가지 제품을 혼합할 때 사용한다.
② 휘퍼 : 달걀, 생크림을 혼합하거나 거품을 생성할 때 사용한다.
③ 필러 : 감자, 당근, 무 등의 껍질을 벗기는 용도로 사용한다.

51
가식부는 식품 중에서 식용이 가능한 부분을 말하며, 가식량이라고도 한다. 곡류의 가식부율은 100이다.

52
육류 조직 내의 미오글로빈은 공기 중에 노출되면 산소와 결합하여 옥시미오글로빈이 되어 선명한 붉은색을 띠고, 산화되면 메트미오글로빈이 되어 갈색을 띤다.

53
호박산은 조개류, 김치류 등의 신맛 성분으로, 특유의 감칠맛을 내는 유기산이다.

유기산이 포함된 식품
- 젖산 : 요구르트, 김치류
- 사과산 : 사과, 배
- 초산 : 식초, 김치류
- 구연산 : 감귤류, 딸기, 살구
- 호박산 : 청주, 조개류, 김치류
- 주석산 : 포도

54
생선 조리 시 처음 수 분간은 뚜껑을 열고 조리하면 비린내가 휘발되어 감소한다.

55
닭튀김 시 살코기가 분홍색을 띠는 것은 근육 성분의 화학반응 때문이며, 어린 닭일수록 분홍색이 잘 나타난다.

56
붉은빛을 띠는 채소(붉은 양배추, 가지, 비트 등)에 있는 안토시아닌은 산에 안정하여 pH 4이하에서는 색이 더 선명하게 유지된다.
② 카로티노이드계 색소는 식물성·동물성 식품에 널리 분포하는 황색, 주황색, 적색의 색소로 빛에 민감하다.
③ 클로로필계 색소는 산성에서는 녹갈색, 알칼리성에서는 진한 녹색을 띤다.
④ 안토잔틴계 색소는 산성에서는 백색, 알칼리성에서는 황색, 철(Fe)에는 암갈색, 가열 시에는 노란색을 띤다.

57
알리신은 마늘에 함유된 휘발성의 황화합물질로 특유의 매운 성분을 가지고 있다.

58
달걀 흰자의 주성분인 오브알부민의 등전점(양이온의 농도와 음이온의 농도가 같아지는 상태)은 pH 4.6~4.7이다. 즉, 소량의 산을 첨가하여 pH를 난백의 등전점 부근으로 해 주면 기포성이 높아진다.

59

반조리식품 또는 조리된 상태의 냉동식품은 가열하거나 전자레인지를 이용한다. 냉동피자가 이에 해당한다.
육류나 어류는 높은 온도에서 해동하면 조직이 상해 드립(Drip)이 많이 나오므로 냉장고나 흐르는 물에서 밀폐한 채 해동하는 것이 좋다.

60

클로로필은 식물체의 녹색색소로, 산으로 처리하면 녹갈색의 페오피틴이 생성된다.

# MEMO

# CHAPTER 5 모의고사 5

**01** 식품 구입 시 감별 방법으로 옳지 않은 것은?

① 육류 가공품인 소시지의 색은 담홍색이며 탄력성이 없는 것이 좋다.
② 밀가루는 잘 건조되고 덩어리가 없으며 냄새가 없는 것이 좋다.
③ 감자는 굵고 상처가 없으며 발아되지 않은 것이 좋다.
④ 생선은 탄력이 있으며 아가미는 선홍색이고 눈알이 맑은 것이 좋다.

**02** 원가의 구성으로 옳은 것은?

① 판매가격 = 이익 + 제조원가
② 직접원가 = 직접재료비 + 직접노무비 + 직접경비
③ 총원가 = 제조간접비 + 직접원가
④ 제조원가 = 판매경비 + 일반관리비 + 제조 간접비

**03** 모체로부터 얻어지는 면역은?

① 인공능동면역 ② 인공수동면역
③ 자연능동면역 ④ 자연수동면역

**04** 흰색 야채의 경우 흰색을 그대로 유지 할 수 있는 방법으로 옳은 것은?

① 야채를 데친 후 곧바로 찬물에 담가 둔다.
② 약간의 식초를 넣어 삶는다.
③ 야채를 물에 담가 두었다가 삶는다.
④ 약간의 중조를 넣어 삶는다.

**05** 어패류 조리 방법에 대한 설명으로 옳지 않은 것은?

① 조개류는 낮은 온도에서 서서히 조리해야 단백질의 급격한 응고로 인한 수축을 막을 수 있다.
② 생선은 결체 조직의 함량이 높으므로 주로 습열 조리법을 사용해야 한다.
③ 생선조리 시 식초를 넣으면 생선이 단단해진다.
④ 생선조리에 사용하는 파, 마늘은 비린내 제거에 효과적이다.

**06** 조리 방법 중 습열 조리와 거리가 먼 것은?

① 브로일링(Broiling)
② 스티밍(Steaming)
③ 보일링(Boiling)
④ 시머링(Simmering)

**07** 조리 방법에 대한 설명으로 옳은 것은?

① 채소를 잘게 썰어 국을 끓이면 빨리 익으므로 수용성 영양소의 손실이 적어진다.
② 전자레인지는 자외선에 의해 음식이 조리된다.
③ 콩나물국의 색을 맑게 만들기 위해 소금으로 간을 한다.
④ 푸른색을 최대한 유지하기 위해 소량의 물에 채소를 넣고 데친다.

**08** 육류 사후강직의 원인 물질은?

① 젤라틴(Gelatin)
② 엘라스틴(Elastin)
③ 액토미오신(Actomysin)
④ 글리코겐(Glycogen)

**09** 생선의 조리 방법에 대한 설명으로 옳은 것은?

① 선도가 낮은 생선은 양념을 담백하게 하고 뚜껑을 닫고 잠깐 끓인다.
② 지방 함량이 높은 생선보다는 낮은 생선으로 구이를 하는 것이 풍미가 더 좋다.
③ 생선조림은 오래 가열해야 단백질이 단단하게 응고되어 맛이 좋아진다.
④ 양념 간장이 끓을 때 생선을 넣어야 영양 성분의 유출을 막을 수 있다.

**10** 마요네즈 제조 시 안정된 마요네즈를 형성하는 경우는?

① 빠르게 기름을 많이 넣을 때
② 달걀 흰자만 사용할 때
③ 따뜻한 기름을 사용할 때
④ 유화제 첨가량에 비해 기름의 양이 많을 때

**11** 국수를 삶는 방법으로 적절하지 <u>않은</u> 것은?

① 끓는 물에 넣는 국수의 양이 지나치게 많아서는 안된다.
② 국수 무게의 6~7배 정도의 물에서 삶는다.
③ 국수를 넣은 후 물이 다시 끓기 시작하면 찬물을 넣는다.
④ 국수가 다 익으면 많은 양의 냉수에서 천천히 식힌다.

**12** 생선 튀김의 조리법으로 적절한 것은?

① 130℃에서 5~6분간 튀긴다.
② 150℃에서 4~5분간 튀긴다.
③ 180℃에서 2~3분간 튀긴다.
④ 200℃에서 7~8분간 튀긴다.

**13** 사람이 예방접종을 통해 얻는 면역은?

① 선천적 면역　② 자연수동면역
③ 자연능동면역　④ 인공능동면역

**14** 국가의 보건 수준 평가를 위해 가장 많이 사용하고 있는 지표는?

① 조사망율　② 성인병 발생률
③ 결핵이환율　④ 영아사망률

**15** 식품첨가물 중 보존료의 목적으로 옳은 것은?

① 산도 조절
② 미생물에 의한 부패 방지
③ 산화에 의한 변패 방지
④ 가공 과정에서 파괴되는 영양소 보충

**16** 『식품위생법』상 식품접객영업을 하려는 자는 몇 시간의 식품위생교육을 미리 받아야 하는가?

① 2시간　② 4시간
③ 6시간　④ 8시간

**17** 생육이 가능한 최저 수분활성도가 가장 높은 것은?

① 내건성 포자　② 세균
③ 곰팡이　④ 효모

**18** 하수 오염도 측정 시 생화학적 산소요구량(BOD)을 결정하는 가장 중요한 인자는?

① 물의 경도　② 수중의 유기물량
③ 하수량　④ 수중의 광물질량

**19** HACCP의 의무 적용 대상 식품에 해당하지 않는 것은?

① 빙과류　② 비가열음료
③ 껌류　④ 레토르트식품

**20** 「식품위생법」상 집단급식소에 근무하는 영양사의 직무가 아닌 것은?

① 종업원에 대한 식품위생교육
② 식단 작성, 검식 및 배식 관리
③ 조리사의 보수교육
④ 급식시설의 위생적 관리

**21** 모기에 의해 전파되는 감염병이 아닌 것은?

① 황열　② 말라리아
③ 사상충증　④ 디프테리아

**22** 기온역전현상의 발생 조건은?

① 상부기온이 하부기온보다 낮을 때
② 상부기온이 하부기온보타 높을 때
③ 상부기온과 하부기온이 같을 때
④ 안개와 매연이 심할 때

**23** 조리장 내 복장에 대한 설명으로 옳지 않은 것은?

① 음식이나 식재료 취급 시 위생장갑을 착용한다.
② 조리실 내에 근무하는 모든 종업원은 모발이 외부로 노출되지 않도록 위생모를 착용한다.
③ 1회용 위생장갑은 비용 절감을 위해 세척하여 사용한다.
④ 음식에 혼입 가능성이 있는 반지, 목걸이, 귀걸이는 착용하지 않는다.

**24** 조리작업장의 위치선정 조건으로 적절하지 않은 것은?

① 보온을 위해 지하인 곳
② 통풍이 잘 되며 밝고 청결한 곳
③ 음식의 운반과 배선이 편리한 곳
④ 재료의 반입과 오물의 반출이 쉬운 곳

**25** 부패한 감자에서 생성되는 독소 성분은?

① 테트로도톡신(Tetrodotoxin)
② 셉신(Sepsine)
③ 베네루핀(Venerupin)
④ 삭시톡신(Saxitoxin)

**26** 단백질의 기능으로 볼 수 없는 것은?

① 체내 성분의 구성 물질
② 체내 성분의 중성 유지
③ 혈당에 관여
④ 효소·호르몬의 성분

**27** 식품의 변화 현상에 대한 설명으로 옳지 않은 것은?

① 산패 - 유지식품의 지방질 산화
② 발효 - 화학물질에 의한 유기화합물의 분해
③ 변질 - 식품의 품질 저하
④ 부패 - 단백질과 유기물이 부패 미생물에 의해 분해

**28** 전분에 수분과 열을 가하여 소화를 용이하게 하는 전분의 작용은?

① 호화 ② 호정화
③ 산화 ④ 노화

**29** 결합수의 특징이 아닌 것은?

① 용매로 작용한다.
② 자유수보다 밀도가 크다.
③ 미생물의 번식과 발아에 이용이 불가능하다.
④ 동·식물의 조직에 존재할 때 그 조직에 큰 압력을 가하여 압착해도 제거되지 않는다.

**30** 치즈의 제조 시 이용하는 우유 단백질의 성질은?

① 응고성 ② 용해성
③ 팽윤 ④ 수화

**31** 어패류의 신선도 평가에 이용되는 지표 물질은?

① 헤모글로빈
② 트리메틸아민 옥사이드
③ 메탄올
④ 트리메틸아민

**32** 육제품의 훈연 목적으로 적절하지 않은 것은?

① 저장성 증진 ② 산화 방지
③ 풍미 증진 ④ 영양 증진

**33** 단체급식 목적으로 적절하지 않은 것은?

① 피급식자의 건강의 회복, 유지, 증진을 도모한다.
② 피급식자의 식비를 경감한다.
③ 피급식자에게 물질적 충족을 준다.
④ 영양교육과 음식의 중요성을 교육함으로써 바람직한 급식을 실현한다.

**34** 당질을 소화시키는 데 관련 있는 효소는?

① 리파아제 ② 렌닌
③ 아밀라아제 ④ 펩신

**35** 가식부율이 60%인 식품의 출고계수는?

① 1.25 ② 1.43
③ 1.66 ④ 2.00

**36** 구매한 식품의 재고관리 시 적용되는 방법 중 최근에 구입한 식품부터 사용하는 것으로 가장 오래된 물품이 재고로 남게 되는 것은?

① 선입선출법 ② 후입선출법
③ 총평균법 ④ 최소-최대관리법

**37** 소화 시 담즙의 작용은?

① 지방을 유화시킨다.
② 지방질을 가수분해한다.
③ 단백질을 가수분해한다.
④ 콜레스테롤을 가수분해한다.

**38** 유지의 산패에 영향을 끼치는 요인에 대한 설명으로 옳은 것은?

① 온도가 높을수록 반응 속도가 감소한다.
② 광선 및 자외선은 산패를 촉진시킨다.
③ 수분이 적으면 촉매 작용이 강해진다.
④ 금속류는 유지의 산화를 방지한다.

**39** 밀가루를 분류하는 기준이 되는 성분은?

① 글리아딘 ② 글로불린
③ 글루타민 ④ 글루텐

**40** 소고기의 부위별 용도와 조리법 연결이 옳지 않은 것은?

① 앞다리 - 불고기, 육회, 장조림
② 설도 - 탕, 샤브샤브, 육회
③ 목심 - 불고기, 국거리
④ 우둔 - 산적, 장조림, 육포

**41** 세균성 식중독에 해당하지 않는 것은?

① 노로바이러스 식중독
② 비브리오 식중독
③ 병원성 대장균 식중독
④ 장구균 식중독

**42** 전자레인지의 주된 조리 원리는?

① 복사 ② 전도
③ 대류 ④ 초단파

**43** 다음의 설명에 해당하는 것은?

영양적 가치는 없으나 배변운동을 돕고 장내에서 비타민 B군의 합성을 촉진하여 소화되지 않는 전분이다.

① 섬유소 ② 포도당
③ 자일로스 ④ 과당

**44** 전분의 호정화(덱스트린화)에 대한 설명으로 옳지 않은 것은?

① 전분을 160~170℃의 끓는 물로 가열하면 덱스트린이 되는 호정화가 일어난다.
② 용해성이 생기고 점성이 낮아진다.
③ 맛이 구수해지고 색은 갈색으로 변한다.
④ 활용 식품으로는 미숫가루, 누룽지, 빵 뻥튀기, 팝콘 등이 있다.

**45** 젤라틴의 응고에 대한 내용으로 옳지 않은 것은?

① 젤라틴의 농도가 높을수록 빨리 응고된다.
② 설탕의 농도가 높을수록 빨리 응고된다.
③ 염류는 젤라틴이 물을 흡수하는 것을 막아 단단하게 응고시킨다.
④ 단백질 분해 효소를 사용하면 응고력이 약해진다.

**46** 유지의 산패도를 나타내는 값으로 짝지어진 것은?

① 비누화가, 요오드가
② 요오드가, 아세틸가
③ 과산화물가, 비누화가
④ 산가, 과산화물가

**47** 헤모글로빈을 구성하며, 혈액 생성에 필수적인 영양소는?

① 철분 ② 인
③ 황 ④ 마그네슘

**48** 총원가에 대한 설명으로 옳은 것은?
① 제조간접비와 직접원가의 합이다.
② 판매관리비와 제조원가의 합이다.
③ 판매관리비, 제조간접비, 이익의 합이다.
④ 직접재료비, 직접노무비, 직접경비, 직접원가, 판매관리비의 합이다.

**49** 지방의 산패를 촉진하는 인자와 거리가 먼 것은?
① 질소 ② 산소
③ 금속 ④ 자외선

**50** 세계보건기구(WHO)의 주요기능이 아닌 것은?
① 국제적인 보건사업의 지휘 및 조정
② 회원국에 대한 기술 지원 및 자료 공급
③ 세계식량계획 설립
④ 유행성 질병 및 전염병 대책 후원

**51** 상수도와 관련 있는 보건 문제가 아닌 것은?
① 수도열 ② 반상치
③ 레이노드병 ④ 수인성 감염병

**52** 식품첨가물의 사용 제한 기준이 아닌 것은?
① 사용할 수 있는 식품의 종류 제한
② 식품에 대한 사용량 제한
③ 사용 방법에 대한 제한
④ 사용 장소에 대한 제한

**53** 세균성 식중독 중 감염형이 아닌 것은?
① 살모넬라균 ② 비브리오균
③ 병원성 대장균 ④ 황색포도상구균

**54** 대기오염물질 중 탄소 성분의 불완전 연소로 인해 발생하는 것은?
① 오존 ② 질소
③ 일산화탄소 ④ 이산화탄소

**55** 웰치균에 대한 설명으로 옳은 것은?
① 아포는 60에서 10분간 가열하면 사멸한다.
② 혐기성세균이다.
③ 냉장 온도에서 잘 발육한다.
④ 당질 식품에서 주로 발육한다.

**56** 직업병의 원인과 질병의 연결이 옳지 않은 것은?
① 소음 - 직업성 난청
② 방사선 - 백혈병
③ 고열환경 - 열중증
④ 고압환경 - 참호족염

**57** 쓰레기 소각 처리 시 공중보건상 가장 문제가 되는 것은?
① 대기오염과 다이옥신
② 화재발생
③ 사후 폐기물 발생
④ 높은 열의 발생

**58** HACCP에 대한 설명으로 옳지 않은 것은?

① 원재료에서 제조, 가공 등의 식품공정별로 모두 적용되는 종합적 위생 대책 시스템이다.

② 위해 방지를 위한 사전 예방적 식품안전관리체계를 말한다.

③ 미국, 일본, 유럽연합, 국제기구(CODEX, WHO) 등에서도 모든 식품에 HACCP를 적용할 것을 권장하고 있다.

④ HACCP 12절차의 첫 번째 단계는 위해 요소 분석이다.

**59** 굴을 먹고 걸린 식중독과 관련 있는 독성 물질은?

① 시큐톡신(Cicutoxin)

② 베네루핀(Venerupin)

③ 테트라민(Tetramine)

④ 테무린(Temuline)

**60** 「식품위생법」상 조리사와 영양사에게 교육을 받을 것을 명할 수 있는 사람은?

① 식품의약품안전처장

② 보건복지부장관

③ 대통령

④ 시 · 도지사

MEMO

# CHAPTER 5 정답 및 해설 5

| 모의고사5회 | | | | |
|---|---|---|---|---|
| 01 ① | 02 ② | 03 ④ | 04 ② | 05 ② |
| 06 ① | 07 ③ | 08 ③ | 09 ④ | 10 ③ |
| 11 ④ | 12 ③ | 13 ④ | 14 ④ | 15 ② |
| 16 ③ | 17 ② | 18 ② | 19 ③ | 20 ③ |
| 21 ④ | 22 ② | 23 ③ | 24 ① | 25 ④ |
| 26 ③ | 27 ② | 28 ① | 29 ① | 30 ① |
| 31 ④ | 32 ④ | 33 ③ | 34 ③ | 35 ③ |
| 36 ② | 37 ① | 38 ② | 39 ④ | 40 ② |
| 41 ① | 42 ④ | 43 ① | 44 ① | 45 ② |
| 46 ④ | 47 ① | 48 ② | 49 ① | 50 ③ |
| 51 ③ | 52 ④ | 53 ④ | 54 ③ | 55 ② |
| 56 ④ | 57 ① | 58 ④ | 59 ② | 60 ① |

### 01
소시지는 담홍색이며 탄력성이 있는 것이 선도가 좋은 것이다.

### 02
① 판매가격 = 이익 + 총원가
③ 총원가 = 제조간접비 + 직접원가 + 판매관리비
④ 제조원가 = 직접경비 + 직접노무비 + 직접재료비 + 제조간접비

### 03
자연수동면역은 태아가 태반을 통해 모체로부터 항체를 받거나 생후 모유를 통해 항체를 받는 방법이다.

### 04
플라보노이드계 색소는 식물에 넓게 분포하는 황색 계통의 수용성 색소로, 밀가루나 양파 등에 함유되어 있는데, 산성에서는 백색을 띤다. 따라서 약간의 식초를 넣어 삶으면 흰색 야채 본래의 색을 그대로 유지할 수 있다.

### 05
생선은 결체 조직의 함량이 낮으므로 건열 조리법을 주로 사용한다.

### 06
브로일링은 굽기로, 건열 조리에 해당한다.
스티밍은 찌기, 보일링은 끓이기, 시머링은 은근히 끓이기로, 이는 모두 습열 조리에 해당한다.

습열 조리 방법
- 데치기(Blanching, 블랜칭)
- 끓이기(Boiling, 보일링)
- 은근히 끓이기(Simmering, 시머링)
- 찌기(Steaming, 스티밍)
- 삶기(Poaching, 포칭)

### 07
① 채소를 잘게 썰어 국을 끓이면 수용성 영양소의 손실이 커진다.
② 전자레인지는 초단파(전자파)에 의해 음식이 조리된다.
④ 푸른색을 유지하며 채소를 데치기 위해서는 다량의 물에 채소를 넣고 데쳐야 한다.

### 08
육류의 사후강직이란 동물 도살 후 산소 공급이 중지되어 당질의 호기적 분해가 일어나지 않아 근육 중 젖산의 증가로 인해 근육 수축이 일어나 경직되는 것을 말한다. 이는 미오신과 액틴이 결합된 액토미오신에 의해 발생한다.

### 09
① 선도가 낮은 생선은 뚜껑을 열고 조리하여 휘발성의 비린내 성분이 날아갈 수 있도록 한다.
② 구이는 생선 자체의 맛을 살리는 조리법으로, 지방 함량이 높은 생선에 더욱 적합하다.
③ 조리 시간을 짧게 해야 생선이 잘 부스러지지 않는다.

### 10
마요네즈는 수중유적형 식품으로, 약간 데운 기름을 사용하면 안정된 마요네즈를 형성할 수 있다.

## 11

국수의 전분을 헹구어 낸 다음, 식감을 유지시키기 위해 많은 양의 냉수에서 빠르게 여러 번 식힌다.

## 12

생선류(튀김옷 입힌 어패류)는 180℃ 정후로 2~3분간 튀기는 것이 좋다.

## 13

① 선천적 면역에는 종속면역, 인종면역, 개인면역 등이 있으며, 특정 병원체에 대해 태어날 때부터 갖게 된 면역이다.
② 자연수동면역은 모체로부터 항체를 받은 면역이다.
③ 자연능동면역은 질병 감염 후 획득한 면역이다.

## 14

영아사망률이란 출생 후 1년 이내 사망한 영아의 비율을 나타낸 지표로서, 영아의 사망률은 모성의 건강 상태와 주변 환경의 영향을 많이 받으므로 한 국가의 보건 수준을 나타내는 대표적인 지표이다.

## 15

보존료는 미생물의 발육을 억제하고 부패를 방지하여 신선도를 유지하는 데 목적이 있다.
① 산미료의 목적이다.
③ 산화방지제의 목적이다.
④ 강화제의 목적이다.

**식품의 변질 및 부패를 방지하는 식품첨가물**

- **보존료(방부제)** : 미생물 증식을 억제하여 식품의 영양가와 신선도를 보존하기 위한 목적으로 사용한다.
- **살균제(소독제)** : 식품 내 부패 원인균을 단시간에 사멸시키기 위한 목적으로 사용한다.
- **산화방지제(항산화제)** : 식품 속의 지방 성분은 산소와 결합하면 산화하고 변패하므로 이로 인한 품질 저하를 방지하기 위해 사용한다.(변색, 이미, 이취, 퇴색의 방지와 지연의 목적으로 사용)

## 16

식품접객업을 하려는 자는 6시간의 교육을 받아야 한다.

## 17

생육에 필요한 최저 수분활성도는 '세균(0.90~0.95) > 효모(0.88) > 곰팡이(0.65~0.80)'순이다.

## 18

생화학적 산소요구량(BOD)은 미생물이 수중의 유기물을 산화·분해할 때 필요한 산소 소비량을 측정한다.

## 19

HACCP의 의무 적용 대상 식품은 총 13종으로, 음료류, 레토르트식품, 특수용도식품 등이다. 껌류는 이에 해당하지 않는다.

## 20

영양사의 직무에는 종업원에 대한 영양 지도 및 식품위생교육, 식단 작성, 검식 및 배식 관리, 급식시설의 위생적 관리, 집단급식소의 운영일지 작성, 구매 식품의 검수 및 관리 등이 있다.

## 21

모기에 의해 전파되는 감염병에는 말라리아, 사상충증, 일본뇌염, 황열, 뎅기열이 있다.

## 22

기온역전현상은 고도가 상승할수록 기온도 상승하여 상부기온이 하부기온보다 높아지는 때를 말한다.

## 23

1회용 위생장갑은 교차오염을 방지하기 위해 교체하여 사용한다.

## 24

지하에 조리작업장이 위치하면 통풍과 채광이 좋지 않기 때문에 적절하지 않다.

## 25

① 테트로도톡신은 복어 중독의 원인 독소이다.
③ 베네루핀은 모시조개, 바지락, 굴 등의 독소이며, 치사율은 40~50%이다.
④ 삭시톡신은 섭조개나 대합에서 발견되는 마비성 패독으로, 열을 가해도 쉽게 파괴되지 않는다.

## 26

혈당에 관여하는 것은 탄수화물이다.

## 27

발효란 미생물이 지니고 있는 효소의 작용으로 유기물이 분해되어 알코올류, 유기산류, 탄산가스 따위가 발생하는 작용이다.

28
전분에 물을 넣고 가열하면 점성이 생기고 부풀어 오르는 현상인 전분의 호화가 나타난다.

29
결합수는 식품의 구성 성분인 단백질, 탄수화물 등과 수고 결합을 하고 있는 물로서, 수용성 물질을 녹일 수 없어 용매로 작용하는 것이 불가능 하다.

30
치즈는 카세인이 응유효소에 의해 응고되어 만들어진 유제품이다.

31
트리메틸아민은 생선 조직에 함유되어 있던 트리메틸아민 옥사이드(Trimethylamine oxide)가 세균에 의해 환원된 것이다. 생선이 세균에 의해 부패되기 시작하면 트리메틸아민의 생성량이 많아지고 비린내가 강해져 생선의 신선도를 평가하는데 이용된다.

32
훈연의 목적은 저장성과 풍미를 증진시키고 산화를 방지하며 훈연 향을 부여하는데 있다.

33
단체급식의 목적은 영양 개선을 통해 피급식자의 건강을 증진시킨다는 목적과 급식을 통해 영양교육, 연대감을 통한 사회성의 함양, 식비 절감 등의 목적이 있다.

34
아밀라아제는 탄수화물의 일종인 전분의 분해 효소이다.

35
식품의 출고계수 = 필요한 1개/가식부율
가식부율이 60% = 0.6이므로 식품의 출고계수는 1/0.6 = 1.66이다.

36
후입선출법은 최근에 구입한 재료부터 먼저 사용하는 방법이다.

37
담즙은 지방을 유화시키고, 비타민 K를 합성하며, 지용성 비타민의 흡수를 돕는다.

38
① 온도가 높을수록 반응 속도가 증가한다.
③ 수분이 많으면 촉매 작용이 강해진다.
④ 금속류는 유지의 산화를 촉진시킨다.

39
밀가루는 글루텐의 함량에 따라 분류한다.

40
설도는 주로 스테이크, 육회, 육포 조리에 적절하다.

41
노로바이러스는 위와 장에 염증을 일으키는 위장염 질환으로, 주요 증상은 매스꺼움, 구토, 설사, 복통의 증상이 나타나고, 때로는 두통, 오한 및 근육통을 유발하기도 한다.

42
전자레인지는 초단파를 원리로 하는 조리기구이다.

43
섬유소는 소화되지 않는 전분으로, 식물의 줄기에 포함되어 있는 당이다.
② 포도당 : 전분이 소화되어서 가장 작은 형태로 된 것으로, 동물체에 클리코겐 형태로 저장된다.
③ 자일로스 : 식물에 존재하며, 설탕의 60% 정도의 단맛을 내는 성분이다.
④ 과당 : 당류 중 가장 단맛이 강하며, 과일, 벌꿀, 꽃에 유리 상태로 존재하고 물에 잘 녹는다.

44
전분의 호정화(덱스트린화)는 전분을 160~170℃의 건열로 (물을 하지 않고)가열하면 가용성 전분을 거쳐 덱스트린으로 분해되는 반응을 말한다.

45
설탕은 젤라틴 분자의 망상 구조 형성을 약화시켜 천천히 응고하게 만든다. 설탕의 첨가량이 많으면 겔 강도를 감소시키므로 농도가 증가할수록 응고력이 감소된다.

46
유지의 산패도를 나타내는 값은 산가, 과산화물가, 카르보닐가, TBA 등이 있다.

47
② 인은 세포의 분열과 재생·대사 과정에 작용하고 세포내액에서 완충작용을 한다.
③ 황은 조직의 호흡 작용, 생리적 산화 과정에 관여한다.
④ 마그네슘은 효소 반응의 촉매, 신경의 자극 전달 작용을 한다.

48
총원가는 판매관리비와 제조원가의 합이다.

49
산패를 촉진시키는 요소에는 산소, 이중결합 수, 자외선, 금속(철, 동, 니켈, 주석 등), 온도, 생물학적 촉매(효소)가 있다.

50
세계식량계획의 설립은 유엔세계식량계획(WFP)의 기능이다.

51
레이노드병은 진동이 심한 작업을 하는 사람에게 국소진동 장애로 생기기도 하고, 추위나 스트레스에 의한 말초혈관의 혈액순환 장애로 생기기도 한다.

52
식품첨가물은 식품의 종류, 사용량, 사용 방법 등에 제한을 두어 건강상의 위해를 방지한다. 사용 장소에 대한 제한은 없다.

53
황색포도상구균은 독소형 식중독이다.

54
일산화탄소는 탄소 성분의 불완전 연소로 인해 발생하며, 중독 시 중추 신경계 장애를 일으킨다.

55
웰치균은 산소를 필요로 하지 않는 균인 혐기성 세균으로, 산소를 절대적으로 기피하는 편성 혐기성세균이다. 웰치균은 A, B, C, D, E, F의 유형이 있는데 A, C는 감염형, B, D, E, F는 독소형으로 분류되므로 중간형이라 구분되기도 한다.
① 100℃에서 1~4시간 가열해도 사멸하지 않는다.
③ 급속 냉동하여 저온에서 보존하거나 60℃ 이상에서 보존할 수 있다.
④ 육류, 어패류 등의 동물성 단백질 식품이 원인 식품이다.

56
고압환경에서 발생할 수 있는 직업병은 잠항병이 있고, 참호족염은 저온환경에서 나타날 수 있는 직업병이다.

직업병의 원인별 질병
- 고열환경(이상고온) : 열중증(열경련, 열허탈증, 열사병)
- 저온환경(이상저온) : 참호족염, 동상, 동창
- 고압환경(이상고기압) : 잠항병(잠수병)
- 저압환경(이상저기압) : 고산병
- 분진 : 진폐증(먼지), 규폐증(유리규산), 석면폐증(석면), 활석폐증(활석)
- 소음 : 직업성 난청, 두통, 불면증
- 조명 불량 : 안정피로, 근시, 안구진탕증
- 진동 : 레이노드병(손가락의 말초혈관 운동장애)
- 방사선 : 조혈기능 장애, 백혈병, 피부 점막의 궤양과 암 형성, 생식기 장애, 백내장

57
쓰레기 소각은 가장 위생적이지만 대기가 오염되고 환경호르몬인 다이옥신이 발생하여 사회적으로 문제가 된다.

58
HACCP 12절차의 첫 번째 단계는 HACCP팀 구성이다. 위해요소 분석은 HACCP의 7원칙 중 1원칙이다.

HACCP의 7원칙
- 원칙 1 : 위해 요소 분석
- 원칙 2 : 중요관리점(CCP) 결정
- 원칙 3 : 중요관리점에 대한 한계 기준 설정
- 원칙 4 : 중요관리점 모니터링 체계 확립
- 원칙 5 : 개선조치 방법 수립
- 원칙 6 : 검증절차 및 방법 수립
- 원칙 7 : 문서화, 기록 유지 방법 설정

59
① 시큐톡신은 독미나리의 독성 물질이다.
③ 테트라민은 소라, 고둥의 독성 물질이다.
④ 테무린은 독보리의 독성 물질이다.

60
「식품위생법」제 56조제 1항에 따라 식품의약품안전처장은 식품위생 수준 및 자질의 향상을 위하여 필요한 경우 조리사와 영양사에게 교육(조리사의 경우 보수교육을 포함)을 받을 것을 명할 수 있다. 다만, 집단급식소에 종사하는 조리사와 영양사는 2년마다 교육을 받아야 한다.

CHAPTER 6

# 모의고사 6

**01** 식품위생법령상 주류를 판매할 수 없는 업종은?

① 휴게음식점영업 ② 일반음식점영업
③ 유흥주점영업 ④ 단란주점영업

**02** 식품위생법령상 집단급식소는 상시1회 몇 명 이상에게 식사를 제공하는 급식소를 의미하는 것은?

① 20인 ② 30인
③ 40인 ④ 50인

**03** 식중독을 일으키는 버섯의 독성분은?

① 아마니타톡신 ② 엔테로톡신
③ 솔라닌 ④ 아트로핀

**04** 황색포도상구균 식중독의 일반적인 특성으로 옳은 것은?

① 설사변이 혈변의 형태이다.
② 급성위장염 증세가 나타난다.
③ 잠복기가 길다.
④ 치사율이 높은 편이다.

**05** 세균성 식중독의 감염예방대책이 아닌 것은?

① 원인균의 식품오염을 방지한다.
② 위염환자의 식품조리를 금한다.
③ 냉장·냉동 보관하여 오염균의 발육·증식을 방지한다.
④ 세균성 식중독에 관한 보건교육을 철저히 실시한다.

**06** 효소적 갈변 반응을 방지하기 위한 방법이 아닌 것은?

① 가열하여 효소를 불활성화시킨다.
② 효소의 최적조건을 변화시키기 위해 pH를 낮춘다.
③ 아황산가스 처리를 한다.
④ 산화제를 첨가한다.

**07** 다음 감염병 중 생후 가장 먼저 예방접종을 실시하는 것은?

① 백일해 ② 파상풍
③ 홍역 ④ 결핵

**08** 식품의 부패 정도를 알아보는 시험 방법이 아닌 것은?

① 유산균 검사 ② 관능 검사
③ 생균수 검사 ④ 산도 검사

**09** 다음 중 화학성 식중독의 원인이 아닌 것은?

① 설사성 패류 중독
② 환경오염에 기인하는 식품 유독성분 중독
③ 중금속에 의한 중독
④ 유해성 식품첨가물에 의한 중독

**10** 식품첨가물에 대한 설명으로 틀린 것은?

① 보존료는 식품의 미생물에 의한 부패를 방지할 목적으로 사용된다.
② 규소수지는 주로 산화방지제로 사용한다.
③ 산화형 표백제로서 식품에 사용이 허가된 것은 과산화벤조일이다.
④ 과황산암모늄은 소맥분 이외에 식품에 사용하여서는 안 된다.

**11** 화재를 사전에 예방하기 위한 방법으로 바르지 않은 것은?

① 화재 위험성이 있는 화기나 설비 주변은 정기적으로 점검한다.
② 지속적으로 화재예방 교육을 실시한다.
③ 화재발생 위험 요소가 있는 기계 근처에는 가지 않는다.
④ 전기 사용지역에서는 접선이나 물의 접촉을 금지한다.

**12** 소음 측정단위인 데시벨(dB)이란?

① 음의 강도 ② 음의 질
③ 음의 파장 ④ 음의 전파

**13** 위험도 경감의 원칙에서 핵심요소를 위해 고려해야 할 사항이 아닌 것은?

① 위험요인 제거
② 위험발생 경감
③ 사고피해 경감
④ 사고피해 치료

**14** 다음은 전기안전에 관한 내용이다. 틀린 것은?

① 1개의 콘센트에 여러 개의 선을 연결하지 않는다.
② 물 묻은 손으로 전기기구를 만지지 않는다.
③ 전열기 내부는 물을 뿌려 깨끗이 청소한다.
④ 플러그를 콘센트에서 뺄 때는 줄을 잡아당기지 말고 콘센트를 잡고 뺀다.

**15** 새우나 게 등의 갑각류에 함유되어 있으며, 사후 가열되면 적색을 띠는 색소는?

① 안토시아닌(Anthocyanin)
② 아스타산틴(Astaxanthin)
③ 클로로필(Chlorophyll)
④ 멜라닌(Melanin)

**16** 단백질의 특성에 대한 설명으로 틀린 것은?

① C, H, O, N, S, P 등의 원소로 이루어져 있다.
② 단백질은 뷰렛에 의한 정색반응을 나타내지 않는다.
③ 조단백질은 일반적으로 질소의 양에 6.25를 곱한 값이다.
④ 아미노산은 분자 중 아미노기와 카르복실기를 갖는다.

**17** 다음 중 박력분에 대한 설명으로 맞는 것은?

① 경질의 밀로 만든다.
② 다목적으로 사용된다.
③ 탄력성과 점성이 약하다.
④ 마카로니, 식빵 제조에 알맞다.

**18** 우리나라 식품위생법의 목적과 거리가 먼 것은?

① 식품으로 인한 위생상의 위해 방지
② 식품영양의 질적 향상 도모
③ 국민보건의 증진에 이바지
④ 부정식품 제조에 대한 가중 처벌

**19** 한천의 용도가 아닌 것은?

① 훈연제품의 산화방지제
② 푸딩, 양갱 등의 젤화제
③ 유제품, 청량음료 등의 안정제
④ 곰팡이, 세균 등의 배지

**20** 대표적인 콩 단백질인 글로불린(Globulin)이 가장 많이 함유하고 있는 성분은?

① 글리시닌(Glycinin) ② 알부민(Albumin)
③ 글루텐(Gluten) ④ 제인(Zein)

**21** 채소와 과일의 가스저장(CA저장) 시 필수 요건이 아닌 것은?

① pH조절 ② 기체의 조절
③ 냉장온도 유지 ④ 습도 유지

**22** 다음 발효 식품에 속하는 것은?

① 치즈 ② 수정과
③ 사이다 ④ 우유

**23** 다음 당류 중 단맛이 가장 강한 것은?

① 맥아당 ② 포도당
③ 과당 ④ 유당

**24** 식품의 수분활성도(Aw)에 대한 설명으로 틀린 것은?

① 식품이 나타내는 수증기압과 순수한 물의 수증기압의 비를 말한다.
② 일반적인 식품의 Aw값은 1보다 크다.
③ Aw의 값이 작을수록 미생물의 생육이 쉽지 않다.
④ 어패류의 Aw는 0.98~0.99정도이다.

**25** 노로바이러스에 대한 설명으로 틀린 것은?

① 발병 후 자연치유되지 않는다.
② 크기가 매우 작고 구형이다.
③ 급성 위장관염을 일으키는 식중독 원인체이다.
④ 감염되면 설사, 복통, 구토 등의 증상이 나타난다.

**26** 유지의 발연점에 영향을 주는 인자와 관계가 먼 것은?

① 노출된 유지의 표면적
② 유리지방산의 함량
③ 용해도
④ 불순물의 함량

**27** 다음 중 계량 방법이 올바른 것은?

① 마가린을 잴 때는 실온일 때 계량컵에 꼭꼭 눌러 담고, 직선으로 된 칼이나 Spatula로 깎아 계량 한다.
② 밀가루를 잴 때는 측정 직전에 체로 친 뒤 눌러서 담아 Spatula로 깎아 측정한다.
③ 흑설탕을 측정할 때는 체로 친 뒤 누르지 말고 가만히 수북하게 담고 직선 Spatula로 깎아 측정한다.
④ 쇼트닝을 계량할 때는 냉장온도에서 계량컵에 꼭 눌러 담은 뒤, 직선 Spatula로 깎아 측정한다.

**28** 난백으로 거품을 만들 때의 설명으로 옳은 것은?

① 지방은 거품 형성을 용이하게 한다.
② 레몬즙을 1~2방울 떨어뜨리면 거품 형성을 용이하게 한다.
③ 소금은 거품의 안정성에 기여한다.
④ 묽은 달걀보다 신선란이 거품 형성을 용이하게 한다.

**29** 다음 중 간장의 지미성분은?
① 포도당(Glucose)
② 전분(Starch)
③ 글루탐산(Glutamic acid)
④ 아스코르빈산(Ascorbic acid)

**30** 칼슘과 단백질의 흡수를 돕고 정장 효과가 있는 당은?
① 설탕 ② 과당
③ 유당 ④ 맥아당

**31** 식소다(중조)를 넣고 채소를 데치면 어떤 영양소의 손실이 가장 크게 발생하는가?
① 비타민 A, E, K ② 비타민 $B_1$, $B_2$, C
③ 비타민 A, C, E ④ 비타민 $B_6$, $B_{12}$, D

**32** 육류, 생선류, 알류 및 콩류에 함유된 주된 영양소는?
① 탄수화물 ② 지방
③ 비타민 ④ 단백질

**33** 다음 중 사용이 허가된 발색제는?
① 폴리아크릴산나트륨
② 알긴산 프로필렌 글리콜
③ 카르복시메틸스타치나트륨
④ 아질산나트륨

**34** 개나 고양이 등과 같은 애완동물의 침을 통해서 사람에게 감염될 수 있는 인수공통감염병은?
① 결핵 ② 톡소플라스마증
③ 야토병 ④ 탄저

**35** 감염병과 발생원인의 연결이 틀린 것은?
① 임질 - 직접감염
② 장티푸스 - 파리
③ 일본뇌염 - 큐렉스 속모기
④ 유행성 출혈열 - 중국얼룩날개 모기

**36** 다음중 간흡충의 제2중간 숙주는?
① 다슬기 ② 가재
③ 고등어 ④ 붕어

**37** 조미료의 침투속도와 채소의 색을 고려할 때 조미료 사용 순서가 가장 합리적인 것은?
① 소금→설탕→식초
② 설탕→소금→식초
③ 소금→식초→설탕
④ 식초→소금→설탕

**38** 떡의 노화를 방지할 수 있는 방법이 아닌 것은?
① 찹쌀가루의 함량을 높인다.
② 설탕의 첨가량을 늘린다.
③ 급속 냉동시켜 보관한다.
④ 수분함량을 30~60%로 유지한다.

**39** 홍조류에 속하며 무기질이 골고루 함유되어 있고 단백질도 많이 함유된 해조류는?
① 김 ② 미역
③ 우뭇가사리 ④ 다시마

**40** 육류 조리과정 중 색소의 변화 단계가 바르게 연결 된 것은?

① 미오글로빈-메트미오글로빈-옥시미오글로빈-헤마틴
② 메트미오글로빈-옥시미오글로빈-미오글로빈-헤마틴
③ 미오글로빈-옥시미오글로빈-메트미오글로빈-헤마틴
④ 옥시미오글로빈-메트미오글로빈-미오글로빈-헤마틴

**41** 마요네즈를 만들 때 기름의 분리를 막아주는 것은?

① 난황 ② 난백
③ 소금 ④ 식초

**42** 우유에 산을 넣으면 응고물이 생기는데 이 응고물의 주체는?

① 유당 ② 레닌
③ 카제인 ④ 유지방

**43** 주방의 바닥조건으로 맞는 것은?

① 산이나 알칼리에 약하고 습기, 열에 강해야 한다.
② 바닥 전체의 물매는 1/20이 적당하다.
③ 조리작업을 드라이 시스템화 할 경우의 물매는 1/100정도가 적당하다.
④ 고무타일, 합성수지타일 등이 잘 미끄러지지 않으므로 적합하다.

**44** 생선의 조리방법에 관한 설명으로 옳은 것은?

① 선도가 낮은 생선은 양념을 담백하게 하고 뚜껑을 닫고 잠깐 끓인다.
② 지방함량이 높은 생선보다는 낮은 생선으로 구이를 하는 것이 풍미가 좋다.
③ 생선조림은 오래 가열해야 단백질이 단단하게 응고되어 맛이 좋아진다.
④ 양념간장이 끓을 때 생선을 넣어야 맛성분의 유출을 막을 수 있다.

**45** 복사선의 파장이 가장 크며, 열선이라고 불리는 것은?

① 자외선 ② 가시광선
③ 적외선 ④ 도르노선

**46** 두부 50g을 돼지고기로 대치할 때 필요한 돼지고기의 양은?(단 100g당 두부 단백질 함량 15g, 돼지고기 단백질 함량 18g 이다)

① 39.4g ② 41.67g
③ 40.52g ④ 42.81g

**47** 다음 중 분변소독에 가장 적합한 것은?

① 과산화수소 ② 알코올
③ 생석회 ④ 머큐로크롬

**48** 생활쓰레기의 품목별 분류 중에서 동물의 사료로 이용 가능한 것은?

① 주개 ② 가연성 진개
③ 불연성 진개 ④ 재활용성 진개

**49** 검역질병의 검역기간은 그 감염 병의 어떤 기간과 동일한가?

① 유행기간 ② 최장 잠복기간
③ 이환기간 ④ 세대기간

**50** 돼지고기를 완전히 익히지 않고 먹을 경우 감염될 수 있는 기생충은?

① 아나사키스 ② 무구낭미충
③ 선모충 ④ 광절열두조충

**51** 갈비구이를 하기 위한 양념장을 만드는데 사용되는 양념 중 육질의 연화작용을 돕는 역할을 하는 재료로 짝 지어진 것은?

① 참기름, 후춧가루 ② 배, 설탕
③ 양파, 청주 ④ 간장, 마늘

**52** 쌀에서 섭취한 전분이 체내에서 에너지를 발생하기 위해서 반드시 필요한 것은?

① 비타민 A ② 비타민 $B_1$
③ 비타민 C ④ 비타민 D

**53** 찹쌀에 있어 아밀로오스와 아밀로펙틴에 대한 설명 중 맞는 것은?

① 아밀로오스 함량이 더 많다.
② 아밀로오스 함량과 아밀로펙틴 함량이 거의 같다.
③ 아밀로펙틴으로 이루어져 있다.
④ 아밀로펙틴은 존재하지 않는다.

**54** 쌀의 조리에 관한 설명으로 옳은 것은?

① 쌀을 너무 문질러 씻으면 지용성 비타민의 손실이 크다.
② pH 3~4의 산성물을 사용해야 밥맛이 좋아진다.
③ 수세한 쌀은 3시간 이상 물에 담가 놓아야 흡수량이 적당하다.
④ 묵은 쌀로 밥을 할 때는 햅쌀보다 밥물 양을 더 많이 한다.

**55** 단팥죽을 만들 때 약간의 소금을 넣었더니 맛이 더 달게 느껴졌다. 이 현상을 무엇이라고 하는가?

① 맛의 상쇄 ② 맛의 대비
③ 맛의 변조 ④ 맛의 억제

**56** 다음의 육류요리 중 영양분의 손실이 가장 적은 것은?

① 탕 ② 편육
③ 장조림 ④ 산적

**57** 국수를 삶는 방법으로 부적합한 것은?

① 끓는 물에 넣는 국수의 양이 지나치게 많아서 는 안 된다.
② 국수 무게의 6~7배 정도의 물에서 삶는다.
③ 국수를 넣은 후 물이 다시 끓기 시작하면 찬물을 넣는다.
④ 국수가 다 익으면 많은 양의 냉수에서 천천히 식힌다.

**58** 강화미란 주로 어떤 성분을 보충한 쌀인가?

① 비타민 A ② 비타민 $B_1$
③ 비타민 D ④ 비타민 C

**59** 콩밥은 쌀밥에 비하여 특히 어떤 영양소의 보완에 좋은가?

① 단백질 ② 당질
③ 지방 ④ 비타민

**60** 장마철 후 저장 쌀이 적홍색 또는 황색으로 착색된 현상에 대한 설명으로 틀린 것은?

① 수분함량이 15%이상이 되는 조건에서 저장할 때 발생한다.
② 기후조건 때문에 동남아시아 지역에서 발생하기 쉽다.
③ 저장된 쌀에 곰팡이류가 오염되어 그 대사산물에 의해 쌀이 황색으로 변한 것이다.
④ 황변미는 일시적인 현상이므로 위생적으로 무해하다.

# CHAPTER 6 정답 및 해설 6

| 모의고사1회 | | | | |
|---|---|---|---|---|
| 01 ① | 02 ④ | 03 ① | 04 ② | 05 ② |
| 06 ④ | 07 ④ | 08 ① | 09 ① | 10 ② |
| 11 ③ | 12 ① | 13 ④ | 14 ③ | 15 ② |
| 16 ② | 17 ③ | 18 ④ | 19 ① | 20 ① |
| 21 ① | 22 ① | 23 ③ | 24 ② | 25 ① |
| 26 ③ | 27 ① | 28 ② | 29 ③ | 30 ③ |
| 31 ② | 32 ④ | 33 ④ | 34 ② | 35 ④ |
| 36 ④ | 37 ② | 38 ④ | 39 ① | 40 ③ |
| 41 ① | 42 ③ | 43 ④ | 44 ④ | 45 ③ |
| 46 ② | 47 ③ | 48 ① | 49 ② | 50 ③ |
| 51 ② | 52 ② | 53 ③ | 54 ④ | 55 ② |
| 56 ④ | 57 ④ | 58 ② | 59 ① | 60 ④ |

### 01
음식물을 조리·판매하는 영업으로 음주가 허용되지 않는 영업은 휴게음식 영업이다.

### 02
영리를 목적으로 하지 않고 계속적으로 특정 다수인에게 음식물을 공급하는 기숙사, 학교, 병원, 사회복지시설, 산업체, 공공기관, 그 밖의 후생기관 등의 급식시설로서 대통령령으로 정하는 시설(상시1회 50인 이상에게 식사를 제공하거나 상시적이지는 않으나 숙박기능을 갖춘 종합 수련시설 내의 급식소)

### 03
독버섯 독성분 : 무스카린, 콜린, 아마니타톡신(알광대 버섯)

### 04
화농성질환자의 조리 시 엔테로톡신에 의한 식중독으로 잠복기가 짧은 특징이 있으며, 급성위장염을 일으킨다.

### 05
위염환자의 식품조리와 세균성 식중독은 관련이 없다.

### 06
산소를 제거해야 하므로 산화제가 아닌 환원제를 사용한다.

### 07

| 구분 | 연령 | 예방접종의 종류 |
|---|---|---|
| 기본 접종 | 4주 이내 | BCG(결핵) |
| | 2, 4, 6개월 | 경구용 소아마비,DPT |
| | 15개월 | 홍역, 볼거리, 풍진 |
| | 3~15개월 | 일본뇌염 |
| 추가 접종 | 18개월, 4~6세, 11~13세 | 경구용 소아마비, DPT |
| | 매년 | 일본뇌염 |

### 08
유산균은 장에 유익한 발효균으로, 식품의 부패와 관련 없다.

### 09
패류 중독은 자연독 식중독이다.

### 10
규소수지는 거품 방지를 위해 첨가하는 소포제이다.

### 11
화재발생 위험 요소가 있을 수 있는 기계나 기기는 수리 및 정기적인 점검을 실시하여 관리한다.

### 12
데시벨(dB) : 음의 강도

### 13
위험도 경감 전략의 핵심요소는 위험요인 제거, 위험발생 경감, 사고피해 경감을 고려해야 한다.

### 14
전열기에 물이 접촉되면 전기 감전이 발생할 수 있다.

15
새우나 게를 가열할 때 색이 변하는 것은 아스타산틴 때문이다.

16
단백질의 정색반응은 단백질의 알칼리성 수용액에 황산 구리용액을 떨어뜨리면 자색을 나타내는 반응을 말한다.

17
박력분은 연질의 밀로 만들어지며, 탄력성과 점성이 약하여 튀김, 비스킷, 케이크 등을 만들 때 쓰인다.

18
식품위생법의 목적은 식품으로 인하여 생기는 위생상의 위해를 방지하고, 식품영양의 질적 향상을 도모하며 식품에 관한 올바른 정보를 제공하여 국민보건의 증진에 이바지함을 목적으로 한다.

19
한천은 해조류 중 홍조류인 우뭇가사리에서 추출한 복합다당류를 동결 건조한 것으로 2, 3, 4 등의 용도로 쓰인다.

20
콩 단백질인 글로불린은 약 78% 정도의 글리시닌을 함유 하고 있다.

21
가스저장(CA저장)은 공기 중의 이산화탄소·산소의 농도를 과실의 종류·품종에 알맞게 조절하여 과실을 장기 저장할 수 있는 저장법으로 온도, 습도, 기체조성 등을 조절함으로써 오래 저장하는 이상적인 방법이다.

22
치즈는 우유에 레닌을 첨가하면 우유 단백질인 카제인이 분리되는데, 이를 칼슘이온과 결합시킨 응고물에 염분을 가하여 숙성시킨 발효식품이다.

23
당류의 감미도 순서
과당>전화당>설탕>포도당>맥아당>갈락토오스>유당

24
일반식품의 수분활성도는 항상 1보다 작다.

25
노로바이러스 : 사람에게 장염을 일으키는 바이러스이며, 대부분의 삶은 1~2일이면 증세가 호전된다.

26
유지의 발연점에 영향을 주는 요인
- 유리지방산 함량이 높을수록
- 그릇의 표면적이 넓을수록(노출된 유지의 표면적)
- 기름 이외의 이물질이 많을수록
- 여러 번 반복 사용할수록

27
올바른 계량법
- 버터, 마가린, 쇼트닝 등의 고형지방은 실온에서 부드러워졌을 때 스푼이나 컵에 꼭꼭 눌러 담은 후 윗면을 수평이 되도록 계량하며 흑설탕은 충분히 채워서 직선으로 깎아 계량한다.
- 밀가루는 체로 쳐서 누르거나 흔들지 말고 수북하게 담아 위를 평평하게 깎아 측정한다.

28
난백의 기포 형성 시 산(오렌지주스, 식초, 레몬즙 등)은 기포 형성을 도와주고 기름, 우유는 기포력을 저하하며 설탕은 거품을 완전히 낸 후 마지막 단계에 넣으면 거품이 안정된다, 신선란보다 묽은 달걀이 거품이 용이하나 안정성은 적다.

29
간장의 감칠맛 성분인 지미성분은 글루탐산이다.

30
유당은 동물의 유즙에 함유되어 있으며, 칼슘의 흡수를 돕고 유산균의 정장작용에 관여한다.

31
증조를 넣고 채소를 데치면 비타민 $B_1$, 비타민 $B_2$의 손실이 일어나며, 비타민C도 파괴된다.

32
주영양소와 식품군
- 단백질 : 고기, 생선, 알 및 콩류
- 칼슘 : 우유 및 유제품, 뼈째 먹는 잔 생선
- 무기질 및 비타민 : 채소 및 과일
- 당질 : 곡류 및 감자류
- 지방 : 유지류

33
아질산나트륨은 육류의 발색제로 사용된다.

34
결핵(소), 탄저(양, 말, 소), 야토병(산토끼) 톡소플라즈마증(개, 고양이)은 기생충으로 오염된 생고기의 섭취, 생고기와 채소 조리 시 같은 도마 사용으로 교차 오염된다.

35
유행성 출혈열은 쥐를 통해 감염되는 감염병에 해당된다.

36
간흡충→제1중간숙주(왜우렁이)→제2중간숙주(붕어, 잉어)

37
조미료의 사용 순서 : 설탕→소금→식초

38
식품의 노화는 수분이 30~60%일 때 가장 일어나기 쉽다. 노화 억제를 위해 α화한 전분을 80℃이상에서 급속히 건조시키거나 0℃이하에서 급속 냉동하여 수분함량을 15% 이하로 하면 노화를 최대한 방지할 수 있다.

39
해조류의 종류
- 홍조류 : 김, 우뭇가사리
- 갈조류 : 미역, 다시마, 톳
- 녹조류 : 파래, 청각, 매생이로 나뉘며, 홍조류에 속하는 김은 무기질과 단백질의 함량이 높다.

40
미오글로빈 - 옥시미오글로빈 - 메트미오글로빈 - 헤마틴

41
난황은 천연의 유화식품이면서 강화유화제로서 마요네즈 제조 시 기름의 분리를 막아주는데 이는 난황의 레시틴에 기인한다.

42
카제인은 우유 자체에서 생성된 산이나 첨가한 산에 의해 응고물을 형성하는데, 이는 카제인의 등전점이 pH 4.6~4.7이므로 우유에 산을 넣어 등전점에 가깝게 하면 카제인이 침전된다.

43
고무타일, 합성수지타일은 미끄러지지 않는다.

44
생선 조리 시 선도가 낮은 생선은 담백한 양념보다는 고추장, 된장 등을 사용한 진한 양념을 만들어 뚜껑을 열고 조리하고, 지방함량이 높은 생선은 구이에 사용해야 풍미가 좋고, 오래 가열하면 양념간장의 염분에 의한 삼투압으로 어육에서 탈수작용이 일어나 굳어지며 맛이 없어진다.

45
적외선은 파장이 가장 길며, 이 광선이 닿는 곳에는 열이 생기므로 열선이라고도 한다.

46

$$\text{대치식품량} = \frac{\text{원래식품의양} \times \text{원래식품의 해당 성분수치}}{\text{대치하고자 하는 식품의 해당 성분수치}}$$

$$= \frac{50 \times 15}{18} = \frac{750}{18} = 41.67\text{g}$$

47
생석회는 분뇨·배설물·하수구 등의 소독에 적당하다.

48
진개는 쓰레기를 말하며, 가정에서 나오는 주개(주방에서 나오는 진개)로 동물의 사료로 이용 가능하다.

49
검역질병의 검역기간은 그 감염 병의 최장 잠복기간과 동일하다.

50
선모충은 돼지고기를 완전히 익히지 않고 먹을 경우 감염될 수 있는데, 예방으로는 돼지고기를 충분히 가열조리해서 섭취한다.

51
배즙, 생강, 설탕 등은 육질의 연화를 돕는다.

52
전분의 에너지 대사에 비타민$B_1$이 반드시 필요하다.

53
찹쌀은 아밀로펙틴 100%로 이루어져 있다.

54
쌀을 너무 문질러 씻으면 수용성 비타민의 손실이 크고, pH7인 물을 사용해야 밥맛이 좋아진다. 살을 불리는 시간은 30분 정도가 적당하다.

55
맛의 대비 : 원래의 맛에 다른 맛을 첨가하여 원래의 맛이 상승하는 현상이다.

56
산적 : 고기를 기름에 지져내는 방식의 조리법으로, 다른 조리법들에 비해 영양분 손실이 적다.
※ 탕, 편육, 장조림은 고기를 물이나 간장에 넣어 끓여서 만드는 조리법으로, 고기 안의 영양분 손실이 많은 조리법이다.

57
국수가 다 익으면 빨리 찬물에 헹궈 얼음물에 담갔다가 꺼낸다.

58
정백미에 비타민$B_1$, 아미노산 등의 무기질, 비타민, 칼슘 등을 첨가한 쌀로, 비타민$B_1$, 비타민$B_2$ 등을 녹인 아세트산 용액에 정백미를 담갔다가 건져낸 후 증기로 쪄낸 다음 건조해서 만든다.

59
- 검정콩에는 이소플라본, 안토시아닌 등 몸에 좋은 성분이 많이 들어있어 노화 방지와 다이어트에도 도움이 된다.
- 쌀밥에는 탄수화물이 주된 성분이지만, 콩밥에는 탄수화물뿐만 아니라 단백질, 칼슘까지 풍부하게 함유되어 있다.

60
저장된 쌀에 푸른곰팡이가 번식하여 황변미 중독이 되면 인체에 유해한 물질을 만들어내어 신장, 간장, 신경에 장애를 일으킨다.

CHAPTER 7

# 모의고사 7

**01** 우유의 살균방법으로 130~150℃에 0.5~5초간 가열하는 것은?

① 저온 살균법
② 고압증기 멸균법
③ 고온단시간 살균법
④ 초고온순간 살균법

**02** 음식을 먹기 전에 가열하여도 식중독 예방이 가장 어려운 균은?

① 포도상구균 ② 살모넬라균
③ 장염비브로오균 ④ 병원성 대장균

**03** 미생물이 자라는데 필요한 조건이 아닌 것은?

① 온도 ② 햇빛
③ 수분 ④ 영양분

**04** 1g당 발생하는 열량이 가장 큰 것은?

① 당질 ② 단백질
③ 지방 ④ 알코올

**05** 체내에 흡수되면 신장의 재흡수장애를 일으켜 칼슘 배설을 증가시키는 중금속은?

① 납 ② 수은
③ 비소 ④ 카드뮴

**06** 식품첨가물의 사용목적이 아닌 것은?

① 식품의 변질, 부패방지
② 관능개선
③ 질병예방
④ 품질개량, 유지

**07** 육류의 직화구이 및 훈연 중에 발생하는 발암물질은?

① 아크릴아마이드(Acrylamide)
② 니트로사민(N-nitrosamine)
③ 에틸카바메이트(Ethylcarbamate)
④ 벤조피렌(Benzopyrene)

**08** 철(Fe)에 대한 설명으로 옳은 것은?

① 헤모글로빈의 구성 성분으로 신체의 각 조직에 산소를 운반한다.
② 골격과 치아에 가장 많이 존재하는 무기질이다.
③ 부족 시에는 갑상선종이 생긴다.
④ 철의 필요량은 남녀에게 동일하다.

**09** 물로 전파되는 수인성 감염 병에 속하지 않는 것은?

① 장티푸스 ② 홍역
③ 세균성이질 ④ 콜레라

**10** 과일통조림으로부터 용출되어 구토, 설사, 복통의 중독 증상을 유발할 가능성이 있는 물질은?

① 안티몬 ② 주석
③ 크롬 ④ 구리

**11** 집단감염이 잘 되며, 항문 주위나 회음부에 소양증이 생기는 기생충은?

① 회충 ② 편충
③ 요충 ④ 흡충

**12** 조리사를 두지 않아도 가능한 영업은?

① 복어를 조리·판매하는 영업
② 국가가 운영하는 집단급식소
③ 사회복지시설의 집단급식소
④ 식사류를 조리하지 않는 식품 접객업소

**13** 녹색 채소의 색소고정에 관계하는 무기질은?

① 알루미늄(Al) ② 염소(Cl)
③ 구리(Cu) ④ 코발트(Co)

**14** 식품을 구성하는 성분 중 특수성분인 것은?

① 수분 ② 효소
③ 섬유소 ④ 단백질

**15** 불포화지방산을 포화지방산으로 변화시키는 경화유에는 어떤 물질이 첨가되는가?

① 산소 ② 수소
③ 질소 ④ 칼슘

**16** 일반적으로 젤라틴이 사용되지 않는 것은?

① 양갱 ② 아이스크림
③ 마시멜로우 ④ 족편

**17** 대표적인 콩 단백질인 글로불린(globulin)이 가장 많이 함유하고 있는 성분은?

① 글리시닌(glycinin) ② 알부민(albumin)
③ 글루텐(gluten) ④ 제인(zein)

**18** 다음 중 건조식품, 곡류 등에 가장 잘 번식하는 미생물은?

① 효모 ② 세균
③ 곰팡이 ④ 바이러스

**19** 식품의 색소에 관한 설명 중 옳은 것은?

① 클로로필은 마그네슘을 중성원자로 하고 산에 의해 클로로필린이라는 갈색물질로 된다.
② 카로티노이드 색소는 카로틴과 크산토필 등이 있다.
③ 플라보노이드 색소는 산성-중성-알칼리성으로 변함
④ 동물성 색소 중 근육색소는 헤모글로빈이고, 혈색소는 미오글로빈이다.

**20** 다음 중 화학성 식중독의 원인이 아닌 것은?

① 설사성 패류 중독
② 환경오염에 기인하는 식품 유독 성분 중독
③ 중금속에 의한 중독
④ 유해성 식품 첨가물에 의한 중독

**21** 식품의 변화에 관한 설명 중 옳은 것은?

① 일부 유지가 외부로부터 냄새를 흡수하지 않아도 이취현상을 갖는 것은 호정화이다.
② 천연의 단백질이 물리·화학적 작용을 받아 고유의 구조가 변하는 것은 변향이다.
③ 당질을 180~200℃의 고온으로 가열했을 때 갈색이 되는 것은 효소적 갈변이다.
④ 마이야르 반응, 캐러멜화 반응은 비효소적 갈변이다.

**22** 밀의 주요 단백질이 아닌 것은?
① 알부민(Albumin)
② 글리아딘(Gliadin)
③ 글루테닌(Glutenin)
④ 텍스트린(Dextrin)

**23** 어취의 성분인 트리메틸아민(TMA : Trimethylamine)에 대한 설명 중 맞는 것은?
① 어취는 트리메틸아민의 함량과 반비례한다.
② 지용성이므로 물에 씻어도 없어지지 않는다.
③ 주로 해수어의 비린내 성분이다.
④ 트리메틸아민 옥사이드(Trimethylamine Oxide)가 산화되어 생성된다.

**24** 김치류의 신맛 성분이 아닌 것은?
① 초산(Acetic acid)
② 호박산(Succinic acid)
③ 젖산(Lactic acid)
④ 수산(Oxalic acid)

**25** 안토시아닌 색소를 함유하는 과일의 붉은 색을 보존하려고 할 때 가장 좋은 방법은?
① 식초를 가한다.
② 중조를 가한다.
③ 소금을 가한다.
④ 수산화나트륨을 가한다.

**26** 과실 저장고의 온도, 습도, 기체의 조성 등을 조절하여 장기간 동안 과실을 저장하는 방법은?
① 산 저장 ② 자외선 저장
③ 무균포장 저장 ④ CA저장

**27** 녹색채소 조리 시 중조($NaHCO_3$)를 가할 때 나타나는 결과에 대한 설명으로 틀린 것은?
① 진한녹색으로 변한다.
② 비타민C가 파괴된다.
③ 페오피틴이 생성된다.
④ 조직이 연화된다.

**28** 간장이나 된장의 착색은 주로 어떤 반응이 관계하는가?
① 아미노-카르보닐(Aminocarbony) 반응
② 캐러멜(Caramel)화 반응
③ 아스코르빈산(Ascorbic acid) 산화반응
④ 페놀(Phenol)반응

**29** 사과의 갈변 촉진현상에 영향을 주는 효소는?
① 아밀라아제(Amylase)
② 리파아제(Lipase)
③ 아스코비나아제(Ascorbinase)
④ 폴리페놀 옥시다아제(Polyphenol oxidase)

**30** 다음 중 신선란의 특징은?
① 난황이 넓적하게 퍼진다.
② 기실부가 거의 생성되지 않았다.
③ 수양난백이 농후난백보다 많다.
④ 삶았을 때 난황표면이 쉽게 암녹색으로 변한다.

**31** 당질의 기능에 대한 설명 중 틀린 것은?
① 당질은 평균 1g당 4kcal를 공급한다.
② 혈당을 유지한다.
③ 단백질 절약작용을 한다.
④ 당질은 섭취가 부족해도 체내 대사의 조절에는 큰 영향이 없다.

**32** 다음 자료에 의하여 제조원가를 산출하면?

- 직접재료비 - 60,000원
- 직접임금 - 100,000원
- 소모품비 - 10,000원
- 통신비 - 10,000원
- 판매원급여 - 50,000원

① 175,000원 ② 180,000원
③ 220,000원 ④ 230,000원

**33** 전분의 호화와 점성에 대한 설명 중 틀린 것은?
① 곡류는 서류보다 호화온도가 높다.
② 전분의 입자가 클수록 빨리 호화된다.
③ 소금은 전분의 호화와 점도를 억제한다.
④ 산 첨가는 가수분해를 일으켜 호화를 촉진시킨다.

**34** 필수 지방산에 속하는 것은?
① 리놀렌산 ② 올레산
③ 스테아르산 ④ 팔미트산

**35** 습열조리법으로 조리하지 않는 것은?
① 편육 ② 장조림
③ 불고기 ④ 꼬리곰탕

**36** 햇볕에 말린 생선이나 버섯에 특히 많은 비타민은?
① 비타민C ② 비타민K
③ 비타민D ④ 비타민E

**37** 밀가루로 빵을 만들 때 첨가하는 다음 물질 중 글루텐(Gluten)형성을 도와주는 것은?
① 설탕 ② 지방
③ 중조 ④ 달걀

**38** 재료소비량을 알아내는 방법과 거리가 먼 것은?
① 계속기록법 ② 재고조사법
③ 선입선출법 ④ 역계산법

**39** 주방에서 후드(Hood)의 가장 중요한 기능은?
① 실내의 습도를 유지시킨다.
② 증기, 냄새 등을 배출시킨다.
③ 실내의 온도를 유지시킨다.
④ 바람을 들어오게 한다.

**40** 다음 중 집단 급식의 목적이 아닌 것은?
① 급식영업을 통한 운영자의 이익 창출
② 급식 대상자의 영양개선
③ 급식 대상자의 식비 절감
④ 연대감을 통한 사회성 함양

**41** 부드러운 살코기로서 맛이 좋으며 구이, 전골 산적용으로 적당한 쇠고기 부위는?
① 양지, 사태, 목심
② 안심, 채끝, 우둔
③ 갈비, 삼겹살, 안심
④ 양지, 설도, 삼겹살

**42** 신선한 생육의 환원형 미오글로빈이 공기와 접촉하면 분자상의 산소와 결합하여 옥시미오글로빈이 되는데, 이때의 색은?
① 어두운 적자색
② 선명한 적색
③ 어두운 회갈색
④ 선명한 분홍색

**43** 육류의 사후강직과 숙성에 대한 설명으로 틀린 것은?

① 사후강직은 근섬유가 액토미오신(Actomyosin)을 형성하여 근육이 수축되는 상태이다.
② 도살 후 글리코겐이 호기적 상태에 젖산을 생성하여 pH가 저하된다.
③ 사후강직 시기에는 보수성이 저하되고 육즙이 많이 유출된다.
④ 자가분해효소인 카텝신(Cathepsin)에 의해 연해지고 맛이 좋아진다.

**44** 카로티노이드(Carotenoid)색소와 소재식품의 연결이 틀린 것은?

① 베타카로틴(B-carotene)-당근, 녹황색 채소
② 라이코펜(Lycopene)-토마토, 수박
③ 아스타산틴(Astaxanthin)-감, 옥수수, 난황
④ 푸코크산틴(Fucoxanthin)-다시마, 미역

**45** 밀가루에 중조를 넣으면 황색으로 변하는 원리는?

① 효소적 갈변
② 알칼리에 의한 변색
③ 산에 의한 변색
④ 비효소적 갈변

**46** 조리작업장의 위치선정 조건을 적합하지 않은 것은?

① 보온을 위해 지하인 곳
② 통풍이 잘 되며 밝고 청결한 곳
③ 음식의 운반과 배선이 편리한 곳
④ 재료의 반입과 오물의 반출이 쉬운 곳

**47** 쓰레기 소각처리 시 공중보건상 가장 문제가 되는 것은?

① 대기오염과 다이옥신
② 화재 발생
③ 사후 폐기물 발생
④ 높은 열의 발생

**48** 다음 중 항히스타민제 복용으로 치료되는 식중독은?

① 살모넬라 식중독
② 알레르기성 식중독
③ 병원성대장균 식중독
④ 장염비브리오 식중독

**49** 전분의 노화에 영향을 미치는 인자의 설명 중 틀린 것은?

① 노화가 가장 잘 일어나는 온도는 0~5℃이다.
② 수분함량 10% 이하인 경우 노화가 잘 일어나지 않는다.
③ 다량의 수소이온은 노화를 저지한다.
④ 아밀로오스 함량이 많은 전분일수록 노화가 빨리 일어난다.

**50** 불건성유에 속하는 것은?

① 들기름 ② 땅콩기름
③ 대두유 ④ 옥수수기름

**51** 썰기의 목적으로 틀린 것은?

① 열의 전달이 어렵고, 조미료(양념류)의 침투를 좋게 한다.
② 씹기를 편하게 하여 소화하기 쉽게 한다.
③ 먹지 못하는 부분을 제거 한다.
④ 모양과 크기를 정리하여 조리하기 쉽게 한다.

**52** 질긴 부위의 고기를 물속에서 끓일 때 고기가 연하게 되는 형상으로 옳은 것은?

① 헤모글로빈　　② 엘라스틴
③ 미오글로빈　　④ 젤라틴

**53** 구이에 의한 식품의 변화 중 틀린 것은?

① 기름이 녹아 나온다.
② 살이 단단해진다.
③ 수용성 성분의 유출이 매우 크다.
④ 식욕을 돋우는 맛있는 냄새가 난다.

**54** 생선의 자기 소화 원인으로 옳은 것은?

① 세균의 작용　　② 염류
③ 질소　　④ 단백질 분해효소

**55** 장마가 지난 후 저장되었던 쌀이 적흑색 또는 황색으로 착색되어 있었다. 이러한 현상의 설명으로 틀린 것은?

① 수분함량이 15%이상 되는 조건에서 저장할 때 특히 문제가 된다.
② 황변미는 일시적인 현상이므로 위생적으로 무해 하다.
③ 기후 조건 때문에 동남아시아 지역에서 곡류 저장이 특히 문제가 된다.
④ 저장된 쌀에 곰팡이류가 오염되어 그 대사산물에 의해 쌀이 황색으로 변한 것이다.

**56** 굵은 소금이라고도 하며, 오이지를 담글 때나 김장 배추를 절이는 용도로 사용하는 소금은?

① 천일염　　② 재제염
③ 정제염　　④ 꽃소금

**57** 공중보건에 대한 설명으로 틀린 것은?

① 목적은 질병예방, 수명연장, 정신적·신체적 효율의 증진이다.
② 주요 사업대상은 개인의 질병치료이다.
③ 공중 보건의 최소단위는 지역사회이다.
④ 환경위생 향상, 감염병 관리 등이 포함된다.

**58** 다수인이 밀집한 장소에서 발생하며 화학적 조성이나 물리적 조성의 큰 변화를 일으켜 불쾌감, 두통, 권태기, 현기증, 구토 등의 생리적 이상을 일으키는 현상은?

① 군집독　　② 일산화탄소 중독
③ 분압현상　　④ 빈혈

**59** 고열장해로 인한 직업병이 아닌 것은?

① 열 경련　　② 일사병
③ 열 쇠약　　④ 참호족

**60** 물로 전파되는 수인성 감염 병에 속하지 않는 것은?

① 장티푸스　　② 홍역
③ 세균성이질　　④ 콜레라

# CHAPTER 7 정답 및 해설 7

| 모의고사2회 | | | | |
|---|---|---|---|---|
| 01 ④ | 02 ① | 03 ② | 04 ③ | 05 ③ |
| 06 ③ | 07 ④ | 08 ① | 09 ② | 10 ② |
| 11 ③ | 12 ④ | 13 ③ | 14 ② | 15 ② |
| 16 ① | 17 ① | 18 ③ | 19 ② | 20 ① |
| 21 ④ | 22 ④ | 23 ③ | 24 ④ | 25 ① |
| 26 ④ | 27 ③ | 28 ① | 29 ④ | 30 ② |
| 31 ④ | 32 ② | 33 ④ | 34 ① | 35 ③ |
| 36 ③ | 37 ④ | 38 ③ | 39 ② | 40 ① |
| 41 ② | 42 ② | 43 ② | 44 ③ | 45 ② |
| 46 ① | 47 ① | 48 ② | 49 ③ | 50 ② |
| 51 ① | 52 ④ | 53 ③ | 54 ④ | 55 ② |
| 56 ① | 57 ② | 58 ① | 59 ④ | 60 ② |

01

- 저온살균법 : 61~65℃에서 약 30분간 가열살균 후 냉각
- 고온단시간살균법 : 70~75℃에서 15~30초 가열살균 후 냉각
- 초고온순간살균법 : 130~140℃에서 1~2초 가열살균 후 냉각

02

포도상구균 식중독의 원인독소인 장독소는 100℃에서 30분간의 가열로도 파괴되지 않는 내열성을 갖고 있어 일반 조리법으로는 식중독을 예방할 수 없다.

03

미생물은 적당한 영양분, 수분, 온도, pH, 산소가 있어야 생육할 수 있는데 이 중에서 영양분, 수분, 온도를 미생물 증식의 3대 조건이라고 한다.

04

당질과 단백질은 1g당 4kcal의 열량을 내며, 지방은 1g당 9kcal, 알코올은 7kcal의 열량을 낸다.

05

카드뮴(Cd)이 체내에 흡수되면 신장의 재흡수장애를 일으켜 칼슘 배설을 증가시키는 칼슘대사에 이상이 발생한다.

06

식품첨가물은 식품의 품질을 개량하여 기호성과 보존성을 향상시키고 영양가 및 식품의 가치를 증진시키기 위해 사용 목적이 있다.

07

벤조피렌은 직접 불에 닿거나 뜨거운 물체에 닿아 탄 뒤에 까맣게 남는 물질로 발암물질로 분류되고 있다.

08

철의 필요량은 남자, 여자, 임산부와 수유부로 각각 나누어지며, 차이가 있다.

09

수인성 감염병 : 장티푸스, 파라티푸스, 콜레라, 세균성이질 등

10

통조림의 주원료 주석으로 캔의 부식으로 용출되면 구토, 설사, 복통 등을 일으킨다.

11

요충은 대장에서 기생하며 감염된 사람의 항문주위에서 발견되는 기생충으로 항문 주위의 가려움(소양증)을 동반한다.

12

조리사를 두어야 하는 영업

- 복어를 조리·판매하는 영업
- 집단급식소 운영자(국가 및 지방자치단체, 학교, 병원 및 사회복지시설, 공기업 중 식품의약품안전처장이 지정하여 고시하는 기관, 지방공사 및 지방공단, 특별법에 따라 설립된 법인)

13
녹색 채소의 색소고정에 관계하는 무기질은 구리(Cu)와 철(Fe)이며, 이들의 이온을 염과 함께 가열하면 녹색 채소 중의 마그네슘(Mg)과 치환되어 선명한 청록색을 형성한다.

14
식품의 구성성분 중 특수성분은 식품의 색, 향, 맛, 효소, 유독성분 등이다.

15
가공유지(경화유)는 불포화지방산에 수소($H_2$)를 첨가하고 니켈(Ni)과 백금(Pt)을 촉매제로 하여 액체유를 고체유로 만든 유지를 말하며, 대표적인 예로 마가린과 쇼트닝이 있다.

16
양갱-한천

17
글리시닌은 대표적인 글로불린이 가장 많이 함유하고 있는 성분이다.

18
곰팡이는 건조 상태에서 증식이 가능하여 건조식품과 곡류에 가장 잘 번식한다.

19
- 클로로필은 마그네슘을 중성원자로 하고 산에 의해 페오피틴이라는 갈색물질로 된다.
- 플라보노이드 색소는 산성→알칼리성으로 변함에 따라 백색→담황색으로 된다.
- 동물성 색소 중 근육색소는 미오글로빈이고, 혈색소는 헤모글로빈이다.

20
설사성 패류 중독은 세균성 식중독 중 장염비브리오 식중독과 관련이 있다.

21
마이야르 반응, 캐러멜화 반응은 식품의 갈변 중 비효소적 갈변에 속한다.

22
덱스트린은 전분 또는 곡분을 산이나 효소로 부분가수분해시켜 얻은 당화 중간생성물을 농축·건조 등의 방법으로 가공한 것이다.

23
트리메틸아민은 해수어의 비린내 성분으로 트리메틸아민 옥사이드가 세균에 의해 트리메틸아민이 되면서 생성된다.

24
수산은 무색의 침상결정인 냄새가 없는 산제식품 제조용 첨가물로 전분을 가수분해하여 물성, 포도당을 제조할 때 이용된다.

25
안토시아닌 색소는 산성(식초물)에서는 선명한 적색, 중성에서는 보라색, 알칼리(소다 첨가)에서는 청색을 띤다.

26
과일과 채소는 수확 후에도 호흡작용을 하여 성분의 변화를 일으키므로 호흡을 억제하기 위해 CA(Controlled Atmosphere)저장이 필요하다.

27
녹색채소 조리 시 채소에 존재하는 클로로필이 페오피틴(Pheophytin)으로 전환되면서 색깔이 갈색으로 변하는데, 증조를 가하면 페오피틴 생성이 억제된다.

28
비효소적갈변
마이야르반응(아미노-카르보닐 반응, 멜라노이드 반응) : 외부 에너지의 공급 없이도 자연발생적으로 일어나는 반응 →간장, 된장, 식빵 등의 반응)

29
사과를 비롯한 과일에는 폴리페놀 옥시다아제라는 효소가 존재하는데, 이효소는 공기와 접촉하면 과일의 폴리페놀을 산화시켜 갈변이 일어난다.

30
신선란
신선한 달걀의 난황계수는 0.36~0.44이다. 또 기실의 크기가 작아지며, 농후난백과 수양난백의 비는 6 : 4정도이다. 달걀이 오래될수록 난황계수가 작아지며, 난황이 점점 넓적하게 펴지고, 녹변현상이 잘 일어난다.

31
당질은 에너지 생성, 체단백질 보호, 지방의 불완전 산화 방지 등의 중요기능을 가지고 있다.

32
제조원가 = 직접원가 + 제조간접비
=60,000+100,000+10,000+10,000
=180,000원
판매원 급여는 총원가(총원가=제조원가+판매비와 관리비)에 속한다.

33
전분에 산을 가하면 가수분해가 일어나서 묽어지는 원인이 되어 점도가 낮아지고 호화가 잘 안 된다. 조리 시 산의 첨가가 필요하다면 전분의 호화가 완료된 후에 첨가한다.

34
필수지방산이란 우리 몸에 정상적인 기능을 수행함에 있어서 반드시 필요한 지방산으로 체내에서 합성되지 않기 때문에 식사를 통해 공급받아야 하는 지방산으로 리놀레산, 리놀렌산, 아라키돈산이 있다.

35
- 습열조리 : 삶기, 찌기, 끓이기 등
- 건열조리 : 굽기, 볶기, 튀기기 등(불고기는 건열조리에 속한다)

36
생표고버섯이나 생선은 햇볕에 말리면 말리는 과정 중에 비타민 D가 생성된다.

37
달걀은 가열에 의해서 달걀단백질이 응고되면서 글루텐 형성을 도와 빵의 모양을 유지하고 빵맛과 색을 좋게 한다.

38
선입선출법은 재료의 구입순서에 따라 먼저 구입한 재료를 먼저 소비한다는 가정 아래에서 재료의 소비가격을 계산하는 방법이므로 재료소비량을 알아내는 방법으로서는 적절하지 않다.

39
주방에서 후드는 증기, 냄새 등을 배출시키는 역할을 하는 환기설비에 해당한다.

40
집단 급식 : 영리를 목적으로 하지 아니하면서 특정 다수인에게 계속적으로 음식을 공급하는 기숙사, 학교, 병원, 그 밖의 후생기관 등을 말한다.

41
안심, 채끝, 우둔은 구이, 전골, 산적용으로 적당하다.

42
신선한 생육은 환원형의 미오글로빈에 의해 암적색을 띠나, 고기의 표면이 공기와 접촉하면 분자상의 산소와 결합하여 선명한 적색의 옥시미오글로빈이 된다.

43
동물은 도살 후 호흡에 의한 산소의 공급이 차단되어 근육 내에서 혐기적 효소작용에 의해 젖산을 생성하여 pH가 저하된다.

44
새우나 게를 가열할 때 색이 변하는 것은 아스타산틴 때문이다.

45
플라보노이드 색소는 산에서는 흰색을 알칼리에서는 누런색을 나타내게 된다.

46
조리작업장은 통풍, 채광, 배수가 잘 되고, 악취, 먼지가 없는 곳이어야 한다.

47
쓰레기를 소각처리하면 대기오염과 다이옥신 등이 문제가 된다.

48
알레르기성 식중독은 미생물에 의해 생성된 히스타민이라는 물질이 축적되어 일어나는 식중독이다. 항히스타민제를 투여하면 치료가 된다.

49
노화(β화)에 영향을 주는 요소
- 전분의 종류(아밀로오스의 함량이 많을 때) 노화가 잘 일어난다(멥쌀 > 찹쌀).
- 수분함량이 30~60%일 때 노화가 잘 일어난다.
- 온도가 0~5℃ 일 때 (냉장은 노화촉진, 냉동×)노화가 잘 일어난다.
- 다량의 수소이온 노화가 잘 일어난다.

50

| 구분 | 요오드가 | 종류 |
|---|---|---|
| 건성유 | 130이상 | 아마인유, 들기름, 해바라기유, 호두기름 등 |
| 반건성유 | 100~130 | 대두유(콩기름), 쌀겨, 옥수수유, 채종유, 면실유, 참기름 등 |
| 불건성유 | 100이하 | 피마자유, 올리브유, 야자유, 동백유, 땅콩유 등 |

51
열의 전달이 쉽고, 조미료(양념류)의 침투를 좋게 한다.

52
고기 속 콜라겐은 가열하면 젤라틴으로 변한다.

53
수용성 성분의 유출은 끓이기의 단점이다.

54
자기소화는 단백질 분해요소에 의하여 일어난다.

55
페니실리움 속 푸른곰팡이가 저장중인 쌀에 번식하여 일어난 황변미 중독으로 인체에 신 장독, 신 경독, 간장독 등을 일으킨다.

56
호렴은 염전에서 긁어 모은 일차제품으로 흔히 천일염 또는 굵은 소금이라 하는데 주로 장 담글 때와 오이지 담글 때, 김장 배추 절일 때 쓰인다.

57
공중보건의 대상은 개인이 아닌 지역사회의 인간집단이며 최소단위는 지역사회이다.

58
군집독이란 다수인이 밀집한 곳의 실내공기는 화학적인 조성이나 물리적 조성의 변화로 인하여 불쾌감, 두통, 권태, 현기증, 구토 등의 생리적 이상을 일으키는 현상을 말하며, 그 원인은 산소부족, 이산화탄소 증가, 고온, 고습, 기류상태에서 유해가스 및 취기 등에 의해 복합적으로 발생한다.

59
참호족 : 저온환경(이상저온)

60
홍역은 호흡기계 감염병이다.

# CHAPTER 8 모의고사 8

**01** 식품과 독성분이 잘못 연결된 것은?
① 감자 - 솔라닌(Solanine)
② 조개류 - 삭시톡신(Saxitoxin)
③ 독미나리 - 베네루핀(Venerupin)
④ 복어 - 테트로톡신(Tetrodotoxin)

**02** HACCP의 의무적용 대상 식품에 해당하지 않는 것은?
① 빙과류 ② 비가열음료
③ 껌류 ④ 레토르트 식품

**03** 식품에 다음과 같은 현상이 나타났을 때 품질저하와 관계가 먼 것은?
① 생선의 휘발성 염기질소량 증가
② 콩단백질의 금속염에 의한 응고현상
③ 쌀의 황색 착색
④ 어두운 곳에서 어육연제품의 인광 발생

**04** 식품첨가물이 갖추어야 할 조건으로 옳지 않은 것은?
① 다량 사용하였을 때 효과가 나타날 것
② 식품에 나쁜 영향을 주지 않을 것
③ 상품의 가치를 향상시킬 것
④ 식품성분 등에 의해서 그 첨가물을 확인 할 수 있을 것

**05** 어묵제조에 대한 내용으로 맞는 것은?
① 생선에 설탕을 넣어 익힌다.
② 생선에 젤라틴을 첨가 한다.
③ 생선에 소금을 넣어 익힌다.
④ 생선에 지방을 분리한다.

**06** 오이피클 제조 시 오이의 녹색이 녹갈색으로 변하는 이유는?
① 클로로필리드가 생겨서
② 플로로필린이 생겨서
③ 잔토필이 생겨서
④ 페오피틴이 생겨서

**07** 식품위생법규상 수입식품 검사결과 부적합한 식품 등에 대하여 취하여지는 조치가 아닌 것은?
① 관할 보건소에서 재검사 실시
② 수출국으로의 반송
③ 식용외의 다른 용도로의 전환
④ 다른 나라로의 반출

**08** 다음 중 유해성 표백제는?
① 롱가릿 ② 아우라민
③ 포름알데히드 ④ 사이클라메이트

**09** 굴을 먹고 식중독에 걸렸을 때 관계되는 독성 물질은?
① 시큐톡신(cicutoxin)
② 베네루핀(venerupin)
③ 테트라민(tetramine)
④ 테무린(temuline)

**10** 일반 가열 조리법으로 예방하기에 가장 어려운 식중독은?
① 살모넬라에 의한 식중독
② 웰치균에 의한 식중독
③ 포도상구균에 의한 식중독
④ 병원성 대장균에 의한 식중독

**11** 위생복장을 착용할 때 머리카락과 머리의 분비물들로 인한 음식 오염을 방지하고 위생적인 작업을 진행할 수 있도록 반드시 착용해야 하는 것은?
① 위생복　② 안전화
③ 머플러　④ 위생모

**12** 다음 중 돼지고기에 의해 감염될 수 있는 기생충은?
① 선모충　② 간흡충
③ 편충　④ 아나사키스충

**13** 곰팡이 중독증의 예방법으로 틀린 것은?
① 곡류 발효식품을 많이 섭취한다.
② 농수축산물의 수입시 검역을 철저히 행한다.
③ 식품 가공 시 곰팡이가 피지 않은 원료를 사용한다.
④ 식품은 습기가 차지 않고 서늘한 곳에 밀봉해서 보관한다.

**14** 식품위생법상 집단 급식소에 근무하는 영양사의 직무가 아닌 것은?
① 종업원에 대한 식품위생교육
② 식단 작성, 검식 및 배식관리
③ 조리사의 보수교육
④ 급식시설의 위생적 관리

**15** 식품위생법상 조리사 면허를 받을 수 없는 사람은?
① 미성년자
② 마약 중독자
③ B형 간염환자
④ 조리사 면허의 취소처분을 받고 그 취소된 날부터 1년이 지난 자

**16** 식품, 식품첨가물, 기구 또는 용기·포장의 위생적 취급에 관한 기준을 정하는 것은?
① 총리령　② 농림축산식품부령
③ 고용노동부령　④ 환경부령

**17** 유지를 가열하면 점차 점도가 증가하게 되는데 이것은 유지 분자들의 어떤 반응 때문인가?
① 산화반응　② 열분해반응
③ 중합반응　④ 가수분해반응

**18** 밀가루 제품의 가공특성에 가장 큰 영향을 미치는 것은?
① 라이신　② 글로불린
③ 트립토판　④ 글루텐

**19** 다음 중 다당류에 속하는 탄수화물은?
① 펙틴　② 포도당
③ 과당　④ 갈락토오스

**20** 사과, 바나나, 파인애플 등의 주요 향미성분은?
① 에스테르(Ester)류 ② 고급지방산류
③ 유황화합물 ④ 퓨란(Furan)류

**21** 유지를 가열하면 점차 점도가 증가하게 되는데 이 것은 유지 분자들의 어떤 반응 때문인가?
① 산화반응 ② 열분해반응
③ 중합반응 ④ 가수분해반응

**22** 칼슘과 단백질의 흡수를 돕고 정장효과가 있는 것은?
① 설탕 ② 과당
③ 맥아당 ④ 유당

**23** 달걀에 가스저장을 실시하는 가장 중요한 이유는?
① 알 껍질이 매끄러워짐을 방지하기 위하여
② 알 껍질의 이산화탄소 발산을 억제하기 위하여
③ 알껍질의 수분증발을 방지하기 위하여
④ 알껍질의 기공을 통한 미생물 침입을 방지하기 위하여

**24** 가공치즈(Processed Cheese)의 설명으로 <u>틀린 것은</u>?
① 가공 치즈는 매일 지속적으로 발효가 일어난다.
② 자연 치즈에 유화제를 가하여 가열한 것이다.
③ 일반적으로 자연 치즈보다 저장성이 크다.
④ 약 85℃에서 살균하여 Pasteurized Cheese라고도 한다.

**25** 25g의 버터(지방 80%, 수분 20%)가 내는 열량은?
① 36kcal ② 100kcal
③ 180kcal ④ 225kcal

**26** 베이컨류는 돼지고기의 어느 부위를 가공한 것인가?
① 볼기부위 ② 어깨살
③ 복부육 ④ 다리살

**27** 아린 맛은 어느 맛들의 혼합인가?
① 신맛과 쓴맛 ② 쓴맛과 단맛
③ 신맛과 떫은맛 ④ 쓴맛과 떫은맛

**28** 탄수화물 식품의 노화를 억제하는 방법과 가장 거리가 <u>먼 것</u>은?
① 항산화제의 사용 ② 수분함량 조절
③ 설탕의 첨가 ④ 유화제의 사용

**29** 동물성 식품의 냄새 성분과 거리가 <u>먼 것</u>은?
① 아민류 ② 시니그린
③ 암모니아류 ④ 카르보닐 화합물

**30** 카로티노이드(Carotenoid) 색소와 소재식품의 연결이 <u>틀린 것</u>은?
① 베타카로틴(B -carotene)-당근, 녹황색 채소
② 라이코펜(Lycopene)-토마토, 수박
③ 푸코크잔틴(Fucoxanthin)-다시마, 미역
④ 아스타잔틴(Astaxanthin)-감, 옥수수, 난황

**31** 전분 호화에 영향을 미치는 인자와 가장 거리가 <u>먼 것</u>은?
① 전분의 종류 ② 가열온도
③ 수분 ④ 회분

**32** 식품첨가물에 대한 설명을 틀린 것은?

① 보존료는 식품의 미생물에 의한 부패를 방지 할 목적으로 사용된다.
② 규소수지는 주로 산화방지제로 사용된다.
③ 과산화벤조일(희석)은 밀가루 이외의 식품에 사용하여서는 안 된다.
④ 과황산암모늄은 밀가루 이외의 식품에 사용하여서는 안 된다.

**33** 식품을 제조·가공 업소에서 직접 최종 소비자에게 판매하는 영업의 종류는?

① 식품운반업
② 식품소분·판매업
③ 즉석판매 제조·가공업
④ 식품보존업

**34** 규폐 증에 대한 설명으로 틀린 것은?

① 먼지 입자의 크기가 0.5~5.0㎛일 때 잘 발생한다.
② 대표적인 진폐증이다.
③ 암석가공업, 도자기 공업, 유리제조업의 근로자들이 주로 많이 발생한다.
④ 일반적으로 위험요인에 노출된 근무경력이 1년 이후부터 자각 증상이 발생한다.

**35** 음식물이나 식수에 오염되어 경구적으로 침입되는 감염 병이 아닌 것은?

① 유행성 이하선염　② 파라티푸스
③ 세균성이질　④ 폴리오

**36** 국가의 보건수준이나 생활수준을 나타내는 데 가장 많이 이용되는 지표는?

① 병상이용률　② 의료보험수혜자수
③ 영아사망률　④ 조출생률

**37** 소음으로 인한 피해와 거리가 먼 것은?

① 불쾌감 및 수면장애　② 작업능률 저하
③ 위장기능 저하　④ 맥박과 혈압의 저하

**38** 진개(쓰레기)처리법과 가장 거리가 먼 것은?

① 위생적 매립법　② 소각법
③ 비료화법　④ 활성 슬러지법

**39** 잠함병의 발생과 가장 밀접한 관계를 갖고 있는환경요소는?

① 고압과 질소　② 저압과 산소
③ 고온과 이산화탄소　④ 저온과 일산화탄소

**40** 다음 중 이타이이타이병의 유발물질은?

① 수은(Hg)　② 납(Pb)
③ 칼슘(Ca)　④ 카드뮴(Cd)

**41** WHO에 의한 건강의 정의를 가장 잘 나타낸 것은?

① 질병이 없으며, 허약하지 않은 상태
② 육체적·정신적 및 사회적 안녕의 완전 상태
③ 식욕이 좋으며, 심신이 안락한 상태
④ 육체적 고통이 없고, 정신적으로 편안한 상태

**42** 다음 중 먹는 물 소독에 가장 적합한 것은?

① 염소제　② 알코올
③ 과산화수소　④ 생석회

**43** 비타민에 대한 설명 중 틀린 것은?
① 카로틴은 프로비타민 A이다.
② 비타민E는 토코페롤이라고도 한다.
③ 비타민 $B_{12}$는 망간(Mn)을 함유한다.
④ 비타민 C가 결핍되면 괴혈병이 발생한다.

**44** 먹다 남은 찹쌀떡을 보관하려고 할 때 노화가 가장 빨리 일어나는 보관방법은?
① 상온보관 ② 온장고 보관
③ 냉동고 보관 ④ 냉장고 보관

**45** 어묵의 탄력과 가장 관계가 깊은 것은?
① 수용성 단백질-미오겐
② 염용성 단백질-미오신
③ 결합 단백질-콜라겐
④ 색소 단백질-미오글로빈

**46** 원가계산의 목적으로 틀린 것은?
① 가격결정의 목적
② 원가관리의 목적
③ 예산편성의 목적
④ 기말재고량 측정의 목적

**47** 중조를 넣어 콩을 삶을 때 가장 문제가 되는 것은?
① 비타민 $B_1$의 파괴가 촉진됨
② 콩이 잘 무르지 않음
③ 조리수가 많이 필요함
④ 조리시간이 길어짐

**48** 병원체를 보유하였으나 임상증상은 없으면서 병원체를 배출하는 자는?
① 환자 ② 보균자
③ 무증상감염자 ④ 불현성 감염자

**49** 다음의 조리과정 중 비타민 C의 손실을 최소화 하는 방법이 아닌 것은?
① 사과를 블렌더로 갈 때 소금을 소량 첨가한다.
② 깍두기에 당근도 같이 첨가한다.
③ 감자는 삶는 방법보다 찌거나 볶는 방법을 선택 한다.
④ 무생채에 식초를 첨가한다.

**50** 대지오염을 일으키는 주된 원인은?
① 고기압일 때 ② 저기압일 때
③ 바람이 불지 않을 때 ④ 기온역전일 때

**51** 생선을 프라이팬이나 석쇠에 구울 때 들러붙지 않도록 하는 방법으로 옳지 않은 것은?
① 낮은 온도에서 서서히 굽는다.
② 기구의 금속면을 테프론(Teflon)으로 처리한 것을 사용한다.
③ 기구의 표면에 기름을 칠하여 막을 만들어 준다.
④ 기구를 먼저 달구어서 사용한다.

**52** 육류, 채소 등 식품을 다지는 기구를 무엇이라고 하는가?
① 초퍼(Chopper) ② 슬라이서(Slicer)
③ 채소절단기(Cutter) ④ 필러(Peeler)

**53** 채소를 데치는 요령으로 적합하지 않은 것은?

① 1~2%식염을 첨가하면 채소가 부드러워지고, 푸른색을 유지할 수 있다.

② 연근을 데칠 때 식초를 3~5% 첨가하면 조직이 단단해져서 씹을 때의 질감이 좋아진다.

③ 죽순을 쌀뜨물에 삶으면 불미 성분이 제거 된다.

④ 고구마를 삶을 때 설탕을 넣으면 잘 부스러지지 않는다.

**54** 쌀의 호화를 돕기 위해 밥을 짓기 전에 침수 시키는데, 최대 수분 흡수량으로 옳은 것은?

① 20~30% ② 5~10%
③ 55~65% ④ 70~80%

**55** 조리장의 관리에 대한 설명 중 부적당한 것은?

① 충분한 내구력이 있는 구조일 것

② 배수 및 청소가 쉬운 구조일 것

③ 창문이나 출입구 등은 방서·방충을 위한 금속망, 설비구조일 것

④ 바닥과 바닥으로부터 10cm까지의 내벽이 내수성 자재의 구조일 것

**56** 식품감별 중 아가미 색깔이 선홍색인 생선은?

① 부패한 생선

② 초기 부패의 생선

③ 점액이 많은 생선

④ 신선한 생선

**57** 다음 중 신선하지 않은 식품은?

① 생선: 윤기가 있고 눈알이 약간 튀어나온 듯 한것

② 고기: 육색이 선명하고 윤기 있는 것

③ 달걀: 껍질이 반들반들하고 매끄러운 것

④ 오이: 가시가 있고 곧은 것

**58** 직접원가에 속하지 않는 것은?

① 직접재료비

② 직접노무비

③ 직접경비

④ 일반관리비

**59** 녹조를 일으키는 부영양화 현상과 가장 밀접한 관계가 있는 것은?

① 황산염 ② 인산염
③ 탄산염 ④ 수산염

**60** 채소로 감염되는 기생충이 아닌 것은?

① 편충 ② 회충
③ 동양모양선충 ④ 사상충

# CHAPTER 8 정답 및 해설 8

| 모의고사3회 | | | | |
|---|---|---|---|---|
| 01 ③ | 02 ③ | 03 ② | 04 ① | 05 ③ |
| 06 ④ | 07 ① | 08 ① | 09 ② | 10 ③ |
| 11 ④ | 12 ① | 13 ① | 14 ③ | 15 ② |
| 16 ① | 17 ③ | 18 ④ | 19 ① | 20 ① |
| 21 ③ | 22 ④ | 23 ② | 24 ① | 25 ③ |
| 26 ③ | 27 ④ | 28 ① | 29 ② | 30 ④ |
| 31 ④ | 32 ② | 33 ③ | 34 ④ | 35 ① |
| 36 ③ | 37 ④ | 38 ④ | 39 ① | 40 ④ |
| 41 ② | 42 ① | 43 ③ | 44 ④ | 45 ② |
| 46 ④ | 47 ① | 48 ② | 49 ② | 50 ④ |
| 51 ① | 52 ① | 53 ④ | 54 ① | 55 ④ |
| 56 ④ | 57 ③ | 58 ④ | 59 ② | 60 ④ |

01

독미나리의 유독물질은 시큐톡신(Cicutoxin)이다.

02

HACCP의 의무적용 대상 식품

- 어육가공품 중 어묵류, 냉동수산식품 중 어류·연체류·조미가공품,
- 냉동식품 중 피자류·만두류·면류·빙과류
- 비가열음료, 김치류 중 배추김치

03

대두의 단백질인 글리시닌(Glycinin)은 열에는 안정하나 금속염과 산에는 불안정하여 곧 응고·침전되는데, 이 성질을 이용하여 만든 제품이 두부이다.

04

식품첨가물이 갖추어야 할 조건으로 사용목적에 따른 효과를 소량으로도 충분히 나타내어야 한다.

05

어육에 2~3%의 소금을 넣고 함께 갈아서 생성된 고기 풀을 일정한 형태로 만들어 가열, 즉 찌거나 튀김 등을 통해 응고시킨 제품이 어묵이다.

06

오이피클 제조 시 산을 첨가하면 갈색 물질인 페오피틴으로 전환되면서 갈변된다.

07

식품위생 법규상 수입식품의 검사결과 부적합한 수입식품 등에 대하여 수입신고인이 취해야 하는 조치

- 수출국으로의 반송 또는 다른 나라로의 반출
- 농림축산식품부장관의 승인을 받은 후 사료로의 용도 전환
- 폐기

08

유해첨가물

| | |
|---|---|
| 착색제 | 아우라민(단무지), 로다민B(붉은 생강, 어묵) |
| 감미료 | 둘신, 사이클라메이트 |
| 표백제 | 롱가릿, 형광표백제 |
| 보존료 | 붕산, 포름알데히드, 불소화합물, 승홍 |

09

시큐톡신 - 독미나리, 테무린 - 독보리, 테트라민 - 참소라

10

포도상구균의 독소인 엔테로톡신은 열에 강하므로 가열 조리해서 예방하기 어렵다.

11

- **위생복**: 조리종사원의 신체를 열과 가스 전기, 위험한 주방기기, 설비 등으로 보호, 음식을 만들 때 위생적으로 작업하는 것을 목적으로 함
- **안전화**: 미끄러운 주방바닥으로 인한 낙상, 찰과상, 주방기구로 인한 부상 등 잠재되어있는 위험으로의 보호
- **위생모**: 머리카락과 머리의 분비물들로 인한 음식 오염방지
- **앞치마**: 조리종사원의 의복과 신체를 보호
- **머플러**: 주방에서 발생하는 상해의 응급조치

12

- **간흡충**: 왜우렁이(제1중간숙주), 담수어(제2중간숙주)
- **편충**: 채소에 의해 감염
- **아나사키스충**: 고래, 돌고래에 기생

13

곰팡이에 관련된 식중독은 곡류 발효식품의 저장에 관계되는 것이므로 섭취하는 것과 상관없다.

14

영양사의 직무

- 식단 작성, 검식 및 배식관리
- 구매 식품의 검수 및 관리
- 급식시설의 위생적 관리
- 집단급식소의 운영일지 작성
- 종업원에 대한 영양지도 및 식품위생교육

15

다음 어느 하나에 해당하는 자는 조리사 또는 영양사 면허를 받을 수 없다.

- 정신질환자(다만, 전문의가 조리사 또는 영양사로서 적합하다고 인정하는 자는 그러하지 아니함)
- 감염 병환자(B형 간염환자는 제외)
- 마약이나 그 밖의 약물 중독자
- 조리사 또는 영양사 면허의 취소처분을 받고 그 취소된 날부터 1년이 지나지 아니한 자

16

식품 등의 취급 식품, 식품첨가물, 기구 또는 용기·포장의 위생적인 취급에 관한 기준은 총리령을 정한다.

17

유지를 가열하면 기본적인 중합, 산화, 가수분해가 일어나는데 중합반응은 지방분자가 농축됨으로써 보다 큰 지방 분자를 형성하는 것으로 점성이 높아지고 영양가의 손실이 일어난다.

18

밀가루의 성질은 밀 단백질인 글루텐(Gluten)에 의해 지배된다고 할 정도로 특수한 성질을 가지고 있다.

19

펙틴은 다당류이며, 포도당, 과당, 갈락토오스는 단당류이다.

20

대부분의 경우 과일의 향미성분은 과일에 존재하는 Esterase가 생합성조절에 의해 생성되는 Ester에 기인한다.

21

유지를 가열하면 기본적인 중합, 산화, 가수분해가 일어나는데 중합반응은 지방분자가 농축됨으로써 보다 큰 지방 분자를 형성하는 것으로 점성이 높아지고 영양가의 손실이 일어난다.

22

유당(Lactose)은 유산균의 생성을 왕성하게 하는데 이균은 장내에서 유해세균 번식을 억제하는 정장작용의 역할을 하고 유산의 생성으로 칼슘 흡수를 용이하게 하여 유아의 골격 형성에 도움을 준다.

23

달걀이 신선할 때는 난백의 pH가 7.6정도이나 시간이 지남에 따라 $CO_2$(이산화탄소)의 증발로 2~3일 이내에 pH가 9~9.7이 된다. 선도 유지를 위해 가스저장을 실시하여 이산화탄소 발산을 억제한다.

24

치즈는 자연 치즈와 가공 치즈로 나뉘는데, 가공 치즈는 발효를 멈춘 것이고 자연 치즈는 계속 발효가 진행되는 치즈이다.

25

- 지방은 1g당 9kcal의 열량을 낸다.
- 25g의 버터에 80%에 대한 지방이 내는 열량을 구하면 된다.
  25×0.8(80%)=20이며
  20×9(지방 1g당 9kcal)=180kcal
  ∴ 25g의 버터가 내는 열량은 180kcal이다.

26

돼지고기의 복부 삼겹살은 지방이 많으므로 베이컨 가공용으로 이용된다.

27

아린 맛은 쓴맛과 떫은맛이 섞인 불쾌한 맛으로 우엉, 가지, 토란, 고사리, 죽순 등에서 느낄 수 있다.

28

**전분의 노화 억제 방법**

- a전분을 80℃이상으로 유지하면서 급속 건조시킨다.
- 0℃이하로 얼려 급속 탈수한 후 수분함량을 15%이하로 유지한다.
- 설탕이나 환원제, 유화제를 다량 첨가한다.

29

**시니그린**: 겨자에 함유되어 있는 매운맛 성분

30

**카로티노이드(Carotenoid)색소**

- 황색이나 오렌지색 색소로 당근, 고구마, 호박, 토마토 등 황색, 녹색 채소에 들어 있다.
- 물에 불용성(지용성)인 색소이다.
- 산·알칼리, 열에 비교적 안정적이며 산화되기 쉽다.

31

**전분의 호화에 영향을 미치는 요인**

전분의 종류·내부 구조와 크기·형태, 아밀로오스와 아밀로펙틴의 함량, 수분함량, 온도 pH, 염류 등

32

**규소수지**: 거품 생성을 방지하거나 감소시키는 식품첨가물로 사용

33

**즉석판매 제조·가공업**: 식품을 제조, 가공업소 내에서 최종 소비자에게 판매하는 영업

34

- 위험요인에 노출된 근무경력 15~20년 이후부터 증상이 나타나기 시작한다.
- 규산의 농도에 따라 발병 속도가 달라진다.

35

- 소화기계감염병(경구감염 - 물, 음식물 원인) : 파라티푸스, 세균성이질, 폴리오
- 유행성 이하선염은 볼거리라고도 하며, 바이러스에 의한 급성 감염병이다.

36

영아사망률은 공중보건의 수준지표이다.

37

소음으로 인한 피해는 청력장애, 신경과민, 불면, 작업방해, 소화불량, 불안과 두통, 작업능률 저하 등이 있다.

38

활성슬러지법은 수질 처리법이다.

39

**잠함병**: 깊은 바다 속은 수압이 매우 높아 호흡을 통해 몸속으로 들어간 질소기체가 체외로 잘 빠져나가지 못하고 혈액 속에 녹게 되고, 수면 위로 빠르게 올라오면 체내에 녹아 있던 질소기체가 혈액 속을 돌아다니면서 몸에 통증을 일으키는 병이다.

40

수은(미나마타병), 납(빈혈, 신장장애), 크롬(자극성 피부염, 폐암)

41

건강이란 육체적·정신적·사회적으로 완전히 안녕한 상태를 말한다.

42

우리나라의 먹는 물 소독에는 염소제를 사용된다.

43

비타민 $B_{12}$는 코발트(Co)를 함유한다.

44

노화가 빨리 일어나는 조건은 온도가 0~4℃일 때, 수분함량이 30~70%일 때, pH가 산성일 때이다.

45

반 해동된 연육을 배합기에 넣어 완전 분쇄하고, 온도에 맞춰 식염을 첨가하여 미오신 구조의 염용성 단백질을 용출시킨 후 점조성 증가로 어묵 반죽을 완성시킨다.

46

**원가계산의 목적**: 가격결정의 목적, 원가관리의 목적, 예산편성의 목적, 재무제표의 작성이다.

47
콩을 삶을 때 중탄산소다(중조)를 첨가하면 빨리 무르지만, 비타민 $B_1$의 손실이 크다.

48
보균자 : 회복기 보균자, 잠복기 보균자, 건강 보균자

49
당근에는 비타민C를 파괴하는 아스코르비나제(Ascorbinase)라는 효소가 함유되어 있다. 비타민C가 많은 식품과 같이 섞어서 방치하면 비타민C의 파괴가 크다.

50
대기층의 온도는 100m 상승 때마다 1℃ 정도 낮아지므로 상부기온이 하부기온보다 낮다. 그러나 기온역전 현상이라 함은 상부기온이 하부기온보다 높을 때를 말하며 이는 대기오염을 일으키는 원인이 된다.

51
- 생선을 프라이팬이나 석쇠에 구울 때 들러붙지 않게 구우려면 높은 온도에서 구워야 한다.
- 낮은 온도로 생선을 구울 경우 껍질이 다 떨어져 모양새가 좋지 않으므로 석쇠에 구울 경우 높은 온도로 달구어 기름을 발라서 사용하도록 한다.

52
- 필러 : 식품 껍질을 벗길 때
- 채소절단기 : 채소를 자를 때
- 슬라이서 : 일정한 두께로 저밀 때

53
고구마를 삶을 때 명반(포타슘, 알루미늄, 설페이트)수를 넣으면 잘 부스러지지 않는다.

54
쌀에 흡수되는 최대 수분 흡수량은 20~30%이고 밥의 수분 함량은 65%이다.

55
조리장은 바닥과 바닥으로부터 1m까지의 내벽은 내수성 자재를 사용한다.

56
신선한 생선은 아가미의 색이 선홍색이다.

57
신선한 달걀은 껍데기 표면이 까칠까칠하다.

58
직접원가 = 직접재료비 + 직접노무비 + 직접경비

59
녹조현상을 일으키는 가장 중요한 발생원인은 수체 내인·질소 등의 영양물질 농도가 증가하기 때문이다.

60
사상충의 매개체는 숲모기, 학질모기로서, 감염자의 혈류에서 사상충 자충을 흡혈하여 2~3주 후면 필라리아 형으로 되어 건강한 사람을 흡혈할 때 감염시킨다.

# CHAPTER 9 모의고사 9

**01** 황색포도상구균 식중독의 일반적인 특성으로 맞는 것은?

① 설사변의 혈변의 형태이다.
② 급성위장염 증세가 나타난다.
③ 잠복기가 길다.
④ 치사율이 높은 편이다.

**02** 식품의 부패 정도를 알아보는 시험 방법이 아닌 것은?

① 유산균수 검사 ② 관능 검사
③ 생균수 검사 ④ 산도 검사

**03** 다음 중 효소가 관여하여 갈변이 되는 것은?

① 식빵 ② 간장
③ 사과 ④ 캐러멜

**04** 철(Fe)에 대한 설명으로 옳은 것은?

① 헤모글로빈의 구성 성분으로 신체의 각 조직에 산소를 운반한다.
② 골격과 치아에 가장 많이 존재하는 무기질이다.
③ 부족 시에는 갑상선종이 생긴다.
④ 철의 필요량은 남녀에게 동일하다.

**05** 1g당 발생하는 열량이 가장 큰 것은?

① 당질 ② 단백질
③ 지방 ④ 알코올

**06** 음식물이나 식수에 오염되어 경구적으로 침입되는 감염 병이 아닌 것은?

① 유행성 이하선염 ② 파라티푸스
③ 세균성이질 ④ 폴리오

**07** 다음 중 화학성 식중독의 원인이 아닌 것은?

① 설사성 패류 중독
② 환경오염에 기인하는 식품유독성 식중독
③ 중금속에 의한 식중독
④ 유해성 식품첨가물에 의한 식중독

**08** 동물에서 추출되는 천연 껍질 물질로만 짝지어진 것은?

① 펙틴, 구아검
② 한천, 알긴산 염
③ 젤라틴, 키틴
④ 가티검, 전분

**09** 향신료와 그 성분이 맞게 연결된 것은?

① 생강 - 차비신(Chavicine)
② 겨자 - 알리신(allicine)
③ 후추 - 시니그린(sinigrin)
④ 고추 - 캡사이신(capsaicin)

**10** 어떤 음식의 직접원가는 500원, 제조원가는 800원, 총 원가는 1000원이다. 이 음식의 판매관리비는?

① 200원 ② 300원
③ 400원 ④ 500원

**11** 충란으로 감염되는 기생충은?

① 분선충 ② 동양모양선충
③ 십이지장충 ④ 편충

**12** 하수처리 방법 중 혐기성 분해처리에 해당하는 것은?

① 부패조 ② 활성오니법
③ 살수여과법 ④ 산화지법

**13** 다음 중 박력분에 대한 설명으로 맞는 것은?

① 경질의 밀로 만든다.
② 다목적으로 사용된다.
③ 탄력성과 점성이 약하다.
④ 마카로니, 식빵 제조에 알맞다.

**14** 금속부식성이 강하고 단백질과 결합하여 침전이 일어나므로 주의를 요하며 소독 시 0.1% 정도의 농도로 사용하는 소독약은?

① 석탄산 ② 승홍
③ 크레졸 ④ 알코올

**15** 다음 중 레토르트 식품의 가공과 관계가 없는 것은?

① 통조림 ② 파우치
③ 플라스틱 필름 ④ 고압 솥

**16** 마이야르(mailard) 반응에 대한 설명으로 틀린 것은?

① 식품은 갈색화가 되고 독특한 풍미가 형성된다.
② 효소에 의해 일어난다.
③ 당류와 아미노산이 함께 공존할 때 일어난다.
④ 멜라노이딘 색소가 형성된다.

**17** 전자레인지 조리에 대한 설명으로 틀린 것은?

① 음식의 크기와 개수에 따라 조리시간이 결정된다.
② 조리시간이 짧아 갈변현상이 거의 일어나지 않는다.
③ 법랑제, 금속제, 용기 등을 사용할 수 있다.
④ 열전달이 신속하므로 조리시간이 단축된다.

**18** 다음 중 식품위생법에서 다루는 내용은?

① 영양사의 면허 결격 사유
② 디프테리아 예방
③ 공중이용시설의 위생관리
④ 가축 감염병의 검역절차

**19** 시카린 나트륨을 사용할 수 없는 식품은?

① 된장 ② 김치류
③ 어육가공품 ④ 뻥튀기

**20** 다음 당류 중 단맛이 가장 강한 것은?

① 맥아당 ② 포도당
③ 과당 ④ 유당

**21** 센 불로 가열한 후 약한 불로 세기를 조절하는 것과 거리가 먼 것은?

① 죽 ② 김치찌개
③ 갈치조림 ④ 채소튀김

**22** 전분에 대한 설명으로 틀린 것은?

① 찬물에 쉽게 녹지 않는다.
② 달지는 않지만 온화한 맛을 준다.
③ 동물 체내에 저장되는 탄수화물로 열량을 공급해준다.
④ 가열하면 팽윤되어 점성을 갖는다.

**23** 영양소와 그 기능의 연결이 틀린 것은?

① 우유(젖당) - 정장 작용
② 셀룰로오스 - 변비예방
③ 비타민K - 혈액응고
④ 칼슘 - 헤모글로빈 부성 성분

**24** 병원성 미생물의 발육과 그 작용을 저지 또는 정지시켜 부패 발효를 방지하는 조직은?

① 산화 ② 멸균
③ 방부 ④ 응고

**25** 인수공통 감염병으로 그 병원체가 바이러스(virus)인 것은?

① 발진열 ② 탄저
③ 광견병 ④ 결핵

**26** 다음 중 근원섬유를 구성하는 단백질은?

① 헤모글로빈 ② 콜라겐
③ 미오신 ④ 엘라스틴

**27** 어취의 성분인 트리메틸아민(TMA : Trimethylamine)에 대한 설명으로 맞는 것은?

① 어취는 트리메틸아민 함량과 반비례한다.
② 지용성이므로 물에 씻어도 없어지지 않는다.
③ 주로 해수어의 비린내 성분이다.
④ 트리메틸아민 옥사이드(Trimethylamine oxide)가 산화되어 생성된다.

**28** 식품의 신선도 또는 부패의 이화학적 판정에 이용되는 항목이 아닌 것은?

① 히스타민 함량
② 당 함량
③ 휘발성 염기 질소 함량
④ 트리메틸아민 함량

**29** 열원의 사용방법에 따라 직접 구이와 간접 구이로 분류할 때 직접 구이에 속하는 방법은?

① 오븐을 사용하는 방법
② 프라이팬에 기름을 두르고 사용하는 방법
③ 숯불 위에서 굽는 방법
④ 철판을 이용하여 굽는 방법

**30** 식이 중 소금을 제한하는 질병과 거리가 먼 것은?

① 심장병 ② 통풍
③ 고혈압 ④ 신장병

**31** 칼슘과 단백질의 흡수를 돕고 정장 효과가 있는 당은?

① 설탕 ② 과당
③ 유당 ④ 맥아당

**32** 평균 수명에서 질병이나 부상으로 인하여 활동하지 못하는 기간을 뺀 수명은?
① 기대수명 ② 건강수명
③ 비례수명 ④ 자연수명

**33** 다음 중 간흡충의 제2중간숙주는?
① 다슬기 ② 가재
③ 고등어 ④ 붕어

**34** 다음 중 견과류에 속하는 식품은?
① 호두 ② 살구
③ 딸기 ④ 자두

**35** 과일잼 가공 시 펙틴은 주로 어떤 역할을 하는가?
① 신맛 증가 ② 구조 형성
③ 향 보존 ④ 색소 보존

**36** 밀가루 반죽에 첨가하는 재료 중 반죽의 점탄성을 약화시키는 것은?
① 우유 ② 설탕
③ 달걀 ④ 소금

**37** 다음 중 사용이 허가된 발색제는?
① 폴리아크릴산나트륨
② 알긴산프로펠린글리콜
③ 카르복시메틸스타치나트륨
④ 아질산나트륨

**38** 우유의 살균방법으로 130~150℃에서 0.5~5초간 가열하는 것은?
① 저온살균법
② 고압증기멸균법
③ 고온단시간살균법
④ 초고온순간살균법

**39** 영양소의 소화효소가 바르게 연결된 것은?
① 단백질 - 리파아제
② 탄수화물 - 아밀라아제
③ 지방 - 펩신
④ 유당 - 트리신

**40** 다음 중 이타이이타이병의 유발물질은?
① 수은(Hg)
② 납(Pb)
③ 칼슘(Ca)
④ 카드뮴(Cd)

**41** 미숫가루를 만들 때 건열로 가열하면 전분이 열분해되어 덱스트린이 만들어지는데, 이 열분해 과정을 무엇이라고 하는가?
① 전분의 전화
② 전분의 호정화
③ 전분의 호화
④ 전분의 노화

**42** 설탕 용액에 미량의 소금을 가하였을 때 단맛이 증가하는 현상은?
① 맛의 상쇄 ② 맛의 변조
③ 맛의 대비 ④ 맛의 발현

**43** 중금속과 중독증상의 연결이 잘못된 것은?
① 카드뮴 - 신장기능 장애
② 크롬 - 비중격천공
③ 수은 - 홍독성 흥분
④ 납 - 섬유화 현상

**44** 다음 중 먹는 물 소독에 가장 적합한 것은?
① 염소제 ② 알코올
③ 과산화수소 ④ 생석회

**45** 밀가루에 중조를 넣으면 황색으로 변하는 원리는?
① 효소적 갈변
② 비효소적 갈변
③ 알칼리에 의한 변색
④ 산에 의한 변색

**46** 다음 중 대장균의 최적 증식온도 범위는?
① 55~75℃
② 30~40℃
③ 5~10℃
④ 0~5℃

**47** 다음 중 부패의 의미를 가장 잘 설명한 것은?
① 비타민 식품이 광선에 의해 분해되는 상태
② 단백질 식품이 미생물에 의해 분해되는 상태
③ 유지 식품이 발효에 의해 산화되는 상태
④ 탄수화물 식품이 발효에 의해 분해되는 상태

**48** 식물성 액체유를 경화처리한 고체 기름은?
① 버터 ② 라드
③ 쇼트닝 ④ 마요네즈

**49** 다음 중 살모넬라에 오염되기 쉬운 대표적인 식품은?
① 과실류 ② 해초류
③ 난류 ④ 통조림

**50** 다음 중 항히스타민제 복용으로 치료되는 식중독은?
① 살모넬라 식중독
② 알레르기성 식중독
③ 병원성 대장균 식중독
④ 장염비브리오 식중독

**51** 완두콩 통조림을 가열하여도 녹색이 유지되는 것은 어떤 색소 때문인가?
① Chlorophyll(클로로필)
② Cu-chlorophyll(구리-클로로필)
③ Fe-chlorophyll(철-클로로필)
④ Chlorophylline(클로로필린)

**52** 생선조림에 대해서 잘못 설명한 것은?
① 생선을 빨리 익히기 위해 뚜껑은 처음부터 닫아야 한다.
② 생강이나 마늘은 비린내를 없애는 데 좋다.
③ 가열시간이 너무 길면 어육에서 탈수작용이 일어나 맛이 없다.
④ 가시가 많은 생선을 조릴 때 식초를 약간 넣어 약한 불에 끓이면 뼈째 먹을 수 있다.

**53** 다음 중 결합수의 특징이 아닌 것은?
① 용질에 대해 용매로 작용하지 않는다.
② 자유수보다 밀도가 크다.
③ 식품에서 미생물의 번식과 발아에 이용되지 못한다.
④ 대기 중에서 100℃로 가열하면 쉽게 수증기가 된다.

**54** 어패류의 조리 방법으로 틀린 것은?

① 조개류는 낮은 온도에서 서서히 조리하여야 단백질의 급격한 응고로 인한 수축을 막을 수 있다.

② 생선은 결체 조직의 함량이 높으므로 주로 습열 조리법을 사용해야 한다.

③ 생선 조리 시 식초를 넣으면 생선살이 단단해 진다.

④ 생선조리에 사용되는 파, 마늘은 비린내 제거에 효과적이다.

**55** 다음 중 쌀 가공품이 아닌 것은?

① 현미 ② 강화미

③ 팽화미 ④ α-화미

**56** 콩밥은 쌀밥에 비하여 특히 어떤 영양소의 보완에 좋은가?

① 단백질 ② 당질

③ 지방 ④ 비타민

**57** 국수를 삶는 방법으로 부적합한 것은?

① 끓는 물에 넣는 국수에 양이 지나치게 많으면 안 된다.

② 국수 무게의 6~7배 정도의 물에서 삶는다.

③ 국수를 넣은 후 물이 다시 끓기 시작하면 찬물을 넣고 끓인다.

④ 국수가 다 익으면 많은 양의 냉수에서 천천히 식힌다.

**58** 식품위생법상 영업신고 대상 업종이 아닌 것은?

① 위탁급식영업

② 식품냉동·냉장업

③ 즉석판매제조·가공업

④ 양곡가공업 중 도정업

**59** 쌀과 같이 당질을 많이 먹는 식습관을 가진한국인에게 대사상 꼭 필요한 비타민은?

① 비타민$B_1$ ② 비타민$B_6$

③ 비타민A ④ 비타민D

**60** 카드뮴 만성중독의 주요 3대 증상이 아닌 것은?

① 빈혈

② 폐기종

③ 신장 기능 장애

④ 단백뇨

# CHAPTER 9 정답 및 해설 9

| 모의고사4회 | | | | |
|---|---|---|---|---|
| 01 ② | 02 ① | 03 ③ | 04 ① | 05 ③ |
| 06 ① | 07 ① | 08 ③ | 09 ④ | 10 ① |
| 11 ④ | 12 ① | 13 ③ | 14 ② | 15 ① |
| 16 ② | 17 ③ | 18 ① | 19 ① | 20 ③ |
| 21 ④ | 22 ③ | 23 ④ | 24 ③ | 25 ③ |
| 26 ③ | 27 ③ | 28 ② | 29 ③ | 30 ② |
| 31 ③ | 32 ② | 33 ④ | 34 ① | 35 ② |
| 36 ② | 37 ④ | 38 ④ | 39 ② | 40 ④ |
| 41 ② | 42 ③ | 43 ④ | 44 ① | 45 ③ |
| 46 ② | 47 ② | 48 ③ | 49 ③ | 50 ② |
| 51 ② | 52 ① | 53 ④ | 54 ② | 55 ① |
| 56 ① | 57 ④ | 58 ④ | 59 ① | 60 ① |

### 01
화농성 질환자의 조리 시 엔테로톡신에 의한 식중독으로 잠복기가 짧은 특징이 있으며 급성 위장염을 일으키며 주로 복통, 설사 등의 증상이 나타난다.

### 02
유산균은 장에 유익한 발효유로 식품과 부패와 관련이 없다.

### 03
효소적 갈변 과일이나 채소의 폴리페놀 성분이 산화되어 갈변이 되는 현상이다.

### 04
철의 필요량은 남자, 여자, 임산부, 수유부에 따라 다르다.

### 05
당질과 단백질은 1g당 4kcal를 내며 지방은 1g당 9kacl, 알코올은 1g당 7kcal의 열량을 낸다.

### 06
소화기계감염병(경구감염 - 물, 음식물 원인) : 파라티푸스, 세균성이질, 폴리오, 유행성 이하선염은 볼거리라고도 하며, 바이러스에 의한 급성 감염병이다.

### 07
패류 중독은 자연독 중독이다.

### 08
젤라틴은 동물의 뼈, 육질 속에 들어 있으며 키틴은 갑각류에 껍질을 단단하게 하는 다당류이다.

### 09
생강(진저론), 겨자(시니그린), 후추(차비신, 피페린)

### 10
총원가 = 제조원가 + 판매관리비이므로
1,000 - 800 = 200원이다.

### 11
충란으로 감염되는 기생충은 편충이다.

### 12
- 혐기성 분해처리 : 부패조 처리법, 임호프탱크법
- 호기성 분해처리 : 활성오니법과 살수여과법

### 13
박력분은 연질의 밀로 만들어지며, 탄력성과 점성이 약해 튀김이나 비스킷, 케이크를 만들 때 사용된다.

### 14
비금속 기구의 소독에 이용하며, 온도상승에 따라 살균력이 증가한다, 소독 시 0.1% 정도의 농도로 사용한다.

### 15
레토르트 식품은 플라스틱 주머니에 가압살균, 밀봉하여 가열한 식품을 말한다.

16
마이야르 반응은 비효소적 갈변현상이다.

17
전자레인지에는 법랑이나 금속제 용기를 사용할 수 없다.

18
디프테리아 예방, 공중이용시설 위생관리, 가축감염병의 검역절차는 공중보건법에서 다룬다.

19
시카린 나트륨은 김치 절임류, 어륙가공품, 환자용 식품, 음료류, 뻥튀기에 사용된다.

20
과당 > 전화당 > 설탕 > 포도당 > 맥아당 > 갈락토오스 > 유당

21
튀김은 고온에서 단시간으로 조리한다.

22
글리코겐은 동물의 체내에 저장되는 다당류이다.

23
헤모글로빈의 구성성분은 철분이다.

24
미생물의 증식을 억제시켜 부패의 진행을 억제시키는 것을 방부라고 한다.

25
인수공통감염은 사람과 동물이 같이 감염되는 감염병으로 광견병은 바이러스가 병원체이다.

26
근원섬유 단백질에는 액틴, 미오신 등이 있다.

27
트리메틸아민은 해수어의 비린내 성분으로 트리메틸아민 옥사이드가 세균에 의해 트리메틸아민이 되면서 생성된다.

28
**식품의 신선도 또는 부패의 이화학적 판정 기준**
휘발성 염기질소의 함량(육류), 트리메틸아민 함량, 히스타민 함량

29
직접구이는 직접 불 위에서 굽는 방법이다.

30
통풍은 퓨린의 대사이상으로 나타나는 질병으로 퓨린 함량이 적은 식품을 섭취한다.

31
유당은 동물의 육즙에 함유되어 있으며, 칼슘의 흡수를 돕고 유산균의 정장작용에 관여한다.

32
건강 수명은 평균수명에서 병이나 부상 등의 '평균 장애 기간'을 뺀 값이다.

33
간흡충→제1중간숙주(왜우렁이)→제2중간숙주(붕어, 잉어)

34
견과류는 단단한 과피로 싸여있는 나무 열매를 말하는 것으로 호두, 밤, 땅콩, 아몬드 등이 이에 해당된다.

35
펙틴은 채소나 과일에 포함된 탄수화물의 한가지로 결을 만드는 성질이 있다.

36
설탕은 밀가루 반죽의 점성을 약화시킨다.

37
아질산나트륨은 육류의 발색제로 사용된다.

38
- **저온 살균법**: 60~65℃에서 30분간 가열 후 급랭(우유, 술, 주스, 소스)
- **초고온 순간살균법**: 130~140℃에서 2~4초간 가열 후 급랭(우유, 과즙)
- 고온 단시간살균법 70~75℃에서 15~20내에 가열 후 급랭(우유, 과즙)

39

- 지방 : 리파아제
- 단백질 : 펩신과 트립신

40

수은(미나마타병), 납(빈혈, 신장 장애), 크롬(자극성 피부염, 폐암

41

전분의 호정화

미숫가루를 만들 때 건열로 가열하면 전분이 열분해되어 덱스트린이 만들어진다.

42

원래의 맛에 다른 맛을 첨가하여 원래의 맛이 상승하는 현상을 맛의 대비라고 한다.

43

납 중독은 복통, 구토, 설사, 중추신경장애를 일으킨다.

44

우리나라의 먹는 물 소독에는 염소가 사용된다.

45

폴라보노이드 색은 산에서는 흰색 알칼리에서는 황색을 띈다.

46

대장균의 최적증식온도는 37℃ 전후이다.

47

단백질을 주성분으로 하는 식품에 혐기성세균이 번식하여 유해성 물질이 생성되는 현상이다.

48

경화유 : 불포화지방산에 수소를 첨가하고 니켈을 촉매로 사용하여 포화지방산의 형태로 변화시킨 것이다.

49

살모넬라 : 인축 공통 감염병, 위장증상 및 급격한 발열, 육류 및 가공품, 어패류 및 가공품, 우유, 유제품, 조육 및 알, 채소, 샐러드, 감염경로는 쥐, 파리, 바퀴벌레, 닭, 돼지, 고양이 등의 장에서 장내 세균으로 감염, 60℃에서 30분 가열 사멸

50

알레르기성 식중독은 미생물에 의해 생산된 히스타민이라는 물질이 축적되어 일어나는 식중독이다. 항히스타민제를 투여하면 치료가 된다.

51

구리-클로로필은 마그네슘을 구리 이온으로 치환한 것으로 색소 고정에 유용하다.

52

생선을 빨리 익힐 때에는 처음부터 뚜껑을 열어 비린 휘발성 물질을 휘발시킨다.

53

100℃에서 가열하면 쉽게 수증기가 되는 것은 자유수의 특징이다.

54

생선의 근육에는 결체 조직이 거의 함유 되어 있지 않아 습열 조리법을 제외한 구이, 찌개, 찜, 회, 전 등의 조리법을 사용해야 한다.

55

현미는 쌀에서 왕겨만 없앤 것으로, 쌀 가공식품이 아니다.

56

검정콩에는 이소플라본, 안토시아닌 등 몸에 좋은 성분이 많이 들어있어 노화 방지와 다이어트에도 도움이 된다.

57

국수가 익으면 빨리 찬물에 헹군 다음 얼음물에 담갔다 뺀다.

58

식품위생법상 영업신고 대상 업종

- 위탁급식영업
- 식품냉동 · 냉장업
- 즉석판매제조 · 가공업

59

쌀겨에서 발견된 수용성 비타민으로 티아민이라고 불리며 당질이 완전히 영양으로 되는데 있어 중요한 역할을 한다.

60

카드뮴 만성중독의 주요 3대 증상 : 폐기종, 단백뇨, 신장기능장애

MEMO

# CHAPTER 10 모의고사 10

**01** 경구 감염병과 비교하여 세균성 식중독이 갖는 일반적인 특성은?

① 소량의 균으로도 발병한다.
② 잠복기가 짧다.
③ 2차 발병률이 매우 높다.
④ 감염환(Infection cycle)이 발생한다.

**02** 석탄산수(페놀)에 대한 설명으로 틀린 것은?

① 염산을 첨가하면 소독효과가 높아진다.
② 바이러스와 아포에 약하다.
③ 햇빛을 받으면 갈색으로 변하고 소독력이 없어진다.
④ 음료수의 소독에는 적합하지 않다.

**03** 식품을 냉동 저장할 때, 영양 성분의 변화로 옳지 않은 것은?

① 냉동에 의한 지질의 변화는 적고 온도가 높을수록 지방의 산화가 억제된다.
② 당질의 변화는 거의 없다.
③ 비타민 A와 비타민 B는 냉동저장 중 안전하게 유지된다.
④ 냉동 저장 후 해동 시 드립(drip) 양이 많아지면 수용성 단백질이 유실된다.

**04** 색소를 함유하고 있지는 않지만 식품 중의 성분과 결합하여 색을 안정화시키면서 선명하게 하는 식품첨가물은?

① 착색료 ② 보존료
③ 발색제 ④ 산화방지제

**05** 인분을 사용한 밭에서 특히 경피적 감염을 주의해야 하는 기생충은?

① 십이지장충 ② 요충
③ 회충 ④ 말레이사상충

**06** 식품첨가물이 갖추어야 할 조건으로 옳지 않은 것은?

① 식품에 나쁜 영향을 주지 않을 것
② 상품의 가치를 향상시킬 것
③ 식품성분 등에 의해서 그 첨가물을 확인할 수 있을 것
④ 다량 사용하였을 때 효과가 나타날 것

**07** 유화성은 유화의 물리적 경질 중 하나로 수중유적형(O/W)과 유중수적형(W/O)으로 구분된다. 유중수적형에 해당되는 것은?

① 우유 ② 마가린
③ 마요네즈 ④ 아이스크림

**08** 콜린에스테라아제(cholinesteras)의 작용을 억제하여 마비 등 신경독성을 나타내는 농약류는?

① DDT ② BHC
③ Propoxar ④ parathion

**09** 식품에서 흔히 볼 수 있는 푸른곰팡이는?

① 누룩곰팡이속(aspergillus)
② 페니실리움속(Penicllium)
③ 거미줄곰팡이속(Rhizopus)
④ 푸사리움속(Fusalium)

**10** 다음 채소류 중 일반적으로 꽃 부분을 식용으로 하는 것과 거리가 먼 것은?
① 브로콜리(broccoli)
② 콜리플라워(cauliflower)
③ 비트(beety)
④ 아티초크(artichoke)

**11** 식품을 저장하는 곳에서 꼭 필요한 집기류는?
① 칼과 도마 ② 대형 그릇
③ 온도계 ④ 계량컵과 계량스푼

**12** 식품 등의 표시기준상 "유통기한"의 정의는?
① 해당 식품의 품질이 유지될 수 있는 기한을 말한다.
② 해당 식품의 섭취가 허용되는 기간을 말한다.
③ 제품의 출고일로부터 대리점으로의 유통이 허용되는 기한을 말한다.
④ 제품의 제조일로부터 소비자에게 판매가 허용되는 기한을 말한다.

**13** 영업허가를 받거나 신고를 하지 않아도 되는 경우는?
① 주로 주류를 조리 판매하는 영업으로 손님이 노래를 부르는 행위가 허용되는 영업을 하려는 경우
② 총리령이 정하는 식품 또는 식품첨가물의 완제품을 나누어 유통을 목적으로 재포장, 판매하려는 경우
③ 방사선을 쬐어 식품의 보전성을 물리적으로 높이려는 경우
④ 식품첨가물이나 다른 원료를 사용하지 않고 농산물을 단순히 껍질을 벗겨 가공하려는 경우

**14** 식재료를 구입할 때 비가식부와 폐기율을 고려하여 구입량을 정해야 한다. 다음 중 폐기율이 가장 높은 것은?
① 모시조개 ② 사과
③ 표고버섯 ④ 오이

**15** 가정하수, 공장폐수, 유수를 한꺼번에 배제하기 위해 설치한 관은?
① 오수관 ② 우수관
③ 합류관 ④ 복규관

**16** 『식품위생법』상 식중독 환자를 진단한 의사는 누구에게 이 사실을 제일 먼저 보고해야 하는가?
① 보건복지부장관
② 경찰서장
③ 보건소장
④ 관할시장 군수 구청장

**17** 수질오염 중 부영양화 현상에 대한 설명으로 틀린 것은?
① 혐기성 분해로 인한 냄새가 난다.
② 물의 색이 변한다.
③ 수면에 엷은 피막이 생긴다.
④ 용존산소가 증가한다.

**18** 리케차에 의해 발생되는 감염병은?
① 세균성이질 ② 파라티푸스
③ 발진티푸스 ④ 디프테리아

**19** 어묵의 탄력성과 가장 관계가 깊은 것은?
① 수용성 단백질-미오겐
② 염용성 단백질-미오신
③ 결합 단백질-콜라겐
④ 색소 단백질 미오글로빈

**20** 세균에 의하여 감염되는 경구 감염병은?
① 인플루엔자 ② 후천성 면역결핍증
③ 유행성 일본뇌염 ④ 콜레라

**21** 대기오염을 일으키는 요인으로 가장 영향력이 큰 것은?

① 고기압일 때 ② 저기압일 때
③ 바람이 불 때 ④ 기온역전일 때

**22** 녹색채소를 데칠 때 색을 선명하게 하기 위한 조리방법으로 부적합한 것은?

① 휘발성 유기산을 휘발시키기 위해 뚜껑을 열고 끓는 물에 데친다.
② 산을 희석시키기 위해 조리수를 다량 사용하여 데친다.
③ 섬유소가 알맞게 연해지면 가열을 중지하고 냉수에 헹군다.
④ 조리수의 양을 최소로 하여 영양분의 유출을 막는다.

**23** 규폐증과 관련된 직업으로 바르게 짝지어진 것은?

① 채석공, 페인트공 ② 인쇄공, 페인트공
③ X선 기사, 용접공 ④ 양석연마공, 채석공

**24** 조리대를 배치할 때 동선을 줄일 수 있는 효율적인 방법 중 잘못된 것은?

① 조리대의 배치는 오른손잡이를 기준으로 생각할 때 일의 순서에 따라 우에서 좌로 배치한다.
② 조리대에는 조리에 필요한 용구나 기기 등의 설비를 가까이 배치한다.
③ 각 작업공간이 다른 작업의 통로로 이용되지 않도록 한다.
④ 식기와 조리용구의 세정 장소와 보관 장소를 가까이 두어 동선을 절약시킨다.

**25** 영양소와 급원식품이 알맞게 짝지어진 것은?

① 동물성 단백질 - 두부, 소고기
② 비타민A - 당근, 미역
③ 필수지방산 - 닭고기
④ 칼슘 - 우유, 치즈

**26** 게, 가재, 새우 등의 껍질에 다량 함유된 키토산의 구성성분은?

① 다당류 ② 단백질
③ 지방질 ④ 무기질

**27** 다음 중 황함유 아미노산에 해당되는 것은?

① 메티오닌 ② 플로린
③ 글리신 ④ 트레오닌

**28** 공중보건에 대한 설명으로 틀린 것은?

① 목적은 질병 예방, 수명 연장, 정신적·신체적 건강 증진이다.
② 공중보건의 최소단위는 지역사회이다.
③ 공중보건학에는 환경위생 개선, 감염병 관리 등이 포함된다.
④ 주요 사업대상은 개인의 질병치료이다.

**29** 생선 조리 방법에 대한 설명으로 틀린 것은?

① 생강과 술은 비린내를 없애는 용도로 사용한다.
② 처음 가열할 때 수 분간은 뚜껑을 약간 열어 비린내를 휘발시킨다.
③ 모양을 유지하고 맛성분의 유추를 방지하기 위해 양념 간장이 끓을 때 생선을 넣기도 한다.
④ 신선도가 저하된 생선은 조미를 약하게 하고 뚜껑을 덮어 짧은 시간 내에 끓인다.

**30** 쓰거나 신 음식을 맛본 후 금방 물을 마시면 물이 달게 느껴지는데 이는 어떤 원리에 의한 것인가?

① 맛의 변조현상 ② 맛의 대비효과
③ 맛의 순응현상 ④ 맛의 억제현상

**31** 해리된 수소이온이 내는 맛과 가장 관계가 깊은 것은?

① 신맛 ② 단맛
③ 매운맛 ④ 짠맛

**32** 주방 내에서 발생할 수 있는 안전사고의 원인과 위험요인의 연결이 옳지 않은 것은?

① 미끄러짐 - 바닥에 물이나 호스
② 화상과 데임 - 뜨거운 액체나 물건, 화염
③ 절단과 베임 - 미숙한 칼 사용
④ 끼임 - 조리도구 관리 소홀

**33** 생균(live vaccine)을 사용하는 예방접종으로 면역이 되는 질병은?

① 파상풍 ② 콜레라
③ 폴리오 ④ 백일해

**34** 다음 중 난황에 함유되어 있는 색소는?

① 클로로필 ② 안토시아닌
③ 카로티노이드 ④ 플라보노이드

**35** 하루 필요열량이 2500kcal일 경우 이 중의 18%에 해당하는 열량을 단백질에서 얻으려 한다면 필요한 단백질의 양은 얼마인가?

① 50.0g ② 112.5g
③ 121.5g ④ 171.3g

**36** 다음 중 동물성 색소인 것은?

① 클로로필 ② 안토시아닌
③ 미오글로빈 ④ 플라보노이드

**37** 원가 계산의 목적으로 틀린 것은?

① 가격 결정 ② 원가 관리
③ 예산 편성 ④ 기말 재고량 측정

**38** 영양소에 대한 설명으로 맞지 않는 것은?

① 영양소는 식품의 성분으로 생명연장과 건강유지에 필요하다.
② 건강은 신체적, 정신적, 사회적으로 건전한 상태를 말한다.
③ 물은 체조직 구성요소로서 보통 성인 체중의 2/3를 차지 한다.
④ 조절소는 열량을 내는 무기질과 비타민을 말한다.

**39** 식단작성의 순서가 바르게 연결된 것은?

- A : 영양필요량 산출
- B : 식품량 산출
- C : 3식 영양배분
- D : 식단표 작성

① B-C-A-D ② D-A-B-C
③ A-B-C-D ④ C-D-A-B

**40** 총비용과 총수익(판매액)이 일치하여 이익도 손실도 발생되지 않는 기점은?

① 매장선점 ② 가격결정점
③ 손익분기점 ④ 한계이익점

**41** 다음 중 배식하기전 음식이 식지않게 보관하는 온장고 내의 유지 온도로 가장 적합한 것은?

① 15~20℃ ② 35~40℃
③ 65~70℃ ④ 105~110℃

**42** 미숫가루를 만들 때 건열로 가열하면 전분이 열분해 되어 덱스트린이 만들어지는데 이 과정을 무엇이라고 하는가?

① 호화 ② 노화
③ 호정화 ④ 전화

**43** 소고기 부위 중 탕, 스튜, 찜 조리에 가장 적합한 부위는?

① 안심 ② 설도
③ 양지 ④ 사태

**44** 다음 ( )에 알맞은 용어가 순서대로 나열된 것은?

「감자는 당면, 고구마 녹말가루에 첨가물을 혼합 성형하여 ( )한 후 건조, 냉각하여 ( )시킨 것으로 반드시 열을 가해 ( )하여 먹는다」

① α화－β화－α화 ② α화－α화－β화
③ β화－β화－α화 ④ β화－α화－β화

**45** 김치 저장 중 김치 조직의 연부현상이 나타났다. 그 이유에 대한 설명으로 <u>틀린 것</u>은?

① 조직을 구성하고 있는 펙틴질이 분해되기 때문이다.
② 미생물이 펙틴 분해효소를 생성하기 때문이다.
③ 용기에 꼭 눌러 담지 않아 내부에 공기가 존재하여 호기성 미생물이 발생, 번식하기 때문이다.
④ 김치가 국물에 잠겨 수분을 흡수하기 때문이다.

**46** 사과나 딸기 등이 잼에 이용되는 가장 중요한 이유는?

① 과숙이 잘되어 좋은 질감을 형성하므로
② 펙틴과 유기산이 함유되어 잼 제조에 적합하므로
③ 색이 아름다워 잼의 상품가치를 높이므로
④ 새콤한 맛 성분이 잼 맛에 적합하므로

**47** 난황에 들어있으며 마요네즈 제조 시 유화제 역할을 하는 성분은?

① 레시틴 ② 오브알부민
③ 글로불린 ④ 갈락토오스

**48** 분리된 마요네즈를 재생시키는 방법으로 가장 적합한 것은?

① 새로운 난황에 분리된 것을 조금씩 넣으며 한방향으로 저어준다.
② 기름을 넣어 한방향으로 저어준다.
③ 레몬즙을 넣은 후 기름과 식초를 넣어 저어준다.
④ 분리된 마요네즈를 양쪽 방향으로 빠르게 저어준다.

**49** 육류의 사후강직과 숙성에 대한 설명으로 옳은 것은?

① 사후강직은 동물을 도살한 후 산소 공급이 중단되어 나타나는 현상이다.
② 도살 후 글리코겐이 혐기적 상태에서 젖산을 분해한다.
③ 근육 내의 단백질 분해 효소에 의해 근육 단백질이 분해되는 것을 말한다.
④ 소고기와 돼지고기의 최대 경직 시간은 같다.

**50** 수질의 오염 정도를 파악하기 위한 BOD(생물학적 산소 요구량)의 측정 시 일반적인 온도와 측정기간은?

① 10℃에서 10일간 ② 20℃에서 10일간
③ 10℃에서 5일간 ④ 20℃에서 5일간

**51** 생선의 육질이 육류보다 연한 주된 이유는?

① 콜라겐과 엘라스틴 함량이 적으므로
② 미오신과 액틴의 함량이 많으므로
③ 포화지방산의 함량이 많으므로
④ 미오글로빈의 함량이 적으므로

**52** 생선의 조리 시 식초를 적당량 넣었을 때 장점이 아닌 것은?

① 생선의 가시를 연하게 해준다.
② 어취를 제거한다.
③ 살을 연하게 하여 맛을 좋게 한다.
④ 살균 효과가 있다.

**53** 조리용 칼을 사용할 때 위험요소로부터 예방하는 방법으로 옳지 않은 것은?

① 칼을 떨어뜨렸을 경우 잡으려 하지 말고 한 걸음 물러서서 피한다.
② 칼을 보관할 때에는 안전함에 넣어 둔다.
③ 칼을 가지고 이동할 때에는 칼날이 몸 안쪽을 향하게 한다.
④ 칼은 본래 목적 이외에는 사용하지 않는다.

**54** 고명으로 사용하는 재료와 색의 연결로 바르지 않은 것은?

① 흰색 - 달걀 흰자
② 검은색 - 석이버섯, 표고버섯
③ 붉은색 - 홍고추, 당근, 대추, 실고추
④ 노란색 - 노란 단무지

**55** 찌개에 대한 설명으로 옳지 않은 것은?

① 건더기는 국물의 2/3정도가 좋다.
② 국보다 건더기가 많은 음식이다.
③ 센불에 끓이다가 국물이 끓으면 약불로 끓인다.
④ 고기나 생선과 양념을 넣고 오래 끓인다.

**56** 조리 시 식품 내부까지 맛이 잘 스며들게 하기 위해 조미료의 첨가 순서로 옳은 것은?

| | |
|---|---|
| • 직접 재료비 | 180,000원 |
| • 간접재료비 | 50,000원 |
| • 직접노무비 | 100,000원 |
| • 간접노무비 | 30,000원 |
| • 직접경비 | 10,000원 |
| • 간접경비 | 100,000원 |
| • 판매관리비 | 120,000원 |

① 590,000원 ② 470,000원
③ 410,000원 ④ 290,000원

**57** 다음 중 식품 위생 감시원의 직무가 아닌 것은?

① 식품 등의 위생적인 취급에 관한 기준의 이행 지도
② 출입, 검사 및 검사에 필요한 식품 등의 수지
③ 위생사의 위생교육에 관한 사항
④ 조리사 및 영양사의 법령 준수사항 이행 여부의 확인, 지도

**58** 다음 중 허가를 받아야 하는 영업이 아닌 것은?

① 식품조사처리업 ② 단란주점영업
③ 유흥주점영업 ④ 식품소분판매업

**59** 다음 중 세균성 식중독 중 감염형이 아닌 것은?

① 살모넬라 식중독
② 장염비브리오 식중독
③ 병원성대장균 식중독
④ 포도상구균 식중독

**60** 집단 식중독 발생 시 처치사항으로 잘못된 것은?

① 원인식을 조사한다.
② 구토물 등은 원인균 검출을 위해 버리지 않는다.
③ 즉시 신고한다.
④ 소화제 복용을 한다.

# CHAPTER 10 정답 및 해설 10

| 모의고사5회 | | | | |
|---|---|---|---|---|
| 01 ② | 02 ③ | 03 ① | 04 ③ | 05 ① |
| 06 ④ | 07 ② | 08 ④ | 09 ② | 10 ③ |
| 11 ③ | 12 ④ | 13 ④ | 14 ① | 15 ③ |
| 16 ④ | 17 ④ | 18 ③ | 19 ② | 20 ④ |
| 21 ④ | 22 ④ | 23 ④ | 24 ① | 25 ④ |
| 26 ① | 27 ① | 28 ④ | 29 ④ | 30 ① |
| 31 ① | 32 ④ | 33 ③ | 34 ③ | 35 ② |
| 36 ③ | 37 ④ | 38 ④ | 39 ③ | 40 ③ |
| 41 ③ | 42 ③ | 43 ④ | 44 ① | 45 ④ |
| 46 ② | 47 ① | 48 ① | 49 ① | 50 ④ |
| 51 ① | 52 ③ | 53 ③ | 54 ④ | 55 ④ |
| 56 ② | 57 ③ | 58 ④ | 59 ④ | 60 ④ |

01

식중독은 식품 중에 많은 균에 의해 발병하며, 잠복기가 짧고 면역력은 없다.

02

석탄산은 햇볕이나 유기물질 등에도 소독력이 약화되지 않는다.

03

냉동 저장 시 지질의 변화는 적지만 저장 중 공기와의 직접 접촉에 의하여 건조 및 지방의 산화가 발생한다. 지방의 산화는 온도가 낮을수록 억제된다.

04

발색제 자체에는 색이 없으나 식품 중의 식품 단백질과 반응하여 색을 안정시켜서 선명하게 한다.

- 착색료는 식품 본래의 색을 유지하거나 향상시켜 외관을 좋아보이게 한다.
- 보존료는 식품의 보존은 물론 미생물의 증식을 억제하고 식품의 부패와 변패를 막아준다.
- 산화방지제는 식품 속 지방의 산화로 인한 품질 저하를 방지한다.

05

구충(십이지장충)은 소장에 기생, 경구감염, 경피감염(피부감염, 오염된 논이나 밭에서 맨발로 작업하면 감염 될수 있다)

06

식품첨가물이 갖추어야 할 조건으로 사용목적에 따른 효과를 소량으로 충분히 나타내어야 한다.

07

마가린, 버터 등은 수중유적형이다.

08

콜린에스트라제의 작용을 억제하는 것은 유기인계 농약(다이아지논, 말라티온, 파라티온 등)이다.

09

페니실리움속 곰팡이는 황변미 중독을 일으키는 푸른곰팡이이다.

10

채소의 분류

- 경채류 : 줄기 식용(셀러리, 아스파라거스, 죽순 등)
- 엽채류 : 푸른 잎 식용(배추, 상추, 시금치, 파슬리, 부추, 파 등)
- 근채류 : 뿌리 식용(무, 당근, 우엉, 연근, 비트, 양파 등)
- 과채류 : 열매 식용(오이, 토마토, 가지, 수박, 참외 등)
- 화채류 : 꽃 식용(브로콜리, 아티초크, 콜리플라워)

11
식품을 저장하는 곳에는 저장 온도를 관리히기 위한 온도계가 필요하다.

12
제품의 제조일로부터 소비자에게 판매가 허용되는 기간을 말한다.

13
영업신고를 하지 않아도 되는 업종
① 양곡가공업 중 도정업을 하는 경우
② 수산물가공업의 신고를 하고 해당 영업을 하는 경우
③ 축산물가공업의 허가를 받아 해당 영업을 하는 경우
④ 건강기능식품제조업의 영업허가를 받아해당 영업을 하는 경우
⑤ 농업인과 어업인 및 영농조합법인과 영어조합인이 생산한 농산물·임산물·수산물을 집단 급식소에 판매하는 경우
⑥ 식품첨가물이나 다른 원료를 사용하지 아니하고 농산물·임산물·수산물을 단순히 자르거나, 껍질을 벗기거나, 말리거나, 소금에 절이거나, 숙성하거나, 가열하는 등의 가공과정 중 위생상 위해가 발생할 우려가 없고 식품의 상태를 관능검사로 확인할 수 있도록 가공하는 경우

14
폐기율은 식품 전체 중량에 대한 폐기량을 퍼센트(%)로 표시한 것이다. 패류(모시조개의 폐기율은 75~83%, 과일류(사과)는 22~25%, 채소류는 13~18%, 버섯류(표고버섯)은 10% 정도이다. 즉, 폐기율이 가장 높은 것은 모시조개이다.

15
비나 눈, 생활하수, 공장폐수를 모두 한 번에 해결하는 관을 합류관이라고 한다.

16
『식품위생법』 제86조에 의거하여 식중독 환자나 식중독 의심환자를 진단한 의사나 한의사 등 이를 발견한 자는 지체없이 관할 시장, 구청장, 군수에게 보고해야 한다.

17
부영양화는 강, 바다, 호수와 같은 수중생태계의 영양물질이 증가되어 조류가 급격하게 증식하는 것을 말하며, 이때 용존산소의 양은 줄어들게 된다.

18
세균성이질, 파라티푸스, 디프테리아는 세균에 의해 발생되는 감염병이다.

19
생선에 2~3% 정도의 중염도를 가하면 단백질 중 염용성 미오신과 액틴이 용액으로 용출되는 양이 증가하고 액토미오신을 형성하여 점성이 있는 용액을 만드는데, 어묵은 이 원리를 이용하여 만든 것이다.

20
세균의 감염에 의하여 일어나는 경구감염병은 장티푸스, 세균성이질, 파라티푸스, 콜레라가 있다.

21
기온 역전이 일어날 때 대기오염 물질이 수직 확산되지 못하여 대기오염이 심화된다.

22
녹색채소를 데칠 때 색을 선명하게 하기 위하여 다량의 조리수를 사용하여 뚜껑을 열고 소금을 넣어 단시간에 데친 뒤 냉수에 담궈둔다.

23
- 진폐증 중 하나로, 광석 중 규소의 노출이 많이 되는 직업에서 발생하는 병이다.
- 이러한 규폐증은 양석연마공, 채석공, 광부 등의 직업에서 많이 발생한다.

24
조리대의 배치는 오른손잡이를 기준으로 일의 순서에 따라 좌에서 우로 배치한다.

25
칼슘의 급원식품은 우유, 치즈 이외에도 요구르트, 아이스크림 등이 있다.
필수지방산 : 리놀레산, 리놀렌산, 아라키돈산(대두유, 생선기름, 식물성기름)

26
키토산은 갑각류의 껍질을 단단하게 하는 다당류이다.

27
유황 아미노산은 메티오닌이다.

28
공중보건의 주요 사업대상은 개인이 아닌 지역사회의 인간 집단이다.

29
신선도가 떨어진 생선을 조리할 때에는 조미를 비교적 강하게 하고 뚜껑을 열어 끓인다.

30
한 가지 맛을 본 후 다른 맛을 보았을 때 원래 식품의 맛이 다르게 느껴지는 현상을 맛의 변조현상이라 한다.

31
해리된 수소이온이 내는 맛은 신맛이다.

32
주방 내에서 발생할 수 있는 안전사고 중 끼임은 물건을 옮기던 도중 손이나 팔이 끼이는 것을 말한다.

33
- 폴리오(소아마비), 홍역, 결핵, 탄저병은 생균백신으로 면역이 되는 질병이다.
- 파상풍은 순화독소, 콜레라와 백일해는 사균 백신으로 예방되는 질병이다.

34
클로로필(녹색), 안토시아닌(자색), 플라보노이드(흰색)

35
- 하루 필요열량 2500kcal 중 18%는
  2500×0.18=450kcal
- 단백질 1g당 4kcal를 내므로
  450÷4=112.5g의 단백질이 필요하다.

36
미오글로빈은 동물성 색소이다.

37
원가 계산의 목적은 가격 결정, 원가관리, 예산편성, 그리고 재무제표 작성에 있다.

38
열량소는 탄수화물, 단백질, 지방 등이 있으며, 무기질과 비타민은 열량을 내지 않는다.

39
표준 식단의 작성 순서
영양기준량의 산출→식품섭취량의 산출→3식의 배분 결정→음식수 및 요리명 결정→식단 작성주기 결정→식량배분계획 →식단표작성

40
손익분기점은 총수입과 총비용이 일치하는 지점, 이익도 손실도 발생하지 않는 지점, 판매 총액이 모든 원가와 비용만 만족시킨 지점이다.

41
온장고의 적정온도는 65~70℃가 적당하다.

42
전분의 호정화는 전분에 물을 가하지 않고 160℃ 이상으로 가열하여 덱스트린으로 분해되는 것을 말한다.

43
탕, 스튜, 찜 조리에는 사태를 사용한 것이 가장 적합하다.
① 안심은 구이, 스테이크
② 설도는 스테이크, 육회, 육포
③ 양지는 전골, 조림, 편육, 탕 등의 조리에 가장 적합하다.

44
알파화(α화)란 날전분에 물을 넣고 가열하면 호화(α화)되어 점성이 생기는 현상으로, 호화된 전분이 다시 굳어지면서 β화가 된다. 여기에 다시 열을 가하면 α화가 되어 소화가 잘되는 상태가 된다.

45
김치 조직의 연부현상은 조직 내에 펙틴질이 분해되어 나타나는 현상이다.

46
잼을 만들기에 적당한 과일의 조건은 충분한 양의 펙틴과 산(과일에 함유된 유기산)을 가지고 있어야 한다는 것이다. 사과, 딸기, 자두 등은 펙틴과 산이 많아 잼을 제조 하기에 적합하다.

47
난황에 들어있으며 마요네즈를 만들 때 유화되어 사용된다.

48

분리된 마요네즈를 재생시킬 땐 노른자를 넣고 저어준다.
※마요네즈 제조 시 안정된 마요네즈를 만들기 위해 약간 더운 기름을 사용한다.

49

사후 강직은 동물을 도살한 후 산소 공급이 중지되어 당질의 호기적 분해가 일어나지 않아 근육 중 젖산에 증가로 인해 근육 수축이 일어나 경직이 되는 것을 말한다.

50

생화학적 산소요구량(BOD)은 유기물질을 20℃에서 5일간 안정화시키는 데 소비한 산소량을 ppm 또는 mg/L로 나타낸 것이다.

51

어패류는 육류에 비해 결합조직(콜라겐과 엘라스틴)이 적어 육질이 연하다.

52

식초를 사용하면 어취를 제거하고, 생선살이 단단해지는 효과가 있다.

53

칼을 가지고 이동할 때에는 칼날이 지면을 향하게 든다.

54

노란색은 달걀 노른자를 사용한다.

55

고기나 생선 같은 재료에 양념을 넣어 오래 끓이는 것은 탕이다. 탕의 건더기는 국물 양의 1/2가 적당하다.

56

제조원가 = 직접재료비+직접노무비+직접경비+간접재료비+간접노무비+간접경비
=(180,000+100,000)+(50,000+30,000+100,000)=470,000원

57

위생사의 위생교육에 관한 사항은 식품 위생 감시원의 직무가 아니다.

58

식품소분판매업은 영업신고를 해야하는 업종이다.

59

포도상구균은 독소형 식중독이다.

60

원인조사를 위해 소화제 복용은 하지 않는다(소화제 복용시 역학조사에 어려움이 있다).

# PART8

## : 조리기능사 필기 1시간 핵심정리

## 조리기능사 필기 1시간 핵심정리

https://youtu.be/CFbjduNiBMg

# 1. 위생관리

### 1) 식품

모든 음식물(의약으로 섭취하는 것 제외)

### 2) 식품 위생의 의의

식품, 식품 첨가물, 기구 용기와 포장을 대상으로 하는 식품에 관한 위생

### 3) 기구

식품 또는 식품 첨가물에 직접 닿는 기계, 기구 물건(탈곡기, 호미 등은 기구가 아님)

### 4) HACCP(위해요소중점관리기준) : 수행 7원칙

(1) 모든 잠재적 위험요소 분석

(2) 중요 관리점(CCP) 결정

(3) 중요 관리점 한계 기준 설정

(4) 중요 관리점별 모니터링 체계 확립

(5) 개선조치 방법 수립

(6) 검증 절차 및 방법 수립

(7) 문서화 및 기록유지방법 설정

### 5) 세균의 생육조건

수분, 온도, 영양소(압력은 아님)

### 6) 발육최적온도

저온균(15~20)C°, 중온균(25~37)C°, 고온균(50~60)C°

### 7) 미생물의 크기 순서

곰팡이> 효모> 스피로헤타> 세균> 리케차> 바이러스

### 8) 생육의 필요한 최저수분 활성도

세균> 효모> 곰팡이

## 9) 식품의 변질 종류

**(1) 부패**: 단백질과 혐기성 세균에 의해 식품이 변질되는 현상

**(2) 후란**: 단백질과 호기성 세균에 의해 식품이 변질되는 현상

**(3) 산패**: 지방(유지)이 산소에 의해 산화되어 식품이 변질되는 현상(미생물 관계 없음)

**(4) 변패**: 탄수화물과 지방식품이 미생물에 의해 변질되는 현상

**(5) 발효**: 탄수화물이 미생물의 분해작용으로 변질되는 현상. 발효된 식품은 먹을 수 있음(예: 된장, 젓갈, 고추장)

## 10) 식품의 부패판정

**(1) 관능 검사**: 시각, 촉각, 미각, 후각 이용

**(2) 생균수 검사**: 식품 1g당 $10^7$~$10^8$일 때 초기부패로 판정

**(3) 수소이온농도(pH)**: pH 6.0~6.2일 때 초기부패로 판정

**(4) 트리메틸아민(TMA)**: 어류의 신선도 검사로 3~4mg%이면 초기부패 판정

**(5) 휘발성 염기 질소량(VBN)**: 식육의 신선도 검사로 30~40mg이면 초기부패로 판정

**(6) 히스타민**: 히스타민 함량이 적을수록 신선

## 11) 식품의 건조방법

**(1) 분무건조법**: 분유의 건조법

**(2) 냉동건조법**: 동결 건조법, 동건법이라고도 하며 한천 및 당면의 건조 방법

## 12) 화학적 처리에 의한 저장법

**(1) 당장법**: 설탕 농도 52%로 하는 식품가공법(잼-설탕 농도60~65%)

**(2) 염장법**: 소금농도 10%로 하는 식품가공법(젓갈은 20%)

**(3) 산저장법**: 식초 3~4%로 하는 식품가공법(피클, 장아찌)

## 13) 세균성 식중독

**(1) 감염형**

① **살모넬라**: 인수공통, 발열이 가장 심함

(ㄱ) **원인식품**: 어육제품, 닭, 오리 등 가금류의 오염된 달걀

(ㄴ) **예방법**: 방서, 방충망 설치로 쥐와 곤충 및 조류에 의한 오염 예방

② **장염비브리오**: 3~4% 식염농도에서 잘 자라는 해수 세균

- **예방법**: 어패류 생식을 금지하고 60℃에서 5분간 가열

③ **병원성대장균**: 분변 오염에 접촉되지 않도록 위생상태를 양호하게 할 것

- **원인 식품**: 분유, 두유, 우유 등

④ **웰치균(편성혐기성)**: 중간형 식중독, 식중독 원인균 A형, 육류 및 가공품

(2) 독소형

① **포도상구균**: 독소 강함

(ㄱ) **감염원인**: 엔트로톡신(장독소), 화농성 질환자에 의한 감염(우리나라에서 가장 많이 발생)

(ㄴ) **원인식품**: 김밥, 도시락, 떡류

② **보톨리누스균**: 균이 강함

(ㄱ) **감염원인**: 뉴로톡신(신경독소)

(ㄴ) **감염증**: 신경마비증상

(ㄷ) **예방법**: 음식물 가열 섭취, 통조림 가공품의 위생적인 가공 및 보관

## 14) 화학적 식중독

(1) 메탄올(메탄알코올)⇒실명 유발

(2) 수은 중독(미타마타병), 카드뮴 중독(이타이이타이병)

## 15) 자연독 식중독(유독한 부위 제거)

(1) 동물성 독성분

① **복어(테드로도톡신)독성분 함유 순서**: 난소 > 간장 > 내장 > 피부(가열해도 사라지지 않는다.)

② **모시조개, 굴**: 베네루핀

③ **섭조개(홍합), 대합**: 삭시톡신

(2) 식물성 독성분

① **독버섯**: 무스카린, 콜린, 팔린, 아마니타톡신

② **감자의 싹**: 솔라닌(부패한 감자 - 셉신)

③ **청매**: 아미그달린

④ **목화씨**: 고시폴

⑤ **피마자**: 리신

⑥ **독미나리**: 시큐톡신

⑦ **독맥(독보리)**: 테물린

⑧ **미치광이풀**: 아트로핀

## 16) 곰팡이독(식중독)

(1) **아플라톡신중독**: 재래식 된장, 간장, 고추장, 콩류, 곶감 등이 있다.

(2) **맥각중독**: 보리, 호밀, 밀에 기생(독소 - 에르고톡신)

(3) **황변미 중독**: 푸른곰팡이(패니실리옴속)

## 17) 알레르기성 식중독(부패성 식중독)

**(1) 원인균**: 모르가니균, 히스타민

**(2) 원인식**: 꽁치, 고등어 등 붉은살 생선

**(3) 대책**: 항히스타민제를 투여하면 낫는다.

## 18) 보존제(방부제)

**(1) 데히드로초산나트륨**: 치즈, 버터, 마가린

**(2) 소르빈산나트륨(칼륨)**: 어육제품, 케첩, 된장, 고추장

**(3) 안식향상나트륨**: 청량음료, 간장, 식초

**(4) 프로피온산나트륨(칼슘)**: 빵, 생과자

## 19) 과일, 야채의 살균제

차아염소산나트륨, 표백분

## 20) 산화방지제(황산화제)

BHA, BHT, 에르소르빈산염, 몰식지산프로필

## 21) 글루타민산 나트륨(조미료)

향미증가기능(예 : 다시마, 된장, 간장의 맛난 맛)

## 22) 호박산 나트륨

조개류의 맛 성분

## 23) 감미료(단맛)의 종류

(1) 시카린나트륨, D-소르비톨 액, 아스파탐

**(2) 사카린**: 사용량과 허용 제품에 대한 제한이 있음(설탕의 300배)

## 24) 유해 감미료

둘신

### 25) 산미료(신맛)

(1) **구연산**: 딸기, 살구, 오렌지의 신맛

(2) **주석산**: 포도의 신맛

(3) **사과산**: 유기산의 종류로 복숭아, 사과의 신맛

### 26) 착색제

(1) **합성 착색제**: 타르색소

(2) **천연식품 착색제**: 치자색소

(3) **유해 착색제**: 아우라민

### 27) 발색제

(1) **자체 무색이어서 스스로 색을 나타내지 못하지만 식품 중 색소성분과 반응하여 색을 고정 발색**

(2) **육류 발색제**: 질산나트륨, 아질산나트륨, 질산칼륨(아질산칼륨은 발색제가 아님)

### 28) 표백제

(1) **표백제의 종류**: 과산화수소, 황산염, 아황산염, 무수아황산

(2) **유해 표백제**: 롱가릿

## 2. 식품과 감염병

### 1) 감염병(질병)의 3대 요소

(1) **병인(감염원)**

(2) **환경(감염경로)**

(3) **숙주**

### 2) 잠복기에 따른 질병

(1) **잠복기가 특히 긴 질병**: 한센병(나병), 결핵(부정), 매독

(2) **잠복기가 짧은 것**: 콜레라, 이질

### 3) 절족동물(위생해충) 감염병

(1) **채소류를 매개로 감염되며 중간숙주가 없다(회충 · 구충 · 요충-항문소양증, 편충).**

(2) **절임채소에서 발견**: 동양모양 선충

(3) **돼지고기 기생충**: 유구조충 선모충

(4) **소고기 기생충**: 무구조충

**(5) 간흡충**(간디스토마) : 왜우렁이(제1중간숙주) → 붕어, 잉어(제2중간숙주)

**(6) 폐흡충**(폐디스토마) : 다슬기(1숙주) → 게, 가재(2숙주)

**(7) 요코가와흡충** : 다슬기 → 은어

**(8) 광절열두조충**(긴촌충) : 물벼룩 → 잉어, 숭어

**(9) 아나사키스충** : 바다생선(고등어, 대구), 돌고래에 의해 감염

### 4) 인수 공통감염

**(1) 결핵** : 소

**(2) 광견병** : 개

**(3) 페스트** : 쥐

**(4) 탄저병** : 양, 말, 소 등 초식동물

**(5) 살모넬라증** : 쥐, 양, 개, 새, 닭, 말, 돼지(새끼돼지)

**(6) 돈단독** : 선모충

**(7) Q열** : 돼지

**(8) 야토병** : 산토끼

**(9) 파상열**(브루셀라) : 사람(열병), 동물(유산), 염소유산균, 소유산균, 돼지유산균

### 5) 살균 및 소독

**(1) 소독** : 병원성 미생물을 사멸시키는 것

**(2) 살균 · 멸균** : 모든 미생물을 사멸

**(3) 방부** : 부패의 진행을 억제

### 6) 소독

**(1) 조리사의 손소독** : 역성비누, 크레졸 비누, 에틸 알코올

**(2) 화장실 소독** : 생석회

**(3) 승홍수**(0.1%) : 금속에는 적용 안 함(비금속)

**(4) 석탄산** : 소독약의 지표, 화장실, 하수도 오물소독

**(5) 포름알데히드**(기체) : 병원, 도서관, 거실

### 7) 고압증기 멸균법

**아포를 포함한 모든 균을 사멸**(통조림 살균법)

### 8) 우유살균법

(1) **저온살균**: 60~65C°에서 30분 가열

(2) **고온단시간**: 70~75C°에서 15~20초간 가열

(3) **초고온순간**: 130~140C°에서 2초간 살균

## 3. 공중보건

### 1) 공중보건의 3대 정리

(1) 질병예방

(2) 생명연장

(3) 건강증진

### 2) 공중 보건대상

지역사회 인간집단, 예방의학(치료X)

### 3) 건강

육체적 · 정신적 · 사회적으로 모두 완전한 상태

### 4) 보건수준 평가지표

영아 사망률

### 5) 오염지표

(1) **실내오염지표**: 이산화탄소($CO_2$)

(2) **실외공기오염지표**: 아황산가스($SO_2$)

(3) **분변 수질오염의 지표** : 대장균

(4) **냉동식품의 오염 지표균**: 장구균

(5) **소독약 살균력의 측정지표**: 석탄산

### 6) 위생학적 허용한계

(1) **이산화탄소($CO_2$)**: 0.1%

(2) **일산화탄소(CO)**: 0.01(8시간 기준)

### 7) 조명불량일 경우

(1) 안구진탕증

(2) 안정피로

(3) 작업능률 저하 및 재해 발생

(4) 근시

## 8) 수은 중독(미나마타병), 카드뮴 중독(이타이이타이병)

골연화증, 단백뇨 현상

## 9) 직업병의 종류

| 고열환경 | 일사병, 열경련 | 고압환경 | 장항병 |
|---|---|---|---|
| 저온환경 | 참호족염, 동상, 동창 | 저압환경 | 고산병, 항공병 |
| 조명불량 | 안구진탕증, 근시 | 분진 | 진폐증, 규폐증 |
| 진동 | 레이노드병 | 소음 | 두통, 수면방해 |

## 10) 3대 온열인자

기온, 기류, 기습(기압은 제외)

## 11) 기온역전 현상

상부기온이 하부기온 보다 높을 때

## 12) 일광

(1) **자외선**: 구루병 예방, 관절염 치료(관절염 유발은 아님), 피부암, 결막, 각막손상의 원인

(2) **가시광선**: 명암을 구분

(3) **적외선**: 열(일)사병, 백내장의 원인

## 13) 공기 비중 순서

**질소**(78%) > **산소**(21%) > **아르곤**(0.3%) > **이산화탄소**(0.3%)

## 14) 원인별 감염병

(1) **세균에 의한 감염병**: 콜레라, 장티푸스, 백일해, 파상풍, 세균성이질, 파라티푸스, 디프테리아, 수막구균

(2) **바이러스에 의한 감염병**: 폴리오, 유행성간염, 인플루엔자, 유행성이하선염, 일본뇌염

(3) **리케차에 의한 감염병**: 발진티푸스, 발진열, 쯔쯔가무시병, Q열

## 15) 감염병의 감염지수 순서

**두창**(95%), **홍역**(95%) > **백일해**(60%~80%) > **성홍열**(40%) > **디프테리아**(10%) > **폴리오**(0.1%)

### 16) 법정 제1종 감염병

장티푸스, A형감염, 장출혈성대장균감염증, 세균성이질, 콜레라, 파라티푸스

### 17) 감염병 발생의 3대요소

감염원 - 감염경로 - 숙주의 감수성

### 18) 물의 정수법

(1) **완속여과** : 사면대처법

(2) **급속여과** : 역류세척법

### 19) 수돗물

염소소독(0.2ppm 음료수의 잔류염소량)

### 20) 먹는 물 기준

색도는 5도, 탁도는 2도

### 21) 하수처리과정(예비처리→본처리→오니 처리)

(1) **혐기성처리** : 부패조 처리방법, 임호프탱크법

(2) **호기성처리** : 살수 여과법, 활성오니법(도시하수 처리방법), 접촉여상법

### 22) BOD(생화학적 산소요구량)가 높으면 DO(용존산소량)는 낮다.

(1) 'BOD의 수치가 높다'라는 것은 하수오염도가 높다는 것이다.

(2) 'DO의 수치가 낮다'는 것은 오염도가 높다는 것이다.

### 23) 구충·구서의 일반원칙

(1) 구제상태의 생태, 습성에 따라 실시할 것

(2) 발생 초기에 실시할 것

(3) 서식지 및 발생원인을 제거할 것

(4) 광범위하게 동시에 실시할 것

### 24) 음의 강도(소음의 강도)

데시벨(dB)

### 25) 음의 크기(소음의 크기)

폰(phon)

### 26) 조리장 설비

**간접조명, 4방향후드, "ㄷ"자형 작업대 설비배치**

## 4. 영양소

### 1) 열량소 : 탄수화물, 단백질, 지방

### 2) 구성소 : 단백질, 무기질

### 3) 조절소 : 비타민, 무기질

### 4) 영양소별 열량

| 구분 | 열량 | 권장량 비율 | 소화율 |
|---|---|---|---|
| 탄수화물 | 4kcal | 65% | 98% |
| 단백질 | 4kcal | 15% | 92% |
| 지방 | 9kcal | 20% | 95% |

#### (1) 탄수화물

① 단당류

(ㄱ) **포도당(글루코오스)** : 최종분해산물, 동물의 혈액에 0.1%함유

(ㄴ) **과당** : 탄수화물 중 단맛이 가장 강하고 물에 쉽게 용해됨

(ㄷ) **갈락토오스** : 젖당의 구성성분, 포유동물의 유(젖) 중에 존재

② 이당류

(ㄱ) **맥아당(엿당)** : 포도당+포도당

(ㄴ) **설탕(자당, 서당)** : 포도당+과당

(ㄷ) **유당(젖당)** : 포도당+갈락토오스

③ 다당류

(ㄱ) 전분, 글리코겐, 섬유소, 갈락탄, 키틴, 한천

| 감미도 순서 : 과당 > 전화당 > 포도당 > 맥아당 > 갈락토오스 > 유당 |
|---|

#### (2) 단백질

① 탄소(C), 수소(H), 산소(O), 질소(N)구성

② **성장기 어린아이에게 필요한 아미노산** : 알기닌, 히스티딘

③ **아미노산 8가지(성인에게 필요)**: 트레오닌, 발린, 트립토판, 이소루신, 루신, 라이신, 페닐알라닌, 메티오닌

④ **완전 단백질 식품**: 달걀(100) > 쇠고기 > 두부

⑤ 구성 단백질(글로불린), 육장단백질(미오신)

⑥ 1g당 4kcal의 에너지 발생, 성장체 조직의 구성물질

⑦ **아미노산의 보충 효과(상호보완작용)**: 쌀+콩=콩밥, 빵+우유

⑧ **식품의 단백질 명칭**

(ㄱ) **콩 단백질**: 글리시닌

(ㄴ) **보리 단백질**: 호르데인

(ㄷ) **우유**: 카제인

(ㄹ) **밀가루 단백질**: 글루텐

(ㅁ) **난백 혈청 단백질**: 알부민

(ㅂ) **쌀 단백질**: 오리제인

(ㅅ) **옥수수 단백질**: 제인

(ㅇ) **생선 단백질**: 미오신

(ㅈ) **육류 단백질**: 콜라겐

**(3) 지방(지질), 탄소(C), 수소(H), 산소(O)구성**

① 지방산 글리세롤

② **지방산의 분류**: 포화지방산(개미산, 팔미트산, 프로피온산, 카프르산등)
불포화지방산(리놀레산, 리놀렌산, 아라키돈산, 올레산 등)
필수지방산(리놀레산, 리놀렌산, 아라키돈산)

③ **식물성 유지**

(ㄱ) **건성유(요오드가 불포화도 130 이상)**: 들기름, 아마인유, 호두, 잣유

(ㄴ) **반건성유(요오드가 100~130)**: 참기름, 옥수수유, 대두유, 쌀겨유

(ㄷ) **불건성유(요오드가 100이하)**: 피마자유, 땅콩유, 올리브유

(ㄹ) **경화유(가공유지)**: 유지에 수소를 첨가하여 니켈을 촉매로 고체화한 기름(마가린, 쇼트닝)

(ㅁ) **인지질**: 레시틴

(ㅂ) **인단백질**: 카세인

(ㅅ) **수중유적형(O/W)**: 우유, 마요네즈

(ㅇ) **유중수적형(W/O)**: 버터, 마가린, 쇼트닝

**(4) 무기질(구성영양소)**

① **칼슘(ca)**: 체내에 함유량이 가장 많은 성분, 비타민D는 Ca의 흡수를 돕지만, 수산(시금치에 많음)은 Ca의 흡수를 방해하는 인자이다.

② **인(P)**: 무기질의 약1/4를 차지(골격, 치아 발육관여)

③ **요오드(I)**: 갑상선종과 관계가 있으며 해조류에 많이 함유되어 있음. 산간지역 주민들이 특히 부족한 무기질

④ **철분(Fe)**: 빈혈

⑤ **불소**: 결핍 - 우치(충치)

과잉 - 반상치

⑥ **마그네슘**: 신경과 근육경련

**(5) 비타민(조절영양소)**

① **지용성비타민**: 비타민 A, D, E, F, K

(ㄱ) **비타민A**: 레티놀, 야맹증(카로틴)

(ㄴ) **비타민D**: 구루병

(ㄷ) **비타민E**: 토코페롤 천연황산화제 역할, 불임증

(ㄹ) **비타민F**: 필수지방산(대두유, 옥수수유, 참기름에 많음), 불포화지방산

(ㅁ) **비타민K**: 혈액 응고 지연

② **수용성비타민**: 비타민 $B_1$, 비타민 $B_2$, 비타민 $B_6$, 비타민 $B_{12}$, 비타민 C, 엽산, 나이아신

(ㄱ) **비타민$B_1$(티아민)**: 결핍 시 각기병(배아, 돼지고기)

(ㄴ) **나이아신**: 결핍 시 펠라그라 피부병

(ㄷ) **비타민$B_{12}$**: 악성빈혈

(ㄹ) **비타민C(아스코르브산)**: 괴혈병

(ㅁ) **열에 대한 비타민 안전성 정도**: E> D> A> B> C

**(6) 분해효소**

① 탄수화물→푸티알린(아밀라아제), 슈크라제

② 지방→리파아제

③ 단백질→펩신, 트립신

**(7) 식품의 맛**

① **감미료(단맛)**: 만니톨(해조류)

② **산미료(신맛)**: 산이 해리되어 생성된 수소이온의 맛, 식초맛, 구연산(감귤, 살구)

③ **조미료(맛난 맛)**: 글루타민산(간장, 된장, 다시마), 호박산(조개류, 청주)

④ **산미료(떫은 맛)**: 타닌(단백질 응고)

**(8) 혀의 미각은 30℃일 때 민감함**

**(9) 식품의 색소**

① **클로로필 색소**: 녹색 채소의 색소로 마그네슘(Mg) 포함(시금치, 브로콜리, 미나리, 오이 등)

② **카로티노이드 색소**: 난황 버터에 천연 황색 색소, 연어, 송어의 분홍 살색, 토마토의 붉은 색, 당근

③ **플라보노이드 색소**: 흰색(밀가루+소다+누런색), (우엉, 연근+식초=흰색)

④ **안토시아닌 색소**: 적자색 채소, 산성(적색), 중성(자색: 보라색), 알칼리(청색)

⑤ **근육색소**: 미오글로빈

⑥ **혈색소**: 헤모글로빈

**(10) 식품의 냄새**

① **과일 향**: 에스테르류

② **육류**: 어류(단백질 식품) - 아민류, 인돌, 암모니아

**(11) 쌀**

① **멥쌀**: 아밀로펙틴(80%) + 아밀로오스(20%)

② **찹쌀·찰옥수수**: 아밀로펙틴(100%)

③ **현미**: 쌀에서 왕겨층만 제거한 것

**(12) 밀가루**

① **밀가루 단백질**: 글루텐 = 글루테닌 + 글리아딘

② **밀가루의 종류**

(ㄱ) **글루텐 13% 이상(강력분)**: 식빵, 마카로니, 스파게티

(ㄴ) **글루텐 10 ~ 13%(중력분)**: 만두피, 칼국수, 수제비

(ㄷ) **글루텐 10% 이하(박력분)**: 케이크, 과자, 쿠키, 튀김옷

**(13) 식품첨가물**

① **소포제**: 거품을 없애기 위해 사용하는 첨가물(규소수지)

② **이형제**: 빵을 빵틀로부터 잘 분리해 내기 위해 사용

③ **초산비닐 수지**: 피막제이며 껌의 기초제

④ **팽창제**: 명반, 탄산수소나트륨, 탄산암모늄

⑤ **발색제**: 아질산나트륨

⑥ **감미료**: D - 소르비톨, 사카린나트륨

**(14) 우유**

① **우유 데우기**: 이중냄비에 넣고 저으면서 피막(유청 당백질)이 생기지 않게 데우기

② **우유 살균법**: 저온살균(60℃), 고온살균(70℃), 초고온살균(140℃, 1~2초간 살균)

③ **우유지방(80%)**: 버터

④ 우유단백질(카제인) + 효소(레닌) = 치즈

**(15) 달걀**

① **달걀 신선도 판정방법**

(ㄱ) **비중법** : 물 1cup에 식염(소금) 1큰술(6%)을 용해한 물에 달걀을 넣어 가라앉으면 신선한 것이고 위로 뜨면 오래된 것이다.

(ㄴ) **난황계수와 난백계수 측정법**

- 난황계수 = 난황의 높이 / 난황의 직경 난황계수 : 0.36이상이면 신선
- 난백계수 = 난백으리 높이 / 난백의 직경 난백계수 : 0.14 이상이면 신선

② **달걀 저장 방법**: 냉장법, 침지법, 가스저장법

**(16) 수분**

① **유리수**: 수용성 물질을 녹임, 미생물 생육 가능, 0℃ 이하 동결, 비점과 융점이 높음

② **결합수**: 물질을 녹일 수 없음, 미생물 생육 불가, 유리수보다 밀도가 큼

**(17) 가스저장법(CA 저장법)**: 과실, 야채류의 호흡작용을 억제

**(18) 식품의 특수성분**

① **생선비린내**: 트리메틸아민

② **고추**: 캡사이신

③ **마늘**: 알리신

④ **생강**: 진저롤, 쇼가올

⑤ **후추**: 차비신, 피페린

⑥ **겨자**: 시니그린

⑦ **참기름**: 세사몰

**(19) 육류의 색**: 미오글로빈→옥시미오글로빈(적색)→메트미오글로빈(갈색)

**(20) 새우, 게**

가열하면 아스타잔틴의 붉은 색 변화

**(21) 두부(원래 콩의 4배의 생산량)**: 변성을 이용한 식품

**(22) 잼**

① **잼 형성의 3대 효소**: 펙틴(1.0~1.5%), 산(0.3%), 당(60~65%)

② **마멀레이드**: 과육+과피(껍질)

**(23) 효소적 갈변**: 채소나 과일의 껍질을 벗길 때 일어나는 현상

① **사과**: 폴리페놀 산화 효소

② **감자**: 티로시나아제

**(24) 비효소적 갈변**: 아마노카르보닐 반응(마이야르 반응), 캐러멜화, 아스코르빈산

## 5. 식품위생법

### 1) 식품 위생 관련 중요 정의

**(1) 식품**: 모든 음식물. 단 의약품은 제외

**(2) 식품 첨가물**: 식품의 첨가, 혼합, 침윤, 기타의 방법으로 사용되는 물질

**(3) 화학적 합성품**: 화학적 조작에 의하여 화합물에 분해반응, 합산반응, 종합반응, 부가반응을 일으켜 얻은 물질

**(4) 표시**: 문자, 숫자, 도형을 용기나 포장에 기재

**(5) 집단 급식소**: 영리를 목적으로 하지 않고 특정 다수인(불특정다수인이 아님)에게 상시 1회 50명 이상에게 식사를 제공하는 것

### 2) 식품 첨가물 공전

**(1) 식품 첨가물의 규격(성분)과 기준, 기구 및 용기, 포장의 기준과 규격, 식품 등의 표시기준을 수록함**

**(2) 식품의약품안전처장이 정함(식품공전 : 표준온도 20℃, 상온 15~25℃, 실온 1~35℃ 미온30~40℃**

### 3) 수출을 목적으로 하는 식품의 기준과 규격은 수입자가 요구하는 기준에 의한다.

### 4) 식품 위생감시원

**(1) 임명**: 식품의약품안전처장, 시 · 도지사, 시장, 군수, 구청장

**(2) 업소 직원 등에 대한 교육은 해당직무가 아님**

### 5) 영업

**(1) 영업의 허가**

① 단란주점영업(술, 노래 가능), 유흥주점(술, 노래, 춤 가능)

② **식품조사처리업**: 식품의약품안전처장

**(2) 영업의 신고대상**

① **식품의약품안전처장에게 신고하여야 하는 영업**: 식품 등 수입판매업

② **시장·군수·구청장에게 신고해야 하는 영업**: 식품 제조 · 가공업, 즉석판매제조 · 가공업, 식품 첨가물 제조업, 식품운반업, 식품 소분 판매업

### 6) 조리사·요리사(보수교육, 위생교육)

**(1) 조리사 면허발급**: 시장, 군수, 구청장

**(2) 영양사 면허발급**: 보건복지부장관

### 7) 영업에 종사하지 못하는 질병

**(1) 영업에 종사하지 못하는 직업**: 장티푸스, 파라티푸스, 콜레라, 세균성이질, 장출혈성대장균감염증, A형간염

**(2) 결핵, 피부병, 화농성 질환자, B형간염(비활동성 감염 제외), AIDS**

### 8) 벌칙

**(1) 미성년자에게 술을 판매할 경우**: 1차위반(영업정지 1개월), 2차위반(영업정지 2개월)

**(2) 면허가 없는 사람이 조리사라는 명칭을 사용했을 경우**: 1년 이하의 징역 또는 300만원 이하의 벌금

**(3) 면허취소를 받은 경우**: 지체 없이 시장, 군수, 구청장에게 반납

**(4) 수입식품신고, 식품의 용기나 포장을 수입할 경우 → 식품의약품안전처장에게 신고**

**(5) 허위표시, 과대광고 아닌 것**: 공인된 사항의 표시 및 광고, 문헌 경시한(이용) 광고, 현란한 포장

**(6) 모범업소 지정할 수 있는 사람**: 관할시장

**(7) 식중독 보고**: 의사는 지체 없이 관할시장, 군수, 구청장에게 보고

## 6. 조리이론과 원가계산

### 1) 열의 전달 속도

**복사> 전도> 대류**

✓ **열의 전달률**: 복사 > 대류 > 전도(구분!!)

### 2) 조리의 목적

**저장성, 기호성, 안정성, 영양성**

### 3) 호화

(1) **백미로 밥을 지을 때 쌀과 물의 분량**: 쌀 중량의 1.5배, 부피(체적) 1.2배

(2) **알파화(α화 - 호화)**: 밥, 떡, 빵, 찐 감자

(3) **호화 촉진 요인**: 온도가 높을수록, 물이 많을수록, 알칼리성일 때, 전분 입자가 클수록, 쌀의 도정이 높을수록

### 4) 노화

(1) **베타화(β화 - 노화)**: 딱딱하게 굳은 밥

(2) **노화촉진**: 아밀로오스 함량이 많을수록, 알칼리성일 때, 전분입자가 클수록, 쌀의 도정이 높을수록

### 5) 호정화[덱스트린화]

**160~170℃에서 수분 없이 가열했을 때 가용성 전분을 거쳐 변화되는 현상**

### 6) 채소 데치기

5배이상의 물에 빨리 데치고 찬물에 빨리 식힌다.

### 7) 식품 조리

(1) **튀김기름의 흡수량**: 10~20%

(2) **고기가 연해지는 이유**: 콜라겐이 젤라틴으로 변해 용출되기 때문이다.

(3) **비린내를 없애는 방법**: 식초, 우유, 된장, 생강, 술, 향채

(4) **조미료 첨가 순서**: 설탕→소금→간장→식초

(5) **레시틴(난황, 노른자)**: 천연유화제(마요네즈)

### 8) 식품의 온도

(1) **열효율이 높은 것**: 전기> 가스> 연탄> 장작

(2) **전골**(95℃), **국**, **커피**(70℃), **식혜**(60℃), **납두균**(40~45℃), **겨자숙성**(45℃), **빵 발효**(25~30℃), **맥주**(7~10℃), **청량음료**(2~5℃)

(3) **올바른 냉동·냉장 온도**: -18℃·0~5℃ 이하

### 9) 식품별 대치 식품

**우유→아이스크림, 치즈→멸치**

### 10) 기름의 산패 측정법

**과산화물가(PVC), 카르보닐가(CA), 산가, 활성산소법**

### 11) 과일의 연화효소

(1) **파인애플**: 브로멜린

(2) **무화과**: 피신

(3) **배**: 프로타아제

(4) **파파야**: 파파인

### 12) 조리 설비원칙

**위생, 능률, 경제**

### 13) 식품 구입 계획 시 고려할 점

**식품의 가격과 출회표**

### 14) 하수처리

(1) **트랩**: 수조형 트랩이 효과적

(2) **그리스 트랩**: 기름, 유지가 하수관 내로 들어가는 것을 막기 위함

### 15) 데치기(블렌칭) 효과

(1) **살균 효과**

(2) **부피감소 효과**

(3) **효소 파괴 효과**(부피증가 또는 탈색 효과 아님)

### 16) 집단급식

영리를 목적으로 하지 않으며(비영리), 특정 다수인(불특정 다수인 아님)에게 상시(매끼니) 1회 50명 이상에게 식사를 제공하는 것

### 17) 작업대 배치 순서

준비대→개수대→조리대→가열대→배신대

### 18) 작업의 흐름 순서

식재료의 구매 및 검수→전처리→조리→장식 및 담기→식기세척

### 19) 원가의 3요소

재료비, 노무비, 경비

### 20) 원가계산목적

가격 결정 목적, 효과적인 원가관리, 재무제표 작성, 노무비 작성, 예산편성, 실제 원가 통계

### 21) 재료소비량의 계산

계속 기록법, 재고 조사법, 역 계산법

### 22) 감각상각 3요소

기초가격, 내용연수, 잔존자격

### 23) 원가계산 기본공식

(1) 직접원가=직접재료비+직접노무비(임금)
(2) 제조원가=직접원가+제조간접비
(3) 총원가=제조원가+판매관리비
(4) 판매가격=총원가+이익
(5) 예정원가=견적원가(제품 제조 이전에 예산 된 값을 산출한 것)
(6) 원가계산의 3요소: 요소별 원가계산→부문별 원가계산→제품별 원가계산

### 24) 어채

흰살생선을 포를 떠서 녹말가구를 묻혀 끓는 물에 잠깐 데친 숙회

25) 방자구이

양념하지 않고 소금만 뿌려 구운 고기음식

26) 맥적

돼지고기를 된장양념에 재워 구운 전통요리

MEMO

MEMO